Publications précédentes
aux éditions Bemaf, Kinshasa :

Droit financier. Le droit des marchés financiers en République Démocratique du Congo.

Manuel de droit congolais de la propriété intellectuelle.

La réglementation des prix. Le prix commercial – le prix financier.

Condensé de la thèse de doctorat en Droit soutenue sous la Direction des Professeurs LWAMBA KATANSI, Promoteur et BAKANDEJA wa MPUNGU, Co promoteur.

5-7, rue de l'École polytechnique, 75005 Paris

http://www.harmattan.fr

ISBN : 978-2-343-13016-3
EAN : 9782343130163

L'organisation des marchés financiers en République démocratique du Congo

Logiques Juridiques
Collection fondée par Gérard Marcou

Le droit n'est pas seulement un savoir, il est d'abord un ensemble de rapports et pratiques que l'on rencontre dans presque toutes les formes de sociétés. C'est pourquoi il a toujours donné lieu à la fois à une littérature de juristes professionnels, produisant le savoir juridique, et à une littérature sur le droit, produite par des philosophes, des sociologues ou des économistes notamment.

Parce que le domaine du droit s'étend sans cesse et rend de plus en plus souvent nécessaire le recours au savoir juridique spécialisé, même dans des matières où il n'avait jadis qu'une importance secondaire, les ouvrages juridiques à caractère professionnel ou pédagogique dominent l'édition, et ils tendent à réduire la recherche en droit à sa seule dimension positive. À l'inverse de cette tendance, la collection « Logiques juridiques » des éditions L'Harmattan est ouverte à toutes les approches du droit. Tout en publiant aussi des ouvrages à vocation professionnelle ou pédagogique, elle se fixe avant tout pour but de contribuer à la publication et à la diffusion des recherches en droit, ainsi qu'au dialogue scientifique sur le droit. Comme son nom l'indique, elle se veut plurielle.

Dernières parutions

Alexandra THÉODOROPOULOS, Les accords collectifs de groupe, 2017.
Isabelle ALVAREZ, *Essai sur la notion d'exécution contractuelle*, 2017.
Abuhamoud ALSHIABANI, *La démocratie en droit international, Étude critique sur le statut juridique de la démocratie en droit interntional et la légitimité de l'imposer par la force,* 2017.
Vasiliki KALIMERI, *Le conseil de l'europe et les collectivités territoriales, contribution à l'étude de l'autonomie locale,* 2017.
Marjorie BRUSORIO AILLAUD, *La responsabilité civile des enseignants en cas d'accident scolaire,* 2017.
Gabriel ECKERT et Jean-Pierre KOVAR, *Les objectifs de la régulation économique et financière,* 2017.
Pierre-Alexis BLEVIN, *Les micro-États européens*, 2016.
Danièle AZÉBAZÉ LABARTHE, *Quelle nouvelle politique de l'énergie pour l'Union européenne ?,* 2016
Constance CASTRES SAINT-MARTIN, *Les conflits d'intérêts en arbitrage commercial international,* 2016.
Daphne AKOUMIANAKI, *Les rapports entre l'ordre juridique constitutionnel et les ordres juridiques européens. Analyse à partir du droit constitutionnel grec*, 2016.
Boris BARRAUD, *La Recherche juridique. Sciences et pensées du droit*, 2016.

Jean Paul NYEMBO TAMPAKANYA

L'organisation des marchés financiers en République démocratique du Congo

Pour l'instauration d'une bourse des valeurs mobilières

L'Harmattan

À mon épouse MUPENDA DIMOGNIE Véronique-Nancy ;

À mes parents NYEMBO BWANAMUZURI Rogatien et TUKAZE MUKAINA Véronique ;

À mes enfants ;

À mon feu oncle NYEMBO YA MAHINGU Edouard, pour tout ce qu'il a fait pour moi ;

À mon défunt grand-père KASINYA LUFUNJA, pour sa vision.

PRÉFACE

Mon jeune collègue, Jean Paul NYEMBO TAMPAKANYA, est un esprit perspicace.

Au travers de mes enseignements de Droit financier qu'il a suivi assidument un an durant comme étudiant et, ensuite pénétré en profondeur pendant quelques années en tant que mon Assistant, il a observé un vide, mieux, une lacune : l'absence dans la structure financière du pays d'un « marché des capitaux » ou, plus brièvement, d'un « marché financier », d'activités d'entreprises d'investissements, des organismes de placement collectif en valeurs mobilières « OPCVM », des sociétés d'investissement à capital variable « SICAV » et des prestataires des services d'investissement et, par suite, l'inexistence d'une législation globale ou des réglementations particulières y afférentes.

Cependant, il a eu à constater également l'existence des législations spécifiques portant sur les établissements de crédit, les coopératives d'épargne et de crédit, les entreprises de crédit-bail et celles d'assurance et d'un marché monétaire, interbancaire, réglementé.

Il a conséquemment opté de préparer sa thèse de doctorat en droit sur « l'organisation des marchés financiers en République Démocratique du Congo : pour l'instauration d'une bourse des valeurs mobilières », thèse qu'il a soutenue brillement et qui lui a permis d'obtenir le grade de Docteur en droit et d'être nommé professeur d'université.

Quelque temps après, le jeune professeur a eu la bonne idée de transformer sa thèse, pure œuvre universitaire, en un livre, document destiné à un public plus large : étudiants certes, chefs d'entreprises, banquiers surtout et en fin praticiens du droit que sont les magistrats et les avocats, et pour lequel il m'a fait l'honneur de lui écrire une préface.

Je conclus que chacun devrait accomplir sa part de travail. Jean Paul NYEMBO TAMPAKANYA a exécuté sa part : Il a jeté un pont pouvant permettre d'aller de la pauvreté à l'émergence tant attendue par les Congolais. Il appartient aux autorités compétentes d'accomplir la leur : la Banque Centrale du Congo pour commencer, le Gouvernement ensuite et, enfin, le Parlement, en extrayant de ce beau livre la *substantifique moelle*, autrement dit, la partie relative à la bourse des valeurs mobilières en vue d'en faire un texte de loi !

C'est là mon vœu ardent.

Lwamba Katansi,
Professeur Ordinaire à la Faculté de Droit de l'Université de Kinshasa

ABRÉVIATIONS ET SIGLES UTILISÉS

Art :	Article
BCC :	Banque Centrale du Congo ;
B.O :	Bulletin Officiel ;
Cie :	Compagnie ;
D.E.S :	Diplôme d'Etudes Supérieures ;
DSCRP :	Document de Stratégie de Croissance et de Réduction de Pauvreté ;
Ed. :	Edition ;
EIC :	État Indépendant du Congo ;
FASEG :	Faculté des Sciences Economiques et de Gestion ;
F.M.I :	Fonds Monétaire International ;
F.P.I :	Fonds de Promotion de l'Industrie ;
G3 :	Troisième graduat ;
Idem :	de même ;
I.N.S.S :	Institut National de Sécurité Sociale ;
IRES :	Institut de Recherches économiques et Sociales ;
J.O. :	Journal Officiel de la RDC ;
L1 :	Première année de Licence ;
L2 :	Deuxième année de Licence ;
N° :	Numéro ;
O.M.C:	Organisation Mondiale du Commerce ;
OPA :	Offre Publique d'Achat-d'Acquisition ;
Op. cit :	déjà cité ;
OPCVM :	Organisme de Placement Collectif des Valeurs Mobilières ;
p. :	page ;
pp. :	de page … à page…. ;
PNUD :	Programme des Nations Unies pour le Développement ;
PUC :	Presses Universitaires du Congo ;
PUF :	Presses Universitaires de France ;
PUZ :	Presses Universitaires du Zaïre ;
RDC :	République Démocratique du Congo ;
SCTP:	Société Congolaise des Transports et des Ports ;
SICAV :	Société d'Investissement à Capital Variable ;
SONAS :	Société Nationale d'Assurances ;
UNAZA:	Université Nationale du Zaïre ;
UNIKIN :	Université de Kinshasa ;
Vol. :	Volume.

INTRODUCTION

La bourse des valeurs mobilières, marché financier dont la maturité est de longue durée n'existe pas en RDC. Pourtant elle est, dans les pays d'Europe comme la France, un facteur de croissance et de développement économiques. Au regard des avantages de la Bourse des valeurs mobilières, notamment la liquidité et la transparence, il est impérieux que les pouvoirs publics de la RDC prennent une loi qui l'organise en complément du marché monétaire-interbancaire, le seul réglementé depuis 1957[1], pour mieux financer l'économie congolaise.

En effet, le financement des économies modernes se réalise efficacement grâce à la bourse et par le biais de marchés financiers interconnectés : les mouvements de capitaux devant se réaliser tant sur **le marché monétaire, le marché du crédit que sur le marché financier.** Ces marchés supposent la présence, d'une part, des agents à capacité de financement et, d'autre part, ceux qui en ont besoin[2]. Tous les agents économiques y expriment leurs offres ou leurs demandes.

À ce titre, nous pouvons paraphraser monsieur Maurice SCHLOGEL que les offres et les demandes des capitaux dans les économies d'aujourd'hui sont soit à court terme, soit à moyen terme, soit encore à long terme, selon le besoin pour lequel le financement est sollicité. Des connexions existent entre les divers marchés financiers eux-mêmes, dues au déplacement des offres ou des demandes de l'un à l'autre[3]. Les marchés financiers sont ainsi un facteur clé de la croissance économique. En fait, la demande globale qui s'exprime sur les marchés financiers est la résultante de celles qui émanent des agents économiques, à savoir les particuliers, les entreprises, l'État et l'extérieur[4].

La situation de la RDC est loin d'en arriver là. La problématique du financement de l'économie congolaise, au plan juridique, s'exprime en termes de l'absence d'organisation des marchés financiers sous la forme d'un modèle intégré basé sur des interrelations prévisibles et crédibles. Son marché est à court terme, par téléphone et non localisé. Et en l'absence d'une

---

[1] Le décret du 26 mars 1957 relatif à la Banque Centrale du Congo belge est le premier texte qui organise l'activité des banques et leur agrément par les pouvoirs publics par le canal de la BCC. Cette option est reprise après les indépendances et à ce jour par, d'une part, la loi n°003/2002 du 2 février 2002 relative à l'activité et au contrôle des établissements de crédit et, d'autre part, la loi n°005/2002 du 7 mai 2002 relative à la création, à l'organisation et au fonctionnement de la BCC

[2] MISHKIN FREDERIC et Consort, *Monnaie, banque et marchés financiers*, 8ème édition, Nouveaux Horizons, Paris, 2007, p. 3.

[3] SCHLOGEL Maurice, *Organisation et fonctionnement des marchés financiers*, Masson et Cie éditeur, Paris, 1969, p.3.

[4] SCHLOGEL Maurice, op cit, *p. 4.*

législation globale sur les marchés financiers, il n'existe que des législations spécifiques portant sur l'activité des établissements de crédit, des coopératives d'épargne et de crédit, des entreprises de crédit-bail et celles d'assurance. Par contre, l'activité et l'intervention des entreprises d'investissements, des organismes de placement collectif en valeurs mobilières « OPCVM », des sociétés d'investissement à capital variable « SICAV » et des prestataires des services d'investissement n'ont jamais été organisées en termes de marché particulier[5].

La RDC n'a pas légiféré sur la bourse des valeurs mobilières. Elle souffre ainsi d'un manque de législation idoine et d'un contrôle efficient de l'État sur les transactions financières.

Le manque de cette réglementation particulière à la bourse des valeurs mobilières en RDC appelle les pouvoirs publics à voir pourquoi la BCC n'a pas pu promouvoir le développement des marchés monétaires et des capitaux, une mission lui reconnue depuis son existence et lui confiée aux termes des dispositions de l'article 6 in fine de la loi de 2002 portant sa création, son organisation et son fonctionnement. Qu'elle s'est, au contraire, contentée de prendre des instructions et décisions, qui exécutent et explicitent la législation relative au marché monétaire, à court terme, jusque-là essentiellement interbancaire.

De même, les décideurs se doivent de comprendre pourquoi les différentes instructions et décisions prises par elle en la matière se caractérisent par des discriminations à l'égard des nationaux en ce qui concerne leur accès à la profession en tant qu'opérateur du secteur financier ; qu'est ce qui justifie le régime de change applicable aux sociétés titulaires des droits miniers et celles pétrolières d'exploitation-production dès lors qu'il occasionne la fuite des capitaux d'une part, et le manque des liquidités, d'autre part. Feu Professeur MBOYO EMPENGE ea LONGILA BB. Victor dirait même que c'est une législation extériste[6].

En effet, instruisant les banques en ce qui concerne les conditions d'agrément, la BCC instaure le principe 'd'actionnaire de référence' qui doit nécessairement être un groupement bancaire ou financier non industriel ou commercial[7]. Dès lors qu'actuellement tous les groupements financiers et bancaires appartiennent aux étrangers, aucun congolais, quels que soient ses revenus, ne peut être actionnaire majoritaire d'un établissement de crédit. Aussi, est-il regrettable de constater qu'avec un actionnariat majoritairement

---

[5] La loi n°003 / 2002 du 02 février 2002 relative à l'activité et au contrôle des établissements de crédit, celle n°002/ 2002 du 02 février 2002 portant dispositions applicables aux coopératives d'épargne et de crédit, la loi n °15/ 003 du 12 février 2015 relative au crédit-bail et celle n°15/005 du 17 mars 2015 relative aux assurances ne visent que les institutions bancaires créatrices de monnaie, les caisses d'épargne, les institutions financières non bancaires et les entreprises d'assurance.

[6] Le Professeur Ordinaire MBOYO EMPENGE ea LONGILA BB. Victor, dans le Cours de Droit Coutumier, qualifie d'extériste tout ce qui est négatif au développement du pays, à l'épanouissement heureux et harmonieux de l'Homme, du citoyen et résident et, particulièrement à la promotion du Droit Congolais et africain digne et objectif. Lire à ce sujet le Professeur MBOYO EMPENGE ea LONGILA BB Victor, *Traité de Doit Coutumier. Apologie de la coutume africaine*, Fascicule 1, Collections Intérisme, Extérisme et Développement « Bonkoko-Coutume », Kinshasa, 2004-2005, p.16 ; *Lettres ouvertes*, dans les mêmes collections, Kinshasa, 2005,p. 12.

[7] Article 5 de l'instruction n° 18 aux banques relative aux conditions d'agrément des banques et de leurs dirigeants ainsi que de modification de leurs situations statutaires.

étranger, dix-huit banques, quatre-vingt-dix coopératives, quarante-trois messageries financières et seize bureaux de change seulement ont été agrées, de par l'histoire, sur l'étendue du territoire[8].

Aussi, l'autorisation accordée par la BCC tant aux sociétés titulaires des droits miniers qu'à celles pétrolières d'exploitation-production à détenir dans les comptes à l'étranger les recettes de leur exportation et de ne rapatrier en RDC que les montants nécessaires à leur besoin de trésorerie organise la fuite des capitaux[9], qui occasionne l'état permanent de manque des liquidités.

S'il avait existé la Bourse des valeurs mobilières, tous ces inconvénients n'auraient pas fort probablement existés.

Considérant que les marchés sont, d'une part, interconnectés et d'autre part interdépendants, nous sommes obligés de conclure que l'inexistence de toutes les facettes des marchés financiers en RDC[10], est à la base de son sous-développement à tel point que les entreprises opérant en RDC sont obligées de recourir au marché parallèle, au secteur informel pour satisfaire à leurs besoins en capitaux de longue durée. Mais à quel taux ?

Ainsi, à notre avis, la nécessité de la bourse des valeurs mobilières est provoquée par les besoins de la croissance ordonnée de l'économie, une croissance réelle qui profite à la majorité de la population[11].

Bien plus, l'absence de l'organisation de la bourse des valeurs mobilières, entraine, par conséquent, le manque d'un contrôle efficient sur les transactions financières en RDC : il est constaté des banques mort-né, celles qui tombent en faillite dès le premier trimestre ou semestre et des banques qui octroient des crédits à des taux d'intérêts de plus de 30% ou tout au moins à 18% alors même que la BCC à un taux directeur de 2%. Il est prouvé que dans une organisation moderne le rôle des pouvoirs publics est voulu d'encadrement et de surveillance dans les marchés financiers. Les pouvoirs de contrôle et de régulation doivent être dévolus aux organes indépendants, structures dans lesquelles on retrouve les professionnels de la finance, les épargnants et les pouvoirs publics représentés par la Banque Nationale[12], les délégués du bureau du parlement et des plus hautes juridictions du pays[13]. Faisant le parallélisme avec le régime de l'autorisation des sociétés par actions abandonné en 2013, nous arrivons à conclure qu'outre sa mission première de protection de l'épargne, l'organe de contrôle devrait surveiller et organiser l'équilibre du marché. Ce dernier contrôle se rapproche davantage du contrôle d'opportunité que du contrôle de régularité.

---

[8] *BCC, liste des institutions financières agrées,* Direction de la surveillance des intermédiaires financiers, Siège, Kinshasa, août 2014.

[9] Les instructions n° 000574 et 000577 du 04 avril 2007 ont consacré, et ce pendant 8 ans, la pratique habituelle de la fuite des capitaux de la RDC. Cette politique pourtant néfaste pour le pays a été maintenue par la nouvelle réglementation de change du 25 mars 2014.

[10] Comme *les marchés financiers n'existent formellement que lorsqu'il y a des interconnexions entre le court terme, le moyen terme et le long terme, arrive à la conclusion que l'absence du moyen et long termes est à la base du sous-développement de la RDC.*

[11] BUKA eka NGOY et NYEMBO TAMPAKANYA, *Le fonctionnement du système bancaire en RDC, in* Cahiers Africains de Droits de l'Homme et de la Démocratie, n° 030, vol.1, octobre-décembre 2010, p. 481.

[12] DOV OGIEN, *Pratique des marchés financiers*, *op cit*, p. 3.

[13] COURET Alain, HERVE Le NABASQUE, COQUELET Marie Laure, GRANIER Thiery, DIDIER PORACCHIA, ARNAUD RAY NOUARD, ARNAUD RAYGROBELET et DAVID ROBINE, *Droit financier*, 2ème Ed. Dalloz, Paris, 2012, p. 200.

Ainsi, contrairement à la situation actuelle où la BCC, autorité d'émission des signes monétaires, est chargée de la régulation et de la réglementation des marchés[14], nous optons pour une régulation macro prudentielle qui est justifiée par le fait que les sociétés anonymes, qui sont les grands acteurs de la bourse, sont des multinationales qui se constituent en conglomérats financiers en diversifiant leurs activités économiques dans au moins plus de deux secteurs et dans plusieurs pays.

Il y a lieu de constater que par ses activités d'organe directeur du système actuel de financement, la BCC n'est pas parvenue à orienter et booster le développement. Cela est dû, d'une part, au fait qu'il y a un manque de volonté politique de la laisser fonctionner en toute indépendance telle que prévue par l'article 176 in fine de la constitution. Et, d'autre part, en prévoyant que les modalités de collaboration entre la BCC et le Gouvernement soient fixées par une convention, la loi n°005/2002 du 7 mai 2002 qui organise la BCC a ouvert une possibilité des manœuvres par lesquelles cette indépendance de la BCC devient sujet à caution, elle dépend des humeurs du Gouvernement en place. Souvent, la convention entre la BCC et le gouvernement a institué la tutelle du Ministre des Finances en ce qu'elle consacre, en ses articles 2 et 4, l'accord préalable et le suivi du Ministre des Finances. Ces accords et le suivi pourtant prévues pour l'exécution du mandat de caissier de l'État s'étend, dans la pratique, au fonctionnement global de la BCC.

Ces faiblesses de l'organisation des marchés évoquées font, en effet, que même si c'est depuis 1887 que le Congo Belge a connu un système monétaire légal et qu'il y a été déterminé la monnaie, en l'occurrence, le FRANC[15], et qu'en 1909 la première banque a ouvert ses portes dans le pays, à savoir « la Banque du Congo Belge »[16], l'économie est dollarisée avec un système bancaire qui n'est pas encore parvenu à couvrir toute l'étendue du territoire national par les activités usuelles des établissements de crédit. Le système bancaire ne permet pas à la population active d'accéder à ses services. Seulement 20% accède aux services bancaires[17] en raison d'1% pour tous les services et 19% spécialement pour le paiement de rémunérations[18]. Et en ce qui concerne le marché monétaire, le seul réglementé, la thésaurisation couvre plus de 300 % du budget de l'État, occasionnant ainsi un manque permanent de liquidités sur le marché, d'autant plus que le flux financier est insignifiant.

Dans pareille circonstance, nous concluons avec ARTUS Patrick que lorsque les banques accumulent des réserves tandis que les investisseurs institutionnels comme les ménages privilégient soit les actifs sans risque, soit les espèces, l'économie n'est pas loin de tomber dans le piège de la « trappe

---

[14] Articles 20 et 21 de la loi n° 005/2002 du 7 mai 2002 relative à la constitution, à l'organisation et au fonctionnement de la Banque Centrale du Congo, in *J.O*, numéro spécial, mai 2002.

[15] Par le décret du 27 juillet 1887, article 1er, le Roi Léopold II, Souverain de l'État Indépendant du Congo « EIC » a précisé que la monnaie de compte pour l'EIC est le Franc (voir ce décret dans le Bulletin Officiel de l'EIC, 1887, p. 194.

[16] *La Banque du Congo Belge était une société anonyme constituée à Bruxelles par acte du notaire SCHEYVEN en date du 11 janvier 1909.*

[17] BCC, situation journalière du 07 octobre 2014.

[18] Entretien accordé par le Premier ministre MATATA PONYO sur B. One TV le mardi 15 janvier 2013 à 21heures. Le Premier Ministre congolais fait allusion à la bancarisation de la paie des agents de carrière des services publics de l'État.

à liquidité »[19]. Cette situation a toujours caractérisé le fonctionnement des marchés en RDC, au point qu'ils posent problème.

De ce fait, il faut recourir à l'organisation d'une bourse des valeurs mobilières. Comment le faire pour résoudre les questions de manque des moyens financiers et d'une organisation moderne de financement de l'économie congolaise ? Quel peut être le type du contrôle à mettre en place ? Et quels sont les préalables à l'organisation desdits marchés ?

Pour y parvenir, cet ouvrage se propose d'analyser les marchés financiers dans le monde, en singularisant la situation en France avant de dégager les avantages et préalables ainsi que la condition nécessaire de l'instauration de la bourse des valeurs mobilières en RDC. D'où le plan suivant pour arriver à la proposition de la législation idoine du financement de l'économie de la RDC.

Ière partie : Analyse des marchés financiers.

Titre I. Définition, catégories et mode de fonctionnement des marchés financiers.

Chapitre 1. Définitions et catégories des marchés financiers.
Chapitre 2. Mode de fonctionnement des marchés financiers.

Titre II. Rôle des pouvoirs publics dans les marchés financiers et leur configuration dans le financement de l'économie en RDC.

Chapitre 1. Rôle des pouvoirs publics dans les marchés financiers.
Chapitre 2. Absence d'une organisation moderne des marchés en République Démocratique du Congo.

IIème partie : Avantages et conditions d'instauration d'une bourse des valeurs mobilières en République Démocratique du Congo

Titre I. Avantages de l'instauration d'une bourse des valeurs mobilières en RDC.

Chapitre 1. Marché boursier en tant que facteur de croissance.
Chapitre 2. Marché boursier en tant que lieu de négociation et d'intégration.

Titre II. Préalables et Condition de l'instauration d'une bourse des valeurs mobilières en RDC.

Chapitre 1. Préalables à l'instauration d'une bourse des valeurs mobilières.
Chapitre 2. La condition de la mise en place d'un cadre légal sur la bourse des valeurs mobilières

[19] ARTUS Patrick et VIRARD Marie-Paule, *La liquidité incontrôlable. Qui va maîtriser la monnaie mondiale ?* Pearson, Paris, 2010, p. 20.

PREMIÈRE PARTIE

Analyse des marchés financiers

Avec la globalisation de l'économie, les marchés financiers jouent un rôle de premier plan pour l'intégration et la coopération des économies des États modernes. Les marchés monétaires, du crédit et financiers comme ceux des obligations et des actions contribuent de façon décisive dans la promotion d'une plus grande efficacité économique à l'échelle planétaire[20].

Il est admis que la mondialisation économique évoque l'intégration croissante des économies dans le monde sans barrière, où tout est proche, accessible, où tout communique et où, par conséquent, les solidarités et les interdépendances s'accroissent[21]. L'augmentation des flux des capitaux entre pays renforce les relations entre États et a un impact sur les performances des économies nationales.

En effet, les activités sur les marchés financiers ont des conséquences directes sur la richesse individuelle, sur le comportement des entreprises et sur l'efficacité de l'économie de chaque pays[22]. C'est la raison pour laquelle les marchés financiers sont d'abord conçus en principe d'organisation. Ils sont devenus le moteur d'un système englobant qui détermine le niveau de vie des particuliers et leur pouvoir d'achat, le développement des entreprises, la croissance des économies, voire les politiques publiques et leurs moyens d'action[23]. Ainsi, leur existence doit résulter d'une loi afin de faire face aux rigidités de la concurrence pour standardiser les contrats et sécuriser les opérations qui s'y dénouent[24].

La RDC n'a jamais organisé, sous forme d'un marché particulier, le financement des grandes entreprises. Il se dégage dès lors qu'obtenir un financement reste un parcours de combattant en République Démocratique du Congo où l'informel fait la loi du marché.

Afin de mieux comprendre cette triste réalité à cette ère de la globalisation financière, il est nécessaire d'analyser les concepts relatifs aux marchés financiers, leur mode de fonctionnement et le rôle des pouvoirs publics avant de relever la configuration de la législation en RDC.

---

20 MISHKIN Fréderic et Consort, *Monnaie, Banque et Marchés Financiers*, 9ème Ed. Nouveaux Horizons, Paris, 2010, p.3.

21 NYEMBO TAMPAKANYA J P, Les effets de la mondialisation économique en RDC, *in* Cahiers Africains de Droits de l'Homme et de la Démocratie, n° 031, vol.1, janvier-juin 2011, p. 159.

22 MISHKIN Fréderic et Consort, *Monnaie, Banque et Marchés Financier, op. cit*, p. 21.

23 HERVE JUVIN, *Les marchés financiers. Voyage au cœur de finance mondiale*, Ed. D'organisation, Paris 2004, p.15.

24 DOV OGIEN, *Pratique des marchés financiers*, 2ème édition, op cit, p. 5.

TITRE I

Définition, catégories et mode de fonctionnement des marchés financiers

Avec la dernière crise financière qui s'est déclenchée en automne 2008, qualifiée de plus grave que le monde ait connu par sa brutalité, son amplitude et son extension géographique qui s'en sont suivies, et ses effets sur l'économie réelle, les médias sont revenus sur le concept « marchés financiers ». Beaucoup se demandent ce qu'il faut entendre par marchés financiers ? Certains sur le choix même des concepts « marchés de capitaux » ou « marchés financiers »[25]

La démarche spéculative a toujours suscité un malaise dans la société et dans le droit. Elle apparait cependant inhérente au marché, elle est de l'essence même du commerce. Spéculer, c'est prendre un risque de prix, c'est-à-dire acheter une chose aujourd'hui en espérant la revendre plus tard avec profit.

Les marchés financiers sont très nécessaires pour une croissance ordonnée de l'économie. De même, il est accepté que ces marchés étant interconnectés, aucun d'entre eux ne réagit de manière indépendante par rapport aux autres ; ce qui conduit aujourd'hui à parler de la globalisation des marchés financiers[26].

---

[25] *Une des difficultés du droit des marchés concerne la terminologie et, en particulier les distorsions existant entre la terminologie employée dans ce domaine et celle du droit civil ainsi que des économistes.*

[26] MERVILLE Anne-Dominique, *Droit financier*, Gaulino, Paris, 2011, p. 6.

CHAPITRE I

Définitions et catégories des marchés financiers

D'aucuns se posent la question de savoir si marché de capitaux signifie marché financier et souhaitent également connaître les différentes composantes et les acteurs qui y interviennent. L'expression marché financier est à prendre au sens le plus large et vise l'ensemble des marchés particuliers traditionnellement distingués[27].

Ainsi, il apparait nécessaire d'en donner d'abord la définition, et les différentes catégories avant de relever les titres qui y sont utilisés par la suite.

SECTION 1. DÉFINITION

Pour mieux définir les marchés financiers et mettre en exergue les différentes catégories, il est impérieux de dire ce qu'on entend par marché tout court afin d'en relever les particularités liées à leur mode de fonctionnement.

§1. Le marché en général

La définition du terme « marché » sera suivie de celle de deux autres éléments, « bien et service » qui expliquent son existence.

La racine du mot « marché » vient du latin mercatus qui signifie vente, négoce, achat. Le marché est un système économique d'échange[28]. Le concept de marché est défini comme le lieu de rencontre des offres et des demandes des biens ou des titres. C'est donc là que se fixe, si les conditions de libre concurrence sont respectées, le prix d'équilibre des produits[29]. C'est un endroit où se rencontrent des acheteurs et des vendeurs, les produits s'échangeant contre de l'argent[30]. Un marché est essentiellement une rencontre entre deux ou plusieurs agents économiques, leur permettant de confronter leurs intentions ; les uns cherchent à acquérir certains biens ou

---

[27] SCHLOGEL Maurice, *Organisation et fonctionnement des marchés financiers, op cit*, p.1.
[28] MERVILLE Anne-Dominique, *Droit financier*, Gaulino, *op cit*, p. 23.
[29] CAPUL Jean-Yves et GARNIER Olivier, *Dictionnaire d'Economie et des Sciences Sociales, op cit*, p.275.
[30] *Idem.*

services : ce sont les acheteurs ou demandeurs ; les autres viennent fournir ce dont ils disposent ou ce qu'ils ont produit : ce sont les vendeurs ou les offreurs[31]. La règle du jeu des rencontres entre demandeurs et offreurs sur les marchés est donc celle de l'échange. Chaque agent n'obtient ce qu'il achète que moyennant une contrepartie acceptée par celui qui le fournit ; et tout vendeur obtient, pour ce qu'il apporte ce que veulent bien lui payer les acheteurs. Etant dans une économie sociale de marché, la contrepartie est généralement exprimée en monnaie, et le rapport entre la somme de la monnaie et la quantité du bien ou service est appelé « prix ».

Tel que défini, un marché a les caractéristiques suivantes[32] :

- Les sujets de la rencontre : ils peuvent être nombreux sur certains marchés et quelques-uns sur d'autres. Ces sujets peuvent être des personnes physiques ou des personnes morales sous quelles que formes que ce soit ;
- L'objet de l'échange : un bien ou un service objet de l'offre ou de la demande ;
- L'information des demandeurs ou offreurs sur le prix pratiqué sur les marchés, sur les quantités disponibles ainsi que sur leur qualité afin d'orienter le comportement des agents ;
- La mobilité des agents pour la vente ou l'acquisition des biens et services fait que leurs comportements soient différents sur un marché donné. Un bien de même qualité peut être plus cher sur un marché où l'accès n'est pas aisé.

Connaissant le marché, qu'est-ce que nous pouvons retenir des concepts bien et service ? Beaucoup de législations confondent biens et droits patrimoniaux pour ne les avoir pas définis au préalable.

En Droit congolais, l'article premier de la loi foncière dispose que « *Les biens ou droits patrimoniaux sont de trois sortes : les droits de créance ou d'obligation, les droits réels et les droits intellectuels* ». C'est là que la doctrine arrive à la conclusion que toutes les choses ne sont pas considérées comme des biens. Le concept « bien » désigne les choses qui servent à l'usage de l'homme, qui ont pour lui une utilité et une valeur, c'est-à-dire des choses susceptibles d'être appropriées par l'homme en vue de satisfaire ses besoins ou de lui permettre d'acquérir, par leur valeur d'échange, d'autres choses répondant à ses besoins[33].

Le besoin est considéré comme tout ce qu'on désire pourvu que ce qui est désiré soit illimité en nombre, avec une capacité limitée de satisfaction et qu'on peut le substituer[34]. C'est le manque d'une chose utile, nécessaire et agréable[35].

Un bien est ainsi toute chose disponible que les hommes jugent apte à satisfaire directement ou indirectement un de leurs désirs[36]. Les économistes mettent l'accent sur l'utilité économique de la chose[37] qui est fonction de la

---

[31] KATO-KALE LUTINA, *Economie Politique*, Ed. Bémaf, Kinshasa, 2012, p. 46.
[32] Idem.
[33] KALAMBAY LUMPUNGU, *Droit civil. Régime Général des Biens*, vol. 1, PUC, Kinshasa, 1989, p. 26.
[34] KATO-KALE LUTINA, *Economie politique*, *op. Cit*, p. 25.
[35] BOFOYA KOMBA Beaujolais, *Economie politique*, L'Harmattan, Kinshasa, 2013, p. 13.
[36] KATO-KALE LUTINA, *Economie politique* op cit, pp. 25-26.
[37] BOFOYA KOMBA Beaujolais, *Economie politique*, op cit, p.16.

quantité du bien et de l'intensité du besoin à satisfaire pour déterminer sa valeur, son prix sur le marché. C'est là qu'on arrive à la conclusion que ce qui est rare est cher.

Le service par contre est toute prestation, à l'exclusion de celles fournies en exécution d'un contrat de louage de services ou d'apprentissage[38]. La lecture qui a été faite du marché, de la monnaie et du bien pousse à conclure qu'il faut admettre que le marché financier n'est pas un marché comme les autres. Les lignes qui suivent vont nous en dire davantage.

§2. Marchés des capitaux ou marchés financiers

Avant d'aborder l'analyse proprement dite, il est indispensable d'effectuer une mise au point concernant le concept « marchés financiers » et surtout le terme « financier » qu'il comporte. Le plus souvent, en effet, ce qualificatif « financier » désigne un marché bien particulier, celui des capitaux à long terme[39]. Cependant, **dans l'usage**, la doctrine réserve le qualificatif « financier » au domaine très vaste, ayant un sens plus extensif. L'expression « marchés financiers » doit être considérée au sens large. Il désigne l'ensemble de marchés traditionnellement distingués[40] : marché monétaire, marché du crédit et marché financier stricto sensu. Le marché financier diffère fondamentalement de deux précédents. Il met en jeu les deux situations corrélatives d'investissement et de long terme. Même si les manuels du droit des marchés parlent des marchés financiers dans les intitulés, ils reconnaissent que le marché à court terme est qualifié de monétaire et ils l'opposent au marché à long terme qu'ils qualifient, pourtant de « marché financier »[41]. De ce point de vue, lorsqu'il faut présenter l'essentiel des notions et des règles en vigueur sur l'ensemble des marchés de l'argent (monnaie sous toutes ses formes) une partie de la doctrine estime qu'il est plus approprié, pour éviter toute confusion, que le concept « marché de capitaux » soit utilisé, l'expression « financier » devant être réservé au seul marché à long terme[42].

Cependant, il est admis que les opérations qui se dénouent sur les marchés sont représentées par des titres, les instruments financiers. Ces instruments faisant l'objet de négociation sur les marchés ne sont pas tous réductibles à des telles notions. Aussi, le décloisonnement de ces marchés fait qu'on peut passer d'un marché à un autre sans solennité. Ainsi, le concept « marchés financiers » nous semble approprié pour exprimer les lieux de rencontre des offres et des demandes des titres financiers.

---

[38] Article 1 du décret-loi congolais du 20 mars 1961 sur les prix tel que modifié et complété par l'ordonnance-loi n° 83-026 du 12 septembre 1983.

[39] SCHLOGEL Maurice, *Organisation et fonctionnement des marchés financiers*, *op. cit*, p.1.

[40] Idem.

[41] Ce débat remonte à 1969. Les auteurs cités dans cette thèse opposent le marché monétaire qualifié de court terme, le marché de crédit considéré à moyen terme par certains, et considèrent de financier stricto sensu le marché à long terme. Il s'agit spécialement de Alain COURET et Consort, Thierry BONNEAU et France DRUMMOND, MERVILLE Anne-Dominique, Hervé JUVIN, LWAMBA KATANSI R., BAKANDEJA wa MPUNGU G., NZANDA-BUANA Kalemba M., DOV OGIEN, SCHLOGEL M., Gaston DEFOSE, BERGER Pierre.

[42] - AUCKENTHALER Franck, *Droit des marchés de capitaux*, L.G.D.J, Paris, 2004, p.2.
- MBOYO EMPENGE ea LONGILA BB. Victor, entretien nous accordé le 25 mars 2014.

De ce qui précède, chaque fois qu'on parle de **« marché financier » au singulier, dans cet ouvrage on fait allusion au marché de capitaux à long terme ; et le vocable « marchés financiers » au pluriel, vise toutes les catégories de marchés, telles que développées ci-dessous.**

Les marchés financiers ne sont pas à définir comme un marché des biens et services pour des raisons suivantes :

- D'abord, le marché dont question ici concerne les capitaux.

En effet, « les capitaux sont un ensemble des biens, monétaires ou autres, possédés par une personne ou une entreprise, constituant un patrimoine et pouvant rapporter un revenu »[43]. Il s'agit entre autres des sommes d'argent représentant l'élément principal d'une dette et produisant des intérêts. Le terme « capitaux » désigne, en ce sens, ce qui vise les opérations financières.

Le législateur congolais n'a pas défini l'opération financière ; nous allons nous inspirer de la position française pour en définir. La comptabilité française définit l'opération financière comme « celle qui modifie la position créancière ou débitrice des agents. Elle fait naître une créance et une dette, ou bien elle éteint une dette et la créance correspondante, ou bien encore elle consiste en la cession d'une créance existante, le débiteur restant inchangé »[44].

- Ensuite, ce marché exclut l'opération sur marchandises ou sur service ; il ne concerne que les opérations sur créances, qu'elles soient exigibles, à vue, à court terme ou à long terme. En effet, comme nous l'avons dit plus haut, les besoins sont limités en capacité de satisfaction, c'est-à-dire qu'une quantité définie de l'objet désiré suffit à le satisfaire ; la monnaie, chose désirée sur ce marché, n'est assouvie, au moins pour l'immense majorité des hommes. On n'entend pas dire que des individus refusent de l'or, de l'argent ou des billets de banque sous prétexte qu'ils en ont en quantité suffisante. Ce qui revient à dire que même si la monnaie est un bien intermédiaire, une richesse apte à satisfaire un nombre infini de nos besoins, le désir d'en avoir ne répond pas au caractère de « **satiabilité** » comme les autres biens[45].

- Enfin, les capitaux ne sont pas véritablement des marchandises.

Par rapport aux autres marchandises, l'argent possède deux évaluations forcément conflictuelles : le prix relatif de l'argent comme marchandise et la parité officielle de l'argent contenue dans les pièces de monnaie. Un bien ne peut pas valoir durablement deux valeurs, une pour le marché et l'autre pour les organes officiels qui ont fixé la valeur.

À partir de la définition de la monnaie par une loi et par rapport à deux métaux, l'or et l'argent, en 1803 en France et par rapport à un seul métal, l'or, en 1816 en Angleterre, la monnaie fut convertible, c'est-à-dire pouvait s'acheter ou se vendre contre une autre qu'elle soit en papier ou pas[46].

En effet, la France a défini, par sa loi du 20 mars 1803, sa monnaie « le Franc » : « Le Franc est un poids de Cinq grammes d'argent au titre de neuf cent millièmes d'or fin. Et la Grande Bretagne a défini sa monnaie « la livre

---

[43] CAPUL Jean-Yves et consort, *Dictionnaire d'économie et des sciences sociales*, op cit p. 30.

[44] Comptabilité Française, citée par SCHLOGEL Maurice, *Organisation et fonctionnement des marchés financiers*, Masson et Cie éditeur, Paris, 1969, p. 1.

[45] KATO-KALE LUTINA M.L., *Economie politique*, op cit, pp.26-27.

[46] LWAMBA KATANSI, *Cours de Droit financier*, G3 droit, UNIKIN, 2014-2015.

sterling » comme un poids de 372 grammes d'or fin. Il se conçoit dès lors que pour échanger l'une contre l'autre, l'opération va entraîner un coût qui, sans doute, modifie la valeur initiale de la monnaie visée[47].

De ce fait, l'offre et/ou la vente de capitaux doit se faire sur un marché particulier et obéir à des règles qui tiennent compte de sa finalité. Ainsi, les marchés régis par le droit financier moderne sont le lieu où s'effectuent les transactions, où se rencontrent les acheteurs et les vendeurs[48] ; c'est un lieu d'exécution des ordres[49].

Pour définir les marchés financiers, il faut se baser sur les opérations financières à y réaliser. Partant de la définition de l'opération financière donnée ci-haut qui démontre la diversité desdites opérations, nous partirons des analyses suivantes pour arriver à trouver la réponse à la question de savoir si marché financier signifie marché des valeurs mobilières ou de titres :

- avec l'explosion et la prolifération des cadres juridiques devant fixer les contours des valeurs mobilières dans les États, d'une part et la confusion qui règne entre « titre » et « instrument », d'autre part, définir les marchés financiers comme étant des marchés de titres financiers n'est donc plus satisfaisant tout comme les définir comme étant des marchés de valeurs mobilières. À l'origine, la notion de titre était étroitement liée à la matérialisation d'un droit par un papier. Et pourtant, les innovations financières consécutives à la globalisation des marchés ont dématérialisé les valeurs mobilières. Une simple écriture comptable peut changer la position d'un agent économique[50].
- les instruments financiers faisant l'objet de négociation sur les marchés financiers ne sont pas tous réductibles à des telles notions ; ils dépassent ce cadre et poussent à faire recours à la détermination de la finalité de la chose et non à la détermination de la nature de la chose elle-même.

De tout ce qui précède, il n'est pas aisé d'avoir une définition unique qui prend en compte la diversité des marchés financiers ; plusieurs définitions doivent être combinées. À ce titre, nous allons retenir seulement quelques-unes à partir desquelles nous serons en mesure de catégoriser les marchés financiers.

Le marché financier est le lieu de rencontre des offres et des demandes des titres[51].

Le marché financier est le lieu où s'effectue principalement le transfert des fonds depuis les agents économiques (ménages, entreprises, collectivités publiques) qui épargnent vers les agents économiques qui souhaitent

---

[47] Idem.

[48] CROZET Y., BELLETANTE B., GOMEZ P.Y, LAURENT B., *Dictionnaire de banque et bourse*, édition Armand Colin, Paris, 1993, p.V°.

[49] BONNEAU THIERRY et DRUMMOND FRANCE, *Droit des marchés financiers,* 3ème édition, op.cit, p.5.

[50] Article 94-II de la loi Française du 30 décembre 1981 citée par BAKANDEJA WA MPUNGU, *Droit Financier. Le droit de financement des investissements et des activités économiques à l'ère de* la *globalisation financière des marchés*, ORSDE, Kinshasa, 2003, p.22.

[51] CAPUL Jean Yves et GARNIER Olivier, *Dictionnaire d'Economie et des Sciences Sociales*, *op cit*, p. 275.

emprunter. C'est donc le lieu de transfert des fonds des agents qui en ont inemployés vers ceux qui en manquent[52].

Tel que défini, le marché financier sert d'intermédiaire entre les agents à capacité de financement, car leurs dépenses sont inférieures à leurs revenus, et les agents à besoin de financement, c'est-à-dire qui veulent dépenser plus que leur revenu.

On peut également le définir comme le lieu de rencontre entre une offre et une demande de capitaux. Il organise la collecte de l'épargne et son orientation vers les entreprises[53]. Le marché financier est aussi défini comme le marché d'instruments de financement et d'instruments financiers[54].

En France, l'article 3 de la loi du 2 juillet 1996 donne la liste des instruments financiers, à savoir :

- Les contrats financiers à terme sur tous effets, valeurs mobilières, indices ou devises, y compris les instruments équivalents donnant accès à un règlement en espèce ;
- Les contrats à terme sur taux d'intérêt ;
- Les contrats d'échange ;
- Les contrats à terme sur toute marchandise et denrée ;
- Les contrats d'option d'achat ou de vente d'instruments financiers ;
- Tous autres instruments de marchés à terme.

Le terme « de financement » recouvre l'ensemble des moyens financiers que doivent se procurer les agents économiques et plus spécialement les entreprises pour leur création, leur fonctionnement et leur développement. Tous les instruments de financement négociables sur les marchés financiers, quelles que soient les catégories et les sous-catégories se caractérisent par le fait que leur négotium consiste en un financement.

Actuellement, le marché de l'argent se définit par rapport au titre financier[55]. C'est dans cette mesure que toute organisation d'achat ou de vente des capitaux est qualifiée de marché financier. Mais cela n'enlève en rien les particularités réservées à chaque type de marché.

Quelle que soit sa taille, l'entreprise doit toujours résoudre la même équation financière : il faut trouver les ressources pour faire face aux besoins. Mais si les petites, voire les moyennes entreprises ont surtout recours aux établissements de crédit pour se financer, les grandes entreprises ont la possibilité de se retourner vers les marchés financiers, ceux à long terme, pour faire appel public à l'épargne[56].

De toutes ces définitions, il est à retenir les éléments suivants pour tout marché financier :

- Les épargnants ;
- Les emprunteurs ;
- Une épargne disponible ;
- Un cadre organisationnel.

[52] DOV OGIEN, *Pratique des marchés financiers*, op. cit, p. 7.

[53] BAKANDEJA WA MPUNGU, *Droit Financier. Le droit de financement des investissements et des activités économiques à l'ère de la globalisation financière des marchés*, ORSDE, Kinshasa, 2003, p.24.

[54] PELTIER (F) et DOMPE M. N., *Le droit des marchés financiers*, PUF, Paris, 1998, p. 10.

[55] BONNEAU THIERRY et DRUMMOND France, *Droit des marchés financiers*, 3ème édition, op. cit, p.94.

[56] PELTIER (F) et DOMPE M. N., *Le droit des marchés financiers, op cit,* p.10.

À partir de ces définitions, il nous est possible de catégoriser les marchés financiers.

SECTION 2. CATÉGORIES

Les marchés financiers se caractérisent par leur diversité[57]. L'expression « marché financier » doit être considérée au sens large. Il désigne l'ensemble de marchés traditionnellement distingués[58] : marché monétaire, marché du crédit et marché financier stricto sensu. Cette subdivision est basée sur le critère matériel, c'est dire, tient compte des opérations y réalisées et l'échéance du terme. C'est la première façon de distinguer les marchés en s'appuyant sur la maturité des titres qui y sont échangés. Il y a un autre critère de distinction qui prend en considération l'organisation des marchés. Ce critère retient ainsi les marchés réglementés et ceux de gré à gré. Il peut également être pris en compte les titres diffusés dans le public. Et là on retient les marchés primaires à l'opposé des marchés secondaires.

§1. La distinction fondée sur le critère matériel

Cette distinction est basée sur la durée des opérations. Selon ce critère, le marché financier désigne l'ensemble de marchés monétaire, du crédit et financier[59]. Certains auteurs par contre distinguent marché financier et marché monétaire, la première catégorie visant le marché de l'argent à moyen et long terme, et la seconde qui est le marché de l'argent à court terme[60]. D'autres rangent dans le marché monétaire les opérations portant sur les capitaux à court ou moyen terme[61].

En effet, une fois constituées, les disponibilités s'expriment fatalement sous une forme première, espèces ou solde créditeur d'un compte par exemple ; elles ne deviennent épargne entrant dans le circuit du marché qu'au moment où leur détenteur décide de leur sort. L'épargnant a ici le choix entre différentes possibilités regroupées sous le vocable « emploi ». La décision à prendre dans ce cas est fonction de ses objectifs et préférences personnels qui se rattachent à trois préoccupations essentielles :

– L'épargnant peut, en effet, rechercher avant tout le rendement le plus substantiel ;

57 HERVE JUVIN, *Les marchés financiers. Voyage au cœur de finance mondiale*, Ed. D'organisation, *op cit*, p.123.
58 SCHLOGEL Maurice, *Organisation et fonctionnement des marchés financiers*, op cit, p. 1.
59 Idem.
60 - BONNEAU THIERRY et DRUMMOND France, *Droit des marchés financiers,* 3ème édition, op. cit, p.7 ;
- DOV OGIEN, *Pratique des marchés financiers*, *op. cit*, p. 3 ;
- BONNEAU Thiery, *Droit bancaire*, Montchrestien, Paris, 2001, p. 70 ;
- MISHKIN Fréderic et Consort, *Monnaie, banque et marchés financiers*, op. Cit. p ; 35
- HERVE JUVIN, *Les marchés financiers. Voyage au cœur de finance mondiale*, Ed. D'organisation, *op cit*, pp.123-127 ;
- COURET Alain, HERVE Le NABASQUE, COQUELET Marie Laure, GRANIER Thiery, DIDIER PORACCHIA, ARNAUD RAY NOUARD, ARNAUD RAYGROBELET et DAVID ROBINE, *Droit financier*, 2ème Ed. Dalloz, *op cit*, pp. 31-36 ;
61 AUCKENTHALER Franck, *Droit des marchés des capitaux*, op cit, p. 7.

- Il peut aussi désirer en premier lieu la liquidité de l'emploi, c'est-à-dire le moyen de retrouver aisément la disposition des capitaux placés ;
- Il peut enfin préférer la sécurité de cet emploi, à savoir l'assurance de récupérer au moins le capital d'origine non seulement en valeur nominale mais si possible en pouvoir d'achat.

Dans les lignes qui suivent, nous allons relever les traits caractéristiques de chacune de ces catégories de marché financier.

1. Le Marché monétaire

Pour mieux traiter de la question, nous allons, dans l'ordre, définir, donner la composition et énumérer les instruments utilisés dans le marché monétaire.

A. La définition

Le marché monétaire est celui sur lequel les organismes de toute nature intervenant dans les mouvements de capitaux viennent se procurer de la trésorerie avec ou sans le concours des autorités monétaires[62]. C'est l'un des marchés sur lequel seuls les instruments à court terme sont échangés. Il s'agit des instruments dont l'échéance originelle est inférieure à un an[63].

La caractéristique principale de ce marché c'est que sur ce marché les dettes concernées par les titres sont directement échangées contre monnaie, contre les espèces. Ce marché fonctionne largement par l'échange des titres négociables, mais peut aussi comporter des prêts directs, spécialement entre institutions financières. Le fait que les instruments à court terme sont, en général, beaucoup plus échangés sur les marchés financiers que les autres, rend souvent le marché monétaire plus liquide.

Il convient de préciser à ce stade que même si dans le marché monétaire les instruments négociables font l'objet d'échanges très largement, sans considération des frontières, il n'en reste pas moins que chaque instrument est créé dans le cadre d'une réglementation nationale qui définit en particulier les recours juridiques possibles pour ceux qui l'échangent. Depuis toujours, chaque État met en place le cadre juridique nécessaire à l'échange des monnaies : c'est le droit des changes ou la réglementation des changes.

Cette réglementation se traduit par des mesures de restriction à la liberté de paiements internationaux afférents, principalement aux transactions commerciales internationales.

Concrètement, on peut dire que c'est l'ensemble des règles qui soumettent au contrôle des pouvoirs publics tous les mouvements des capitaux, des biens ou des valeurs susceptibles d'affecter les ressources de l'État.

C'est dans ce cadre que les importations et les exportations, qui impliquent nécessairement deux États, pour ce qui concerne le règlement de la transaction, sont soumises à l'obligation de domicilier les opérations auprès des intermédiaires financiers agréés. Il s'agit, d'une part, de

---

62 SCHLOGEL Maurice, *op cit*, p. 1.
63 MISHKIN Fréderic et Consort, *op. cit*, p. 35.

l'obligation faite à tout vendeur ou acheteur à l'étranger de passer par le système bancaire pour régler les transactions, en choisissant une banque devant servir d'intermédiaire pour la réalisation de son opération ; et d'autre part, la soumission des règlements et transferts de toute nature effectués avec l'étranger à l'autorisation des autorités investies du pouvoir de contrôle.

Cette autorisation s'obtient par la souscription des documents de change appelés « Licences » auprès d'une banque agréée avec des déclarations auprès de certains services de l'État chargés de contrôler les mouvements des importations et exportations[64]. Ce qui permet à l'exportateur d'être rassuré du paiement de l'importateur et à l'État de faire la comparaison entre la valeur des marchandises déclarées en douane et expédiées et la rentrée des capitaux correspondants. La domiciliation permet également de vérifier a posteriori si l'exportateur a satisfait à l'obligation de rapatrier les devises provenant de la vente des marchandises[65].

Comment est composé ce marché ?

B. La composition

Le marché monétaire comprend le marché interbancaire et le marché des titres de créance négociables[66]. Le premier compartiment est réservé aux professionnels de la finance et le deuxième reste ouvert à tous les agents économiques. En RDC, le fonctionnement du deuxième volet du marché monétaire pose problème[67] car rarement utilisé.

Le marché interbancaire

Le marché interbancaire est dominé par les opérations au jour le jour effectuées de gré à gré et sans garantie par les établissements de crédit. Il s'agit, en RDC, des banques, des coopératives d'épargne et de crédit, des caisses d'épargne, des institutions financières spécialisées, de sociétés financières[68] et dans certaines mesures de la BCC.

En France, le marché monétaire est réservé[69] :

- Aux établissements de crédit, notamment les banques, les institutions d'épargne, les institutions financières spécialisées et les sociétés financières ;
- Aux entreprises d'investissements ;

---

[64] BAKANDEJA wa MPUNGU (G), *Droit du Commerce international. Les peurs justifiées de l'Afrique face à la mondialisation des marchés*, De Boeck, Bruxelles, 2001, pp. 152 et 153.

[65] Garanties Bancaires dans les Contrats Internationaux, colloque de Tours des 19 et 20 juin 1980, éd. du Moniteur, Paris, 1980, p. 18.

[66]-DOV OGIEN, *Pratique des marchés financiers*, *op. cit*, pp. 3-5.
- SCHLOGEL Maurice, *Organisation et fonctionnement des marchés financiers*, *op cit*, p. 22.
- MISHKIN Fréderic et Consort, *Monnaie, banque et marchés financiers*, *op. cit*, p. 36.
- MERVILLE Anne-Dominique, *Droit financier*, *op cit*, p. 29.

[67] En RDC, on recourt de moins en moins à cette technique de l'émission des titres financiers à laquelle on a pourtant recouru pendant la période de crise et lors de la guerre d'agression, notamment en 1984-1986, 1993-1995 et 1999, conformément à la convention signée entre la BCC et le Gouvernement représentés par son Gouverneur pour la première citée et le ministre des finances pour le second, le 27 mars 1984.

[68] Articles 1 et 2 de la loi n 003 /2002 du 02 février 2002 relative à l'activité et au contrôle des établissements de crédit, in J.O, 43ème année, numéro spécial, Kinshasa, mai 2002.

[69] Voir le code monétaire et financier Français commenté, Ed. Dalloz, Paris, 2014.

- Aux institutions non assujetties à la loi bancaire comme le Trésor Public, la Banque de France, la poste, la caisse des dépôts et consignations ainsi que les institutions d'émission[70].

Les institutions financières diffèrent généralement d'un pays à un autre pour un grand nombre de raisons, notamment la taille et la complexité des économies, les technologies disponibles, de même que les différences historiques, politiques et culturelles. Ces institutions changent aussi au fil de temps. Mais les banques sont aujourd'hui les plus anciens et les plus gros des acteurs sur le marché monétaire.

La plupart des banques ont au moins deux fonctions : elles prennent de l'argent en dépôt et consentent des prêts[71]. Cependant, il faut le savoir, dans la plupart des pays d'Europe, contrairement aux États Unis, les banques sont des intermédiaires financiers qui proposent quasiment tous les services financiers possibles : des prêts, des dépôts, des interventions sur les marchés financiers, des contrats d'assurance, des placements[72].

Grâce à cette fonction d'intermédiaire, c'est à partir des opérations au jour le jour et sans garantie, qualifiées d'opérations « en blanc » réalisées par les plus grandes banques qu'est quotidiennement établi le taux de référence du marché monétaire.

Outre ces opérations « en blanc », les opérations interbancaires s'effectuent aussi de manière croissante sous forme de pension livrée s'appuyant sur les valeurs du Trésor. Ce marché est très sensible aux besoins de crédit des banques et le taux qui y règne est un indicateur de l'état du marché monétaire.

Pour que le marché fonctionne normalement, il est recommandé aux banques qui sont dans le besoin d'avoir suffisamment des dépôts à la Banque centrale pour couvrir leurs obligations légales[73] et permettre que cette dernière ait des marges de manœuvres pour contrôler l'évolution de crédit ou des prix d'actifs[74].

Les établissements de crédit, en tant qu'entreprises, se doivent de gérer la liquidité bancaire en modifiant le profil de trésorerie résultant des opérations avec la clientèle. Ils peuvent l'orienter vers la micro finance et d'autres emplois productifs[75].

---

[70] MERVILLE Anne-Dominique, *Droit financier*, *op cit*, p. 29.

[71] En RDC, l'article 1 de la loi n°003/2002 relative à l'activité et au contrôle des établissements de crédit ajoute aux deux missions (dépôts et prêts) une troisième, les opérations de paiement et la gestion des moyens de paiement.

[72] ZVI BODIE, ROBERT MERTON, CHRISTOPHE THIBIERGE, *Finance*, 3ème éd. Nouveaux Horizons, Paris, 2011, p. 60.

[73] DEKEUWER DEFOSSEZ F., MOREIL Sophie, *Droit bancaire. Les cadres juridiques de l'activité bancaire, les mécanismes juridiques des opérations bancaires*, 10ème Ed. Dalloz, Paris 2010, p. 22.

[74] ARTUS Patrick et VIRARD Marie-Paul, *La liquidité incontrôlable. Qui va maîtriser la monnaie mondiale ?*, *op cit*, p. 49.

[75] BOYE Sébastien, HADJENBERG Jérémy et POURSART Christine, *Le guide de la micro finance. Microcrédit et épargne pour le développement*, Nouvelle Ed. Eyrolles, Paris, 2009, p.295.

Le marché des titres de créance négociables

À partir des années 1980, le financement de l'économie est assuré par l'émission des titres plutôt que par le crédit bancaire. En France, l'existence de ces supports accessibles à tous les investisseurs est une innovation qui remonte à 1985 par le règlement n°97-05.

En dépit de l'interdiction de la rémunération des dépôts, les détenteurs des dépôts ont de plus en plus arbitré leur position vers des instruments présentant une rémunération, tout en restant suffisamment liquides et sûrs[76].

Le besoin de refinancement a ainsi ralenti les dépôts dans les banques, les intervenants sur le marché interbancaire souhaitant acheter ou vendre des titres pour parer à l'instabilité des taux d'intérêt[77]. En plus de la gestion des liquidités, les intervenants sur le marché interbancaire sont obligés de réaliser des opérations de marché ; les établissements de crédit devant emprunter ou placer en vue d'équilibrer le solde des opérations avec la clientèle et des opérations de marché.

Contrairement à la catégorie précédente, c'est sur ce marché qu'interviennent certains titres émis pour couvrir des besoins de financement à court terme à moins d'un an. Les intervenants sur ce marché sont tous les agents économiques.

C. Les instruments utilisés

Généralement, les instruments suivants sont utilisés sur le marché monétaire[78]: le bon du Trésor, la mise en pension, les certificats de dépôt, les billets de trésorerie, les accords de swaps de taux et les acceptations bancaires. Avant de les analyser, il est à retenir que du fait de leur échéance rapprochée, les instruments échangés sur le marché monétaire voient leur prix varier modérément et sont les moins risqués des instruments utilisés sur les marchés financiers.

Les bons du Trésor

Dans tous les pays, les titres des dettes publiques à court terme sont un instrument important du marché monétaire. En effet, ils sont considérés comme sans risque car les Gouvernements ne peuvent pas faire défaut de paiement dans la mesure où ils peuvent toujours augmenter les impôts pour payer leurs dettes[79].En France, des bons de trésor de 3 mois à 1 an sont régulièrement émis pour des montants qui se sont fortement élevés, depuis la crise, entre 12 et 20 milliards d'Euros en 2005 et 2006, mais 40 milliards en janvier 2010[80].

C'est dans le cadre de la mise en œuvre de la politique monétaire qu'une Banque centrale développe ces actions pour influencer le niveau de l'activité économique et maintenir la stabilité des prix grâce à la régulation de la

---

[76] DOV OGIEN, *Pratique des marchés financiers, op. cit*, pp. 38-49.

[77] Il est admis que la question de rentabilité des placements est au centre de la décision d'investissement (lire à ce sujet : FARBER A. et Consort, op cit, D'ARVISENET P., op cit, ZVI BODIE et Consort, *op. cit,* MISHKIN F. et consort, *op. cit.*).

[78] MISHKIN Fréderic et Consort, *Monnaie, banque et marchés financiers, op. cit*, p. 36.

[79] SCHLOGEL Maurice, *Organisation et fonctionnement des marchés financiers*, *op. cit.*, p. 28.

[80] MISHKIN Fréderic et Consort, *Monnaie, banque et marchés financiers, op cit,* p. 36.

quantité et du coût de la monnaie. La politique monétaire doit permettre à une économie de disposer des liquidités nécessaires à son bon fonctionnement et à sa croissance équilibrée[81]. Cette action des autorités monétaires s'inscrit dans la démarche générale des gouvernements qui visent le plein emploi et l'équilibre de la balance des paiements, tout en préservant la stabilité des prix et le taux de change de la monnaie[82].

La mise en pension.

C'est la technique qui consiste en l'échange des titres contre des fonds pour une période déterminée ; c'est-à-dire que c'est une opération par laquelle le cédant vend des valeurs moyennant une contrepartie, les deux parties s'engageant à effectuer l'opération inverse à une date déterminée. La quasi-totalité de ces opérations se réalise pour une durée inférieure ou égale à la semaine, et très souvent au jour le jour[83].

Il reste vrai, cependant, que les principaux prêteurs sur ce marché sont les entreprises qui y emploient leur trésorerie disponible et les emprunteurs sont les banques.

Les certificats de dépôt

Les certificats de dépôt sont des titres à court terme émis par les établissements de crédit et détenus par des agents financiers ou non financiers, notamment les entreprises, les fonds de placement monétaire, les agences gouvernementales, etc. Ces titres sont souvent émis pour une durée de 1 à 3 jours[84].

Les billets de trésorerie

Les billets de trésorerie sont des titres à court terme émis par des entreprises autres que les établissements de crédit et rémunérés par un intérêt fixe ou variable. Ce marché, là où il est organisé comme en France, reste encore trop étroit[85].

Les accords de swaps de taux

Ce sont des accords conclus entre deux institutions financières dans le but d'échanger des paiements périodiques liés aux taux d'intérêts, dans la même

---

[81] MUKUNDI NYEMBO KAHUMBA E., *Politique monétaire et intermédiation financière en République Démocratique du Congo : Analyse de modifications du taux directeur de la Banque Centrale du Congo sur les activités des banques créatrices de monnaie*, Thèse de doctorat en sciences économiques et de gestion, UNIKIN, 2013, pp.16 et 17.

[82] DOV OGIEN, *Pratique des marchés financiers, op. cit,* p. 19.

[83] - MISHKIN Fréderic et Consort, *Monnaie, banque et marchés financiers, op. ci.t,* p. 37.
- DOV OGIEN, *Pratique des marchés financiers, op. cit*, p. 40.

[84]- MISHKIN Fréderic et Consort, *Monnaie, banque et marchés financiers, op. ci.t,* p. 38.
- DOV OGIEN, *Pratique des marchés financiers*, op cit, p. 42.

[85] Idem. En RDC, on recourt de moins en moins à cette technique de l'émission des titres financiers. On peut signaler le recours à ce mode de financement pendant la période de crise et de guerre d'agression, notamment en 1999, conformément à la convention signée entre la BCC et le Gouvernement représentés par son Gouverneur pour la première citée et le ministre des finances pour le second, le 24 mars 1984.

monnaie. Cet échange peut concerner un taux fixe contre un taux variable, ou un taux variable contre un taux variable basé sur un indice différent. Comme les autres instruments du marché monétaire, il permet aux banques d'ajuster finement leur actif et leur passif en termes de maturité et de risques[86].

Les acceptations bancaires

Ce sont des ordres de paiement d'une entreprise acceptés par leurs banques, par lesquels les banques garantissent le paiement si les entreprises concernées ne paient pas à l'échéance. Dans le commerce international moderne, la banque peut accorder à l'ordre de l'exportateur, aux différents stades de l'opération commerciale, les garanties différentes[87] :

- la garantie de soumission ou d'offre ;
- la garantie de remboursement d'acompte ;
- la garantie de bonne exécution ;
- la garantie de retenue.

Cette garantie facilite l'accès aux marchés financiers étrangers où la signature d'une grande banque a plus de chances d'être reconnue que celle d'une entreprise.

Avec l'évolution des différents titres développés ci-haut, les acceptations bancaires ont vu leur rôle décroître dans le financement du commerce international.

2. Le Marché du crédit

Afin de mieux comprendre cette catégorie des marchés financiers, il convient d'en dégager la définition et les traits caractéristiques.

A. La définition

Le marché du crédit englobe une multitude d'opérations à moyen terme qui s'expriment toutes en échange dans le temps[88].

B. Les caractéristiques

Le marché du crédit est le marché à moyen terme dont la maturité va d'une année à dix ans. La visée est d'obtenir des fonds sur le marché pour un temps plus ou moins long. Les prix des titres qui circulent sur ce marché fluctuent plus que sur le marché monétaire et ils constituent des placements plus risqués. C'est sur le marché de crédit que le commerce trouve les moyens de son expansion et que l'entreprise obtient les fonds nécessaires au financement de son cycle de production. Ce marché joue le rôle de plus en plus important dans la vie même des particuliers en leur assurant les moyens

---

[86]- D'ARVISENET P., *Finance internationale*, 2ème Ed., op cit, pp. 170-173 ;
- MISHKIN Fréderic et Consort, *Monnaie, banque et marchés financiers, op cit*, p. 38.

[87] Garanties Bancaires dans les Contrats Internationaux, colloque de Tours des 19 et 20 juin 1980, éd. du Moniteur, Paris, 1981, p. 35.

[88] SCHLOGEL Maurice, *Organisation et fonctionnement des marchés financiers*, op cit, p.3.

d'obtenir plus vite et plus complètement la satisfaction de leurs besoins les plus divers[89]. Sur ce marché, comme on le constate, interviennent tous les agents économiques à la seule différence que le recours aux liquidités intervient dans une proportion plus faible que sur le marché monétaire.

3. Le marché financier, marché à long terme

Le marché financier est la dernière catégorie des marchés financiers. Qu'est ce qui le différencie de deux catégories précédentes, quels sont les instruments utilisés sur ce marché ?

A. La définition

Avant d'aborder l'analyse proprement dite, il est indispensable d'effectuer une mise au point concernant le concept « marché financier » et surtout le terme « financier » qu'il comporte.

Le plus souvent, en effet, ce qualificatif « financier » désigne un marché bien particulier, celui des capitaux à long terme[90].

Le marché financier diffère fondamentalement de deux précédents. Il met en jeu les deux situations corrélatives d'investissement et de long terme. Cependant, **dans l'usage**, la doctrine réserve le qualificatif « financier » au domaine très vaste, ayant un sens plus extensif.[91].

Qu'ils aient leur source dans l'épargne créatrice des particuliers ou, très exceptionnellement, dans l'épargne publique, c'est sur ce marché que se concentrent et s'engagent les capitaux disponibles pour les immobilisations de plus longue durée[92] ; c'est-à-dire que c'est sur ce marché que les unités monétaires épargnées vont être concentrées et orientées vers les emplois où elles sont en principe immobilisées pour une longue durée qui dépasse dix ans[93]. C'est donc un lieu de rencontre de trois catégories d'agents[94] : les agents en excédent des ressources financières, ceux en besoin de financement et les intermédiaires financiers qui servent d'interface aux deux types d'agents précédents.

B. Les instruments utilisés

Ce marché également appelé marché des actions et des obligations, donne lieu à trois catégories de titres[95] :

- **Les titres de capital, divisés en actions ordinaires et actions de préférence**[96]. Ce sont des titres de propriété émis par des sociétés

---

[89] SCHLOGEL Maurice, O*rganisation et fonctionnement des marchés financiers*, *op. cit* p. 1.
[90] Idem.
[91] Des nombreux auteurs cités dans cette thèse opposent le court terme, qualifié de monétaire, au moyen et long terme qu'ils considèrent de financier stricto sensu. Il s'agit spécialement de : SCHLOGEL Maurice, MERVILLE Anne-Dominique, DUMAS André, CAPUL Jean Yves et consort, BONNEAU THIERRY et DRUMMOND France, COURET A et Consort, ZVI BODIE et Consort, DOV OGIEN.
[92] MERVILLE Anne-Dominique, *Droit financier*, *op cit*, 23.
[93] SCHLOGEL Maurice, O*rganisation et fonctionnement des marchés financiers*, *op. cit,* p. 3.
[94] DUMAS André, *L'Economie Mondiale. Commerce-monnaie-finance*, 2ème Ed., *op. cit,* p. 115.
[95] CAPUL Jean Yves et Consort, *Dictionnaire de l'Economie et des Sciences Sociales*, *op. cit*, pp.275-276.

commerciales qui donnent accès à leur capital[97]. Le marché des actions est un facteur important pour les décisions d'investissements des entreprises puisque le prix des actions a un impact sur le montant des fonds qu'elles peuvent lever en vendant des actions récemment émises dans le but de financer les dépenses d'investissement[98].

Les actions sont des droits sur les revenus et sur l'actif de la société qui les a émises. Le montant des actions existantes est très important[99];

• **Les obligations**, qui sont des emprunts émis par les sociétés par actions ou les entreprises et l'État pour financer leurs investissements à moyen et long terme. Il s'agit d'un titre de dette qui promet des paiements périodiques sur une durée déterminée[100]. Les obligations sont des titres négociables qui, dans une même émission, confèrent les mêmes droits de créance pour une même valeur nominale[101]. Le marché obligataire est particulièrement important pour l'activité économique parce qu'il permet aux entreprises ou aux gouvernements d'emprunter pour financer leurs activités à moyen et long terme[102]. Nous avons ainsi les obligations d'État, les obligations privées et les obligations hypothécaires.

Obligations d'État

Dans la plupart des pays, les obligations émises par les États pour financer les déficits budgétaires représentent une partie importante du marché des capitaux. C'est d'ailleurs autour des titres publics que des marchés secondaires organisés sont apparus, les premiers en Italie dès la renaissance[103].

Les obligations publiques sont largement détenues par les institutions financières gérant de l'épargne à long terme. Des institutions publiques et quasi publiques (collectivités locales) émettent également des obligations à long terme qui sont explicitement ou implicitement garanties par les États et ont donc des caractéristiques proches de celles des obligations publiques. Aux États-Unis, les émissions des États fédérés et des municipalités (nommées municipal bonds) sont exonérées d'impôt ; ce qui leur assure une clientèle importante et leur permet d'emprunter à des taux particulièrement bas[104]. Notons avec le Vice-Doyen NZANDA-BUANA Kalemba que l'endettement comme instrument de politique économique ne fait pas

---

[96] - BONNEAU THIERRY et DRUMMOND France, *Droit des marchés financiers*, *op. cit*, pp.118-122.
- MERVILLE Anne-Dominique, *L'essentiel du Droit Financier*, *op. cit*, pp.29-31.

[97] COURET A et Consort, *Droit financier*, *op. cit.*, pp. 239-268.

[98] - ZVI BODIE et Consort, *Finance*, *op. cit*, p. 272 ;
- DOV OGIEN, *Pratique des marchés financiers*, *op. cit*, pp.87-89.

[99] SCHLOGEL Maurice, O*rganisation et fonctionnement des marchés financiers*, *op. cit.*, p.11

[100] L'emprunteur est celui qui émet l'obligation, les prêteurs sont ceux qui la détiennent et sont appelés obligataires. La périodicité de paiement des intérêts d'une obligation est plus souvent annuelle en France et trimestrielle ou semestrielle aux États Unis (voir JONATHAN B. et Consort, *Finance d'entreprise*, *op. cit*, p. 232).

[101] DOV OGIEN, *Pratique des marchés financiers*, *op. cit.*, p. 64.

[102] -MISHKIN Fréderic et Cie, op cit, p. 1 ; -COURET A et Cie, *Droit financier*, *op. cit*, pp 412-442.

[103] MISHKIN Frederick et Consort, *Monnaie, banque et marchés financiers*, *op. cit.* p.38.

[104] MISHKIN Fréderic et Consort, *Monnaie, banque et marchés financiers*, *op. cit*,p. 40.

l'unanimité, dans la mesure où il peut avoir un effet inflationniste. Mais la capacité d'une nation à rembourser sa dette publique a finalement plus d'importance que son niveau d'endettement[105].

Obligations privées[106]

Les entreprises qui bénéficient de bonnes évaluations (rating) peuvent émettre des obligations à long terme. La plupart des obligations versent deux coupons d'intérêt par an et sont remboursées à l'échéance. Les obligations convertibles ont comme particularité de permettre à leur détenteur de les convertir en un nombre déterminé d'actions de l'entreprise émettrice[107]. Cela les rend attractives aux investisseurs qui espèrent une hausse du cours des actions leur permettant d'exercer cette option avec profit.

Obligations hypothécaires

Les obligations hypothécaires sont des titres représentatifs des prêts faits aux ménages ou aux entreprises pour acheter des biens immobiliers qui servent de garantie à ces prêts. Dans certains pays, un marché actif existe sur ces titres. Aux USA, le marché de mort-gage dominé par l'immobilier résidentiel est le segment le plus important du marché des instruments des dettes. Les caisses d'épargne y jouent un rôle ancien et important, mais des banques commerciales y ont aussi fait leur entrée plus récemment.

Cependant, le marché secondaire des prêts hypothécaires est beaucoup moins développé en Europe du fait de sa moindre négociabilité.

La crise financière de 2008 a commencé sur ce marché aux USA, sans doute, en raison à la fois d'un excès d'octroi des crédits hypothécaires et des graves dysfonctionnements dans les marchés des obligations hypothécaires et des produits dérivés qui en sont issus ; bref du laxisme de la réglementation y relative.

Ce marché est nécessaire pour la République Démocratique du Congo où des terres acquises par les particuliers, appartenant aux communautés locales coutumières et même celles du domaine de l'État sont inexploitées et pourtant le logement décent reste un miracle.

Crédits aux entreprises et aux particuliers

Les crédits faits aux entreprises et aux particuliers par les banques ou par d'autres institutions spécialisées ne sont, en principe, pas négociables.

Néanmoins, la titrisation permet depuis quelques années à des prêteurs, de réunir des prêts en ensemble homogène et de les transformer ainsi en titres négociables similaires à des obligations[108]. La technique de la titrisation est également mise en œuvre dans les montages qui débouchent sur l'émission des billets de trésorerie.

---

105 NZANDA-BUANA Kalemeba M.., op cit, p. 58.
106 JONATHAN B. et t Consort, *Finance d'entreprise*, *op. cit*, pp. 912-916.
107 MISHKIN Fréderic et Consort, *Monnaie, banque et marchés financiers*, *op. cit*, p. 40.
108 BONNEAU THIERRY et DRUMMOND France, *Droit des marchés financiers,* 3ème édition, op cit, pp.7-8.

Les valeurs mobilières composées donnent accès soit au capital de la société, soit à un droit de créance sur elle, soit les deux à la fois[109].

C. Les catégories des marchés financiers les plus usités

Depuis les années 1970, on a assisté à un essor considérable des produits financiers qui permettent aux agents de se couvrir contre les variations des taux de change. Il s'agit des marchés des contrats à terme et les options ainsi que les bourses des valeurs mobilières auxquelles on ajoute les places financières.

Les marchés des contrats à terme et les options

Lorsque sur un marché organisé on a acheté un contrat à terme sur devise « future », on achète la promesse qu'un montant donné d'une monnaie sera livré à une date donnée dans le futur. Il est possible d'obtenir le même montant à la même date en concluant un contrat à terme avec une contrepartie privée : on parle alors des contrats **forwards.**

Les forwards ont l'avantage sur les futurs d'être élaborés « sur mesure » même si ces derniers ont des caractéristiques standard en termes de durée, de montant, etc. En revanche, les forwards ne peuvent être revendus, alors que les futurs, échangés sur un marché organisé, peuvent l'être facilement. La revente permet de réaliser un profit ou une perte, sans attendre l'échéance du contrat ; ce qui est appréciable lorsque les anticipations sur les taux au comptant changent[110].

Une option de change offre à son acheteur le droit de vendre ou d'acheter une certaine quantité de monnaie à un prix donné (le prix d'exercice) et à n'importe quel moment précédant la date d'échéance fixée par le contrat. En contrepartie de ce droit, l'acheteur paie au vendeur une prime. L'acheteur décide ou non d'exercer son droit. En revanche, le vendeur de l'option se trouve dans l'obligation d'acheter ou de vendre le sous-jacent, ici la monnaie, à la demande de l'acheteur.

Les bourses des valeurs mobilières

C'est dans la catégorie des marchés financiers stricto sensu que sont rangées les bourses de valeurs mobilières. Une bourse est un lieu permettant la confrontation des demandeurs et des offreurs pour un produit donné. C'est un espace géographique particulier où se déterminent les cours d'échange[111], c'est-à-dire le prix[112] d'échange des produits en question[113].

---

[109] Il s'agit d'un mode de combinaison de titres associant, suivant plusieurs modalités et quasiment indéfinies, plusieurs catégories des titres de capital.

[110] KRUGMAN Paul, Economie Internationale, Nouveaux Horizons, 8ème édition, *op. cit*, p. 337 ; D'ARVISENET Philipe, *Finance internationale*, 2ème Ed., *op. cit.* pp 155-157.

[111] CAPUL Jean Yves et Consort, *Dictionnaire de l'Economie et des Sciences Sociales, op. cit, p.18.*

[112] BONNEAU THIERY et DRUMMOND France, *Droit des marchés financiers, op. cit,* p. 4.

[113] CAPUL Jean Yves et Consort, *Dictionnaire d'économie et des sciences sociales, op. cit,* p. 18.

Les valeurs mobilières sont des titres qui revêtent en droit un double sens[114] : c'est le titre qui constate le droit et l'écrit qui le constate, c'est-à-dire le droit de propriété dans l'avoir social (action) ou le droit de créance sur la société (obligation).

D'après la circulaire française du 08 août 1982, les valeurs mobilières sont un ensemble des titres de même nature côtés ou susceptibles de l'être, issus d'un même émetteur et conférant par eux-mêmes des droits identiques à leurs détenteurs[115]. Ces titres sont représentatifs de droit d'associé ou d'un prêt à long terme. C'est à l'opposé des valeurs immobilières comme les terrains et maisons d'habitations ou de commerce qu'ils sont appelés valeurs mobilières. Au demeurant, en droit congolais, une valeur mobilière est un bien meuble[116].

Par titre, il faut entendre les parts d'intérêts, actions et parts sociales dans la mesure où ils ne portent pas les mêmes appellations dans les différentes formes de société. Rappelons également que tout titre n'est pas forcément une valeur mobilière. Pour la jurisprudence française, ne peuvent constituer des valeurs mobilières que les titres émis uniquement par les sociétés par actions (anonymes)[117].

Dans pareille société, en effet, les capitaux ainsi investis, malgré leur immobilisation pour une longue durée, sont mobilisés sur le marché boursier. La bourse des valeurs mobilières est dans les pays à économie performante le chaînon indispensable reliant l'épargne à l'entreprise ; une sorte de pont jeté entre le public et l'industrie ; un carrefour où peuvent se rencontrer les capitaux en quête d'emplois et les affaires à la recherche des moyens[118].

La bourse des valeurs mobilières permet à l'État et aux pouvoirs publics de réunir les fonds dont ils ont besoin pour leurs investissements d'intérêt général. Elle permet, enfin, aux épargnants de toute importance et de toute classe sociale d'effectuer à des prix officiels et contrôlés, à tout moment et à peu de frais, des placements judicieux et diversifiés, de participer ainsi directement à l'expansion commerciale et industrielle du pays et de recueillir une quotte-part des profits en résultat.

De ce qui précède, il est à relever que la bourse présente les caractéristiques suivantes[119]:

---

[114] Le droit financier actuel parle des titres financiers dans lesquels on range les valeurs mobilières. Y sont cependant exclues, les bons de caisse et les effets de commerce. Il s'agit donc des titres de capital émis par les sociétés par actions, les titres de créance sous la réserve ci haut indiquée et les parts ou actions des organismes de placement collectif. Lire à ce sujet :
- COURET A. et Consort, *Droit financier*, op. cit, pp.237-356 ;
- BONNEAU Thiery et DRUMMOND France, *Droit des marchés financiers*, 3ème édition, Economica, 2010, p.94.

[115] LUKOMBE NGHENDA, *Droit Congolais des Sociétés*, T3, Kinshasa, PUC, 1999, p. 1053.

[116] Article 4 de la loi n° 80-008 du 18 juillet 1980 modifiant et complétant la loi n° 73-024 du 20 juillet 1973 portant régime général des biens, régime foncier et immobilier et régime de sûreté.

[117] Jurisprudence Française, citée par LUKOMBE NGHENDA, *op. cit*, P.1053.

[118] MBOYO EMPENGE B.B. Victor, *Cours de Droit Financier et Institutions Financières*, G3 Droit, 2001-2002, UNIKIN, p. 83.

[119] Idem, p. 84.

1°) Les opérations ne s'y effectuent pas entre particuliers.

En effet, celui qui désire acheter des titres, comme celui qui veut en vendre doit obligatoirement passer par un prestataire des services d'investissement (ancien agent de change). C'est ce qu'on appelle donner un ordre de bourse avec comme conséquence que le donneur d'ordre ne peut être connu ; seuls les agents de change, acheteur et vendeur, se connaissent.

L'ordre de bourse apparait ainsi comme un mandat donné à un intermédiaire pour conduire une opération précise.

L'ordre peut ainsi être[120] :

- **au mieux**, c'est-à-dire à exécuter lors de la première cotation sauf s'il parvient pendant la bourse ;
- **au premier cours**, c'est-à-dire qu'il ne peut être reçu par l'agent de change qu'avant l'ouverture de la séance faute de quoi il est caduc, à moins qu'à la prochaine occasion des nouvelles transactions un cours identique permette à l'agent de change de réaliser l'opération ;
- **à cours limité**, c'est-à-dire que le client fixe, s'il s'agit d'une vente, un cours minimum et s'il s'agit d'un achat, un cours maximum ;
- **environ**, pour lequel l'intermédiaire ale soin d'effectuer l'opération un peu au-dessus de la limite souhaitée pour l'achat ou un peu en dessous de la limite souhaitée pour la vente ;
- **au dernier cours**, en ce qui concerne le marché à terme, pour un jour et ce, pour la dernière cotation de la séance ;

2°) Les opérations ne sont pas traitées à un prix individuel de négociation ;

3°) Les opérations de bourse sont dirigées par un organisme indépendant.

En France, avant 2010, l'organisation de la bourse des valeurs mobilières se conçoit en conseil de bourse, société des bourses et d'une association des bourses[121].

Le conseil de bourse des valeurs mobilières était un organisme professionnel considéré comme l'autorité du marché, homologué par le Ministre ayant les finances dans ses attributions. Le dysfonctionnement des marchés ont entrainé, en 2010, une réforme ayant abouti à la création d'un organisme appelé « Autorité des marchés financiers ». L'organisme est composé d'un collège de 16 membres et une commission des sanctions de 12 membres. Elle est d'une composition représentative des acteurs des marchés, du gouvernement, de l'assemblée nationale, des hautes juridictions et de la banque nationale pour un mandat de 4 ans. Elle est dirigée par un président, nommé par décret présidentiel pour 5 ans. Il est, à cet effet, l'organe qui établit le règlement général des bourses des valeurs mobilières et en même temps l'autorité disciplinaire à leur égard. C'est lui qui apprécie l'admission des valeurs aux négociations, à la cote et à leur radiation.

La négociation des valeurs mobilières sur le marché boursier est confiée à des prestataires des services d'investissement qui ont un monopole dans ce secteur[122].Une personne qui souhaite investir sur un marché financier doit

---

[120] BAKANDEJA wa MPUNGU, *Manuel de Droit Financier,* éd. Universitaires africaines, Kinshasa, 1997, p. 23.

[121] MERLE Philippe, *Droit commercial, sociétés commerciales*, Dalloz, Paris, 1990, p. 224.

[122] COURET A. et Consort, *Droit Financier*, op cit, pp. 71-77.

s'adresser à un intermédiaire qui achètera ce titre sur ce marché. De la même manière, un investisseur possédant des instruments financiers et qui désire les vendre en fera part à un intermédiaire financier qui accomplira l'opération. Ici, la prise des décisions est précédée généralement d'une phase de consultation et de confrontation des différentes positions, des ordres[123]. Les intermédiaires sont convoqués, l'objectif poursuivi leur est expliqué, les moyens à mettre en œuvre sont esquissés. Une concertation s'ouvre, objectifs et moyens sont examinés. Lorsque la décision est prise, elle prendra la forme d'un accord, d'une recommandation de la Banque Centrale, d'un gentleman's agreement[124].

Le recul de la loi dans la régulation des marchés laisse, en effet, place à une autorégulation. Les institutions indépendantes de régulation ont une grande latitude, le droit ayant plus une source déontologique.

Même s'il reste vrai qu'on trouve cette justification dans la technicité de la matière, il n'est pas faux que les crises financières reviennent toujours au point qu'il n'est plus acceptable que les pouvoirs publics restent en position d'observateur : il faut une régulation par des organes composites, qui sont une sorte de Léviathan, incarnation d'un pouvoir suprême qui est le fruit d'un consensus entre les professionnels et les pouvoirs publics sur l'organisation des marchés financiers.

Par ailleurs, rappelons que sur les marchés financiers les transactions peuvent s'effectuer au comptant ou à terme. Dans la première hypothèse, le cours est fixé le même jour ; et dans la deuxième hypothèse le cours retenu est celui du jour mais la transaction effective n'est réalisée que plus tard.

§2. La distinction basée sur l'organisation du marché

Selon ce critère, les marchés financiers sont dit soit réglementés soit non organisés ou de gré à gré.

1. Les marchés réglementés[125]

Anciennement appelé cote officielle, c'est sur ces marchés que sont accueillies traditionnellement les sociétés d'une certaine taille capables de diffuser dans le public un nombre important des titres. Que ça soit sur les marchés primaires, c'est-à-dire où les titres notamment les actions, les obligations sont émis pour la première fois, que ça soit sur le marché secondaire sur lequel s'échangent des titres précédemment émis, les placements de certains titres sont effectués selon des normes.

Le marché réglementé a, dans un premier temps, été défini comme étant celui qui réunissait le trip type qualificatif[126] :

---

[123] Idem, p. 77.

[124] Commission Droits et Vie des Affaires, *le droit des normes professionnelles et techniques*, séminaire organisé à SPA-BAL MORAL du 16 au 17 novembre 1983, éd. Bruylant, Paris, 1985, p 23.

[125] Les marchés réglementés sont des marchés étroitement contrôlés, directement ou indirectement, par l'autorité publique. Ils sont qualifiés de systèmes multilatéraux de négociation.

[126] BAKANDEJA wa MPUNGU, *Droit Financier. Le droit de financement des investissements et des activités économiques à l'ère de la globalisation financière des marchés*, *op. cit*, p. 17.

– **standardisation** des produits négociés ;
– une **liquidité** du marché ;
– un cadre organisationnel assurant la **sécurité** des transactions.

Dans sa conception française, le marché réglementé est celui qui exclut le rapport synallagmatique entre donneurs d'ordres ; le risque de contrepartie pris par n'importe quel donneur d'ordre est pris par une chambre de compensation[127]. C'est un marché reconnu[128].

Le marché réglementé doit ainsi satisfaire à des obligations de déclaration et de transparence. En droit français, l'article 42 de la loi du 2 juillet 1996 relative à la modernisation des activités financières précise que les marchés réglementés doivent garantir un fonctionnement régulier de négociations où doivent notamment être fixées des règles établies par l'entreprise du marché concernant : les conditions d'accès au marché ou d'admission à la cotation, les dispositions d'organisation des transactions, les conditions de suspension des négociations d'un ou plusieurs instruments financiers, les règles relatives à l'enregistrement et à la publicité des négociations.

2. Les marchés de gré à gré[129]

Pour se prémunir contre des risques liés aux variations des taux d'intérêt (ou de cours de change), les sociétés utilisent les contrats à terme. Lorsqu'ils se négocient entre deux parties qui se connaissent, on parle de marché de gré à gré[130]. Il s'agit des marchés rigides dans la mesure où chaque partie ne s'engage que vis-à vis de sa contrepartie initiale. Dès lors, la bonne fin du contrat ne repose que sur la qualité de la signature de deux contractants. Comment fonctionnement, alors, les marchés financiers ?

CONCLUSION DU CHAPITRE I

Les marchés financiers sont les lieux où se déroulent les transferts des fonds depuis les agents économiques (ménages, entreprises, État et étranger) qui épargnent, car leurs dépenses sont inférieures à leurs revenus, vers les

---

[127] L'article L.421-1 du code monétaire et financier français indique que « un marché réglementé des titres financiers est un système multilatéral qui assure ou facilite la rencontre, en son sein et selon des règles non discrétionnaires, des multiples intérêts des acheteurs et vendeurs exprimés par des tiers sur des instruments financiers, d'une manière qui aboutisse à la conclusion de contrats portant sur les instruments financiers admis à la négociation dans le cadre des règles et systèmes de ce marché et qui fonctionne régulièrement conformément aux dispositions qui lui sont applicables.

[128] MERVILLE Anne-Dominique, *Droit financier*, op cit, p. 31.

[129] Il s'agit des marchés non réglementés qui ne bénéficient d'aucune reconnaissance officielle de l'État ; ce sont des marchés sur lesquels la loi des parties est la seule qui prévaut. Mais des associations peuvent initier des contrats types auxquels les parties peuvent recourir. Voir à ce sujet BONNEAU Thiery et DRUMMOND France, *Droit des marchés financiers,* op cit, pp.10-11 et COURET Alain et Consort, Droit financier, op cit, pp. 31-38

[130] La directive Européenne 2004/39/CE du 21 avril 2004 précise qu'i s'agit d'un système multilatéral de négociation qui est « exploité par une entreprise d'investissement ou un opérateur de marché qui assure la rencontre-en son sein même et selon des règles non discrétionnaires-de multiples intérêts acheteurs et vendeurs exprimés par des tiers pour des instruments financiers, d'une manière qui aboutisse à la conclusion de contrats conformément au titre II ».

agents économiques qui souhaitent emprunter, c'est-à-dire dépenser plus que leurs revenus. Ce sont ces marchés qui servent d'intermédiaire entre ceux qui ont la capacité de financement et les agents à besoin de financement. C'est en fonction de la date à laquelle l'emprunteur doit rembourser ou liquider la dette, de la maturité du terme du prêt qu'on considère qu'on est en présence d'un marché monétaire, d'un marché du crédit et ou d'un marché financier, marché à long terme. La bourse des valeurs mobilières est l'un des marchés à long terme utiles.

Dans tous les cas, pour le prêteur ou l'investisseur, le transfert de ses disponibilités lui permet d'obtenir un intérêt ; et l'emprunteur quant à lui pense réaliser un projet productif à l'aide des fonds qu'il emprunte. On admet ainsi que les marchés financiers permettent une amélioration de l'efficacité de l'allocation des ressources au sein de l'économie. Ce qui améliore le bien-être et, en général, l'investissement et donc la croissance. Car sans un marché financier, la satisfaction des besoins d'argent de longue durée devrait attendre une épargne pendant longtemps.

Ces marchés sont réglementés ou de gré à gré selon qu'on y retrouve la standardisation des produits négociés, la liquidité du marché et un cadre organisationnel ou pas.

CHAPITRE II

Mode de fonctionnement des marchés financiers

La demande globale qui s'exprime sur le marché financier est la résultante de celles qui émanent des différents agents économiques : particuliers, entreprises, État et extérieur. S'il est vrai que ce sont ces agents qui ont besoin du financement sur le marché financier, il n'en reste pas moins vrai qu'aucune croissance n'est possible sans épargne disponible de mêmes agents et des investissements encouragés dans un circuit formel de canalisation des capitaux.

Le diptyque « demande-offre » des capitaux mérite un examen dans la mesure où demande et offre n'y sont pas deux éléments statiques qui coexistent, mais de véritables flux de force qui s'opposent et s'équilibrent avec plus ou moins de facilité. Mais alors comment s'ajustent offres aux demandes des capitaux ?

C'est l'interrogation à laquelle il nous faut répondre.

SECTION 1. BESOINS ET OFFRES DE CAPITAUX DES AGENTS ÉCONOMIQUES

Les besoins de financement dans une économie de marché globalisé émanent de tous les agents économiques. La participation de chacun de ces agents, à savoir les particuliers, les entreprises, l'État et l'étranger, à la formation de la demande des capitaux est cependant inégale, dans la mesure où elle dépend de l'importance et de la nature de sa participation à la vie économique.

L'offre de capitaux destinés à répondre à la demande y afférente ne s'exprime pas le plus souvent de manière effective et précise ; le besoin de prêter est beaucoup moins impérieux que celui d'emprunter. L'offre se présente donc de façon relativement informe et passive, son montant et ses orientations variant en fonction de considérations plus ou moins logiques.

L'offre est le fait de tous ceux qui, détenteurs de liquidités quelconques, ne les consacrent pas tout entièrement à la satisfaction de leurs besoins immédiats : c'est l'épargne des différents agents économiques.

§1. Besoins en capitaux

Les demandes de capitaux émanent de tous les agents économiques, particuliers, entreprises, État et étranger.

1. Les besoins des particuliers

En ce qui concerne la demande des capitaux sur les marchés, les particuliers occupent une place limitée, même si l'acquisition des biens immobiliers qui exige plus de moyens les mène le plus souvent à un endettement. L'appel aux marchés émane donc partiellement des particuliers, c'est-à-dire, des agents économiques considérés comme les consommateurs. En échange de leur participation au processus productif, ils perçoivent des revenus qu'ils dépensent pour satisfaire leurs besoins. Longtemps ces besoins sont restés modestes mais avec le développement de la production de masse, ces derniers ont connu un accroissement rapide. De plus, une répugnance marquée à l'endettement, un goût prononcé pour l'épargne, l'immoralité attribuée aux opérations de crédit consacrées à la réalisation d'opérations improductives ont longtemps freiné la mise en place de mécanismes destinés à satisfaire cette demande des capitaux des particuliers.

Actuellement, nombre d'acheteurs de logement n'attendent pas de disposer de l'épargne nécessaire pour réaliser un tel achat. Plutôt que d'épargner pendant des années, avant d'acheter un logement, ils souhaitent s'endetter pour pouvoir acheter leur logement dès le moment où ils en ont besoin[131]. Les particuliers veulent pouvoir jouir immédiatement des biens de plus en plus nombreux qui leur sont offerts et décident pour cela de s'endetter. De cette frénésie de consommation, de ce désir de jouissance est résulté une demande des capitaux en progression extrêmement rapide.

Le recours au crédit est donc désormais utilisé pour satisfaire une gamme de besoins très large : achats des biens de consommation, parfois achats courants (paiement en fin du mois), consommations immédiates suscitant des frais relativement élevés tels que les vacances ou des dépenses consécutives à des événements exceptionnels[132]. Le particulier moderne est très influencé par la publicité, des facteurs psychologiques ou la mode. Comme il faut le constater, les dépenses comme celles relatives à l'achat de logement qui constitue un investissement improductif, nécessite un très large appel aux capitaux à long terme car la diversité des besoins satisfaits ne doit pas cependant cacher la profonde unité de ces demandes de crédit : les revenus des particuliers constituent en effet la seule et unique source de leur remboursement.

Dès lors le recours des particuliers à l'emprunt pour acquérir des biens au-delà de leurs possibilités est donc entaché d'une certaine dose d'irrationalité qui distingue cette décision très nettement de celle des entreprises.

---

[131] MISHKIN Fréderic et Consort, *op. cit*, p. 29.

[132] SCHLOGEL Maurice, *Organisation et fonctionnement des marchés financiers, op. cit*, p. 8.

2. Les besoins des entreprises

Par entreprise, il faut entendre « toutes les cellules économiques constituées en vue de produire des biens et des services destinés à la vente »[133]. C'est une unité économique organisée qui, par la combinaison des facteurs de production, produit des biens et/ou des services pour un marché déterminé en poursuivant des objectifs multiples[134]. Quelle que soit son importance ou son activité, la fonction ou la raison d'être d'une entreprise est de produire des biens et services. Pour fonctionner, l'entreprise, quelle qu'elle soit, doit au préalable s'assurer des moyens d'exercer son activité : terrain, installations diverses, machines, personnel, etc., c'est-à-dire, elle doit avoir un patrimoine considérable[135].

Elle doit avoir non seulement des biens fixes, non destinés à la vente et qui constituent son instrument de travail permanent, mais d'autres biens doivent être acquis pour être transformés avant d'être commercialisés. L'entreprise est susceptible d'exprimer des besoins de capitaux aussi bien au moment de sa création que plus tard pour faciliter son expansion et son fonctionnement[136]. Si l'entreprise se développe, si le volume de sa production et de ses ventes s'accroit, elle sera dans l'obligation d'adapter l'importance de ses biens fixes et de ses biens circulants à ce qu'exige le niveau de son activité[137].

Ainsi, le financement des biens fixes relève des capitaux permanents à long ou moyen terme tandis que celui des biens circulants requiert l'utilisation des capitaux à court terme.

Ce qui importe pour recourir à une quelconque source des capitaux ce n'est pas tant la nature de la dépense à engager, de la destination des ressources à trouver que l'équilibre général, présent et futur, de la structure financière de l'entreprise concernée. Le déséquilibre entre capitaux propres et ressources extérieures est en outre aggravé par la proportion excessive et sans cesse croissante que prennent les crédits à court terme dans la seconde catégorie[138]. Il s'ensuit que le parallélisme classique entre le degré de stabilité des différents capitaux auxquels les entreprises font appel et le degré de liquidité des divers éléments de leur actif devient de plus en plus aléatoire.

L'entreprise doit recourir, à cet effet, à des ressources externes. Elle peut aller sur les marchés monétaires ou sur le marché financier soit en émettant des actions, en souscrivant aux emprunts obligataires, soit en contractant des crédits auprès des banques.

---

[133] BOFOYA KOMBA Beaujolais, *Economie politique*, *op. cit*, p.19.

[134] CORHAY Albert et MBANGALA Mapapa, *Fondements de gestion financière*, 2ème édition de l'Université de Liège, Bruxelles, 2007, p. 9.

[135] Une entreprise doit prendre une décision d'investir sur base de l'évaluation financière faite sur la rentabilité de l'activité visée. Cette évaluation financière repose sur l'ensemble des dépenses d'investissement afin de répondre au cycle d'exploitation. L'entreprise a donc besoin de trouver le financement nécessaire pour faire face.

[136] SCHLOGEL Maurice, *Organisation et fonctionnement des marchés financiers, op. cit.*, p. 8.

[137] CORHAY Albert et MBANGALA Mapapa, *Fondements de gestion financière*, *op. cit.*, p.119.

[138] SCHLOGEL Maurice, *Organisation et fonctionnement des marchés financiers, op. cit*, p. 9.

Les détenteurs d'actions d'une entreprise possèdent une fraction de celle-ci, proportionnelle au nombre d'actions détenues[139]. Cette détention génère des revenus au cours de la durée de la vie de l'entreprise. Ces flux peuvent être des dividendes, le prix de revente de l'action, ou bien les deux. C'est-à-dire le taux de rentabilité de l'action constitue un moyen d'enrichissement. L'émission des actions est le principal moyen dont disposent les entreprises pour augmenter leurs capitaux propres[140] ; car l'entreprise peut recourir également à l'emprunt obligataire.

L'emprunt obligataire est un emprunt à long terme non subordonné[141] contracté par une société qui fait appel à des nombreux prêteurs appelés obligataires ou souscripteurs. Les souscripteurs reçoivent, en contrepartie des sommes prêtées, des titres appelés obligations. Ce qui constitue une quotte-part de l'emprunt émis par la société et confère, de ce fait, à son titulaire un droit de créance sur celle-ci[142]. L'émission des obligations permet ainsi à l'entreprise de réunir des fonds importants nécessaires pour les financements à long terme[143].

Ce qui fait que les actions ne sont pas la seule source la plus importante des entreprises[144], mais la source principale de financement des entreprises, ces dernières pouvant vendre directement aux ménages des titres financiers ou contracter des crédits auprès des banques

La question du taux d'intermédiation financière se pose dans chaque État[145], les intermédiaires financiers, notamment les banques étant la principale source des fonds externes pour financer les entreprises[146].

Le vocable établissement de crédit est plus consacré par la plupart de législations pour désigner cette catégorie d'acteurs des marchés financiers[147]. Aux termes de la loi n° 003/2002 du 02 février 2002 relative à l'activité et au contrôle des établissements de crédit, les établissements de crédit sont des personnes morales qui effectuent à titre de profession habituelle des opérations de banque. Les opérations de banque comprennent :

- La réception et la collecte des fonds du public ;
- Les opérations de crédit ;

---

139 COURET Alain et Cie, *Droit Financier*, *op. cit*, p.239

140 Nous sommes de l'avis de GUILLAUME Jean-Marie et ROYERE Jean-Louis (*Le second marché. De l'introduction aux opérations financières*, Ed. Dalloz, 1989, pp. 99 et suivant, que l'augmentation du capital contre espèces est l'opération la plus classique et la plus fréquemment utilisée pour renforcer immédiatement les fonds propres

141 CORHAY Albert et MBANGALA Mapapa, *Fondements de gestion financière*, *op. cit*, p.233

142 COURET Alain et Cie, *op. cit*, p. 426

143 DOV OGIEN, *op. cit*, p. 59

144 MISHKIN Frederick et Consort, *Monnaie, banque et marchés financiers*, *op. cit*, pp. 229 et 230.

145 - MUKUNDI NYEMBO KAHUMBA Emmanuel, *Politique Monétaire et intermédiation financière en République Démocratique du Congo : analyse des effets de modification du taux directeur de la Banque Centrale du Congo sur les activités des banques créatrices de monnaie,* Thèse de Doctorat, FASEG, UNKIN, 2013, p. 59.
- GREGORY N. MANKIW-MARK P. TAYLOR, Principes de l'économie, 2ème Ed. Européenne, Nouveaux Horizons, Paris, 2011, p.713.

146 MISHKIN Frederick et Consort, *Monnaie, banque et marchés financiers*, *op. cit*, p. 231.

147 En Droit Français comme en Droit congolais, les banques sont rangées parmi les établissements de crédit ayant le monopole pour effectuer les opérations de banque. Voir article L.511-1 du code monétaire et financier Français et article 1 de la loi congolaise n°003/ 2002 du 2 février 2002 relative à l'activité et au contrôle des établissements de crédit.

– Les opérations de paiement et de gestion des moyens de paiement.

Sont considérés comme moyens de paiement, tous les instruments qui permettent de transférer des fonds : billets de banque, chèques, cartes de paiement ou de crédit, ordres de virements bancaires, avis de prélèvement et le portemonnaie électronique.

Le crédit est tout acte par lequel une personne met ou promet de mettre des fonds à la disposition d'une autre personne, ou prend un engagement par signature tel qu'un aval ou un cautionnement. Y sont assimilés le crédit-bail et de manière générale toute opération de location assortie d'une option d'achat.

Le crédit intègre ainsi les éléments suivants[148] :

– Le temps qui sépare l'avance de fonds de sa restitution ;
– La confiance dans le remboursement ultérieur ;
– Le risque couru par le dispensateur de crédit.

Les banques sont la principale source de fonds externes pour financer les entreprises et jouent un rôle de premier plan pour ajuster les marchés des capitaux. En effet, les banques, les intermédiaires financiers non bancaires comme les compagnies d'assurances, les fonds de pension, les sociétés de financement accordent des prêts aux entreprises dans le monde entier (56% aux USA, plus de 70% en Allemagne et au Japon, plus de 50% au Canada[149]. Ce rôle est encore plus significatif dans les pays en développement où les établissements de crédit, banques, ont pratiquement un monopole.

Il existe quatre principaux instruments de crédit si on les distingue par la manière dont leurs flux de paiements se répartissent dans le temps[150]: le prêt simple, le crédit à versements constants, l'obligation classique, l'obligation zéro coupon.

Le prêt simple

C'est le prêt d'un montant pour une période donnée, appelée maturité, au terme de laquelle le principal est remboursé, augmenté d'un intérêt.

Le crédit à versements constants ou à mensualités ou annuités fixes

Ce type de crédit prévoit que l'emprunteur effectue une série de versements de montants égaux à chaque période (mensuelle ou annuelle) pendant la durée du prêt. Ces montants incluent à la fois le remboursement du principal et les intérêts. Les crédits à la consommation, les crédits automobiles et les crédits immobiliers sont en général de ce type.

L'obligation classique

Elle est ce type de crédit qui prévoit le paiement annuel d'un montant fixe correspondant aux intérêts jusqu'à la maturité du prêt, et le règlement à cette

---

[148] DEKEUWER-DEFOSSEZ F et Consort. *Droit bancaire*, Dalloz, 10ème édition, 2010, p. 95.
[149] MISHKIN Frederick et Consort, *Monnaie, banque et marchés financiers*, *op. cit.*, p. 231.
[150] Idem, p. 91.

date d'un montant correspondant en général au remboursement du principal. Dans cette opération, on nomme :

- **valeur faciale, valeur nominale ou pair,** le montant de la dette nominale, en général celui par rapport auquel on calcule l'intérêt (et qui était autrefois inscrit sur la face du titre en papier représentant l'obligation) ;
- **coupon,** le montant payé annuellement (le porteur détachait autrefois un coupon de papier fixé au titre et l'envoyait à l'émetteur pour paiement) ;
- **taux nominal ou taux de coupon,** le ratio du coupon sur la valeur faciale en pourcentage ;
- **prime de remboursement**, la différence entre le montant payé à maturité et la valeur faciale ;
- et **prime d'émission,** la différence entre la valeur faciale et le montant effectivement remis par le prêteur à l'emprunteur lors de l'émission de l'obligation.

L'obligation zéro-coupon[151]

Elle est émise à un prix inférieur à sa valeur faciale, ne verse pas de coupons, et est remboursée à échéance à sa valeur faciale[152]. En référence à la pratique bancaire traditionnelle de l'escompte, qui consiste à racheter des créances avant leur maturité à un prix inférieur à leur valeur faciale, on parle en anglais de **discount bonds** pour ces obligations.

Comme on peut le remarquer, ces quatre types d'instruments de crédit prévoient des paiements à des moments différents. Ce qui rassure l'emprunteur de la possibilité d'acquérir des moyens de financement de ses activités.

On peut conclure, à ce stade, qu'en tout état de cause, les multiples besoins de l'entreprise sont à l'origine d'une demande considérable de capitaux. Si dans l'optique d'une bonne gestion il est judicieux qu'une entreprise tienne le plus grand compte de son équilibre financier pour orienter son appel sur un marché ou sur un autre, il est tout aussi éminemment souhaitable qu'il en soit ainsi d'un point de vue général.

3. La demande des capitaux de l'État et des collectivités publiques

Comme le souligne le Professeur Ordinaire LWAMBA KATANSI R., les dépenses que les États ont à assumer sont devenues, en effet, si considérables que les États modernes ne sont plus capables de les assurer à eux seuls[153], l'apport des privés en termes d'investissements est indispensable.

Dans cette croissance de la demande de capitaux, les administrations, au sens où l'entend la comptabilité française, jouent également un rôle essentiel. Pour cette dernière, les administrations sont des organismes dotés

---

[151] Le coupon est l'intérêt, souvent annuel, que l'entreprise qui émet un emprunt obligataire paie aux obligataires.

[152] D'ARVISENET P., *Finance Internationale*, *op. cit*, p. 241.

[153] LWAMBA KATANSI, *Qui gardera les gardiens ? Le contrôle financier des institutions politiques de transition en République Démocratique du Congo*, op. cit, p. 22.

de la personnalité morale ou éventuellement des fractions desdits organismes dont l'activité est orientée principalement vers la fourniture des services ne faisant pas habituellement l'objet des transactions. Par État, on entend l'ensemble des administrations et des services qui s'y rattachent dont les dépenses sont en principe régies par le Budget Général[154].

Les besoins en capitaux de toute nature de ces organismes sont considérables. Normalement les dépenses de l'État doivent être financées par les recettes fiscales et c'est le Budget qui réalise la confrontation des objectifs et des moyens. Mais ce sont les dépenses qui sont fixées les premières, les recettes devant s'y adapter. Il résulte fréquemment de ce fait, compte tenu de l'ampleur croissante des tâches de l'État, un déficit budgétaire plus ou moins important qu'il appartient au trésor de combler. Remarquons toutefois que même si le Budget est équilibré, il n'y a pas nécessairement concordance dans le temps entre la réalisation des dépenses et la perception des recettes. L'État doit donc pouvoir, à un premier stade, disposer des moyens de trésorerie, d'un fonds de roulement. Les bons du trésor le lui procurent. Depuis quelques années, on assiste cependant à un recours moins important du Trésor au marché financier à court terme. Il n'en est pas de même sur les marchés des capitaux à long terme où les besoins augmentent rapidement car les tâches de l'État s'accroissent et se diversifient.

La nécessité de multiplier des équipements collectifs pour répondre aux besoins d'un État moderne, l'évolution des structures économiques qu'il faut parfois provoquer est, en tout cas, souvent accompagnée financièrement ; l'accroissement indispensable de l'aide au sous-développement exige des capitaux accrus que l'État se procure sur le marché financier. Si de tout temps les États ont émis des emprunts à long terme, ceux-ci furent longtemps réservés aux dépenses exceptionnelles. Aujourd'hui ce procédé est devenu un moyen courant de satisfaction des besoins publics de capitaux.

4. L'étranger

La demande extérieure des capitaux provient de tous les agents économiques extérieurs à un territoire déterminé. Elle doit en conséquence répondre à autant d'incitations diverses liées à un certain nombre de caractères spécifiques en raison des besoins qu'elle vise à satisfaire[155]: commerce international, placements et investissements internationaux.

Les intermédiaires financiers, les grandes entreprises, les banques centrales, certaines institutions publiques nationales et internationales se retrouvent sur le marché international des capitaux pour y échanger les monnaies et toutes sortes d'actifs financiers (dépôts bancaires, actions, obligations, produits dérivés, etc.). Les banques jouent à ce titre un rôle primordial dans la mesure où l'état du système de paiement dont elles assurent la gestion est un déterminant majeur des coûts de transactions[156]. Dans la mesure où une part importante des transactions internationales porte sur les actifs qui sont échangés entre résidents et non-résidents, les banques

---

[154] Comptabilité Française, citée par SCHLOGEL M., *op. cit*, p. 11.

[155] SCHLOGEL Maurice, *Organisation et fonctionnement des marchés financiers*, *op. cit*, p.12.

[156] MISHKIN Frederick et Cie, *Monnaie, banque et marchés financiers,* op cit, p.233.

sont le plus souvent les intermédiaires. Comme on le sait, les ménages, les entreprises et les institutions financières vendent et achètent des monnaies sur le marché des changes international[157].

Les banques commerciales sont au cœur du marché des changes. En effet, presque toute transaction internationale d'une certaine taille implique le débit et le crédit de comptes ouverts auprès des banques commerciales sur différentes places financières. Ainsi, la majorité de transactions en monnaies étrangères entraîne l'échange des dépôts bancaires libellés dans des monnaies différentes.

Beaucoup d'agents économiques notamment les banques réalisent à l'étranger des activités qu'elles ne peuvent pas entreprendre dans leur pays d'origine[158]. La situation des dépôts hors-frontières s'est beaucoup développée parallèlement à l'activité bancaire hors-frontières au point que les eurodevises, euromonnaies et eurodollars sont de plus en plus en circulation. Avec l'avènement des sociétés multinationales et du commerce mondial, l'activité financière s'est sensiblement développée hors-frontières[159]. Les banques ont toujours naturellement accompagné leurs clients dans leur développement à l'étranger. Même si les banques locales disposent certes de meilleures connaissances du marché et des règles en vigueur dans le pays d'accueil, le suivi que les banques étrangères offrent à leurs clients est un atout indéniable[160].

De même, avec l'émergence des places financières, il est très courant que les entreprises, les États et mêmes les particuliers viennent solliciter des financements de leurs activités à l'étranger. Une place financière, comme il a été dit précédemment, participe au financement de l'activité internationale en général, c'est-à-dire à l'ajustement entre divers marchés des capitaux dans le monde sans que les opérations qui s'y effectuent aient nécessairement un lien avec le pays où le marché se situe. Une place financière peut se définir comme un centre, un endroit déterminé de collecte, de traitement et de redistribution de flux, informations et services financiers au sein duquel agissent un certain nombre d'opérateurs[161]. Le terme de place contient l'idée de localisation et lorsqu'on cite une place financière, on donne généralement le nom d'une ville, voire d'un quartier ou d'une rue comme **WallStreets**.

De tout ce qui précède, il faut relever que les marchés financiers ne peuvent pas satisfaire à la demande des capitaux faites par les agents économiques si lesdits marchés ne sont pas eux-mêmes suffisamment financés et équilibrés.

§2. Offres de capitaux

L'épargne est le seul mécanisme de financement des marchés. L'origine des capitaux destinés à satisfaire en besoins de financement est, comme pour les besoins eux-mêmes, diversifiée mais avec un dénominateur commun : « ne pas consacrer les liquidités toutes entières à la satisfaction des besoins

---

[157] D'ARVISENET Philippe., *Finance Internationale*, *op. cit*, pp. 238-239.
[158] KRUGMAN Paul et consort, *op. cit*, p. 361.
[159] NZANDA-BUANA Kalemba.M, op cit, p.63.
[160] Idem, p. 363.
[161] D'ARVISSENET Philippe ET PETIT Jean-Pierre, *Echanges et Finance internationale. Les enjeux*, Collection Banque, ITB, Bruxelles, 1996, p. 263.

immédiats ». Ensuite, les sources d'alimentation sont donc celles-là mêmes qui contribuent à la formation de la demande, c'est-à-dire les particuliers, les entreprises, l'État et l'étranger. Le concept de potentiel de développement durable peut se refléter par son rapport avec les taux de l'épargne.

1. L'épargne des particuliers

Si jusqu'à une époque récente les épargnants n'ont eu en définitive qu'un rôle presque négligeable dans la demande de capitaux, ils ont toujours, en revanche, représenté l'origine essentielle de l'offre. Dans des pays à économie performante comme la France, l'épargnant bénéficie traditionnellement d'un grand prestige. L'épargne, définie globalement comme une abstention de consommation, y est considérée comme une véritable fonction créatrice, comme la fonction économique essentielle des particuliers, ou tout au moins la plus utile de la collectivité. Aujourd'hui, la constitution des réserves de sécurité est devenue moins nécessaire et l'on peut dire qu'après avoir pendant des siècles consommé ce qu'il n'avait pas décidé d'épargner, dans ce pays, le particulier épargne ce qu'il n'a pas décidé de consommer.

Depuis quelques années, l'épargne est devenue moins abondante et moins stable, préférant des emplois liquides aux emplois à long terme et devient ainsi souvent simple consommation différée. Face aux besoins de l'économie, l'épargne des ménages se révèle alors fréquemment insuffisante dans son volume et mal orientée dans ses emplois.

Quelques facteurs agissent ainsi sur sa formation, son volume et ses emplois.

a) Les facteurs qui influencent la formation et le volume de l'épargne des particuliers

- L'épargne est fonction de l'importance des revenus individuels ; le facteur monétaire n'est pas à négliger :

L'épargne est fonction de l'importance des revenus personnels, de la marge qui subsiste après satisfaction des besoins courants de l'individu. La valeur monétaire que doit débourser l'acheteur des titres ou que va recevoir le propriétaire d'un titre lorsqu'il le vent et lorsqu'il en perçoit les revenus a, sur la tenue du marché, une influence qui revêt plusieurs aspects.

Ainsi, une dépréciation monétaire agit différemment selon la nature des titres. Elle détourne les détenteurs de capitaux des valeurs à revenu fixe dont les coupons vont être payés en monnaie dévaluée. Elle conduit, par contre, à l'achat de valeurs étrangères dont les dividendes et intérêts seront calculés en fonction d'une monnaie qui s'apprécie par rapport à la monnaie nationale.

On comprend, à ce stade, la cause de l'absence d'une épargne réelle en Franc congolais en RDC.

Corrélativement, il est classique de considérer que le développement des possibilités d'épargne est étroitement lié au Revenu National (RN) dans la mesure où l'évolution de ce dernier correspond à une élévation effective des revenus personnels[162].

---

[162] SCHLOGEL Maurice, *Organisation et fonctionnement des marchés financiers, op. cit*, p. 14.

Pour obtenir le revenu national, il faut ajouter au Produit Intérieur Brut (PIB) les revenus nets des facteurs de production résidents versés par le reste du monde. Le PIB représente le résultat final de l'activité de production de l'économie[163]. Il est égal à la valeur de tous les biens de consommation et de tous les services finals produits par les unités économiques résidentes et vendues sur le marché sur une période donnée. Il inclut par exemple la valeur du pain vendu en boulangerie et des livres vendus en librairie, mais aussi la valeur des services fournis par les agents de changes ou les plombiers. C'est ce qu'on appelle les comptes nationaux qui offrent une représentation globale de l'économie[164].

Une économie nationale est donc à définir en prenant en compte le critère juridique (la nationalité) et le critère géographique (les frontières). C'est l'ensemble des personnes qui ont une activité économique depuis plus d'un an sur un territoire économique. Ce dernier diffère du territoire géographique dans la mesure où il inclut les enclaves situées à l'étranger (les ambassades, les consulats, les bases militaires etc.) et, réciproquement, exclut les enclaves présentes sur son territoire et possédées par les pays étrangers et les institutions internationales.

- La fiscalité constitue un obstacle puissant et fondamental à la formation de l'épargne car elle a des effets pervers sur le revenu des apporteurs des capitaux[165] :

On a toujours dit que trop d'impôts tuent l'impôt, c'est-à-dire que, à force d'imposer, les contribuables mettront tout en œuvre pour cacher leurs avoirs[166]. Une modification des charges fiscales peut également être de nature à encourager les investissements en valeurs mobilières ou, au contraire, à en détourner les capitaux. Le droit de timbre perçu sur les opérations de bourse, l'impôt sur le revenu des valeurs mobilières ont une influence directe : le premier sur le coût des transactions, le second sur le rendement des valeurs, donc sur leur cours, dans la mesure où ceux-ci peuvent être considérés comme la capitalisation du revenu de ces valeurs.

L'impôt sur les sociétés qui frappent les bénéfices et diminue par conséquent les dividendes, a une action analogue sur les cours, mais, par contre, un impôt sur les seuls bénéfices mis en réserve qui pousserait les entreprises à accroitre la part des bénéfices distribués aux actionnaires serait de nature à avoir une influence inverse, puisque les dividendes, donc la rentabilité de l'action, pourraient s'en trouver accrue.

Retenons que la bourse reste attentive aux tendances fiscales qui se manifestent, notamment chaque année, au moment du vote du budget ou encore lors du changement de ministère, qu'elle s'efforce de pénétrer les

---

163 KRUGMAN Paul et consort, *op. cit*, p. 299.

164 MUKUNDI NYEMBO KAHUMBA Emmanuel, *Politique Monétaire et intermédiation financière en République Démocratique du Congo : analyse des effets de modification du taux directeur de la Banque Centrale du Congo sur les activités des banques créatrices de monnaie, op. cit*, p.72.

165 CORHAY Albert et MBANGALA Mapapa, *Fondements de gestion financière, op. cit*, p. 271.

166 ZVI BODIE et consort, *Finance*, 3ème Ed., *op. cit.*, pp. 257-258.

intentions qu'on prêtre toujours dans pareil cas au Gouvernement et d'en mesurer les effets sur la tenue des cours[167].

D'autres pensent qu'il faut imposer les seules dividendes distribuées, c'est à dire qu'ils prônent l'impôt sur la consommation[168]. La conséquence est que ce système occasionne souvent la thésaurisation qui, on le sait, ne facilite pas l'épargne nécessaire pour encourager les emplois productifs. Ce qui exige une fiscalité favorable à l'épargne dans le circuit formel[169].

De ce qui précède, pour la RDC, nous sommes de l'avis de ceux qui pensent à la suppression de l'impôt sur tous les bénéfices en le remplaçant par, en ce qui concerne les acteurs de la bourse, l'impôt sur les seuls bénéfices en réserve. Cela permettra de combattre la trappe à liquidité qui caractérise les marchés congolais ; les acteurs ne pouvant, en aucun instant douter de replacer leurs capitaux sur le circuit formel.

- Les institutions de prévoyance sociale n'encouragent pas l'épargne des particuliers :

En garantissant à l'individu une certaine sécurité pour l'avenir, les institutions de sécurité sociale lui ont enlevé une des raisons essentielles de faire lui-même des efforts nécessaires pour épargner[170].

Souvent considérées comme le substitut moderne de l'épargne, ces institutions de sécurité sociale constituent cependant d'heureux intermédiaires sur les marchés financiers, puisqu'elles collectent des fonds importants et les placent dans des emplois de toute nature[171]. Ces institutions détiennent des réserves importantes et peuvent intervenir efficacement sur le marché financier.

En RDC, la sécurité sociale est organisée par le décret-loi du 29 juin 1961 tel que modifié et complété à ce jour. Aux termes de la législation visée, l'Institut National de Sécurité Sociale, établissement public, est l'organe compétent de gestion du régime de sécurité sociale. Il rencontre cependant de la résistance de la part des entreprises tant publiques que privées, redevables des cotisations de leurs employés (voir infra, chapitre II, section 1, §2 point C du titre II de la Première partie).

- La dépréciation de la monnaie crée la réticence :

La dépréciation plus ou moins rapide de la monnaie explique aussi, bien entendu, la réticence de beaucoup, voire à certaines périodes du plus grand nombre, à conserver des capitaux dont le pouvoir d'achat risque de se dégrader avec le temps[172]. L'influence de ce facteur est d'autant plus grave

---

[167] GASTON DEFOSSE, *La bourse des valeurs*, Presses universitaires de France, Paris 1974, pp.105-106

[168] GREGORY N. Mankiw, MARK P. Taylor, *Principes de l'économie*, 2ème Ed. Européenne, Nouveaux Horizons, Paris, 2011, pp. 725-726.

[169] - DWIGHT H. Perkins et Consort, *Economie de développement*, *op. cit*, p.430 ;
- BERK Jonathan et Cie, *Finance d'entreprise*, *op. cit*, p. 563.

[170] SCHLOGEL Maurice, *Organisation et fonctionnement des marchés financiers*, *op. cit.*, p. 23.

[171] NGUYEN Pascal, CERTHOUX Gilles, Les marchés financiers contribuent-ils au développement économique ? *In référence*, n° 19, Paris, mai 1999.

[172] SCHLOGEL Maurice, *Organisation et fonctionnement des marchés financiers*, op. cit., p.15.

qu'il est certainement plus difficile de rétablir la confiance dans une monnaie que la stabilité même de cette monnaie[173].

Autre facteur

Aux facteurs qui rendent difficile la réalisation de l'épargne des particuliers, on peut ajouter la multiplication des besoins de l'homme en fonction de la progression constante du niveau de vie et des sollicitations sans cesse renouvelées de la technique moderne. Les résonnances de ce découragement permanent se trouvent en outre amplifiés par les moyens de l'information « la publicité obsédante et insidieuse ».

Il faut cependant faire remarquer à ce stade que si l'individu ne consomme pas l'intégralité des liquidités, cela est une condition nécessaire, mais non suffisante, de l'offre des capitaux. Une fois constituées, les disponibilités s'expriment en terme des espèces ou solde créditeur d'un compte par exemple ; elles ne deviennent « épargne » entrant dans le circuit du marché qu'au moment où leur détenteur décide de leur sort. C'est la question d' « **emplois** » de l'épargne qui se pose.

b) Les emplois possibles de l'épargne

Deux conditions sont nécessaires pour que se forment les offres des particuliers : excédent plus ou moins durable du revenu sur la dépense, d'une part, recherche d'une rémunération ou, si l'on préfère, refus de la thésaurisation, d'autre part[174].La décision à prendre devant cette question dépend des objectifs et préférences[175]. En effet, le particulier qui épargne peut rechercher le rendement le plus substantiel. Il peut aussi désirer la liquidité de l'emploi, c'est-à-dire le moyen de retrouver aisément la disposition des capitaux. Il peut enfin préférer la sécurité de cet emploi, c'est-à-dire l'assurance de récupérer au moins le capital d'origine non seulement en valeur nominale, mais si possible en pouvoir d'achat.

Ces trois soucis se retrouvent effectivement chez tous les détenteurs de disponibilités, mais dans des ordres divers :

- La solution simple qui s'offre à un détenteur des capitaux est de conserver ses fonds liquides. La thésaurisation des signes monétaires a toujours été la forme primitive, celle qui demande le moins d'imagination. Mais du point de vue général, elle apparaît la moins souhaitable, car elle ne présente aucune utilité économique, peut-être même dangereuse quand elle conduit à une raréfaction incontrôlable des moyens de paiement. Elle restreint les recettes sur lesquelles les chefs d'entreprises comptaient pour payer leur personnel ou leurs fournisseurs, ou encore pour profiter des

---

[173] En RDC, ce facteur, en plus du taux directeur de la BCC, est à la base de la désintermédiation financière depuis plus de trente ans. Il y a eu une rupture entre le banquier et son client qui n'y voit plus un lieu sûre de réserve de ses richesses et préfère les garder par devers lui. Ce qui, sans doute, oblige le banquier à ne rien attendre de lui en terme d'apport d'épargne sous quelle que forme que ce soit.

[174] BERGER Pierre, *Le marché monétaire*, Presses Universitaires de France, Paris, 1973, p. 16.

[175] SCHLOGEL Maurice, *Organisation et fonctionnement des marchés financiers*, *op. cit*, p. 16.

occasions favorables d'approvisionnement[176]. Le retour dans les circuits normaux des sommes ainsi thésaurisées peut équivaloir, selon la conjoncture, à une émission monétaire intempestive, sans contrepartie, et contribuer à compromettre l'équilibre économique antérieur.

- Il est ainsi conseillé aux épargnants qui veulent des emplois caractérisés par leurs liquidités d'ouvrir des comptes à vue, notamment dans les banques. Cette formule présente un grand avantage sur le plan général, d'être génératrice des richesses. En effet, les dépôts à vue constituent une des sources d'alimentation les plus importantes du marché des capitaux, et ce sont eux qui permettent aux banques de participer au financement des biens de circulation et de consommation.

En conséquence, la nature des capitaux d'épargne liquide a longtemps paru les destiner au marché de l'argent à court terme et plus précisément encore à des emplois aisément mobilisables offrant par le jeu du réescompte auprès de l'institut d'émission la possibilité de recouvrer avant l'échéance les fonds engagés.

La prise de conscience de ce fait, conjuguée à l'impérieuse nécessité pour les banques d'apporter à l'économie dans tous les domaines et sous toutes les formes un concours toujours plus intense, devait avoir une double conséquence. Tout d'abord, les banques s'efforcent d'inciter leur clientèle à distinguer aussi nettement que possible la fraction d'épargne dont elle dispose en lui proposant, lorsqu'elle accepte de l'individualiser, des taux plus rémunérateurs que ceux appliqués aux soldes créditeurs à vue.

La seconde conséquence de cette évolution est la pratique par les banques de ce que l'on appelle la « transformation », qui consiste à employer des ressources à courte échéance et même à vue, dans des opérations de plus longue durée.

- Opération toute différente du dépôt en banque, l'acquisition de valeurs mobilières est un mode d'investissement proprement dit qui implique de la part de l'épargnant une décision explicite et l'intention de réaliser un placement, sans doute mobilisable sur le marché boursier, mais théoriquement durable. Cependant, si le placement en valeurs mobilières représente pour le public l'emploi productif le plus classique, du point de vue général du marché, une opération de ce type ne constitue pas nécessairement un apport nouveau de capitaux, les achats des uns ayant pour contrepartie les ventes réalisées par d'autres. Pour une période donnée, l'apport effectif au marché se limite donc au montant net des émissions nouvelles réalisées.

- La seule crainte qu'une monnaie puisse se déprécier peut en effet inciter les détenteurs de capitaux à préférer à tout mode de placement proprement dit l'acquisition des « valeurs refuges »[177]. Ces dernières se définissent comme des biens qui ne sont pas achetés pour eux-mêmes, mais simplement dans le dessein d'assurer la conservation d'un capital. À cet égard, de multiples choix s'offrent aux détenteurs de capitaux. Il est sans doute même

[176] BERGER Pierre, *Le marché monétaire*, op. cit, p. 15.

[177] SCHLOGEL Maurice, *Organisation et fonctionnement des marchés financiers*, *op. cit*, pp. 18 et 19

illusoire de chercher à en dresser une liste, chacun pouvant à tort ou à raison attribuer à un bien quelconque cette vertu d'être un bien refuge[178].

Cependant, un certain nombre d'objets plus ou moins précieux sont généralement préférés : bijoux, argenterie, tableaux…, par suite de leur prix élevé pour un encombrement restreint. Néanmoins, leur marché est souvent mal défini et ils ne sont pas à l'abri de toute dépréciation, notamment de celle provoquée par les changements de mode.

L'or retrouve néanmoins un regain d'intérêt spéculatif chaque fois qu'est remis à l'ordre du jour le problème de la revalorisation de son prix par les États-Unis.

- La terre et les constructions immobilières sont également très appréciées comme refuge car, en dépit des dépenses d'entretien qu'ils exigent, ces biens peuvent procurer un revenu tout en préservant le capital investi. L'immobilier et plus précisément la construction présentent sans doute certains inconvénients : réglementation des loyers, caractère assez subjectif des estimations, complexité et instabilité du marché… Ils n'en ont pas moins drainé depuis la guerre mondiale, hors des voies du marché financier, des capitaux très importants, et l'existence de ce type particulier d'emploi est révélatrice de la variété des destinations possibles de l'épargne.

Il faut néanmoins souligner que ces investissements, qu'ils soient de placement, d'usage ou même de spéculation, soulagent les marchés financiers, tout comme l'autofinancement des entreprises, puisque sans eux, les besoins étant impératifs, il faudrait bien tenter de venir sur le marché pour les satisfaire. Or, il n'est pas certain que les capitaux alors disponibles se dirigeraient tous vers le marchés financiers[179].

Il faut également préciser que depuis un certain temps, apparait le développement de l'épargne institutionnelle.

En effet, à l'heure actuelle, l'épargne et son emploi ne sont plus les deux faces d'une même opération réalisée par un même intervenant. L'épargnant n'apporte plus directement, lui-même, ses capitaux au marché. Ces deux opérations sont de plus en plus dissociées et relèvent d'agents différents : les particuliers apportent des fonds à un organisme et celui-ci les utilise, les uns et les autres poursuivant des buts distincts. On retrouve dans cette catégorie les compagnies d'assurance, les sociétés d'investissement et autres instaurations, organismes collecteurs[180].

De tout ce qui précède, il y a lieu de conclure qu'à l'épargne des particuliers au sens ancien de ce terme et sous sa forme traditionnelle de placements directs en titres mobiliers, tendent à se substituer aujourd'hui une épargne institutionnelle et une épargne liquide. De ce fait, les pouvoirs publics doivent prendre des dispositions qui protègent les ménages contre les tentations d'une consommation excessive qui les détournent de l'épargne. Par ailleurs, les placements liquides ne doivent pas être trop favorisés. Il

---

[178] De ce point de vue, la monnaie est à entendre au sens le plus large possible car ces valeurs refuge peuvent être utilisées pour l'acquisition d'autres biens.

[179] Parmi les formes que peut revêtir l'épargne des particuliers, il convient de distinguer essentiellement d'une part, les placements liquides ou semi-liquides, dépôt et valeurs à court terme qui constituent ce qu'il convient d'appeler « épargne-réserve » ; d'autre part les valeurs mobilières qui recueillent traditionnellement l'épargne dite « créatrice » ; en fin les investissements immobiliers aux caractéristiques particulières.

[180] SCHLOGEL Maurice, *Organisation et fonctionnement des marchés financiers*, op. cit, p. 21.

faut, comme nous allons le développer dans les lignes qui suivent, une hiérarchie harmonieuse des taux d'intérêts selon la durée des emplois.

2. L'épargne des entreprises

De façon directe ou indirecte, les entreprises participent à l'offre des capitaux ou, du moins, exercent sur le volume de cette offre une influence déterminante.

Parler d'une « épargne des entreprises » au sens attribué à l'épargne des ménages constitue sans doute une assimilation un peu rapide aux réalités économiques assez dissemblables. Ce concept d'épargne des entreprises a cependant été retenu par les comptables nationaux qui l'entendent comme l'ensemble des revenus bruts non distribués des sociétés ; c'est la définition même de l'autofinancement[181].

Certes, il ne s'agit pas là de capitaux réellement disponibles sur les marchés financiers, ni d'une offre effective sans emploi pré– déterminé. Bien au contraire, recenser l'épargne des entreprises aux différents postes de leur bilan : amortissements, réserves ou provisions, impose de rechercher les utilisations qui en sont faites et qui viennent enrichir leur actif. Epargne et financement apparaissent ici comme indissolublement liés[182].

Sous réserve cependant de quelques variantes, les offres provenant des entreprises se manifestent dans des conditions analogues à celles qui émanent des particuliers. Les offres des entreprises se forment parce que les entreprises disposent d'excédents de trésorerie, et elles se présentent sur le marché de l'argent à court terme parce que les décalages entre recettes et dépenses sont temporaires[183].

Mais que ces capitaux sécrétés par l'entreprise ne soient pas offerts sur les marchés ou ne transitent pas par leurs circuits ne signifient nullement qu'ils ne constituent pas pour eux un apport réel. L'autofinancement correspond à une réduction de la demande exprimée[184] sur le marché et représente une source de financement qui, si elle se situe en amont de ce marché n'en intervient pas moins dans l'équilibre final.

Outre cette action, à certains égards indirects, jouée par l'autofinancement, des entreprises peuvent se manifester du côté « offres » du marché financier selon différentes modalités qui ont pour trait commun de se situer au second degré.

Toute entreprise a pour vocation de produire et à cette fin elle destine l'essentiel des fonds dont elle peut disposer au financement et à la mise en œuvre de son instrument de travail.

Toutefois, elle a parfois intérêt à consacrer une fraction variable de ses ressources propres ou empruntées à des emplois financiers qui lui confèrent un rôle de redistribution de capitaux. L'épargne se dégage alors par deux

---

181 SCHLOGEL Maurice, *Organisation et fonctionnement des marchés financiers*, *op cit*, p. 23.

182 CORHAY Albert et MBANGALA Mapapa, *Fondements de gestion financière*, *op cit*, p.223. Ces auteurs arrivent à conclure que l'autofinancement n'est constitué que par la partie du cash-flow qui n'est pas distribuée sous la forme de dividende.

183 BERGER Pierre, *Le marché monétaire*, op cit, p. 16.

184 Le Professeur BOFOYA KOMBA Beaujolais arrive à la conclusion que cela aide au déplacement de l'équilibre du marché, de la courbe de la demande ou de l'offre. Voir la p. 149 de l'ouvrage déjà cité.

procédés[185]: la souscription à des nouvelles émissions et des placements ainsi que les dépôts et les achats des valeurs, et dans certaines mesures le crédit.

a) La souscription à des nouvelles émissions

Il en est ainsi des prêts à long terme que l'entreprise peut consentir à certaines de ses filiales ou à d'autres sociétés dans le cadre de sa politique commerciale et financière. Il en est ainsi également de ses participations dans d'autres affaires. Ces opérations n'apportent pas seulement à l'entreprise des dividendes et éventuellement des plus-values ; elles lui procurent surtout des avantages commerciaux et industriels parfois considérables, qui apparaissent clairement, lorsqu'il s'agit de firmes, constituant pour elles un débouché permanent ou une source importante d'approvisionnements.

Ces opérations sont inconcevables lorsque les vendeurs viennent eux-mêmes sur le marché pour réemployer les disponibilités qu'ils ont ainsi dégagées.

b) Les placements

En ce qui concerne l'acquisition des valeurs mobilières à titre des placements, le problème est un peu différent. Au bilan d'une société ces placements figurent sous la rubrique : « valeurs réalisables et disponibles à court terme », ce qui souligne leur caractère d'emplois de trésorerie. Un tel portefeuille peut avoir pour origine une surabondance passagère de liquidités, une spéculation occasionnelle, la souscription plus ou moins forcée à un emprunt public ou parapublic, des services rendus à une banque ou à une autre société. Pour le marché, cette offre de capitaux présente des caractéristiques identiques à celles qui s'effectuent sous forme de participation et, pour être au second degré, elle n'est pas moins réelle. Aussi, la contribution des entreprises au marché monétaire et au marché du crédit est également active.

Les besoins des entreprises ne sont pas étalés dans le temps de façon régulière. Compte tenu des variations, les entreprises participent en permanence à l'alimentation des marchés monétaires et du crédit. Leur offre revêt deux formes très courantes : les dépôts et les achats à court terme[186].

c) Les dépôts

Les dépôts des entreprises en compte courant bancaire ou postal atteignent des montants considérables. Ainsi se révèle sans fondement l'assertion selon laquelle les entreprises utiliseraient sans contrepartie les fonds apportés aux marchés par les particuliers. En France, les seuls comptes courants représentent une masse de milliards considérables contre quelques milliards pour le compte chèques, de sorte que les entreprises ont procuré aux banques plus du tiers des ressources qu'elles leur ont demandées.

---

[185] DENOUNE Martine, *Placements et Epargne*, Ière éd. Masson, Paris, 1987, pp. 24-32.
[186] DENOUNE Martine, *op. cit.*, p. 32

d) L'achat des valeurs à court terme

L'achat de valeurs à court terme constitue, de la part des entreprises, une offre sans doute plus limitée, mais en quelque sorte plus active. Dès lors que leur plan de trésorerie laisse prévoir des périodes d'aisance prolongées, elles s'efforcent de donner aux sommes dont elles peuvent disposer des emplois les plus rémunérateurs.

e) Le crédit

Certes, il est fréquent, particulièrement en France, que les entreprises fassent appel aux banques pour mobiliser les titres de créances représentatifs de ces facilités de paiement.

Au terme de cette évocation des apports de l'entreprise à l'alimentation des marchés financiers, il apparaît que c'est sa capacité d'autofinancement, au sens large, qui influence le plus profondément l'équilibre de l'offre et de la demande sur ces marchés.

L'entreprise est avant tout une cellule[187] de production et à ce titre une utilisatrice de capitaux. Si à tel ou tel moment elle peut effectuer des placements et mettre des fonds à la disposition du marché, il reste qu'en définitive sa demande globale excède généralement son offre globale. Il n'y a qu'aux États–unis et, dans une bien moindre mesure, en Angleterre, où nombre d'entreprises échappent à cette règle.

Cette participation des entreprises aux marchés financiers se comprend aisément tant elle semble naturelle.

3. L'épargne publique

Traditionnellement, l'État est considéré comme un consommateur et s'il prélève des ressources c'est pour effectuer des dépenses sans se soucier, à l'instar des particuliers, de faire acte d'épargne. Toutefois, en ce domaine encore, les Comptables Nationaux[188] ont tenté d'établir certaines distinctions qui puissent éclairer la réalité économique et la complexité des circuits financiers dans leur rapport sur les méthodes d'établissement des Comptes d'affectation des Administrations à des épargnes ; les soldes déficitaires correspondant à des désépargnes ».

Donc, en termes budgétaires, les Administrations, et plus précisément les États, épargnent dès qu'ils parviennent à dégager un excédent de leurs recettes ordinaires sur leurs dépenses courantes. Autrement dit, toute affectation de ressources fiscales ou assimilées au financement d'un emploi autre qu'une charge de fonctionnement équivaut à un acte d'épargne. Dès lors qu'un certain pourcentage des investissements nationaux annuels est réalisé au moyen de fonds budgétaires, il est légitime de considérer ces derniers comme des ressources épargnées, c'est-à-dire détournées d'un usage de consommation.

Si dans les périodes de graves déficits des finances publiques, ces ressources sont le plus souvent très réduites, elles constituent en période d'équilibre des montants élevés.

---

[187] BOFOYA KOMBA Beaujolais, *Economie politique*, *op. cit.* p.19.

[188] Quant on parle des comptabilités nationales, il s'agit avant tout des comptabilités du système Romano Germanique dont le Droit Français est le modèle qui a inspiré les autres.

Bien que l'épargne publique soit moins une notion budgétaire qu'un concept utilisé par les Comptabilités Nationales, la plupart d'États s'efforcent de faire ressortir son existence dans la présentation de leurs lois de finance[189].

Mais en fait, cette ligne ne sépare qu'imparfaitement les différentes dépenses courantes des opérations en capital. En France, la réalité est très peu différente, les charges qui devraient être couvertes par des moyens normaux tendant à être distinguées de celles qui relèvent d'un financement exceptionnel. Toutefois, une large part des dépenses en capital demeure encore inscrite dans le budget[190].

4. L'épargne d'origine internationale

Il importe de signaler l'influence qu'exerce « l'étranger » sur l'approvisionnement de l'économie en moyens financiers, tout d'abord de façon directe par l'apport de fonds à court et long terme sur les marchés financiers[191]. L'État, les collectivités publiques, les entreprises ou institutions financières nationales qui sont dignes de crédit peuvent recourir à des sources étrangères de financement. Pour l'ensemble de la collectivité, les capitaux ainsi recueillis ne présentent d'ailleurs pas, selon leur nature ou leur origine, des avantages égaux[192].

Si un emprunt à long terme sur une place étrangère constitue un apport réel et durable, bien des fonds de source extérieure se caractérisent par leur instabilité et leur extrême sensibilité à la conjoncture. Ils sont, pour les pays bénéficiaires, une source extrêmement fragile et la moindre menace économique ou politique peut les faire fuir au détriment de ceux qui n'auraient pas assuré à leurs emplois une liquidité suffisante[193]. Il en est ainsi de certaines catégories de hot money (capitaux internationaux pour lesquels la liquidité est la condition primordiale de l'emploi) ; il en est ainsi également des nombreux placements sur les marchés boursiers.

Outre ces appels directs aux marchés étrangers, les relations commerciales d'un pays avec l'extérieur peuvent exercer une action quasi automatique sur le volume des liquidités monétaires dont dispose son économie. Les devises obtenues par les exportateurs sont déposées en banque et échangées contre de la monnaie nationale ; si elles sont ensuite convertis auprès de l'Institut d'Emission, les établissements dépositaires accroissent leurs possibilités de crédit, dans la mesure où les opérations

---

189 BARRE R, *Economie Politique*, T2, PUF, Paris, 1964, p. 157.

190 En RDC les articles 34 et 35 de la loi n° 11/011 du 13 juillet 2011 relative aux finances publiques prévoeint des rectes en capital et des ressources budgétaires constituées notamment des montants des souscriptions et des tirages sur les emprunts à moyen et long termes.

191 SCHLOGEL Maurice, *Organisation et fonctionnement des marchés financiers*, *op. cit.*, p. 26.

192 BOFOYA KOMBA Beaujolais, *Economie politique*, *op. cit.*, p. 20.

193 Même si l'étranger influence le secteur financier national par le fait que la présence des banques étrangères contribuent à son assainissement et incite les autorités à respecter la théorie de la règle de droit et finance, il reste tout aussi vrai qu'il est difficile pour les PME et les démunis d'y accéder et aux institutions financières d'être compétitives. (Lire MUKUNDI NYEMBO KAHUMBA Emmanuel, *Politique Monétaire et intermédiation financière en République Démocratique du Congo : analyse des effets de modification du taux directeur de la Banque Centrale du Congo sur les activités des banques créatrices de monnaie,* op. cit., p.53.

inverses, c'est-à-dire le paiement des importations, ne l'emportent pas[194]. Si cette seconde hypothèse se généralisait, provoquant un déficit de la balance commerciale, elle entraînerait, à due concurrence, une contraction de l'offre des moyens de paiement sur le marché national.

Encore convient–il de souligner que les résultats de la balance commerciale n'exercent pas une action indépendante sur la masse monétaire. Ils peuvent en effet être accentués ou au contraire compensés par l'évolution respective des autres postes de la balance des paiements et des autres contreparties de la masse monétaire : crédits à l'économie et créances sur le Trésor Public[195].

Au terme de ces développements, se dégagent les traits essentiels de l'offre de capitaux, offre qui a pour support l'existence d'une masse de disponibilités en quête d'emploi :

La première caractéristique est le manque d'homogénéité, non seulement de ses initiateurs, mais aussi des montants en jeu et des durées pendant lesquelles ces sommes sont disponibles.

La deuxième caractéristique est la passivité ; les détenteurs de capitaux se soucient peu des besoins qu'ils sont à mesure de satisfaire. Hormis les cas où ils trouvent dans leur activité propre un emploi possible, ils se préoccupent rarement de la destination ultime de leur épargne.

Dans la plupart des cas se manifeste donc un besoin d'expression et d'organisation. Les capitaux disponibles doivent être recensés et regroupés afin que demande et offre soient mises utilement en présence. En un mot, la nécessité d'intermédiaires qualifiés se fait sentir, c'est-à-dire d'agents dont le rôle consiste à collecter des fonds et à les redistribuer.

Il faut cependant que les offres et les demandes s'équilibrent entre elles au niveau global grâce à l'intervention des intermédiaires financiers tant au niveau des investissements que dans les facilités qu'ils accordent pour les placements et les acquisitions de capitaux.

SECTION 2. LES MÉCANISMES D'AJUSTEMENT DES OFFRES AUX DEMANDES

Les capitaux de toute nature dont les différents agents économiques ont besoin constituent en réalité les éléments d'un même marché, puisque « l'argent » est l'unique matière traitée. Il n'est cependant pas inutile de les classer suivant différents critères, et notamment celui de la durée, en trois grands groupes déjà mentionnés : marché monétaire, marché du crédit et marché financier.

Sur chaque marché interviennent des agents différents agissant à des fins diverses. À titre d'exemple, sur le marché financier se présenteront aussi bien l'État qui tente d'équilibrer ressources et dépenses que l'entrepreneur qui recherche des fonds pour procéder à des investissements. Sur le marché du crédit voisineront l'exportateur qui désire vendre son matériel en accordant à son acheteur de longs délais de paiement, et le particulier qui veut financer l'achat d'un appareil de télévision.

---

[194] DWIGHT H. et Consort, op. cit., p.479.

[195] SCHLOGEL Maurice, *Organisation et fonctionnement des marchés financiers*, op. cit., p. 26.

Il est certain que dans chaque cas les problèmes sont différents, car les besoins, les mécanismes, les risques, les garanties ne sont pas les mêmes. Il est donc logique d'analyser successivement les trois mécanismes économiques essentiels que sont l'investissement, la circulation des capitaux par le système formel et la question des taux de change et des taux d'intérêts dans la consommation des capitaux.

§1. L'investissement

L'investissement est la condition première de l'expansion, car il préside à la naissance, à l'extension, au changement d'orientation de toute activité, et conditionne en conséquence tout progrès économique.

Dans les économies modernes, sa réalisation met en jeu des masses de capitaux considérables et toujours croissantes.

Il paraît évident que dans cette recherche de capitaux d'investissements, la solution ne peut pas être la même pour toutes les entreprises. Une petite affaire familiale n'aura pas accès aux mêmes sources de financement qu'un grand groupe de taille internationale. Selon la dimension, la forme juridique, et surtout la structure financière, les procédés seront assez différents.

La solution la plus simple, ouverte à toutes les entreprises est, sans aucun doute, l'autofinancement (1). Mais dans la majorité des cas, les capitaux ainsi dégagés de l'exploitation se révèlent insuffisants et un recours aux capitaux extérieurs (2) devient alors nécessaire. Il importe d'examiner successivement les principaux procédés utilisés pour financer les investissements[196]:

- l'autofinancement ou le financement en fonds propres ;
- la recherche de capitaux d'emprunt ou le financement par emprunt.

1. L'autofinancement

L'autofinancement constitue sans doute le moyen le plus simple qu'une entreprise puisse trouver pour résoudre un problème de recherche de capitaux à long terme, puisqu'en effet c'est un financement que l'entreprise se crée par elle–même, par son activité propre[197].

Par définition, en effet, les capitaux ainsi dégagés restent dans l'entreprise qui les utilise pour ses propres investissements. Or, au même moment, d'autres entreprises peuvent se trouver, faute des ressources nécessaires, dans l'impossibilité de réaliser des investissements estimés d'une utilité cependant plus conforme à l'intérêt général.

Le bien-fondé de l'autofinancement, d'autre part, dépend avant tout de la compétence du chef d'entreprise : celui– ci disposant de capitaux dont le coût apparent est nul, peut être tenté d'effectuer des investissements qui ne correspondent pas nécessairement à une distribution optimale des facteurs de production. Un autofinancement excessif, en réduisant le revenu des porteurs d'actions et par là leur incitation à invertir, diminue en effet les ressources

---

[196] - SCHLOGEL Maurice, *Organisation et fonctionnement des marchés financiers*, *op. cit*, p. 25.
- KRUGMAN Paul et OBSTFELD Maurice, *Economie internationale*, 7ème édition, op. cit, p. 670.

[197] ZVI BODIE et Consort, *Finance*, 3ème Ed., op. cit., pp 465-466.

du marché financier et engendre une désaffection à l'égard des valeurs à revenu variable en raison de leur faible rentabilité.

Aucune de ces critiques ne paraît donc pleinement valable et, au contraire, l'autofinancement semble le plus souvent permettre des investissements utiles qui ne pourraient être réalisés autrement. À ce titre, certaines dépenses de productivité, la recherche ou le lancement de nouveaux produits seraient difficilement financés à l'aide de capitaux extérieurs à l'entreprise. De plus, il est évident que ce procédé correspond mieux au désir d'indépendance de la majorité des industriels et surtout qu'il leur reste offert dans les périodes où les Pouvoirs Publics contrôlent étroitement l'accès à tous les autres modes de financement.

Cependant, l'ampleur même du phénomène de l'autofinancement devait à la longue poser un problème social : « l'un des problèmes soulevés est celui de l'accession des travailleurs à une part des accroissements d'actifs réalisés grâce à l'autofinancement[198].

Ainsi justifié par des considérations de justice sociale, un partage des gains de l'autofinancement soulève de nombreux problèmes, et d'abord celui d'en prendre l'exacte mesure. Il n'existe pas de méthode de calcul cernant de façon satisfaisante cet autofinancement qui, suivant les estimations, peut varier pour les sociétés privées non financières[199].

Les entreprises revendiquent d'autant plus vigoureusement la propriété de l'autofinancement qu'il leur évite un recours excessif à l'endettement et renforce ainsi leur indépendance ; elles le considèrent même parfois comme un moyen de défense contre certains actionnaires qui, porteurs occasionnels des titres cotés en bourse, ne méritent pas de participer à de telles répartitions.

Enfin, la couverture du financement des investissements industriels par l'autofinancement tend à diminuer dans la plupart des pays, et ceci d'une façon peu réversible. En effet, l'accroissement de la masse salariale supérieur au progrès de la productivité entraîne des charges de plus en plus lourdes qui, faute de pouvoir être répercutées sur les prix de vente du fait de l'âpreté de la concurrence internationale, sont nécessairement imputées sur les profits.

Il a été ainsi conçue la technique de l'émission d'obligations à bon de souscription d'actions, les bons conférant aux titulaires le droit de souscrire, à des époques et dans des conditions fixées dès l'émission de l'emprunt, des actions de la société émettrice[200].

Le problème de l'intéressement doit être d'ailleurs considéré sous deux éclairages fondamentaux. Dans un premier cas, il s'agit d'une politique tendant à faire du salarié l'un des propriétaires de l'entreprise et à l'associer aux décisions directoriales ; la réalisation d'un tel dessein dépasse largement le partage des fruits de l'autofinancement, qui n'en est que l'une des modalités, et sans doute la moins viable. Sous un second, l'intéressement peut vouloir faire du salarié un épargnant. Au–delà de ces aspects de politique sociale, il demeure difficile de porter un jugement définitif sur

---

[198] SCHLOGEL Maurice, *Organisation et fonctionnement des marchés financiers*, *op. cit.*, p. 78.

[199] *Idem*, p. 35.

[200] GUILLAUME Jean-Marie et ROYERE Jean-Louis, *Le second marché. De l'introduction aux opérations financières*, *op. cit.*, p. 109.

l'autofinancement. Dépendant étroitement de la destination qui lui est donnée, et par conséquent de la compétence des chefs d'entreprises, ce procédé comporte évidemment certains risques. En tout état de cause, un recours à d'autres sources de financement, extérieures celles-là, demeurera nécessaire : rechercher des capitaux d'emprunt.

2. La recherche des capitaux d'emprunt

Les entreprises peuvent essentiellement se procurer des capitaux d'emprunt[201], soit auprès d'organismes financiers sous la forme de prêts à long ou moyen terme, soit auprès du public lorsqu'elles sont en mesure d'émettre des emprunts obligataires. De même, un pays en difficulté peut recourir aux marchés financiers pour financer leur déficit extérieur grâce aux obligations, les emprunts bancaires, et les financements par les organismes officiels internationaux[202].

L'appel aux organismes financiers est devenu la règle pour investir[203].

Une distinction entre ces deux formes de crédit est quelque peu artificielle, car, en matière d'investissement, l'objet du concours, le risque couru, la capacité de remboursement posent des problèmes très voisins, qu'il s'agisse d'opérations financières à 3,5 ou 10 ans.

Il semble donc plus significatif de distinguer entre les prêts supportés définitivement par l'organisme qui les accorde, quel que soit leur terme de même que la nature des ressources qu'il utilise, et les crédits mobilisables permettant à ceux qui les octroient une reconstruction éventuelle de leur trésorerie. Suivant la formule adoptée, en effet, le problème se pose en termes très différents pour l'organisme prêteur et cette classification permettra en outre de mieux mettre en lumière les particularités des pratiques nationales.

La vente d'obligations, des actions, le recours aux prêts bancaires et les prêts officiels sont les plus usités pour obtenir un financement d'un agent économique en difficulté. Ces prêts peuvent en principe être consentis à toute entreprise du secteur industriel et commercial sans que leur objet soit étroitement défini. Ils peuvent être affectés au financement d'investissement en immeubles industriels ou en matériels, à des prises de participation ou même à des besoins de fonds de roulement ayant une certaine permanence. Ils doivent donc être destinés au financement de biens directement ou indirectement productifs et leurs remboursements suffisamment assurés par la rentabilité desdits biens qui mobilisent ainsi, par avance, leur futur autofinancement.

Cette diversité d'institutions concourant au financement des investissements existe également dans d'autres pays que la France où se retrouvent certains traits de l'expérience française, notamment l'intervention plus ou moins sensible du public. Il n'est pas possible de passer en revue les multiples systèmes de chaque pays, même européens : deux exemples seront

---

[201] GREGORY N. MANKIW, MARK P. Taylor, *Principes de l'économie*, *op. cit.*, pp.722-724.

[202] KRUGMAN Paul et OBSTFELD Maurice, *Economie internationale*, 7ème édition, op cit, p. 670.

[203] - D'ARVISENET Philippe, *Finance internationale*, *op. cit.*, p. 10.
- ZVI BODIE et Consort, *Finance*, 3ème Ed., *op. cit*, p. 467.

donc seulement retenus : l'un très proche du système français, le second, au contraire, sensiblement différent.

Les formules belges sont celles qui se rapprochent le plus de la construction française. Au centre du système se trouve en effet un organisme – la Société Nationale de Crédit à l'Industrie – qui, sans rappeler le Crédit National, a l'action qui est épaulée par celle de diverses institutions à coloration publique plus ou moins accentuée.

En conclusion, dans la plupart des pays, les techniques du prêt à long terme sont relativement simples et l'intervention d'organismes publics ne s'est pas accompagnée de formules révolutionnaires[204]. Beaucoup plus audacieuse, en revanche, paraît la pratique du crédit à moyen terme mobilisable.

L'extension remarquable en France des crédits à moyen terme mobilisables a permis, dans une large mesure, de résoudre les problèmes posés par la multitude et l'ampleur des besoins de financement face aux possibilités limitées des marchés financiers et aux ressources insuffisantes des organismes prêteurs de capitaux à long terme. Permettre aux entreprises de financer dans les meilleures conditions des équipements dont le progrès technique avait réduit la durée d'amortissement, ou, par un crédit relais, différer leur appel au marché financier : tel est, schématiquement, l'objectif que devaient atteindre les Pouvoirs Publics et sous leur impulsion le système bancaire[205].

Etant donné la nature et l'insuffisance de leurs ressources et aussi leur goût très prononcé pour la liquidité, les établissements de crédit ne peuvent intervenir dans cette voie que si la possibilité leur était accordée de réescompter auprès de l'Institut d'Emission les effets représentatifs de leurs concours à moyen terme. À cette condition seulement, des besoins traditionnellement qualifiés de financiers pouvaient être satisfaits par le système bancaire.

Le mécanisme élaboré doit, à vrai dire, concilier des impératifs divers sinon contradictoires : inciter les banques à utiliser leurs disponibilités à court terme pur fournir aux entreprises les capitaux d'investissement impossibles à trouver ailleurs ; elles doivent donc avoir l'assurance de retrouver rapidement en cas de besoin les fonds ainsi engagés en mobilisant les crédits auprès de l'institut d'Emission ; mais il est aussi indispensable de limiter le risque inflationniste évident de ce recours ultime à la banque nationale, ou tout au moins d'en retarder la réalisation au maximum.

La distribution du crédit à moyen terme a donc été transférée du secteur relativement étroit des organismes spécialisés au domaine élargi des banques qui, pour assumer ces responsabilités nouvelles, ont dû d'ailleurs modifier profondément leur organisation et créer des services capables d'apprécier la gestion industrielle et financière des entreprises et de juger de leur faculté d'autofinancement conditionnant le remboursement des crédits[206].

---

[204] DENIEL Alain, *Cours sur le Trésor et la politique financière*, mis à jour par CORDEAU Jean Paul, Ecole Nationale des Services du Trésor, Paris, 1989, p.213

[205] SCHLOGEL Maurice, *Organisation et fonctionnement des marchés financiers*, *op. cit.*, p. 78.

[206] DENIEL Alain, *op. cit.* p. 212.

Telle est donc l'origine du système actuel du crédit à moyen terme mobilisable[207]. Outre des voies secondaires réservées à l'équipement agricole, à la construction navale, le crédit à moyen terme, dans le domaine de l'équipement, emprunte essentiellement deux circuits distincts, mais très comparables dans leur esprit et leurs mécanismes : le circuit bancaire proprement dit et le circuit professionnel.

Sans doute la distribution de dividendes est-elle subordonnée à la réalisation effective de bénéfices ; mais les tribunaux français ont à plusieurs reprises jugé que l'autofinancement très excessif par rapport aux besoins d'une entreprise constituait un abus de droit contre lequel une minorité d'associés était fondée à s'élever[208].

Cette tendance à une répartition plus équitable des profits constitue d'ailleurs dans les aspects d'une politique vers laquelle s'orientent d'elles–mêmes les sociétés dans le dessein d'intensifier l'intérêt du public, et en premier lieu de leurs propres actionnaires. C'est ainsi qu'elles ont très sensiblement amélioré et accru les informations concernant leur activité, la présentation de leurs comptes, la publication si nécessaire de bilans consolidés étant elle-même en voie de développement.

Il serait souhaitable qu'à leur effort réponde un changement d'attitude des actionnaires dont l'indifférence notoire se révèle notamment par le nombre absolument infime de ceux qui assistent aux assemblées[209].

Le législateur a toujours témoigné de son côté d'une volonté de défendre les intérêts des actionnaires, en particulier à l'occasion des augmentations de capital.

En définitive, il faut conclure qu'avec l'autofinancement le crédit à long et moyen terme est le principal élément constitutif de tout système de financement de besoins permanents des entreprises au-delà de leurs capitaux propres. Mais l'accès à de tels concours, largement fonction du crédit personnel de l'entreprise, n'est pas toujours aisé. Comme le marché financier stricto sensu, qui joue néanmoins un rôle non négligeable étudié plus loin, demeure réservé aux affaires présentant des sérieuses difficultés à financer leurs investissements, plusieurs solutions ont été recherchées à ces problèmes dont certaines sont déjà apparues dans les développements précédents.

La difficulté d'accès au crédit à moyen terme a suscité aux États–unis la création de deux mécanismes, à savoir : le leasing et le prêt subordonné.

A. Le leasing

Il faut relever aussitôt que l'existence de cette formule pour financer les investissements a des répercussions sur le marché des capitaux. Aux États

[207] SCHLOGEL Maurice, *Organisation et fonctionnement des marchés financiers*, *op. cit.*, p. 79.

[208] Ces décisions intervenues avant les années 1960 ont stigmatisé la non distribution des bénéfices aux associés pour des raisons de financer l'entreprise. Voir SCHLOGEL, *op. cit.*, pp.100 à 102.

[209] Dans la situation ayant entrainé la fermeture de Bravo airways en 2008, certains actionnaires qui étaient toujours absents des Assemblées générales, ignorants de leur droits, ont été choqués du fait que pendant trois ans, aucun bénéfice de l'entreprise ne leur a tété distribué au point qu'ils ont décidé que l'actionnaire d'origine espagnole qui était Gérant soit arrêté pour escroquerie et abus de confiance.

Unis, après une forte progression dans les années 80, la part de marché de **finance companies** vis-à-vis des banques dans ce secteur traditionnel se maintient à un niveau proche de 80%[210].

En effet, si un entrepreneur décide de louer des machines dont il a besoin plutôt que de les acheter, le problème du financement ne se pose sans doute plus pour lui, il est porté sur quelqu'un d'autre. Ce qui change pour le marché des capitaux le point d'impact de la demande de fond[211].

Couramment défini comme une location à moyen terme des biens d'équipements, le leasing intéresse les affaires désireuses de procéder à un investissement dont les ressources sont peu suffisantes pour faire une acquisition. Elles s'adressent alors à **un organisme spécialisé** qui, après étude de leurs dossiers, achète les biens dont elles désirent avoir usage et les leur remet en location. Si les formules de contrat adoptées par chacune des sociétés de leasing diffèrent sur des points de détail, elles peuvent être rattachées aux deux types suivant :

Selon l'une des méthodes, le contrat s'exécute en deux périodes : au cours de la première, qui dure généralement 4 ou 5 ans, le bail n'est pas résiliable[212] ; au cours de la seconde, qui dure 3 à 5 ans, le bail, qui comporte un loyer plus faible, est résiliable chaque année et, en fin de contrat, son renouvellement éventuel se fait par tacite reconduction. Le locataire a parfois la faculté de racheter le matériel loué à partir d'une certaine date.

Dans une seconde formule, le contrat ne concerne que la période – d'une durée de 3 à 5 ans – où la location est irrévocable ; à son expiration, l'utilisateur peut à son gré restituer le matériel, l'acheter à un prix fixé à l'avance ou le louer de nouveau pour une durée de trois ans avec un loyer moins élevé. Cette caractéristique fait du leasing un secteur d'activités qui connut le plus fort développement aux États Unis, les encours de leasing des finance compagnies ayant doublé, tous les cinq ans[213].

Appelé crédit-bail en français[214], il a connu une progression considérable tant en raison des avantages et garanties qu'il confère à l'établissement financier, que pour des raisons fiscales. Le plus courant est le crédit-bail mobilier même si le crédit-bail immobilier est aussi pratiqué. Le crédit-bail mobilier c'est une opération juridique qui concerne trois personnes[215] :Un **établissement financier** acquiert un bien mobilier d'équipement (voiture, machine…) auprès d'un **fabricant**, afin de le louer ensuite à un **utilisateur.**

– À l'issue de la période de location, l'utilisateur a une option d'achat pour une valeur résiduelle déterminée dans le contrat.
– La durée du contrat s'inscrit dans le cadre du moyen terme. L'utilisateur peut être une entreprise, ou un particulier.
– Les deux éléments caractéristiques de ce contrat sont la dualité / propriétaire bailleur et l'option d'achat à l'issue de la location. Ils

---

[210] MERIEUX Antoine, FRANCK BLUA, CHRISTIAN LIGEARD et CHOUAN Alain, *La banque américaine*, Ed. Banque, Paris, 1998, p. 101.
[211] SCHLOGEL Maurice, *Organisation et fonctionnement des marchés financiers*, *op. cit.*, pp. 49 et 50.
[212] CORHAY Albert et MBANGALA Mapapa, *Fondements de gestion financière*, *op. cit.*, p.234.
[213] MERIEUX Antoine, FRANCK BLUA, CHRISTIAN LIGEARD et CHOUAN Alain, *La banque américaine*, *op. cit.*, p. 101.
[214] ZVI BODIE et Cie, *Finance*, 3ème Ed., *op. cit.*, p. 468.
[215] EKEUWER DEFOSSEZ, *Droit Bancaire*, *op. cit.*, p. 128.

permettent de le distinguer d'autres contrats voisins telle la location-vente qui n'obéissent pas au même régime juridique.

Ce qui revient à dire que le crédit-bail suppose d'abord un contrat de vente à paiement échelonné, un contrat de bail au crédit-preneur ensuite ; ce qui exclue que la vente visée soit ferme, mais une promesse unilatérale de vente laissant au locataire une option d'achat enfin. Avec la modernisation du système de paiement intervient le plus souvent le contrat de mandat de la banque[216].

En France, tout leasing qui n'a pas été publié sur le registre tenu au greffe du tribunal de commerce est inopposable aux créanciers en cas de redressement judiciaire. Ils peuvent légitimement s'emparer du matériel, nonobstant le droit de propriété de l'établissement financier.

En cas d'ouverture d'une procédure de sauvegarde, l'établissement bancaire n'est pas tenu de revendiquer le bien : il lui suffit d'en demander la restitution amiable dès que le crédit-bail a été résolu ou résilié. Le locataire a ainsi le droit d'utiliser l'objet comme il l'entend, mais le contrat interdit généralement de sous-louer. La méconnaissance de cette interdiction peut être sanctionnée par les peines de l'abus de confiance. Normalement, son titre de locataire ne lui donne des droits qu'à l'égard du propriétaire qui est l'établissement de crédit.

Néanmoins, ce dernier lui transfert généralement ses droits à l'égard du vendeur par contrat auquel le vendeur est partie. C'est donc le locataire qui exercera les actions en garantie ou à résolution pour vices cachés. À l'égard de la banque bailleresse, les clauses des transferts des actions en garantie ou résolution au bénéfice du locataire ou généralement accompagnées d'un abandon, par le locataire de ses recours contre le propriétaire bailleur.

Dans ce contrat, quoi qu'il arrive, l'utilisateur doit donc être indemnisé par le fabricant et n'est jamais délié de ses obligations envers l'établissement financier. Ces stipulations ne sont pas critiquables tant que le fabricant est en mesure d'indemniser effectivement le locataire.

Au contraire, s'il ne le fait pas (par exemple parce qu'il a cessé ses paiements), elles sont gravement préjudiciables au locataire. Sans en contester la validité, les tribunaux essaient donc d'en limiter la portée, par exemple en déclarant sans cause et donc nulles les obligations du locataire qui a perdu la jouissance effective du matériel loué.

En cas de non–paiement d'une échéance, les contrats prévoient généralement la résiliation immédiate du leasing, la restitution du matériel loué et, à titre de « clause pénale », le versement d'une indemnité. Cette dernière est souvent égale au montant des loyers restant à courir. Lorsque le défaut de paiement intervient en début de contrat le propriétaire reprend un matériel pratiquement neuf et bénéficie, en sus, de tous les loyers qu'il aurait perçus pendant plusieurs années.

C'est à la suite de ces abus dans les clauses « pénales » en matière de leasing que la loi française du 09 juillet 1975 a permis au juge de modérer les indemnités « manifestement excessives ou dérisoires »

---

216 NGOMA PHANZU Guy Pascal, *Les contrats commerciaux modernes, outils de développement économique des pays du tiers-monde comme la République Démocratique du Congo : cas du crédit-bail et de la concession commerciale*, Mémoire de troisième cycle « D.E.S », Faculté de Droit, Université Protestante au Congo, 2010-2012, p. 70.

Pour le crédit-bail immobilier, sa définition correspond à celle du crédit-bail mobilier : seul l'objet de la convention est différent, ainsi que sa durée qui varie de 10 à 25 ans.

Divers arguments sont ainsi avancés en faveur du crédit-bail, à savoir[217] :

- Il assure un élargissement de crédit et finance le matériel pour son montant total et pendant toute sa durée d'utilisation ;
- Il améliore la présentation du bilan, n'affecte en rien la situation financière de l'entreprise, n'entraîne en règle générale aucune prise de garantie et permet à l'utilisateur de garder ses capitaux disponibles soit pour financer sans concours extérieur les immobilisations qui ne relèvent pas du même procédé, soit pour satisfaire ses besoins de fond de roulement ;
- Il donne par ailleurs, toute liberté dans le choix de l'équipement ;
- Enfin, il facilite le renouvellement fréquent du matériel, dès lors que les finance compagnies ne sont pas soumises aux exigences de la réglementation sur les banques[218].

En revanche, il faut indiquer que le crédit peut financer des équipements que le leasing ne peut procurer dans la mesure où la durée de crédit en moyen terme réescomptable est au moins égale et souvent supérieure à la durée du contrat de leasing courant. De même le contrat de leasing comportant l'engagement irrévocable de payer, quoi qu'il arrive une certaine somme en plusieurs annuités, son montant vient s'ajouter à celui des dettes mentionnées au bilan, la situation financière de l'entreprise s'en trouve alourdie exactement comme si l'entreprise avait emprunté ou acheté à tempérament. Par ailleurs, le leasing est censé offrir des plus larges possibilités que la location-vente ou que la location ordinaire dans laquelle le choix est limité aux quelques modèles offerts par les diverses sociétés spécialisées.

C'est ainsi que le vrai avantage du leasing semble résider dans le fait que l'utilisateur peut, pendant cette location, imputer sur ses bénéfices une charge beaucoup plus élevée que les amortissements normaux qu'il aurait été autorisé à pratiquer, payant, en conséquence moins d'impôts.

Indiquons à ce niveau que même si on y a recourt timidement dans la pratique des affaires, le crédit-bail reste un contrat mal connu en RDC, car réglementé seulement depuis février 2015. Dans le passé tout comme à ce jour, cette technique est utilisée pour l'acquisition des biens notamment les engins de transport. En dépit de tous les avantages énoncés ci-dessus, le crédit-bail reste un casse-tête pour le juge de la RDC qui se bute à une difficulté en cas de litige ou de conflit naissant de l'interprétation ou de l'exécution du contrat. N'ayant pas encore maîtrisé cette nouvelle réglementation, il pourra être tenté d'appliquer les règles relatives à la théorie générale des contrats et pourtant il est admis en droit qu'à un contrat spécial soient appliquées des règles spéciales[219]. Pour plus de lucidité du

---

[217] SCHLOGEL Maurice, *Organisation et fonctionnement des marchés financiers*, op. cit., p. 50.

[218] MERIEUX Antoine, FRANCK BLUA, CHRISTIAN LIGEARD et CHOUAN Alain, *La banque américaine*, *op. cit*, p. 103.

[219] En son temps, faute d'un droit spécial, les victimes du crash type « K » de Kinshasa en 1996 n'ont jamais été indemnisées de façon juste, la question dépassant la réparation des

droit à dire par le juge, la RDC doit mettre en œuvre le crédit-bail tel qu'organisé par la loi n° 15/003 du 12 février 2015, étant entendu que l'Acte uniforme de l'OHADA relatif au droit commercial l'a institué[220] comme mécanisme de financement des économies des États membres.

Le crédit-bail doit être considéré comme une forme particulière du crédit, devant aller au-delà du court terme[221].

B. Le prêt subordonné

Les « Subornated Debentures », fréquemment utilisés aux États-Unis pour le financement des petites et moyennes entreprises[222], ont été introduits en France sous l'appellation de prêts subordonnés. Comme son nom l'indique, le prêt subordonné est le complément d'un prêt principal et se caractérise essentiellement par la différence de traitement réservé aux créanciers ; le remboursement du prêt subordonné ne peut intervenir qu'après le remboursement intégral du prêt principal[223].

Même s'il y a investissement, les offres et les demandes ne peuvent se réajuster que si et seulement si elles ont lieu par l'intermédiaire des spécialistes en finance qui ont pour mission de les canaliser vers les réinvestissements productifs.

§2. La circulation des capitaux par le circuit formel

L'équilibre des flux de financement des prêteurs aux emprunteurs est également réalisé par la forme de la finance indirecte, dans laquelle un intermédiaire financier emprunte d'un côté aux épargnes – prêteurs et prête de l'autre aux emprunteurs[224].

Une forme d'intermédiaire passant par le marché financier consisterait à ce qu'une banque émette des obligations (par lesquelles elle s'endette envers leurs détenteurs) et utilise les fonds obtenus pour acheter des obligations de sociétés industrielles (ce par quoi elle leur prête ces fonds). De manière

---

préjudices organisée par le code civil congolais livre III tant en ce qui concerne le juge compétent que le droit applicable.

[220] Les articles 34 in fine, 35 point 6, 41 alinéas 2 - 3 ainsi que l'article 42 de l'Acte Uniforme du 15 décembre 2010 de l'OHADA portant sur le Droit Commercial général posent les principes de l'inscription des contrats de crédit-bail au Registre de Commerce et du Crédit Mobilier compétent du ressort ou s'est immatriculé ou déclaré le crédit-preneur, à la demande du crédit-bailleur ou du crédit-preneur. Ce principe a été transposé en droit interne de la RDC par les dispositions des articles 42 à 49 de la loi n°15/003 du 12 février 2015 relative au crédit-bail.

[221] Il doit être élagué le renvoie, à l'article 6 de la loi n°15/003 du 12 février 2015 relative au crédit-bail, à l'article 7 de la loi n°003/2002 du 2 février 2002 relative à l'activité et au contrôle des établissements de crédit.

[222] SCHLOGEL Maurice, *Organisation et fonctionnement des marchés financiers*, *op. cit.*, p.53.

[223] CORHAY Albert et MBANGALA Mapapa, *Fondements de gestion financière*, *op. cit.*, p.233.

[224] MUKUNDI NYEMBO KAHUMBA Emmanuel, *Politique Monétaire et intermédiation financière en République Démocratique du Congo : analyse des effets de modification du taux directeur de la Banque Centrale du Congo sur les activités des banques créatrices de monnaie, op. cit.*, p.65.

similaire, une banque peut obtenir des fonds en se reconnaissant une dette envers le public[225].

Dans les lignes qui suivent, nous allons donner les fonctions des intermédiaires financiers avant de dégager les différentes catégories et leurs points distinctifs.

1. Les fonctions de canalisation des capitaux par les intermédiaires financiers

Bien que les médias consacrent beaucoup plus d'attention aux marchés financiers, et surtout au marché des actions, la finance indirecte est en réalité, comme on l'a vu ci-dessus, le principal moyen par lequel les fonds sont transférés des prêteurs aux emprunteurs.

L'intermédiation financière est donc un phénomène au moins aussi important que les marchés financiers. Ceci est vrai pour tous les pays car les principaux acteurs du marché international des capitaux sont les banques, les instaurations financières non bancaires, les banques centrales, les grandes entreprises et les administrations publiques[226].

Pourquoi les intermédiaires financiers et la finance indirecte sont–ils si importants ?[227] Pour répondre à cette question, il faut comprendre le rôle qu'ils jouent en ce qui concerne les coûts de transaction, le partage des risques et les coûts d'informations sur les marchés financiers[228]. Ce qui permet de garantir la stabilité financière et de renforcer la compétitivité et l'attractivité des places financières[229].

A. La maîtrise des coûts des transactions

Les coûts de transaction, c'est-à-dire le temps et l'argent dépensés pour réaliser les transactions financières, sont un problème majeur pour les gens qui ont de l'argent à prêter. L'émetteur d'un titre demande toujours la garantie des banques[230].

Même quelqu'un qui connaît un entrepreneur qui veut lancer une entreprise, et souhaite lui prêter de l'argent, doit, pour se protéger contre toute éventualité, payer un juriste pour rédiger le contrat de prêt et préciser les conditions de paiement des intérêts et du remboursement. Si le montant du prêt est peu élevé, le paiement de ce spécialiste risque de lui coûter plus

---

[225] - MISHKINF. et Consort, *Monnaie, banques et marchés financiers*, *op. cit.*, p.7 ;
- ZVI BODIE et Consort, *Finance*, 3ème Ed., *op. cit.*, pp. 257-258 ;
- DWIGHT H. Perkins et Cie, *Economie de développement*, *op. cit.*, p.430 ;
- BERK Jonathan et Cie, *Finance d'entreprise*, *op. cit.*, p. 563 ;
- GREGORY N. Mankiw, MARK P. Taylor, *Principes de l'économie*, 2ème Ed. Européenne Nouveaux Horizons, Paris 2011, pp. 725-726.

[226] KRUGMAN Paul et OBSTFELD Maurice, *Economie internationale*, 7ème édition, op. cit, p. 627

[227] La protection des utilisateurs des marchés financiers est fondamentalement assurée par la bonne qualité du tissu professionnel spécialisé dans les métiers d'intermédiation sur les marchés financiers.

[228] MISHKIN Fréderic et Consort, *op. cit*, pp. 46-49.

[229] BONNEAU THIERRY et DRUMMOND France, *Droit des marchés financiers*, *op. cit*, p. 456.

[230] GUILLAUME Jean-Marie et ROYERE Jean-Louis, *Le second marché. De l'introduction aux opérations financières*, Dalloz, Paris, 1989, p. 95.

cher que tous les intérêts qu'il ne pourra jamais obtenir, de sorte que le prêt peut ne pas être réalisé.

Cet exemple montre que beaucoup de petits épargnants ou de petits emprunteurs sont sans doute empêchés par les coûts de transaction de réaliser des prêts qui leur seraient mutuellement bénéfiques. C'est ici que les intermédiaires financiers peuvent intervenir efficacement[231]. En effet, les intermédiaires financiers peuvent réduire substantiellement les coûts de transaction, parce qu'ils détiennent le savoir-faire nécessaire, et peuvent réaliser des économies d'échelle en l'utilisant pour un grand nombre d'opérations. Ainsi, ils réduisent fortement le coût de transaction réalisée[232]. Elles procèdent également à la transformation d'échéances[233].

En réduisant les coûts de transaction, les intermédiaires financiers permettent à des petits prêteurs de fournir indirectement des capitaux à de petits emprunteurs. En outre, ils fournissent des services supplémentaires à leurs clients, en particulier des services de liquidité qui facilitent les transactions. Par exemple, les banques fournissent à leurs déposants des chéquiers ou des cartes bancaires, qui leur permettent de payer leurs factures de manière commode.

Les intermédiaires financiers aident à modeler les coûts des transactions ; ce qui influence la structure financière de l'économie. En réduisant les coûts des transactions, ils permettent aux petits épargnants de profiter des marchés financiers dès lors qu'ils vont y accéder facilement.

B. Le partage du risque

Un deuxième avantage, pour les prêteurs, de passer par un intermédiaire financier est que cela leur permet de réduire leur exposition au risque, c'est-à-dire envers l'incertitude sur le rendement qu'ils peuvent attendre de leurs placements. Les intermédiaires financiers permettent en effet un partage du risque : ils créent et vendent des actifs avec des caractéristiques, en termes de risque, qui correspondent aux besoins des épargnants, puis utilisent l'argent ainsi obtenu pour acheter des actifs éventuellement plus risqués. Comme leurs dettes sont moins risquées, ils paient un taux d'intérêts plus faible que celui qu'ils obtiennent sur les actifs qu'ils détiennent. Et comme leurs coûts de transaction sont faibles, les intermédiaires financiers peuvent gagner de l'argent par la différence entre les deux taux d'intérêt.

On parle de transformation pour désigner le fait que le risque des actifs détenus par les intermédiaires financiers n'est pas le même que celui de leurs dettes envers leurs déposants, parce qu'en un sens, les intermédiaires ont transformé des actifs risqués en actifs plus sûrs pour les épargnants[234].

Les intermédiaires financiers permettent aussi le partage du risque en permettant aux épargnants de diversifier leur portefeuille, et ainsi de diminuer le risque auquel ils sont exposés. La diversification, que l'on peut résumer par l'adage « ne pas mettre tous ses œufs dans le même panier », consiste à investir dans un assortiment (un portefeuille) d'actifs qui ne sont

---

[231] ZVI BODIE et Consort, *Finance*, 3ème Ed., *op. cit*, p. 258.
[232] MISHKIN Fréderic et Consort, op. cit, pp 233 à 235.
[233] KRUGMAN Paul et OBSTFELD Maurice, *Economie internationale*, 7ème édition, op.cit, p. 627.
[234] MISHKIN Fréderic et Consort, *op. cit*, p.237.

pas exposés aux mêmes risques (c'est-à-dire dont on peut attendre que les rendements ne varient pas de la même manière face à chacune des situations futures envisageables), de manière à ce que le risque du portefeuille soit moindre que le risque des actifs particuliers. Là encore, la diversification est permise par la faiblesse des coûts de transaction des intermédiaires financiers, qui peuvent réunir un portefeuille d'actifs et en faire un actif global qu'ils vendent aux épargnants.

C. Fournir l'Information asymétrique : anti–sélection et risque moral

La présence de coûts de transaction sur les marchés financiers explique en partie pourquoi les intermédiaires financiers sont si importants. Une autre raison, peut-être encore plus importante, est qu'il est fréquent que les prêteurs connaissent trop peu les emprunteurs et leurs projets pour pouvoir prendre les bonnes décisions. Cette situation porte le nom d'asymétrie d'information. De manière générale, un entrepreneur qui veut emprunter pour réaliser un projet connait mieux le rendement potentiel et le risque associés à ce projet que le prêteur. Cette inégalité d'information crée deux problèmes différents, avant la transaction et après (ces deux problèmes sont également cruciaux dans les activités d'assurance)[235].

Le recours aux intermédiaires financiers permet de remplir l'obligation de publier les informations nécessaires au public[236].

L'anti–sélection (en anglais adverse sélection) est le problème que crée l'asymétrie d'information avant qu'une transaction n'ait lieu. Il y a anti-sélection sur un marché financier lorsque les emprunteurs les plus susceptibles de conduire à des mauvais résultats ont de chance d'en obtenir (d'être sélectionnés). En raison de l'anti-sélection, beaucoup de prêts risqués sont accordés, mais si les prêteurs craignent trop de ce fait de perdre leur argent, ils peuvent décider de ne pas prêter du tout alors même qu'il y a parmi les candidats de bons emprunteurs potentiels.

Le risque moral (en anglais moral hasard) est le problème créé par l'asymétrie d'information après la réalisation d'une transaction. Le risque moral sur un marché financier est le risque que l'emprunteur s'engage à courir, (et donc « immoralement »), dans des activités considérées comme indésirables par le prêteur parce qu'elles augmentent le risque du projet auquel est consacré le prêt et diminuent donc la probabilité qu'il soit remboursé[237].

Les problèmes d'anti-sélection et de risque moral créés par l'asymétrie d'information sont d'importants obstacles au bon fonctionnement des marchés financiers. Les intermédiaires financiers permettent de régler en partie ces problèmes.

Quand des intermédiaires financiers existent, les investisseurs peuvent leur prêter leur argent en courant moins de risques qu'en prêtant directement à des entrepreneurs ou à des particuliers.

---

[235] MISHKIN Fréderic et Consort, *op. cit.*, p.238.

[236] GUILLAUME Jean-Marie et ROYERE Jean-Louis, *Le second marché. De l'introduction aux opérations financières*, *op. cit*, p. 93.

[237] KRUGMAN Paul et Consort, 8ème édition, *op. cit.*, p.637.

En effet, ils savent que les intermédiaires financiers sont mieux équipés qu'eux–mêmes pour sélectionner les bons emprunteurs et éviter les « mauvais risques », ce qui réduit les risques d'anti-sélection.

Par ailleurs, les intermédiaires financiers sont aussi des experts de la surveillance des emprunteurs, ce qui réduit le risque moral. Parce qu'ils sont spécialisés dans ces tâches de réduction de l'asymétrie d'information, les intermédiaires financiers peuvent payer un intérêt aux déposants ou leur fournir des services tout en gagnant de l'argent.

Les intermédiaires financiers jouent donc un rôle important dans l'économie en fournissant des services de liquidité, facilitant le partage de risques, réduisant les coûts de transaction et les problèmes d'asymétrie d'information. C'est la raison pour laquelle dans toutes les économies développées, les particuliers et les entreprises confient des sommes importantes aux intermédiaires financiers. Ces intermédiaires jouent un rôle essentiel pour la bonne circulation des capitaux des prêteurs vers les emprunteurs et le bon fonctionnement de l'économie en général.

En RDC l'intermédiaire financier est l'une des catégories de l'intermédiaire de commerce tel que réglementé par les articles 169 et suivants de l'Acte Uniforme de l'OHADA portant sur le droit commercial général. Il s'agit des commerçants dont les conditions d'accès à la profession doivent être complétées par les règles particulières[238].

De tout ce qui précède, il est nécessaire de rappeler, succinctement la nature de chaque intervenant.

2. Les catégories des intermédiaires financiers

On peut distinguer trois catégories d'intermédiaires financiers[239] : les institutions de dépôt (également appelées institutions financières monétaires par la Banque centrale européenne, établissements de crédit par la Banque de France et la BCC, et plus couramment banques), les établissements d'épargne contractuelle comme les compagnies d'assurance vie et les fonds de pension et les entreprises d'investissement[240], également appelées intermédiaires de placement, qui facilitent les placements en actifs financiers, notamment les banques d'affaires, les fonds collectifs d'investissement, les sociétés financières[241]. Les marchés à long terme nécessitent une troisième catégorie, les prestataires des services

---

[238] Il est accepté que même si les règles du mandant s'appliquent aux relations entre l'intermédiaire et la personne pour le compte de laquelle celui-ci agit, même de façon occulte, les parties au contrat sont liées par les usages et les pratiques de la branche commerciale considérée et qu'elles ont établies entre eux. Lire à ce sujet les articles 169, 175 et 177 de l'Acte uniforme de l'OHADA portant sur le droit commercial général. Cette souplesse fait de l'intermédiaire financier le mieux outillé pour canaliser, pour le compte d'autrui, les demandes et les offres des capitaux. La RDC peut mieux organiser cette profession en général et celle spécialement du secteur financier, l'OHADA ayant fait des ouvertures en faveur des États parties et rassurer les épargnants que recourir à leurs services leur assure sécurité.

[239] - MERIEUX Antoine, FRANCK BLUA, CHRISTIAN LIGEARD et CHOUAN Alain, *La banque américaine*, *op. cit.*, pp. 91-103 et 113-115.

- GREGORY N. MANKIW, MARK P. Taylor, *Principes de l'économie*, *op. cit*, p. 713.

[240] MERVILLE Anne-Dominique, *L'essentiel du Droit Financier*, *op. cit*, pp. 81-92.

[241] Idem.

d'investissements. L'activité de ces différentes catégories d'intermédiaires est résumée dans le tableau suivant[242]:

Tableau n°1 : Actifs et passifs des principaux intermédiaires financiers

Type d'intermédiaire	Passifs (sources des fonds)	Actifs (emplois des fonds)
Institutions de dépôt		
Banques commerciales	Dépôts	Prêts aux particuliers et aux entreprises, obligations publiques, hypothèques
Caisses d'épargnes,	Dépôts	Prêts
Banques d'épargne mutualistes.	Dépôts	Prêts
Sociétés coopératives de crédit	Dépôts	Prêts
Institutions d'épargne contractuelle		
Compagnies d'assurance vie	Primes	Obligations publiques et privées, actions, hypothèques
Compagnies d'assurance dommages	Primes	Obligations publiques et privées, actions, hypothèques
Fonds de pension, caisses de retraite	Cotisations Employeurs/ salariés	Obligations publiques et privées, actions
Entreprises d'investissement		
Sociétés financières	Billets de trésorerie, actions, obligations	Prêts aux entreprises et aux particuliers, financement de ventes à crédit
Fonds collectifs d'investissement, SICAV, fonds communs de placement		
Money market mutual funds, SICAV monétaire	Parts	Instruments du marché monétaire : billets de trésorerie, certificats de dépôt, bons du Trésor

Source : MISHKIN Fréderic et Consort, *op. cit*, p. 50.

Leur importance relative dans la zone euro est mesurée dans le tableau ci-haut.

A. Les institutions de dépôt

En France comme en RDC, la loi parle des établissements de crédit, qui regroupent cinq catégories en son sein[243]. Les institutions dépôt (ou banques) collectent des fonds en acceptant des dépôts à vue (ou comptes ès chèques) des agents économiques, en ouvrant des comptes d'épargne (les dépôts

---

[242] MISHKIN Fréderic et Consort, *op. cit*, p.50.

[243] Article L511-1 du code monétaire et financier français et l'article 2 alinéa 3 de la loi de la RDC n° 003/ 2002 du 02 février 2002 relative à l'activité et au contrôle des établissements de crédit, J.O, n° spécial du 20 janvier 2009.

peuvent faire l'objet de retraits, mais les titulaires n'ont pas le droit de tirer des chèques) et des dépôts à terme (qui sont bloqués pour une durée déterminée, un mois, trois mois, etc.). Les banques utilisent ces fonds pour distribuer aux consommateurs des prêts commerciaux ou des crédits hypothécaires, et pour acquérir des obligations du Trésor et d'autres titres publics. Il existe environ 7000 banques commerciales aux États-Unis[244] comme dans l'Union européenne. Les banques représentent la catégorie d'intermédiaires financiers la plus importante et elles détiennent les portefeuilles d'actifs les plus diversifiés.

La part des banques dans l'activité financière tend à diminuer depuis la libéralisation financière[245].

En Europe comme aux États-Unis cependant, le recul des dépôts au passif des institutions financières et le recul des prêts parmi leurs actifs ne signifient pas toujours, loin de là, un recul des banques. En effet, par un élargissement de leur activité, qui peut passer par la création de filiales spécialisées, les banques ont largement contribué au développement des activités d'épargne contractuelle (avec leurs filiales d'assurance vie, notamment en France) comme d'intermédiation de placements.

La finance indirecte induit l'intervention de la banque qui exerce un rôle d'intermédiaire financier. Elle collecte les dépôts des détenteurs de capitaux (prêteurs ultimes) et les utilise pour son propre compte en opérations de prêts aux emprunteurs ultimes[246].

La rémunération des banques correspond aux écarts de taux entre celui qu'elles octroient aux prêteurs et celui qu'elles prélèvent aux emprunteurs. Ces écarts doivent lui permettre de couvrir ses frais de fonctionnement, d'assumer le risque de défaut et de dégager un résultat positif. La banque se trouve ainsi au centre de l'activité financière et peut se forger une réelle compétence dans le traitement de l'information sur la solvabilité des emprunteurs. Mais dans le même temps elle assume le risque de crédit (de défaut).

La notion de monopole bancaire dans la canalisation de l'épargne est encore le principe de base dans l'ajustement des offres et des demandes des capitaux sur les marchés[247].

L'article 1er de la loi bancaire française du 1er janvier 1984 (aujourd'hui article L.511-1 du Code monétaire et financier français) a fixé les conditions d'exercice de la profession en France : « Les établissements de crédit sont des personnes morales qui effectuent à titre de profession habituelle des opérations de banques. »

---

[244] MISHKIN F. et Consort, *op. cit.*, p. 51.

[245] MISHKIN Fréderic et Consort, *op. cit.*, p. 52.

[246] MUKUNDI NYEMBO KAHUMBA Emmanuel, *Politique Monétaire et intermédiation financière en République Démocratique du Congo : analyse des effets de modification du taux directeur de la Banque Centrale du Congo sur les activités des banques créatrices de monnaie, op. cit.* p.65

[247]- DOV OGIEN, *op. cit.* p. 10
- MERVILLE Anne-Dominique, *L'essentiel du Droit Financier, op. cit.*, p. 84

Les opérations de banque comprennent[248]:
- La réception de fonds du public (ouverture de comptes) ;
- Les opérations de crédit (prêts à la clientèle) ;
- La mise à disposition de la clientèle de moyens de paiement ou les services bancaires de paiement.

En prêtant de l'argent aux particuliers et aux entreprises, la banque créée de la monnaie. Cette situation particulière a contraint le législateur à limiter l'activité bancaire[249]. Le code français précise en effet : « il est interdit à toute personne autre qu'un établissement de crédit d'effectuer des opérations de banque à titre habituel. Il est, en outre, interdit à toute entreprise autre qu'un établissement de crédit de recevoir du public des fonds à vue ou à moins de deux ans de terme. »[250]

Cette interdiction ne concerne toutefois ni les institutions et services énumérés à l'article L.518-1 (Trésor public, Banque de France, la Poste, Caisse des dépôts et Instituts d'émission), ni les entreprises régies par le Code des assurances, ni les entreprises d'investissement, ni les organismes collecteurs de la participation des employeurs à l'effort de construction pour les opérations prévues par le Code de la construction et de l'habitation, ni les fonds communs de créances.

Ces organismes sont exclues de cette interdiction pour la simple raison qu'ils constituent ce qu'on appelle « la mouvance du Trésor » et ont une mission d'intérêt général[251]. L'interdiction relative aux opérations de crédit, quant à elle, ne s'applique pas aux organismes sans but lucratif, aux entreprises qui consentent des avances sur salaires ou des prêts de caractère exceptionnel consentis pour des motifs d'ordre social à leurs salariés[252].

En France, les établissements de crédit sont classés en cinq catégories[253] :
- Les banques qui peuvent effectuer toutes les opérations de crédit et mettre des moyens de paiement à la disposition de la clientèle ;
- Les établissements du secteur coopératif et mutualiste : banques populaires (artisans et PME), Caisse Nationale de crédit agricole (CNCA : prêts bonifiés à l'agriculture), la Confédération nationale du crédit mutuel (tournées vers les ménages, elles peuvent recevoir des dépôts de toutes les personnes mais ne peuvent faire des prêts qu'à leurs sociétaires), les Caisses d'épargne et de prévoyance (réseau écureuil) ;
- Les caisses de crédit municipal (anciennement « monts de piété ») : monopole des prêts sur gage et des prêts aux fonctionnaires ; leurs directeurs sont nommés par les maires ;

---

[248] - MERVILLE Anne-Dominique, *L'essentiel du Droit Financier*, *op. cit.*, p.82
- Article 2 alinéa 3 et article 3 de la loi n° 003/ 2002 du 02 février 2002 relative à l'activité et au contrôle des établissements de crédit, J.O, n° spécial du 20 janvier 2009 ;
- Article l. 311-1 du code monétaire et financier français

[249] MERVILLE Anne-Dominique, *Droit financier*, *op. cit.*, p. 124.

[250] Art. L.511-5 du code monétaire et financier Français.

[251] DENIEL Alain, *op. cit*, p.19.

[252] MERVILLE Anne-Dominique, *L'essentiel du Droit Financier*, *op. cit.*, p. 85.

[253] MERVILLE Anne-Dominique, *Droit financier*, *op. cit.*, pp. 124-131.
- COURET Alain et Cie, *Droit Financier*, *op. cit.*, p.325.
- BONNEAU THIERRY et DRUMMOND FRANCE, *Droit des marchés financiers*, *op. cit.*, p.346.

- Les sociétés financières qui ne peuvent recevoir, sauf exception des dépôts du public ; elles financent les achats à crédit (automobiles, électroménager), la location de biens d'équipement, ou de biens immobiliers à usage professionnel (crédit-bail). Elles font de l'affacturage ;
- Les institutions financières spécialisées qui ont une mission publique particulière : Agence française de développement, Caisse de garantie du logement social, OSEO SOFARIS (garantie de financement des petites et moyennes entreprises), Euronext et les sociétés de développement régional (SDR).

L'ensemble de la profession est regroupé dans l'AFECEI (Association française des établissements de crédit et des entreprises d'investissement).

En RDC, cinq catégories d'établissement de crédit auxquelles s'appliquent des réglementations spécifiques sont distinguées[254] :

- Les banques ;
- Les coopératives d'épargne et de crédit ;
- Les caisses d'épargne ;
- Les institutions financières spécialisées ;
- Les sociétés financières.

B. Les institutions d'épargne contractuelle

On appelle institutions d'épargne contractuelle les institutions financières auxquelles des fonds sont apportés régulièrement sur la base d'un contrat à long terme. Les compagnies d'assurance vie et les fonds de pension sont les principales[255].

Comme ces institutions peuvent prédire de manière assez précise combien elles encaissent en primes et combien elles devront verser en prestations dans les années suivantes, elles n'ont pas à se prémunir contre les sorties de fonds comme les institutions de dépôt. Grâce à ce moindre souci de liquidité, elles peuvent investir dans des actifs à long terme tels que des obligations, des actions ou des hypothèques.

En Europe, ces institutions se sont fortement développées au cours des dernières décennies du fait des menaces qui pèsent sur les systèmes obligatoires d'assurance retraite et du vieillissement de la population. Leur importance comme le poids relatif de l'assurance vie par rapport aux fonds de pension varient beaucoup d'un pays à l'autre en fonction des contraintes règlementaires et des dispositifs fiscaux. En moyenne, ils représentent cependant actuellement dans la zone euro environ 12 % de la totalité des actifs des intermédiaires financiers.

---

[254] Article 2 alinéa 3 de la loi n° 003/ 2002 du 02 février 2002 relative à l'activité et au contrôle des établissements de crédit, J.O, n° spécial du 20 janvier 2009. Cette loi doit être adaptée aux dispositions de l'Acte uniforme visé sur l'intermédiaire de commerce car il s'agit d'un mandat économique.

[255] MISHKIN Fréderic et Consort, *op. cit.*, p. 52.

Les compagnies d'assurance vie

Les compagnies d'assurances vie assurent les particuliers contre les conséquences financières d'un décès, et garantissent le versement de pensions annuelles à partir d'une date prédéterminée (la retraite en général) aux adhérents qui ont payé régulièrement leurs primes pendant leur vie active. Ces primes sont utilisées pour acheter des obligations, des hypothèques et des actions (dans une proportion en général limitée par la loi, mais aujourd'hui plus élevée en Europe qu'aux États-Unis). En Europe, les compagnies d'assurance vie sont aujourd'hui les principales institutions d'épargne contractuelle. Aux États-Unis, elles font presque jeu égal avec les fonds de pension.

Les compagnies d'assurance dommages

Ces compagnies assurent leurs clients contre des accidents tels que le vol, l'incendie ou les dégâts des eaux. Elles reçoivent également des primes et paient des prestations lorsque les accidents assurés (les sinistres) surviennent. Cependant, comme l'essentiel de leurs primes sert à payer les prestations de l'année même, les montants qu'elles accumulent sont plus faibles, et doivent être gardés sous des formes plus liquides que les actifs des compagnies d'assurance vie.

Les fonds de pension

Les fonds de pension sont des institutions financières organisées en général sur la base d'une entreprise ou d'un secteur, qui proposent le versement de pensions de retraite en échange de cotisations (des salariés et souvent des employeurs) durant la vie active[256]. Ces fonds sont très développés aux États–Unis, où le système des retraites par répartition est moins important qu'en Europe, et où ils ont bénéficié d'avantages fiscaux et de contraintes réglementaires. Il s'agit d'un système de retraite par capitalisation[257].

Les entreprises d'investissement

Le dernier groupe d'intermédiaires comprend les sociétés financières, les fonds collectifs d'investissement et certains fonds d'instruments monétaires[258]. Les plus importants de ces intermédiaires sont les fonds collectifs d'investissement[259]:

Les sociétés financières

Aux États-Unis, les finances companies lèvent des fonds grâce à la vente de certificats de trésorerie (commercial paper), qui sont des instruments de dette à court terme, et grâce à l'émission de titres à long terme (actions ou obligations) pour pratiquer des prêts aux particuliers (crédit à la

---

256 MISHKIN F. et consort, op. cit, p.53.
257 CAPUL Jean Yves et GARNIER Olivier, op. cit, p.24.
258 MERVILLE Anne-Dominique, *L'essentiel du Droit Financier*, *op. cit.*, p. 87.
259 MISHKIN F. et consort, op. cit, pp.53-55.

consommation en particulier) ou aux petites entreprises. En France, les sociétés de financement de ventes à tempérament et les sociétés de crédit à la consommation, filiales de banques ou d'entreprises industrielles ou commerciales, se refinancent souvent auprès de leur maison mère. Elles sont le plus souvent agréées en tant qu'établissements de crédit. Elles sont importantes notamment dans le domaine du crédit automobile aux États-Unis comme en France où les constructeurs automobiles ont souvent créé des filiales spécialisées dans le financement des ventes à crédit (Ford Motor Crédit Companies pour Ford, DIAC pour Renault, etc.).

Les fonds collectifs d'investissement[260]

Dans l'Union européenne, la Direction générale du marché intérieur de la Commission regroupe sous l'appellation UCITS (untertakings for collective investment in transférable securities) les entreprises d'investissement et les fonds collectifs d'investissement. Pour l'essentiel, ces derniers sont souvent gérés par les banques et par les compagnies d'assurances qui en font de simples instruments de collecte de fonds hors bilan et des instruments de placement. De grandes entreprises financières indépendantes comparables aux mutual funds américains sont déjà solidement implantées au Royaume-Uni ; leur développement est juste amorcé en Europe continentale.

C. Les prestataires de services d'investissement

Les prestataires des services d'investissement sont au cœur du système financier. Ils en sont l'un des rouages essentiels[261]. En France, on recense une catégorie hétérogène d'établissements financiers qui exercent des fonctions de prestataires de services d'investissement (PSI). Une grande partie d'entre eux sont classés dans le secteur bancaire, et les autres relèvent de l'organisation des marchés financiers, selon leur activité principale.

Les PSI comprennent d'abord les établissements de crédit agréés en tant que PSI (au nombre de 386 en 2005 en France), c'est-à-dire les banques qui exercent également des activités financières à titre accessoire. Cette catégorie des PSI regroupe aussi quelque 150 entreprises d'investissement qui exercent des fonctions telles que maison de titres, agent des marchés interbancaires, société de Bourse, société de contrepartie, intermédiaire en marchandises, transmetteur d'ordres, conservateur-dépositaire de titres. Ces entreprises relèvent, pour leur agrément et leur contrôle prudentiel, des autorités de supervision du secteur bancaire (l'Autorité de contrôle prudentiel)[262]. L'AMF est associée lorsqu'elle est l'autorité d'approbation du programme d'activités, quand le prestataire sollicite un agrément en vue de gérer un système multilatéral de négociation et dans tous les autres cas prévus par la loi[263].

La catégorie des PSI comprend aussi les sociétés de gestion de portefeuille, qui sont des entreprises d'investissement exerçant à titre

---

[260] COURET Alain et consort, op.cit, pp. 116-130.

[261] BONNEAU Thierry et DRUMMOND France, *Droit des marchés financiers*, *op. cit.*, p. 455.

[262] COURET Alain et Consort, *Droit Financier*, *op. cit.*, p. 104.

[263] BONNEAU THIERRY et DRUMMOND France, *Droit des marchés financiers*, *op. cit.*, pp. 464-465.

principal l'activité de gestion pour compte de tiers ; les sociétés gestionnaires d'organismes de placement collectif en valeurs mobilières ; les fonds communs de créances ; les sociétés civiles de placement immobilier et quelques autres institutions spécialisées. Ces entreprises sont supervisées par l'Autorité des marchés financiers. Cet agrément leur donne un monopole financier[264].

L'article L 211-1 du code monétaire et financier français indique les services et activités suivants comme services d'investissement : la réception et la transmission d'ordres pour compte des tiers, l'exécution d'ordres pour le compte des tiers, la négociation pour compte propre, la gestion de portefeuille pour le compte des tiers, le conseil en investissement, la prise ferme, le placement garanti, le placement non garanti, l'exploitation d'un système multilatéral de négociation ainsi que les services connexes.

Un autre élément qui influence l'offre et la demande des capitaux dans les marchés financiers est le taux d'achat et de vente des monnaies ainsi que les intérêts qui résultent des transactions financières.

§3. Les taux de change et les taux d'intérêts

Comment les variations des taux d'intérêt sur le marché sont-elles susceptibles d'affecter l'économie ? Elles le font par deux canaux principaux de transmission.

Comme sur d'autres marchés d'actifs, les acteurs du marché des changes fondent leurs demandes de dépôts bancaires en monnaie étrangère sur la comparaison des rentabilités anticipées. Pour comparer la rentabilité de différents dépôts, les opérateurs doivent avoir accès à deux types d'informations[265] : en premier lieu, ils doivent savoir comment les valeurs monétaires des dépôts vont évoluer. En second lieu, ils doivent savoir comment les taux de change vont évoluer, afin de pouvoir convertir dans une même unité les rentabilités exprimées dans différentes monnaies.

Pour calculer la rentabilité d'un dépôt bancaire dans une monnaie donnée, il faut connaître le taux d'intérêt. Il s'agit du montant que le prêt d'une unité de cette monnaie rapporte en un an. Lorsque vous achetez un bon du Trésor français, votre rémunération sera le taux d'intérêt en euros, puisque vous prêtez des euros à l'État français.

1. Canal du taux d'intérêt

Les taux d'intérêt jouent un rôle important sur le marché des changes. En effet, les énormes dépôts bancaires qui y sont échangés paient tous des intérêts dont les taux varient en fonction des monnaies dans lesquelles ils sont libellés. Les dépôts bancaires, depuis un certain temps, versent des intérêts parce qu'ils représentent de véritables prêts que les déposants effectuent auprès des banques.

Le taux d'intérêts en euros correspond donc simplement à la rentabilité d'un dépôt bancaire libellé en euros[266]. De la même façon, le taux d'intérêt

[264] Le monopole financier signifie qu'ils sont les seuls autorisés à fournir à des tiers des services d'investissement, à titre de profession habituelle.
[265] KRUGMAN Paul et Consort, *op. cit.*, p. 343.
[266] MISHKIN F. et Consort, op. cit, p. 89-100.

exprimé dans une monnaie étrangère mesure la rentabilité des dépôts effectués dans cette monnaie. Ces taux dépendent de la situation économique de chaque pays et n'ont donc aucune raison d'être proches ou d'évoluer de façon semblable dans le temps.

Une variation du taux d'intérêt peut entraîner plusieurs conséquences[267] : une révision de l'arbitrage dépense/épargne, une modification du prix des actifs (une hausse des taux d'intérêt tend à faire baisser le prix des actifs, une baisse provoque le mouvement contraire), et enfin un effet de revenu. La variation du taux d'intérêt directeur entraîne un changement des taux d'intérêt des nouveaux emprunts et des placements, donc du coût d'opportunité de la dépense ; elle agit ainsi sur la demande de biens, c'est-à-dire sur la consommation et l'investissement. L'action sur les bilans des agents non financiers dépend de leurs positions créditrices ou débitrices nettes : en cas de hausse des taux, les entreprises, qui sont débitrices nettes subiront un effet de revenu négatif, les ménages qui sont créditeurs nets (dans les pays d'Europe continentale), bénéficieront d'un effet positif. Des mécanismes inverses s'établissent dans le cas d'une baisse.

Quelle est la conséquence d'une hausse des taux à court terme sur les taux à long terme ? Normalement, cette hausse devrait se propager sur les taux à long terme et conduire à une contraction de l'activité, une baisse devrait aussi entraîner la diminution des taux à court terme et donc une stimulation de l'activité.

Des observations montrent parfois des séquences inverses. Une baisse imprudente des taux directeurs peut déclencher une tension sur les taux longs, les marchés élevant la prime de risque inflationniste et anticipant un relèvement rapide des taux directeurs. Leur hausse en période d'anticipation de ralentissement du cycle, considérée comme temporaire, ne se répercutera pas ou peu sur les taux à long terme (il en a été ainsi, notamment, sur le marché obligataire américain fin 1994-début 1995)[268].

À ce canal dit standard du taux d'intérêt s'est ajoutée une nouvelle voie de transmission des taux sur l'économie : le canal du crédit. Selon cette analyse, le comportement des banques, face à une hausse des taux directeurs, peut les conduire à un rationnement du crédit à l'égard de certains agents économiques (PME-PMI, ménages)[269]. La théorie économique accorde une importance croissante au canal du crédit à la suite du développement des analyses sur les imperfections de l'accès au crédit. La recherche dans le domaine monétaire s'oriente de plus en plus sur l'analyse des effets différenciés (distribution effets), selon les agents, des interventions dans ce domaine[270].

Toutefois, l'innovation, la concurrence et la déréglementation financière sont susceptibles de réduire les imperfections des marchés financiers et du crédit.

---

[267] SCHLOGEL Maurice, op. cit, p.36.

[268] FLOUZAT OSMONT D'AURILLY Denise, *Le concept de Banque Centrale*, Bulletin de la Banque de France, n° 70, octobre 1999, p. 82.

[269] MUKUNDI NYEMBO KAHUMBA Emmanuel, *Politique Monétaire et intermédiation financière en République Démocratique du Congo : analyse des effets de modification du taux directeur de la Banque Centrale du Congo sur les activités des banques créatrices de monnaie, op. cit.* pp. 4 et 167.

[270] ROLLAY et SELLON, *Monetary Policy Actions and Long Interest Rates, Banque de reserve federals de Kansas City*, 4e trimestre, 1995.

2. Canal du taux de change

Une hausse des taux directeurs accroissant le rendement réel anticipé des produits libellés en monnaie nationale doit entraîner une appréciation du taux de change. Une baisse des taux directeurs détermine normalement des mouvements inverses.

Néanmoins, ces séquences doivent être ratifiées par les marchés. En effet, devant des tensions inflationnistes, les marchés peuvent considérer que la hausse des taux directeurs est insuffisante : le taux de change se dépréciera. De même, une baisse des taux décidée dans une parfaite maîtrise de l'inflation peut susciter la confiance des marchés dans une monnaie devenue plus solide. Enfin, la sensibilité du taux de change aux variations du taux de l'intérêt dépend aussi du degré d'ouverture de l'économie sur l'extérieur : les effets des modifications de parité sur les exportations et les importations y seront d'autant plus considérables qu'elles représenteront une part importante.

Enfin, tous ces canaux peuvent être affectés par l'accroissement de l'interdépendance des taux d'intérêt dans le monde, liée à la globalisation financière, sans qu'il y ait toutefois totale synchronisation des taux de long terme qui restent affectés par les anticipations relatives à l'appréciation des monnaies.

Les taux de change jouent un rôle primordial dans le commerce international, puisqu'ils permettent de comparer les prix des biens et des services vendus dans différents pays. Si on hésite entre passer un week-end à Kinshasa ou à Lubumbashi, il suffit de comparer le prix du voyage et de l'hôtel en francs congolais. Mais comment comparer si on hésite entre Kinshasa et Abidjan, où le prix de l'hôtel est exprimé en francs CFA ? Pour cela, il faut connaître le prix relatif du franc congolais par rapport au franc CFA.

Avant l'avènement de l'euro, pratiquement tous les pays cotaient leur monnaie à l'incertain[271], à l'exception de la Grande-Bretagne et de certaines des anciennes colonies de l'Emprise britannique.

Les taux de référence reposent sur une procédure de concertation quotidienne entre banques centrales[272] (qui a normalement lieu à 14 h 15', heure de Francfort), au sein du Système européen de banques centrales (SEBC) et hors du SEBC.

Le 28 novembre 2008, on pouvait ainsi acheter 1 euro contre 1,2742 dollar (au cours acheteur du marché). Cette procédure de double cotation n'est pas propre au marché des changes : elle est pratiquée pour tous les actifs cotés sur des marchés qui fonctionnent en continu.

On remarquera que le prix auquel on achète (l'ask) est toujours supérieur au prix auquel on vend (le bid). L'écart entre l'ask et le bid est appelé fourchette de prix (le spread). Cette fourchette sert à rémunérer l'intermédiaire financier pour le service qu'il offre. Si la fourchette est d'autant plus large, les actifs sont peu demandés et la monnaie qui représente ses actifs, c'est-à-dire qui est trop peu demandée est considérée forte.

Souvent, lorsqu'on présente un tableau des taux dans une banque, les deux dernières colonnes représentent les cours tels qu'ils apparaissent aux

---

[271] Depuis 1999, les pays de la zone euro cotent au certain.

[272] MISKIN F. et Consort, *op. cit.*, p. 321.

guichets des banques, c'est-à-dire ceux qui sont disponibles pour les particuliers.

En RDC, les deux canaux ne sont pas, depuis 1983 utilisés par la BCC qui est l'autorité réglementaire et de régulation[273]. Elle a laissé aux opérateurs la liberté de fixer le taux de change et le taux d'intérêts.

De tout ce qui précède, il faut relever que les marchés financiers peuvent connaître une crise devant le souci effréné des opérateurs à gagner. Quel doit ainsi être le rôle de l'État.

CONCLUSION DU CHAPITRE II

Pour que les marchés financiers fonctionnent, il est nécessaire que les agents économiques (ménages, entreprises, État et l'étranger) viennent non seulement y exprimer leurs demandes de capitaux mais également y participer par un apport considérable des capitaux y désirés. Pour obtenir l'équilibre, les marchés financiers doivent jouer sur les investissements, c'est-à-dire, les nouveaux apports de capitaux de quelle que manière que ce soit, utiliser le circuit bancaire, formel pour encourager ou décourager telle offre ou telle demande à partir des taux d'intérêt et de taux de change appliqués.

À ce propos, il est admis que les banques sont la principale source de fonds externes pour financer les entreprises et jouent un rôle de premier plan pour ajuster les marchés financiers. En effet, les banques, les intermédiaires financiers non bancaires comme les compagnies d'assurances, les fonds de pension, les sociétés d'investissements accordent des prêts et services aux entreprises dans le monde entier. Ce rôle est encore plus significatif dans les pays en développement où les établissements de crédit, et surtout les banques, ont pratiquement un monopole. L'insuffisance des moyens financiers pousse à opter pour un financement par les marchés qu'uniquement par les établissements de crédit. Pour que ce système de financement joue pleinement ce rôle, il faut que la mission de l'État soit compatible avec l'exigence de l'efficience.

C'est cette question qui fait l'objet de la réflexion dans le titre II.

---

[273] Il est, aux termes de l'instruction n° 12 de la BCC, telle que modifiée à ce jour, du 15 septembre 1997, admis que les taux d'intérêts débiteurs, de chargement de tous les crédits y compris les crédits agricoles demeurent libéralisés. Il revient aux banques d'afficher à l'attention de leur clientèle la grille de taux d'intérêts, par terme, qu'elles appliquent à leurs opérations de crédit.

TITRE II

Le rôle des pouvoirs publics dans les marchés financiers en Europe et la configuration des marchés en République démocratique du Congo

Dans les lignes précédentes, on l'a dit, les asymétries d'information, c'est-à-dire le fait que les différentes parties d'un contrat financier ne disposent pas des mêmes informations, entraînent des problèmes d'anti-sélection et de risque moral dont l'impact sur le système financier est considérable. Les concepts d'asymétrie d'information, d'anti-sélection et de risque moral se révèlent particulièrement utiles pour comprendre les choix des États dans la conception de leur régulation financière. Le chapitre I de ce titre est consacré à cette question.

Dans la mesure où la RDC n'a qu'un marché à court terme, il est utile de passer en revue l'état de sa législation, ses faiblesses ainsi que les causes du manque d'une organisation moderne du financement de son économie, dans le chapitre II de ce titre.

CHAPITRE I

Le rôle des pouvoirs publics dans les marchés financiers européens

Les pouvoirs publics instituent un contrôle et une surveillance qui se matérialisent par l'agrément obligatoire des acteurs et l'institution des mesures d'encadrement. Il est institué, dans tous les pays, un contrôle prudentiel. C'est dans ce cadre qu'existe la condition de l'agrément.

Le contrôle prudentiel inclut la surveillance des dirigeants des banques et des autres institutions financières et leurs agissements[274] ; c'est une méthode incontournable de réduction du risque moral et de l'anti-sélection dans l'industrie bancaire. Les institutions financières peuvent, en effet, offrir à des escrocs ou des entrepreneurs à l'ambition démesurée le moyen de développer des activités hautement spéculatives. Il faut des normes préventives qui encadrent l'activité de ces établissements[275].

La délivrance d'une licence, d'une charte ou d'un agrément des dirigeants permet d'évincer des indésirables des projets de création d'un nouvel établissement ou de prise de contrôle d'une institution financière existante afin de limiter ainsi l'anti-sélection[276]. Formalité administrative, même si l'institution financière remplit les conditions professionnelles et structurelles, elle ne pourra pas fonctionner sans une formalité administrative préalable : l'agrément[277]. Afin de protéger l'intérêt des épargnants et de l'économie, l'État assure la régulation et l'encadrement au quotidien sur l'ensemble des marchés et des produits qui s'y échangent.

SECTION 1. L'AGRÉMENT ET LA RÉGULATION

On l'a vu, l'importance de cette procédure n'est plus à démontrer. Le but du contrôle à l'agrément est à la fois statistique, juridique et ou économique. Le premier objectif, même s'il n'est pas le seul à être recherché par l'État, il n'est pas étranger. Nous de l'avis de ceux qui estiment qu'il vise, en effet,

---

274 MERVILLE Anne-Dominique, *Droit financier*, p. 57.

275 BOUREGHDA Maya, *La défaillance des conglomérats financiers internationaux*, *op. cit.*, p.29.

276 MISHKIN F. et Consort, op cit p. 349.

277 CHAMAS Samy, *L'État et les systèmes bancaires contemporains*, SIREY, Paris 1965, p. 69.

l'organisation professionnelle, la sécurité des consommateurs et la stabilité financière[278].

§1. L'agrément des acteurs

En France, les entreprises qui souhaitent exercer une activité bancaire, financière ou de services de paiement doivent être agréées par l'autorité de contrôle prudentiel en qualité d'établissement de crédit, d'entreprise d'investissement ou d'établissement de paiement, étant entendu que les établissements de crédit doivent recevoir un agrément spécial s'ils délivrent des services d'investissement[279]. Les sociétés de gestion du portefeuille sont quant à elles agréées par l'Autorité des marchés financiers. En RDC, comme il sera développé dans le chapitre II de ce titre, il revient à la BCC d'accorder l'agrément à toute entreprise qui souhaite exercer une activité bancaire et financière[280], les entreprises d'assurances devant, quant à elles, au préalable, obtenir l'agrément de l'autorité de régulation et du contrôle des assurances[281].

Un des buts visés par le contrôle sur l'émission d'actions d'une société en formation est la protection des intérêts du public épargnant[282]. Le but juridique de l'agrément est de pouvoir limiter les champs d'application des dispositions[283]. Ce qui aboutit à mieux contrôler les activités des acteurs en ce qui concerne l'octroi du crédit. C'est ce qui fait que l'agrément des institutions financières et autres opérateurs des marchés financiers est soumis à la déclaration préalable de la nature de l'institution financière à créer. L'agrément n'interviendra qu'après qu'on ait réalisé la vérification des conditions d'ouverture.

Outre sa mission première de protection de l'épargne, l'organe de contrôle devrait surveiller et organiser l'équilibre du marché.

Certains auteurs notamment le Professeur Ordinaire MBOYO EMPENGE ea LONGILA BB. Victor se demandent si l'intervention du gouvernement par voie d'autorisation dans le processus de constitution devrait être considéré comme un contrôle économique et financier sur les sociétés de capitalisation ? L'auteur conclue que l'intervention de la commission bancaire de l'époque, actuellement celle de l'autorité de contrôle prudentiel ou même de l'autorité des marchés financiers, au cours de la fondation s'analyse notamment comme un contrôle financier préalable[284]. Il s'agit, à notre avis, d'un contrôle d'opportunité qui permet

---

278 MERVILLE Anne-Dominique, *Droit financier*, *op. cit.*, p.72.

279 Articles L 511-9 et suivants, L522-6 et suivants du code monétaire et financier français.

280 Article 6 de la loi n° 005/2002 du 7 mai 2002 relative à la création, à l'organisation et au fonctionnement de la BCC ; article 10 de la loi n° 00/2002 du 02 février 2002 relative à l'activité et au contrôle des établissements de crédit.

281 Article 396 de la loi n° 15/005 du 17 mars 2015 portant code des assurances.

282 MBOYO EMPENGE ea LONGILA BB Victor, *Le Régime d'autorisation dans la société par Actions et son incidence dans les marchés de capitaux en République du Zaïre et en Droit de Pays Européens*, Thèse de Doctorat en Droit, UNAZA, 1973, p. 138.

283 CHAMAS Samy, *L'État et les systèmes bancaires contemporains*, *op. cit.*, p.69.

284 MBOYO EMPENGE ea LONGILA BB Victor, *Le Régime d'autorisation dans la société par Actions et son incidence dans les marchés de capitaux en République du Zaïre et en Droit de Pays Européens*, Thèse, op. cit, pp. 89-90.

aux pouvoirs publics d'orienter le développement du pays dans son ensemble.

Les contrôles sur pièces et sur place permettent de vérifier si les institutions financières, notamment la banque se conforme à la réglementation en termes d'exigences en fonds propres et de détention d'actifs ; ce faisant, les contrôles limitent le risque moral[285]. Les contrôleurs de l'État attribuent une note globale aux banques. Aux États-Unis, depuis 1979, l'évaluation des banques commerciales s'établit sur la base de six critères résumés par l'acronyme CAMELS : adéquation du **c**apital, qualité des **a**ctifs, du **m**anagement, niveau des revenus (**w**arnings), de la **l**iquidité et, enfin, **s**ensibilité au risque de marché[286].

En possession de ces informations sur les activités risquées de la banque, les contrôleurs peuvent faire respecter tel ou tel règlement en prenant une gamme variée de décisions plus ou moins contraignantes à l'encontre des établissements en infraction avec la réglementation ou dont il convient de corriger les agissements[287]. Les exigences en fonds propres fonctionnent comme les restrictions incitant les entreprises emprunteuses à offrir un montant minimum de valeur nette. Enfin, les inspections régulières des banques équivalent à la surveillance des emprunteurs par les institutions prêteuses[288].

Les activités de marché, bien que hautement profitables, sont dangereuses parce qu'elles permettent aux institutions financières et à leurs employés de faire facilement des paris très importants. Un problème spécifique à la gestion de ces activités de marché réside dans le fait que la relation d'agence (donneur d'ordre-professionnel) y est particulièrement dangereuse. Compte tenu de la possibilité de faire des paris importants, le trader (l'agent), qu'il traite sur le marché des obligations, des changes ou des produits dérivés, est incité à prendre des risques excessifs : si sa stratégie de marché conduit à de gros profits, il peut en tirer un salaire élevé et des bonus, mais s'il subit d'importantes pertes, l'institution financière doit les couvrir.

En effet, un trader lié par une relation d'agence peut conduire très rapidement à la faillite d'une banque en relativement bonne santé et désorganiser le fonctionnement normal de l'économie. Pour atténuer le problème posé par ladite relation, les dirigeants des institutions financières s'arrangent pour établir un contrôle interne rigoureux afin d'éviter des désastres[289].Le contrôle interne comprend notamment la séparation complète entre les opérateurs chargés de la négociation des transactions (desk) et ceux qui traitent leur exécution et leur enregistrement post-marché (middle et back office).

De plus, les dirigeants doivent imposer et faire respecter des limites sur le total des transactions autorisées pour chaque trader et sur l'exposition au risque de l'établissement. Il est nécessaire également que les dirigeants

---

[285] MERVILLE Anne-Dominique, *Droit financier*, *op. cit.*, pp. 93 et 94.
[286] MISHKIN F. et Cie, *op. cit.*, p. 349.
[287] *Une partie de la doctrine propose même la possibilité de l'introduction des administrateurs indépendants dans les conseils d'administration des institutions financières et la création des comités indépendants (comité de recrutement des dirigeants, comité d'audit, comité de rémunérations*) voir BOUREGHDA Maya, *op. cit.*, p. 51.
[288] MISHKIN Fréderic et Cie, *op. cit.*, p. 349.
[289] CHAMA S Samy, *L'État et les systèmes bancaires contemporains*, *op. cit.*, p. 69.

évaluent de manière critique les méthodes de mesure des risques (ce qui implique qu'ils les comprennent eux-mêmes).

Dans cette approche, l'institution développe un modèle statistique grâce auquel elle peut calculer la perte maximale non anticipée que son portefeuille peut supporter sur une durée donnée. Par exemple, une banque peut calculer que la perte maximale qu'elle peut supporter pendant une journée avec une probabilité de 1 % est de 1 million d'euros ; ce chiffre de 1 million représente la Valeur exposée Au Risque (VAR) calculée de la banque.

Les tests de résistance (stress tests) offrent une autre approche. Le gestionnaire interroge les modèles pour savoir ce qui arriverait dans l'hypothèse d'un scénario catastrophe. Autrement dit, il s'agit d'estimer les pertes que l'institution pourrait supporter en cas de conjonction inhabituelle d'événements adverses. Grâce à l'approche VAR et aux tests de résistance, une institution financière peut évaluer son exposition au risque et prendre des dispositions pour le réduire.

Nous sommes de l'avis des auteurs qui pensent, à raison, que toute cette gamme des dispositifs renferme l'objectif que doit avoir tout législateur, en ce qui concerne la qualité de la loi, de protéger le public par le contrôle et l'élimination de toute possibilité d'émissions frauduleuses ou dangereuses[290].

§2. La régulation des marchés financiers

Dans tous les États, les marchés sont contrôlés par l'administration publique.

Le contrôle interne assuré par les institutions financières elles-mêmes au sein des marchés ne suffit pas pour rassurer l'intérêt général des épargnants et de toute l'économie ; il faut un contrôle externe organisé par l'État. Ce contrôle est souvent confié tout au moins à la Banque Centrale ou à un organisme composite, présidé par le Gouverneur de la Banque Centrale (**voir infra : IIème partie, chapitre II, section 2 du titre I**). Là où on a opté pour un contrôle macro prudentiel par des organes représentatifs de tous les acteurs, comme en France, une Autorité de Contrôle Prudentiel, un Conseil de Régulation Financière et de Risque Systémique, et une Autorité des Marchés Financiers ont été institués.

En ce qui concerne la RDC, à l'heure actuelle, seule la BCC est l'organe de de réglementation et de régulation des marchés financiers.

Pour Denise Flouzat, la Banque centrale se définit comme l'institution qui se situe au centre des systèmes de paiement pour garantir les règlements et contrôler l'expansion de la masse monétaire. C'est l'institution considérée comme apte à préserver la confiance dans la monnaie du pays[291]. Pour Michel Albert, une Banque centrale est l'autorité publique chargée : a) de contrôler le financement de l'économie en assurant l'émission des billets de banque et en octroyant des crédits aux banques commerciales dans le cadre de la politique monétaire ; b) de surveiller et gérer les systèmes de paiement

---

290 MBOYO EMPENGE ea LONGILA BB. Victor, *Le Régime d'autorisation dans la société par Actions et son incidence dans les marchés de capitaux en république du Zaïre et en Droit de Pays Européens*, Thèse, op. cit, p. 139.

291 FLOUZAT OSMONT D'AURILLY Denise, *Le concept de Banque Centrale*, Bulletin de la Banque de France, n° 70, octobre 1999, p. 73.

liés en particulier à la compensation des chèques et des virements interbancaires ; et c) dans certains pays, de surveiller la solidité du système bancaire et financier.

Dans le cadre de cette section, nous retenons que la banque centrale joue généralement le rôle de prêteur en dernier ressort, prête des liquidités aux banques par le refinancement, supervise et réglemente l'activité bancaire, facilite le fonctionnement du système de paiement et régule la masse monétaire et les taux d'intérêt pour atteindre les objectifs macroéconomiques relatifs à la croissance, à l'inflation, au chômage, au taux de change et à la balance de paiement.

Devant les crises bancaires éventuelles, la banque centrale assure le rôle d'agent d'assurance dépôt. Les établissements de crédit sont fragiles ; elles sont vulnérables à la perte de confiance des déposants, c'est-à-dire à des ruées bancaires qui se traduisent par des retraits massifs de dépôts. Comme ce phénomène affecte des institutions insolvables, mais que, par contagion, il peut dégénérer en panique et atteindre aussi des banques solvables, un filet de sécurité est indispensable pour éviter l'effondrement de tout le système bancaire et financier. Le coût de sauvetage étant généralement hors de portée des acteurs privés, les filets de sécurité sont publics, puisqu'ils engagent des fonds de l'État[292]. En Europe, la présence forte des banques centrales a longtemps été considérée comme suffisante pour assurer la stabilité financière, et nombre de pays ne se sont dotés d'un filet de sécurité et d'une réglementation prudentielle qu'après la Seconde Guerre mondiale.

Aujourd'hui, la plupart des pays disposent de filets de sécurité publics très comparables les uns aux autres. Par tradition, le cas des États-Unis fait figure de référence, bien que le dispositif souffre de faiblesses sur de nombreux points. Selon la législation de chaque État, on trouve ainsi, des organes où seul l'État délègue son pouvoir, comme c'est le cas en RDC, ou des organes composés tant des délégués des différentes institutions de l'État que ceux des acteurs et milieux intéressés par les questions financières, comme c'est le cas en France).

Il y a bien des raisons de cette régulation : En premier lieu, en l'absence de système d'assurance des dépôts, la banque se trouve dans l'impossibilité d'honorer ses obligations de paiement vis-à-vis de ses déposants et autres créanciers, et elle doit alors cesser son activité – signifiait que les déposants devaient attendre la liquidation de la banque avant de récupérer leurs dépôts. La transformation des actifs résiduels de la banque en liquidités ne leur permettait cependant de recouvrer, au mieux, qu'une fraction de la valeur de leurs dépôts. Incapables de savoir si les dirigeants de la banque prenaient trop de risques ou étaient simplement des escrocs, les déposants pouvaient hésiter à placer leur argent en banque, compromettant alors la viabilité des institutions bancaires.

En second lieu, le manque d'information des déposants quant à la qualité des prêts de la banque pouvait entraîner des paniques bancaires aux conséquences graves sur l'économie. Considérons le cas d'une économie sans assurance des dépôts, touchée par un choc négatif. Ce dernier a pour résultat l'insolvabilité, par exemple, de quelque 5 % des banques à la suite de pertes considérables sur leurs prêts : elles ont alors un actif net négatif et

[292] De ce point de vue, la Banque centrale est considérée comme la seule institution apte à préserver la confiance dans la monnaie d'un pays.

font faillite. Comme il existe des asymétries d'information, les déposants sont incapables de savoir si leur banque fait partie des 5 % de banques insolvables.

Dès lors, les déposants des « bonnes » comme des « mauvaises » banques comprennent qu'ils pourraient ne pas récupérer intégralement leurs dépôts et, ils veulent donc les retirer. En outre, les banques fonctionnant sous une contrainte de service séquentiel – « premier arrivé, premier servi » -, les déposants sont fortement incités à se ruer pour arriver les premiers aux guichets de leur banque, car le risque de ne pas pouvoir retirer leur argent est plus important s'ils se retrouvent en queue de la file d'attente.

L'incertitude relative à la solidité du système bancaire dans son ensemble peut alors entraîner des retraits massifs par les déposants, et la faillite d'une banque peut précipiter la défaillance d'autres banques. Ce phénomène est appelé effet de contagion[293]. Si rien n'est entrepris pour restaurer la confiance du public, il peut en résulter une panique bancaire. Ainsi, les paniques bancaires ont été fréquentes au XIXe siècle et au début du XXe siècle, la plus récente étant celle de 2015 en Grèce.

Il faut donc un contrôle sur base consolidé, c'est-à-dire une surveillance consolidée qui permet aux autorités de tutelle de veiller à l'application des normes prudentielles pour l'ensemble du système[294].

Comment se matérialise cet encadrement des marchés financiers par la banque centrale ?

SECTION 2. L'ENCADREMENT

L'encadrement des banques et institutions financières par les pouvoirs publics vise d'abord à réduire le risque moral ; mais il est encore plus efficace pour limiter l'anti-sélection[295], dans la mesure où il détourne de l'industrie bancaire les entrepreneurs attirés par le risque. Le contrôle des agréments est équivalent au filtrage (screening) des emprunteurs potentiels[296]. Les règlements visant à encadrer la détention d'actifs risqués sont analogues aux restrictions imposées sur les investissements risqués des entreprises emprunteuses[297].

Les banques nationales ou centrales ont toujours assumé des fonctions de plus en plus lourdes, jusqu'à accéder, pour la plupart d'entre elles, à la responsabilité suprême, celle de diriger la politique monétaire.

La politique monétaire doit permettre à une économie de disposer des liquidités nécessaires à son bon fonctionnement et à sa croissance équilibrée.

---

293 Le développement des activités transfrontalières a accru l'interdépendance entre les établissements financiers du globe, et génère des risques de contamination des difficultés vers des établissements sains. Les difficultés touchant un établissement atteignent rapidement les autres par les liens étroits qu'ils entretiennent entre eux.

294 BOUREGHDA Maya, *La défaillance des conglomérats financiers internationaux*, *op. cit.*, p.70.

295 MISHKIN Frederick et Consort, *Monnaie, banques et marchés financiers*, *op. cit.*, p. 349.

296 La transparence du groupe devient un élément du contrôle prudentiel et pourra même conditionner l'agrément ; les autorités de tutelle doivent avoir une connaissance suffisante de la structure juridique et de gestion du groupe financier à agréer.

297 BOUREGHDA Maya, *La défaillance des conglomérats financiers internationaux*, *op. cit.*, p. 29.

Elle doit fournir à l'économie l'étalon monétaire stable dont tous les agents économiques pour effectuer leurs calculs et leurs choix, et la quantité des moyens de paiement qui leur est nécessaire et non l'étouffer[298]. Ainsi, l'action des autorités monétaires s'inscrit dans la démarche générale des gouvernements qui visent au plein emploi et à l'équilibre de la balance de paiements, tout en préservant la stabilité des prix et du taux de change de la monnaie nationale.

La politique monétaire se définit comme l'ensemble des actions développées par une banque centrale pour influencer le niveau de l'activité économique et maintenir la stabilité des prix grâce à la régulation de la quantité et du coût de la monnaie[299].

Ces actions sont de quatre ordres : 1°) la banque centrale s'occupe de la gestion des moyens de paiement ; 2°) elle est prêteur en dernier ressort ; 3°) la banque centrale est émetteur et régulateur de monnaie centrale et 4°) la banque centrale conçoit et exécute la politique monétaire.

§1. La gestion des moyens de paiement

La centralisation des paiements s'est imposée avec l'intervention accrue de la monnaie scripturale qui fait de l'instrument de paiement (chèque, virement...) un simple moyen de circulation de la monnaie inscrite dans un dépôt d'un établissement de crédit. Il s'ensuit la nécessité d'une organisation multilatérale des paiements[300]. Celle-ci s'est révélée supérieure, sous l'égide d'une banque centrale, à celle assurée par des organisations collectives de statut privé (expérience américaine de free banking au XIXe siècle). D'où l'émergence de la banque centrale au centre du système de compensation entre positions débitrices et créditrices et par là même son accession au rang d'agent central des règlements[301]. La compensation participe à la recherche de sécurité des systèmes de paiement et de règlement/ livraison, la nécessité d'accroitre la sécurité sur tous les marchés financiers en interposant une institution centrale, qui est à la fois dépositaires des valeurs mobilières à livrer et des avoirs destinés à leur paiement dont elle contrôle l'existence et la disponibilité[302].

[298] BOFOYA KOMBA Beaujolais, *Modèles macroéconomiques*, Galimage, Kinshasa, 2010, p.151.

[299] - DOV OGIEN, *op. cit*, p. 19,
- MUKUNDI NYEMBO KAHUMBA Emmanuel, *Politique Monétaire et intermédiation financière en République Démocratique du Congo : analyse des effets de modification du taux directeur de la Banque Centrale du Congo sur les activités des banques créatrices de monnaie, op. cit*, p.17.

[300] FLOUZAT OSMONT D'AURILLY Denise, *Le concept de Banque Centrale*, Bulletin de la Banque de France, n° 70, octobre 1999, p.74.

[301] -La compensation contribue au renforcement de l'efficacité des règles prudentielles instaurées au tour des engagements bancaires dans la mesure où elle permet la globalisation des opérations financières conclues avec les clients ou entre intermédiaires. Cependant, elle ne peut être efficace que si elle est entourée d'une sécurité juridique et n'encoure pas une remise en cause de sa validité.
- FAYE Jean-François et GUILLOU Jean-Paul, *Le matif. Pratique d'un marché à terme*, 3ème Ed. Dalloz, Paris, 1995, pp. 7-8.

[302] BOUREGHDA Maya, *La défaillance des conglomérats financiers internationaux*, *op. cit*., p. 94.

Là aussi apparait, dans des conditions rendues plus complexes par un système politique fédéral, la nécessité d'un organisme se différenciant des banques commerciales et centralisant les paiements.

En France, la Banque de France avait organisé des chambres de compensation. Par la suite, a été construit un système interbancaire de compensation (SIT) qui gère les moyens de paiement scripturaux. Les systèmes de paiement à règlement brut en temps réel (Real Time Gross Settlement ou RTGS) sont maintenant au cœur des dispositifs de règlement des pays du G 10 et de l'Union européenne.

Le système Transferts Banque de France (TBF) est, depuis 1997, le système français de règlement en temps réel. Il permet de garantir le règlement irrévocable et définitif en cours de journée des virements de gros montant. Les systèmes RTGS assurent des règlements irrévocables immédiats en monnaie centrale, à la différence des systèmes de compensation dans lesquels un délai s'écoule entre la réception de l'information sur le paiement et son règlement.

Etant à la première expérience d'une économie voulue avec des entreprises de grande taille, nous proposons que la compensation soit tenue par la BCC.

La Banque Centrale doit également prêter aux banques et autres, mais quand ?

§2. La Banque Centrale, prêteur en dernier ressort

En assumant ce rôle central au sein du système des paiements, la banque centrale pose le problème du risque relatif à la liquidité. Autrement dit, doit-elle alors assumer le risque de prêteur en dernier ressort ?

L'assistance financière de la banque centrale doit anticiper la crise de liquidité et doit être temporaire. Elle a pour seul objectif la stabilité du système financier et ne peut être accordée aux établissements qui ont failli[303]. Le principe essentiel était que le prêt en dernier ressort n'ébranlât en aucun cas la confiance dans la convertibilité en or des billets de la Banque d'Angleterre (Acte de Peel)[304].

Le débat sur la fonction de prêteur en dernier ressort conserve toute son actualité parce qu'il s'agit d'une opération, exorbitante des règles du marché, dispensant la banque défaillante de l'obligation de paiement. L'intervention de la fonction de prêteur en dernier ressort ne se justifie que dans la mesure où elle permet d'assurer la pérennité du marché face au risque de contagion de défaut de paiement[305]. Seule, la banque centrale peut être « une source de liquidité extérieure aux marchés de la monnaie et suffisamment

---

303 FLOUZAT OSMONT D'AURILLY Denise, *Le concept de Banque Centrale*, Bulletin de la Banque de France, n° 70, octobre 1999, p.74.

304 Cette question a été posée, dès 1802, par M. H. Thornton : il montrait la responsabilité que devait avoir la Banque d'Angleterre d'approvisionner en liquidité les banques saines en période de panique bancaire. En fait, l'Angleterre a subi à chaque retournement de cycle au XIXe siècle une panique bancaire. Il revint à Bagehot de formuler la doctrine d'intervention de la Banque d'Angleterre (1866).

305 BLANCHARD Olivier et COHEN David, *Macroéconomie*, 5ème édition, Pearson, Paris 2010, p.592.

indépendante dans sa mise en œuvre pour ne pas être l'otage de ses bénéficiaires »[306].

Mais, comme elle peut susciter aussi un problème d'aléa moral par les assurances qu'elle donne et encourager ainsi les défauts de paiement, elle doit créer une imprévisibilité sur la possibilité de son intervention. Celle-ci, en fait, n'a été que rarement mise en œuvre, notamment à l'époque contemporaine. Aux États-Unis, le système fédéral de réserve a fait des déclarations rassurantes lors de la crise boursière de 1987, selon lesquelles elle était prête, « as the nation's central bank », à alimenter le marché en cas de besoin[307].

Dans une conférence, le 1er juin 1988, Paul Volcker affirmait que « le marché ne se serait pas ouvert normalement le 20 octobre 1987 s'il n'y avait pas eu beaucoup de choses qui se passaient dans les coulisses et si d'importantes liquidités n'avaient pas été apportées au marché par les banques et aux banques elles-mêmes par la banque centrale »[308].

Au Japon, l'état du système financier national a requis une action forte des pouvoirs publics et de la Banque centrale exprimée dans le communiqué du 25 novembre 1997 : « Nous, ministre des Finances et gouverneur de la Banque du Japon, voulons réaffirmer notre volonté de remplir notre engagement à remplir la stabilité des transactions interbancaires et à protéger pleinement les dépôts...En conséquence, nous sommes déterminés à garantir une liquidité suffisante pour empêcher tout retard dans le paiement des dépôts et d'autres engagements des institutions financières... ».

De ce qui précède, on peut affirmer que l'assurance dépôt n'est pas le seul instrument du filet de sécurité public. Dans d'autres pays que les États-Unis, même en l'absence de système explicite d'assurance des dépôts, les gouvernements sont souvent venus en aide aux banques confrontées à des retraits massifs des dépôts.

De plus, les banques commerciales ne sont pas les seules institutions dont la défaillance peut induire un risque pour la stabilité du système financier, comme l'a montré notre analyse des crises financières. Quand des institutions financières sont très grandes ou fortement interconnectées à d'autres institutions ou marchés financiers, leur défaillance est capable de détruire l'ensemble du système financier. En fait, c'est exactement ce qui s'est produit en 2008, pendant la crise financière, avec la défaillance de Bear Stearns et Lehman Brothers, deux banques d'investissement, et d'AIG, une compagnie d'assurances[309].

L'aide de l'État est parfois prodiguée par la banque centrale sous forme de prêts aux institutions défaillantes, comme l'ont fait la Fed et Banque centrale européenne pendant la crise des subprimes ; la banque centrale se trouve alors dans son rôle de **prêteur en dernier ressort** (PDR).

Dans d'autres cas, les fonds sont directement fournis par l'État aux institutions défaillantes, comme ce fut le cas pour les interventions du Trésor aux États-Unis, en Angleterre, en France, etc, pendant les phases les plus aiguës de la crise financière de 2008.

---

[306] MICHEL AGLIETA, *Genèse des banques centrales et légitimité de la monnaie,* Annales ESC, Paris, mai-juin 1992.
[307] MISHKIN Fréderic et Consort, *op. cit.*, p. 340.
[308] On rappelle la chute de Wall street de 25% en 24 heures, en 1987.
[309] MISHKIN Fréderic et Consort, *op. cit.*, p. 340.

Il arrive aussi que ces institutions soient prises sous tutelle par le Trésor ; celui-ci garantit alors aux déposants le recouvrement de la totalité de leurs dépôts. Certains États vont même jusqu'à nationaliser, pour une durée plus ou moins longue, des institutions financières défaillantes.

Ainsi, en 2008, les États-Unis ont pris des participations importantes dans le capital de Fannie Mae et Freddie Mac, des agences de crédit hypothécaire ; le Trésor britannique a nationalisé entièrement la Northern Rock et partiellement la Royal Bank of Scotland et la Lloyds Bank ; l'Allemagne, Hypo Real Estate, etc.

Bien que le filet de sécurité parvienne à protéger les déposants et les autres créanciers et qu'il contribue à prévenir les crises financières, c'est un succès à double tranchant. L'inconvénient majeur d'un tel dispositif découle du risque moral, c'est-à-dire de l'incitation d'une des parties à entreprendre des activités préjudiciables à une autre partie dans une transaction[310]. Le risque moral est une grave préoccupation dans les contrats d'assurance en général, puisque l'existence même de celle-ci rend possible un remboursement et entraîne donc de plus grandes incitations à la prise de risque. Par exemple, un conducteur ou une conductrice automobile qui a souscrit une police d'assurance à faible franchise aura tendance à conduire de manière plus risquée, puisqu'en cas d'accident la compagnie d'assurances paiera la plus grande partie des frais de réparation et d'indemnisation.

Le risque moral est une question fondamentale pour les dispositifs publics de filet de sécurité. Dans un régime de ce type, les déposants savent qu'ils ne supportent pas de pertes en cas de faillite d'une banque. Par conséquent, ils ne sanctionnent plus leur banque en retirant massivement leurs dépôts lorsqu'ils la suspectent d'avoir pris trop de risques. La nécessaire discipline de marché ne fonctionne plus. De ce fait, les banques qui bénéficient d'un tel filet de sécurité public ont tendance à prendre plus de risques que si elles n'en bénéficiaient pas, puisque ce sont les contribuables qui finalement paieront la facture si elles font faillite. En somme, les banques se voient offrir un pari vraiment avantageux : « pile, je gagne ; face, le contribuable perd ».

Par ailleurs, l'anti-sélection fait apparaître une autre difficulté associée au filet de sécurité public : les agents les plus à même de provoquer la faillite bancaire sont également ceux qui désirent le plus tirer avantage de l'assurance. Par exemple, les mauvais conducteurs ont tendance à préférer les contrats d'assurance assortis d'une faible franchise, contrairement aux bons automobilistes. Dans la mesure où un filet de sécurité public protège les déposants, ces derniers ont moins de raison de contrôler leur banque.

C'est pourquoi les entrepreneurs qui ont le goût du risque trouvent beaucoup d'attrait à l'industrie bancaire, car ils savent qu'ils peuvent s'y engager dans des activités très exposées. Pire encore, sans intervention de l'État dans un cadre où les déposants sont si peu incités à surveiller les activités de leur banque, les escrocs considèrent eux aussi l'industrie

---

[310] MUKUNDI NYEMBO KAHUMBA Emmanuel, *Politique Monétaire et intermédiation financière en République Démocratique du Congo : analyse des effets de modification du taux directeur de la Banque Centrale du Congo sur les activités des banques créatrices de monnaie,* op cit, p.46 cite CULL, SENBET et SORGE qui considèrent que l'assurance dépôt n'a d'effets positifs sur le développement financier que dans le pays où l'environnement légal est de bonne qualité.

bancaire très attrayante pour leurs activités puisqu'il leur est plus facile de frauder et de détourner des fonds.

Ainsi, située au centre du système des paiements, prêteur en principe en dernier ressort, la banque centrale est-elle guidée par une rationalité qui ne peut être la maximisation du profit mais une rationalité collective, ce qui lui confère des responsabilités étendues, notamment celle de veiller à la stabilité du système de financement.

La banque centrale se trouve ainsi impliquée dans la fonction de surveillance du système financier. Elle est nécessairement associée à la réglementation des établissements de crédit et contribue à leur surveillance et encadrement selon des modalités qui diffèrent d'un pays à l'autre. Située au centre du système des paiements, la banque centrale semble pouvoir revendiquer leur contrôle (c'est le cas du Système fédéral de réserve américain). Mais on peut aussi considérer que la prééminence de sa fonction monétaire est telle que son action doit être recentrée sur cette dernière (c'est le cas de la Banque fédérale d'Allemagne ou de la Banque d'Angleterre). En France, une position intermédiaire a été adoptée puisque l'Autorité de contrôle prudentielle présidée par le gouverneur de la Banque centrale est en charge de la surveillance des établissements financiers.

Mais encore, il est nécessaire de mieux contrôler le flux et reflux de la monnaie.

§3. La régulation de la monnaie

La liquidité bancaire mesure les disponibilités des établissements de crédit en monnaie. Celle-ci, appelée aussi monnaie à haute puissance ou base monétaire, est émise par la banque centrale sous deux formes :

- des billets de banque, que la banque centrale remet aux banques qui, à leur tour, les délivrent à leurs clients ;
- des avoirs en compte auprès des banques centrales déposés par les banques commerciales et par le Trésor. Ces avoirs constituent une monnaie particulière qui n'est détenue que par les intermédiaires financiers et ne sert pas aux transactions.

La monnaie centrale ne sert qu'à des opérations de transformation entre les différentes catégories de monnaie : monnaie scripturale bancaire et monnaie Trésor. Elle assure les relations entre les différents circuits monétaires internes : celui du circuit intégré des établissements de crédit, celui du Trésor ainsi que la communication avec l'ensemble des monnaies étrangères. Les demandes et les offres de liquidités des établissements de crédit et du Trésor s'expriment en monnaie centrale.

Ces établissements accomplissent des opérations dont le règlement transite tous les jours par la banque centrale. Certaines opérations constituent de simples transferts de monnaie centrale entre établissements (opérations interbancaires, par exemple), sans affecter la liquidité bancaire, d'autres exercent sur cette dernière un effet restrictif ou expansif : opérations de retrait/dépôt de billets de banque par la clientèle, opérations avec le Trésor public, achats/ventes de devises à la banque centrale. Ces trois opérations constituent les « facteurs autonomes de la liquidité bancaire » qui échappent à l'autorité monétaire. Des « facteurs politiques » peuvent s'y ajouter, qui reflètent l'action de la banque centrale et qui obligent les établissements de crédit à conserver auprès de la banque centrale sous forme de réserves obligatoires un pourcentage variable de leurs dépôts[311].

Deux cas peuvent, en effet, se présenter :

- la monnaie centrale est rare : les établissements de crédit sont dits « en banque ». Ces établissements de crédit sont structurellement endettés à l'égard de la banque centrale. Ils peuvent, cependant, se procurer des liquidités en monnaie centrale par la mobilisation auprès de cette dernière d'une partie de leurs actifs. La création monétaire de ces établissements, qui intervient lorsqu'ils prêtent à leurs clients, exige une création monétaire postérieure par la banque centrale lors de leur refinancement ;
- la monnaie centrale est abondante : les établissements de crédit se situent « hors banque ». Il en est ainsi, par exemple, lorsque la banque centrale monétise des quantités importantes de devises ou accorde des concours importants au Trésor. Les établissements de crédit deviennent indépendants de la banque centrale et peuvent développer plus largement leurs crédits que dans le cas précédent. Lorsque les établissements de crédit sont « en banque », la banque centrale leur apporte son concours en leur prêtant les disponibilités de monnaie centrale[312] pour faire face à leurs besoins de liquidité. Elle les refinance, exerçant ainsi dans le processus de création monétaire un rôle essentiel mais indirect. Ce sont les besoins en monnaie centrale (billets, avoirs en compte à la banque centrale) qui fournissent à cette dernière les moyens de réguler la création de liquidités par le jeu des opérations de refinancement des établissements de crédit et qui lui permettent de mener une politique monétaire.

La banque centrale conduit cette politique en agissant soit sur la quantité de monnaie offerte, soit en agissant indirectement sur son prix. Elle peut, dans le premier cas, modifier la quantité de monnaie centrale émise en injectant des quantités de monnaie si elle considère que la liquidité bancaire est insuffisante ou en en retirant si elle la juge excédentaire. Elle pratique alors une politique dite de base monétaire.

Cette politique a été utilisée, sous une forme restrictive, par le Système fédéral de réserve américain de 1979 à 1982, mais a été abandonnée en raison de la hausse brutale des taux d'intérêt qu'elle a entraînée. La banque centrale peut aussi viser, par des interventions, à agir sur le prix de la monnaie centrale, c'est-à-dire sur le taux d'intérêt. Les banques centrales se sont ralliées généralement dans les années quatre-vingt à une politique de taux d'intérêt[313].

---

[311] BLANCHARD Olivier et COHEN David, *Macroéconomie*, 5ème édition, Pearson, Paris 2010, p.592.

[312] - MUKUNDI NYEMBO KAHUMBA Emmanuel, *Politique Monétaire et intermédiation financière en République Démocratique du Congo : analyse des effets de modification du taux directeur de la Banque Centrale du Congo sur les activités des banques créatrices de monnaie, op. cit.*, p.17.
- FLOUZAT OSMONT D'AURILLY Denise, *Le concept de Banque Centrale*, Bulletin de la Banque de France, n° 70, octobre 1999, p.74.

[313] - FLOUZAT OSMONT D'AURILLY Denise, *Le concept de Banque Centrale*, Bulletin de la Banque de France, n° 70, octobre 1999, p.74.

Chacune d'elles peut mettre en œuvre sa politique monétaire[314] :

- en définissant une cible opérationnelle pour les taux d'intérêt sur le marché monétaire (**taux directeurs ou de réglage de la liquidité bancaire**) ;
- puis en ayant recours **à des opérations d'open marke**t constituées par les interventions de la banque centrale sur les marchés. Ces interventions ont lieu sur le marché interbancaire réservé aux établissements de crédit. La technique la plus utilisée aujourd'hui par les banques centrales est celle des « **pensions** », c'est-à-dire un achat/vente de titres à court terme négociables publics ou privés, avec l'engagement des deux parties à réaliser l'opération en sens inverse à une échéance fixée à l'avance.
  Une banque centrale prend en pension les titres pour alimenter le marché et les met en pension, afin de reprendre des liquidités sur le marché monétaire. Le besoin de refinancement des établissements de crédit peut être satisfait par les adjudications après des appels d'offres à date régulière annoncée à l'avance. Les adjudications se font à un taux d'intérêt préétabli par la banque centrale ou à un taux déterminé au vu des demandes des établissements de crédit ;
- et éventuellement en proposant aux banques commerciales **des facilités permanentes** qui leur permettent d'emprunter ou de déposer des fonds auprès de la banque centrale à des taux prédéterminés par celle-ci. Les interventions sont normalement moins fréquentes lorsque sont établies des facilités permanentes qui définissent des taux « plancher » et « plafond » ;
- de plus, **un système de réserves obligatoires**, en imposant des encaisses liquides supérieures à ce que les banques doivent détenir en moyenne, permet d'absorber plus facilement les besoins temporaires de liquidité, ce qui tend à réduire le besoin d'intervention de la banque centrale.

Émetteur de monnaie centrale, la banque centrale opère la régulation de la liquidité bancaire soit à partir de ses propres décisions et dans un cadre fixé par elle-même, soit à partir de décisions et dans un cadre fixé par l'État. Cette dernière solution, conforme aux recommandations keynésiennes, a été largement utilisée après la seconde guerre mondiale, ceci dans le cadre d'une économie d'endettement à double niveau : endettement des entreprises auprès des banques commerciales et endettement des banques auprès de la banque centrale.

L'exercice de la politique monétaire par la banque centrale, de manière indépendante de l'État (aux États-Unis et en RDC par exemple) ou de manière dépendante (cas le plus fréquent en Europe, à l'exception de l'Allemagne jusqu'aux années quatre-vingt-dix), nécessite la fixation d'un

- BLANCHARD Olivier et COHEN David, *Macroéconomie*, 5ème édition, *op. cit.*, p.590.
- MICHEL AGLIETA, *Genèse des banques centrales et légitimité de la monnaie,* Annales ESC, Paris, mai-juin 1992 cité par FLOUZAT O. D.

314 MUKUNDI NYEMBO KAHUMBA Emmanuel, *Politique Monétaire et intermédiation financière en République Démocratique du Congo : analyse des effets de modification du taux directeur de la Banque Centrale du Congo sur les activités des banques créatrices de monnaie, op. cit.*, p. 30.

objectif final ainsi que celle d'objectifs intermédiaires ou de cibles ou encore d'indicateurs permettant de remplir l'objectif final.

L'objectif final peut être unique ou multiple. Unique, sous la forme de stabilité des prix comme il a été prescrit par la loi dans le cas de la Banque fédérale d'Allemagne (1957), de la Banque de France (1993) et de la BCC[315]. En revanche, le Système de réserve fédéral, aux États-Unis, doit, selon l'article premier du Federal Reserve Act amendé par la loi sur le plein emploi et la croissance équilibrée de 1978, assurer « le plein emploi, la stabilité des prix et la modération des taux d'intérêt à long terme ».

L'objectif final déterminé, se pose le choix pour la banque centrale de son type d'intervention : politique à pilotage automatique à partir d'une règle, ou politique discrétionnaire. La préférence académique pour les règles par rapport au pouvoir discrétionnaire repose sur trois arguments essentiels. Tout d'abord, le recours à la politique monétaire pour effectuer un réglage fin de l'activité économique est rendu difficile par la longueur des décalages entre les variations des taux directeurs et leur impact sur l'économie réelle.

Ce simple constat peut se renforcer de l'argument monétariste selon lequel, à long terme, la politique monétaire ne peut avoir d'action que sur le niveau des prix et non sur l'économie réelle. Il s'appuie plus encore sur celui des nouveaux classiques (Lucas), selon lequel la seule chance dont disposent les pouvoirs publics pour agir sur l'économie réelle est de surprendre les agents économiques, ceci temporairement, car ces derniers anticiperont rapidement les tentatives de surprise.

Ainsi, peut-on démontrer que le pouvoir discrétionnaire est inefficace, voire néfaste. Il faut ainsi bien orienter la politique monétaire.

§4. La conception et l'orientation de la politique monétaire et financière

L'étape ultime pour atteindre le plein statut de banque centrale est celle de son indépendance, celle-ci signifiant la définition et la mise en œuvre de la politique monétaire et financière. La banque centrale participe aujourd'hui, dans la plupart des pays industrialisés, à la définition de la politique monétaire et financière, voire en assume la totale responsabilité[316]. Là aussi, l'évolution fut progressive. Le concept même de politique monétaire et financière est relativement récent.

La crise des années trente, la seconde guerre mondiale, la diffusion de la pensée keynésienne, ont entraîné, dans la plupart des pays occidentaux, le désir d'utiliser la politique monétaire afin d'orienter l'évolution économique. Certains auteurs ont parlé de « politisation de la monnaie ». La monnaie a été « nationalisée » dans tous les pays développés et son contrôle confié à l'État.

L'emprise de ce dernier sur les banques centrales a été renforcée et s'est traduite par la nomination de leurs dirigeants par les pouvoirs publics ainsi que par la nationalisation de l'établissement même (France, Royaume-Uni, RDC par exemple)[317].

---

[315] Loi n° 005/2002 du 7 mai 2002 relative à la constitution, à l'organisation et au fonctionnement de la Banque Centrale du Congo, in J.O, numéro spécial, mai 2002.

[316] BRAMOULLE G.. et AUGEY Dominique, *Economie monétaire*, Dalloz, Paris, 1998, pp. 133-134.

[317] Bulletin de la Banque de France-N° 70-OCTOBRE 1999, p. 83.

Mais les régulations nationales se sont heurtées depuis le début des années soixante-dix à l'inflation, puis à la globalisation des marchés. On a assisté à une évolution de l'autorité monétaire nationale, de son objectif final, de sa stratégie et de ses instruments.

L'accélération générale de l'inflation à la fin des années soixante-dix (inflation à deux chiffres) a entraîné un recentrage de la mission de la banque centrale sur l'impératif de stabilité de la monnaie. Le mouvement de désinflation, impulsé aux États-Unis au début des années quatre-vingt, s'est généralisé à l'ensemble des pays industrialisés, assurant au concept de stabilité de la monnaie le statut d'objectif final explicite ou implicite de la politique monétaire[318].

Le Gouvernement se déclarant soucieux de poursuivre une politique de stabilité des prix, les agents économiques anticipent alors une faible inflation : ils modèrent leurs revendications salariales et/ou réclament des taux d'intérêt plus faibles. Mais le Gouvernement peut mener, notamment en période d'élections, une politique plus laxiste. L'inflation ainsi favorisée conduirait à une baisse des salaires réels, donc à des créations d'emplois. Cette politique se révèle inefficace. L'effet sur l'emploi est momentané : dès que les agents économiques s'aperçoivent de la perte de leur pouvoir d'achat, ils revendiquent des hausses de salaires. Il en résulte une baisse de l'emploi et une hausse du taux d'inflation. De surcroît, pour faire face aux anticipations inflationnistes des agents, le Gouvernement est obligé de mener une politique monétaire rigoureuse[319].

Intervient alors une pression sur la banque centrale pour lui faire adopter un financement monétaire des déficits, allégeant le poids de la dette grâce à l'inflation induite. Actuellement, le capital de la plupart des banques centrales appartient à l'État ; toutefois, dans quelques pays (États-Unis notamment), le capital de la banque centrale est souscrit par les institutions financières. Ainsi, la permanence de l'objectif d'une banque centrale indépendante, s'opposant par définition au manque de continuité de politiques gouvernementales soumises à des jugements à court terme, serait à l'origine de la faible inflation et de sa stabilité.

En fait, l'indépendance de la banque centrale, banale dans un pays à structure fédérale (États-Unis, Allemagne, Canada), tend, depuis le début des années quatre-vingt-dix, à se généraliser face au processus croissant de globalisation et d'innovation des marchés financiers. Dans ce nouvel univers, les objectifs intermédiaires, et notamment les agrégats monétaires, n'apparaissent plus pertinents dans de nombreux cas. La dérégulation (suppression de l'encadrement du crédit...) a réduit les instruments d'action des banques centrales qui se limitent, aujourd'hui, à la variation des taux d'intérêt directeurs et à celle des taux des réserves obligatoires lorsque celles-ci existent.

Les effets sur l'économie réelle de ces instruments, bien que certains, sont difficiles à mesurer. Dans le même temps, s'est accru le danger que font

---

[318] *Idem.*

[319] Ces auteurs ont été cités par FLOUZAT OSMONT Denise, dans le Bulletin de la Banque de France, n° 70 de 1999, P. 84. Cette politique a déjà été décidée en France depuis le début du XIXe siècle et elle est consacrée en RDC par tous les textes légaux en matière de financement de l'économie (constitution, lois, décrets, arrêtés et circulaires et instructions de la BCC).

encourir aux taux d'intérêt d'un pays les primes de risque infligées par les marchés. Ces primes ne dépendent pas seulement des critères fondamentaux observables (taux d'inflation, taux de change, taux de croissance, équilibre extérieur...) mais aussi des anticipations des marchés. Celles-ci sont largement liées à la crédibilité qu'ils accordent à la politique monétaire.

Or, l'indépendance doit permettre de réduire les primes de risque, voire de les annuler, dans la mesure où elle permet d'assurer la continuité de la politique monétaire menée par la seule banque centrale. L'observation permanente des marchés ainsi qu'une sorte de dialectique subtile à entretenir avec eux, expliquent que l'indépendance soit devenue une forme de modernité pour une banque centrale. C'est pourquoi, les récents changements des statuts de nombreuses banques centrales, et plus particulièrement en France (1994), au Royaume-Uni (1997) et au Japon (1997), leur ont donné une indépendance plus ou moins large.

Par ailleurs, le traité de Maastricht prévoit que les banques centrales des pays participants puissent recevoir leur indépendance avant l'entrée dans la phase III de l'UEM, le 1er janvier 1999, la Banque centrale européenne, créée en juin 1998, étant dotée du même statut. Pour ce qui concerne la France, l'indépendance s'était exprimée, aux termes de la loi du 4 août 1993, par la création d'un Conseil de la politique monétaire. Dans l'exercice de cette indépendance, la Banque de France avait une situation voisine de celle de la Banque fédérale d'Allemagne, assumant complètement la responsabilité de la politique monétaire et financière (jusqu'au 1er janvier 1999, date où le relais est pris par la Banque centrale Européenne).Ce n'est pas le cas de la Banque d'Angleterre, le Chancelier de l'Échiquier définissant l'objectif final (niveau de la cible d'inflation).

La situation est plus complexe formellement aux États-Unis, où le pouvoir monétaire appartient au Congrès qui l'a seulement délégué au Système fédéral de réserve.

CONCLUSION DU CHAPITRE I

Les marchés financiers jouent un rôle important dans l'économie en fournissant des services de liquidité, facilitant le partage de risques, réduisant les coûts de transaction et les problèmes d'asymétrie d'information. Les intermédiaires jouent un rôle essentiel pour la bonne circulation des capitaux des prêteurs vers les emprunteurs et le bon fonctionnement de l'économie en général.

Dans ce contexte, les pouvoirs publics ont comme mission le contrôle et la surveillance des acteurs et leurs actes.

Au stade de l'agrément, il est institué, dans tous les pays, un contrôle à priori qualifié de prudentiel. Le contrôle prudentiel inclut la surveillance des dirigeants des institutions financières et leurs agissements ; c'est une méthode incontournable de réduction du risque moral et de l'anti-sélection.

Aussi, l'État doit s'assurer de l'évaluation des intermédiaires financiers établie sur la base de six critères résumés par l'acronyme CAMELS : adéquation du **c**apital, qualité des **a**ctifs, du **m**anagement, niveau des revenus (**e**arnings), de la **l**iquidité et, enfin, **s**ensibilité au risque de marché. Outre la surveillance qui est assurée par une autorité autonome, le fonctionnement efficace des marchés impose que les pouvoirs publics se chargent également d'assurer leur encadrement. Confié à la Banque centrale, l'encadrement se conçoit en la conception et l'exécution de la politique monétaire et financière.

Ce type d'organisation des marchés n'est pas encore connu, réglementé en RDC.

CHAPITRE II

Absence d'organisation moderne des marchés financiers en République démocratique du Congo

Avant de devenir la colonie belge, le Congo fut d'abord la propriété du Roi Léopold II, Souverain belge, qui disposait de « l'État Indépendant du Congo » à sa guise. Mais déjà à l'époque de l'État Indépendant du Congo, il a existé l'embryon d'un système de financement mais en tant que rudiment d'un système financier placé sous la surveillance ultime du Roi Léopold II. Il fallait, en revanche, attendre le temps de la colonisation belge pour voir se dessiner les premières traces du système de financement au Congo.

On l'a vu, dans les pays à économie performante, les marchés financiers sont interconnectés ; les mouvements de capitaux devant se réaliser tant sur le marché monétaire, le marché du crédit que sur le marché financier stricto sensu. Des connexions existent entre les divers marchés financiers eux-mêmes, dues au déplacement des offres ou des demandes de l'un à l'autre[320]. Ces marchés supposent la présence des agents à capacité de financement et ceux qui ont besoin dudit financement[321] grâce à l'achat ou à la vente des titres financiers. L'équilibre entre les offres et les demandes s'établi grâce à l'activité des intermédiaires financiers qui, sous l'autorité de la Banque centrale, influencent les taux d'intérêt, c'est-à-dire les prix des capitaux offerts ou demandés. Une autorité de discipline et de sanction, assisté d'un comité de contrôle préalable, d'une part, et d'un conseil pour analyser le système de financement et le risque qu'il encoure, d'autre part, renforce l'encadrement des marchés par la Banque Centrale.

La situation congolaise est loin d'être celle-là.

La RDC n'a pas les trois catégories de marchés. Si on y trouve un marché monétaire à faible capacité, le marché du crédit est insignifiant et le marché à long terme (marché financier stricto sensu) n'est pas encore organisé. Le marché congolais est encore embryonnaire depuis plus de 50 ans. Ainsi, la problématique du financement de l'économie congolaise peut s'exprimer en termes de la quasi-inexistence des marchés financiers sous la forme d'un modèle intégré basé sur des interrelations prévisibles et crédibles. En effet, même si quelques opérations s'y dénouent, elles sont de petite taille et pour

---

[320] SCHLOGEL Maurice, *Organisation et fonctionnement des marchés financiers*, Masson et Cie éditeur, Paris, 1969, p.3.

[321] MISHKIN Fréderic et Consort, *Monnaie, banque et marchés financiers*, 8ème édition, Nouveaux Horizons, Paris, 2007, p. 3.

un court terme et, n'arrivent pas à résorber la majorité des besoins en capitaux. Devant cette situation, les entreprises et les particuliers sont obligés de recourir au marché noir. Dans ce cas, quel a toujours été le rôle de l'État.

Section 1. Le caractère embryonnaire du marché monétaire et l'inexistence d'une bourse des valeurs mobilières

La RDC n'a jamais organisé la vente et l'achat des capitaux pour une longue durée, seul le marché monétaire, essentiellement interbancaire est réglementé. Cependant, même ce dernier a une faible couverture du territoire national, les entreprises et les particuliers étant abandonnés à leur triste sort.

Devant ce tableau très sombre, l'on se demande comment on peut se faire financer et quel a toujours été le rôle de l'État congolais ?

Le marché monétaire, on l'a dit, est celui sur lequel les organismes de toute nature intervenant dans les mouvements de capitaux viennent se procurer de la trésorerie avec ou sans le concours des autorités monétaires[322]. C'est un marché sur lequel seuls les instruments à court terme sont échangés.

Il s'agit des instruments dont l'échéance originelle est inférieure à un an[323]. La caractéristique principale de ce marché est que les dettes concernées par les titres sont directement échangées contre monnaie, contre les espèces. Ce marché fonctionne largement par l'échange des titres négociables, mais peut aussi comporter des prêts directs, spécialement entre institutions financières. Aussi, le marché monétaire comprend le marché interbancaire et le marché des titres de créance négociables[324].

Le fait que les instruments à court terme sont, en général, beaucoup plus échangés sur les marchés financiers que les autres, rend souvent le marché monétaire plus liquide.

Il convient de préciser à ce stade que même si dans le marché monétaire les instruments négociables font l'objet d'échanges très largement, sans considération des frontières, il n'en reste pas moins que chaque instrument est créé dans le cadre d'une réglementation nationale qui définit en particulier les recours juridiques possibles pour ceux qui l'échangent. Depuis toujours, chaque État met en place le cadre juridique nécessaire à l'échange des monnaies : c'est le droit des changes ou la réglementation des changes.

Cette réglementation se traduit par des mesures de restriction à la liberté de paiements internationaux afférents, principalement aux transactions commerciales internationales.

Concrètement, on peut dire que c'est l'ensemble des règles qui soumettent au contrôle des pouvoirs publics tous les mouvements des capitaux, des biens ou des valeurs susceptibles d'affecter les ressources de l'État.

C'est dans ce cadre que les importations et les exportations, qui impliquent nécessairement deux États, pour ce qui concerne le règlement de

---

[322] SCHLOGEL Maurice, *op. cit.*, p. 1.
[323] MISHKIN Fréderic et Consort, *op. cit.*, p. 35.
[324] - DOV OGIEN, *op. cit.*, pp. 3-5.
- SCHLOGEL Maurice, *op. cit.*, p. 22.
- MISHKIN Fréderic et Consort, *op. cit.*, p. 36.

la transaction, sont soumises à l'obligation de domicilier les opérations auprès des intermédiaires financiers agréés. Il s'agit, d'une part, de l'obligation faite à tout vendeur ou acheteur à l'étranger de passer par le système bancaire pour régler les transactions, en choisissant une banque devant servir d'intermédiaire pour la réalisation de son opération ; et d'autre part, la soumission des règlements et transferts de toute nature effectués avec l'étranger à l'autorisation des autorités investies du pouvoir de contrôle.

Cette autorisation s'obtient par la souscription des documents de change appelés « Licences » auprès d'une banque agréée avec des déclarations auprès de certains services de l'État chargés de contrôler les mouvements des importations et exportations[325].

Ce qui permet à l'exportateur d'être rassuré du paiement de l'importateur et à l'État de faire la comparaison entre la valeur des marchandises déclarées en douane et expédiées et la rentrée des capitaux correspondants. La domiciliation permet également de vérifier a posteriori si l'exportateur a satisfait à l'obligation de rapatrier les devises provenant de la vente des marchandises[326].

Le premier compartiment est réservé aux professionnels de la finance et le deuxième reste ouvert à tous les agents économiques. En RDC, le fonctionnement du deuxième volet du marché monétaire pose problème. D'où son caractère embryonnaire.

§1. Le caractère embryonnaire du marché monétaire

L'analyse du marché monétaire de la RDC mérite qu'on remonte à ses origines, avant les indépendances pour arriver à scruter l'état actuel.

1. Historique

Pour le marché monétaire de la RDC, il faut rappeler que plus de 50 ans après les indépendances, le pays n'a pas pu changer la situation laissée par le colonisateur. L'histoire des marchés financiers en RDC remonte à 1887.

A. La période de 1887 à 1957

Déjà à l'époque de l'État Indépendant du Congo « EIC », bien que l'article 2 de la Charte Coloniale ait disposé que « le Congo Belge a une personnalité distincte de celle de la métropole et que le passif ainsi que l'actif de la Belgique et de la Colonie demeurent séparés, il a existé une « identité foncière » de la monnaie congolaise et de la monnaie belge », avec pour objectif la promotion des échanges entre la colonie et sa métropole.

Néanmoins le colonisateur a réussi à travers ce texte à avoir un cadre de l'organisation financière et monétaire de la colonie. Ce cadre reposait sur trois points essentiels en matière monétaire, à savoir :

---

[325] BAKANDEJA wa MPUNGU (G), *Droit du Commerce international. Les peurs justifiés de l'Afrique face à la mondialisation des marchés*, De Boeck, Bruxelles, 2001, pp 152 et 153.

[326] Garanties Bancaires dans les Contrats Internationaux, colloque de Tours des 19 et 20 juin 1980, éd. du Moniteur, Paris, 1980, p. 18.

- « En matière de circulation métallique, le cours légal dans la colonie est donné aux monnaies d'or et d'argent circulant en Belgique et par conséquent dans l'Union Latine » ;
- « Il ne peut y avoir, vu l'identité entre les deux monnaies, de taux de change autre que celui correspondant aux frais d'envoi du numéraire » ;
- « Les monnaies d'argent frappées par l'État Indépendant du Congo furent retirées de la circulation, sauf celles de cupro-nickel qui continuèrent à être utilisées concurremment avec d'autres pièces de billon frappées en vertu du droit régalien[327] ».

Par ailleurs, au cours d'une période transitoire pendant laquelle « les billets de la Banque Nationale de Belgique eurent cours au Congo », la banque du Congo Belge et le Congo Belge signèrent une Convention le 7 juillet 1911, convention qui sera approuvée le 18 juillet 1911 par décret.

Aux termes de la convention, la Banque du Congo Belge a obtenu le privilège d'émission des signes monétaires.

Il est à préciser que la création de la Banque du Congo Belge remonte au 11 janvier 1909 sur l'initiative des établissements de crédits belges et des Compagnies coloniales. Cette banque devait exercer le privilège d'émission pour une période de vingt-cinq ans, sous réserve de certaines conditions notamment[328]:

- l'augmentation de son capital de 3 millions à 5 millions de francs, à condition de procéder à une libération d'au moins 20%;
- l'ouverture de deux nouvelles succursales à Boma et à Stanleyville (Kisangani) ;
- la modification de son objet social en vue de conformer celui-ci aux dispositions strictes de la Convention ;
- le partage des bénéfices de la Banque du Congo belge avec la colonie, qui devait, après attribution de 5% à la réserve légale et prélèvement d'une somme égale à 6% du capital appelé et versé, recevoir la moitié ;
- le contrôle des opérations de la Banque par un Commissaire du Gouvernement ;
- l'engagement de la Banque du Congo belge à maintenir le service de la caisse et de la trésorerie de la colonie dans ses succursales et agences aux conditions d'une convention spéciale signée également le 7 juillet 1911 ;
- l'autorisation de l'émission des billets à Matadi, Kinshasa, Kisangani (Stanleyville), et Elisabethville (Lubumbashi), ou à « toutes autres succursales ou agences désignées avec l'accord du Ministre de la Colonie, sans que le nombre des centres d'émission puisse être supérieur à six ;
- le remboursement des billets par la Banque aux lieux d'émission, à vue et à leur valeur nominale. « la devait donc posséder à tout moment, en ces lieux d'émission, une encaisse métallique suffisante pour pouvoir rembourser les billets émis ».

[327] Article 4 de la charte coloniale.

[328] Décret du 18 juillet 1911 approuvant la convention du 7 juillet 1911entre la Banque du Congo Belge et le Congo Belge.

- l'obligation de remboursement des billets émis au cours de change du jour sur leur lieu d'émission, s'agissant des autres succursales et agences, en veillant notamment à ce que la différence entre le cours et le prix ne soient supérieurs aux frais de transport en espèces ; le cours de change variant entre ^{1}A et ^{3}A.
- Enfin, « le montant des billets en circulation ne pouvait excéder le triple du capital de l'encaisse métallique. Le montant cumulé des billets en circulation et des engagements à vue, excepté ceux résultant des dépôts faits par le Gouvernement de la Colonie - ne pouvant excéder le triple du capital social et des réserves, à moins que l'excédent ne soit complètement couvert par l'encaisse. » À l'époque le principe de base anglais en matière monétaire, qui se résume dans la formule suivante : le billet de banque ne doit être qu'un certificat d'or ; en d'autres termes, l'émission d'un billet de banque doit être intégralement couverte par l'encaisse métallique, en l'occurrence l'or »[329] a inspiré l'émission monétaire au Congo.

C'est ce système qu'adopta l'Angleterre au XIXème siècle suite aux affres de la guerre. Il n'est du reste pas étonnant que la Colonie Belge se soit inspirée du système anglais pour l'émission des billets de banque suite aux conséquences engendrées par la Première Guerre Mondiale. Et dans la mesure où les mêmes causes produisent les mêmes effets notamment l'invasion de la Belgique par l'Allemagne et la coupure des relations entre le Congo Belge et la Métropole, cette règle avait sa place pour l'émission d'une monnaie forte.

Pour consolider cette option, il s'ensuivit le rattachement du franc congolais à la livre Sterling à un taux de change fixe de 25,50 francs. Mais peu après, le franc congolais fut rattaché au franc belge, sans enregistrer de perturbation majeure de son cours.

B. La période de 1957 à l'ordonnance-loi n° 72/004 du 14 février 1972

Après la Première Guerre Mondiale, le colonisateur s'évertua à mettre en place un système de financement avec une particularité propre à la colonie.

En DC, d'un point de vue historique, le décret du 26 mars 1957 organisant le contrôle des banques gardait ses particularités comparé avec la loi bancaire belge dont il s'était inspiré. En effet, le régime bancaire instauré par le décret du 26 mars 1957 avait tenu compte des caractéristiques structurelles de l'économie congolaise en tant que pays producteur de matières premières. C'est pourquoi « le régime de la banque mixte n'a pas été abrogé, simplement les investissements des banques en actions et parts d'associés ont été limités[330]. Comme on peut s'en rendre compte, l'instauration d'un régime juridique propre au système bancaire congolais remonte à la période d'avant l'indépendance soit en 1957.

---

[329] LWAMBA KATANSI, *Le Chèque en tant que Mode de paiement,* in 25ème anniversaire du Barreau Zaïrois, Colloque du 8 au 10 juillet 1993, Kinshasa, 1994, p. 44.

[330] ISRALSON Michel, *Les principaux aspects juridiques du décret sur le contrôle bancaire au Congo belge et au Ruanda-Urundi*, Extrait de la Banque du Congo Belge, n° 2 et 3, 4 de 1957, mai 1960, p.7.

En effet, ainsi que le notent les professeurs ordinaires LWAMBA KATANSI R.et MABI MULUMBA, « Le contrôle des banques commerciales en République Démocratique du Congo ne s'est fait systématiquement qu'à partir du 1er mai 1957, avec le décret du 26 mars 1957. »[331].

Dans le cadre de l'arrêté royal du 9 juillet 1935, seules les banques constituées à l'origine sous la forme des sociétés de droit belge et ayant accepté de se transformer en sociétés de droit congolais ont accepté de se soumettre à la surveillance de la Commission Bancaire Belge.

En conséquence, les banques installées au Congo n'ont pas été soumises au contrôle de l'autorité locale, elles dépendaient en revanche de la Commission Bancaire Belge. D'où l'existence d'une certaine discrimination entre les institutions bancaires, discrimination qui a nécessité de mettre au point un cadre légal régissant les banques dans le pays.

Parmi les mesures ayant déterminé les pouvoirs publics à mettre au point la législation sur les banques figurent la nécessité de protéger l'épargne. En effet, comme la monnaie scripturale dépassait en importance la monnaie fiduciaire, il importait de la réglementer au même titre. Ce qui permet d'éviter la concentration bancaire très poussée et une menace d'instabilité du point de vue de la balance des paiements, ainsi que la possibilité que des capitaux importants soient, à tout moment, exportés. C'est dans ce cadre que l'ordonnance-loi n° 72/004 du 14 février 1972 instaure le contrôle de tous les acteurs du système de financement afin de la protection de l'épargne, par l'insertion du concept « intermédiaire financier ».

Si la finalité interne du droit est d'assurer la sécurité des individus, force est de souligner que « lorsque le juriste est chargé d'expliquer et d'améliorer les structures juridiques de la vie économique, il doit se fonder sur une connaissance aussi exacte que possible des principes d'efficacité économique, afin d'éclairer et de mettre en pratique la règle de droit adéquate. Cela implique une certaine information économique »[332].

2. Situation actuelle du marché monétaire de la République Démocratique du Congo

Actuellement, le marché monétaire congolais a pour fondement la loi n ° 003 /2002 du 02 février 2002 relative à l'activité et au contrôle des établissements de crédit. Bien avant ce texte, il était régi par l'ordonnance-loi n° 72/004 du 14 février 1972 relative à la protection de l'épargne et au contrôle des intermédiaires financiers qui avait abrogé le décret du 26 mars 1957 instituant le contrôle des intermédiaires financiers par la Banque Centrale du Congo. À ce texte il faut ajouter la loi n°005/2002 du 07 mai 2002 relative à la constitution, à l'organisation et au fonctionnement de la BCC.

L'architecture du système de financement congolais est composée de trois charpentes : les institutions monétaires et financières (1°), l'institution

---

[331] - LWAMBA KATANSI, *Cours de Droit Financier*, *op. cit.* ;
- MABI MULUMBA, *Les Banques Commerciales faces aux mutations structurelles de l'Economie Zaïroise*, *op. cit.*, p. 31.

[332] JACQUEMIN A. et SCHRANS G. : *Le Droit Economique*, P.U.F., « Que Sais-Je ? », Paris, 1970, p. 125.

financière accessoirement monétaire (2°) et les intermédiaires financiers à statut légal spécifique (3°).

A. Les Institutions monétaires et financières

Au nombre des institutions financières créatrices de monnaie figurent la Banque Centrale du Congo et les établissements de crédit.

a) La Banque Centrale du Congo : organisme directeur

La Banque Centrale du Congo a connu une évolution en dents de scie, caractérisée par un changement de statuts. En effet, historiquement, « l'exclusivité du pouvoir d'émission monétaire avait été réservée à l'ancêtre de l'actuelle Banque Commerciale du Congo (BCDC) », créée le 10 août 1909. Cette évolution traduit les réalités et les habitudes de bon nombre des pays européens et nord-américains dont les instituts d'émission revêtaient à l'origine un statut mixte (mi-privé, mi-public), voire tout simplement privé. Ainsi fut-il au départ de la Banque de France qui, à sa création, « était une banque privée, créée sous forme de société par actions »[333] bien que son fonctionnement diffère de celui des sociétés ordinaires. C'est également la situation instaurée à l'origine par les lois fondatrices du système bancaire américain, lois créant la Fédéral Reserve System (FES) depuis 1913 et qui attribua à la F.R.S. « une direction collégiale, constituée de 12 Fédéral Banks (F.E.B.) indépendantes qui couvrent l'ensemble du territoire américain découpé en Districts selon des critères essentiellement économiques »[334].

Comme les autres secteurs de l'économie coloniale, le secteur bancaire illustre également les rapports étroits qui existaient entre l'État colonial et les intérêts capitalistes. En effet, « tout comme Léopold II n'avait pu se passer des banquiers dans ses aventures coloniales, il en fut de même pour ceux qui assurèrent la continuation de ses œuvres »[335].

Ce qui dénote leur défaillance de fonctionnement dans la mesure où sans l'apport de l'étranger et avec une petite épargne locale, il était difficile d'obtenir un crédit à moyen ou à long terme. Aussi, les bourses des valeurs mobilières sont-elles restées organisées exclusivement en métropole. D'un point de vue historique, avons-nous dit, la première banque installée au Congo ex-belge fut la Banque du Congo Belge, filiale de la Banque appelée « Société Générale de Belgique », dont la création remonte à 1909. À partir de 1911, en sus de son rôle de banque de dépôts, cette banque remplissait également le rôle de banque d'émission.

À partir du 10 août 1911, la banque Commerciale du Congo voit le jour, bien que vivant « en satellite » de la Banque du Congo Belge. Malgré la limitation conventionnelle de ses opérations à celles de la Banque du Congo Belge, elle n'en restait pas moins, en revanche, influente. En effet, « en 1919, la Banque du Congo Belge disposait de 24 agences au Congo, deux

---

333 FLOUZAT OSMONT Denise., *Economie Contemporaine, Tome II : Les Phénomènes monétaires*, éd. P.U.F., *5ème* éd. Mise à jour, Paris, 1981, p. 85.

334 INTRATOR Hélène, *Le Système Bancaire Américain*, P.U.F., Collection, « Que Sais-Je ?, Paris, 1996, p. 22.

335 DEPELCHIN Jacques, *De l'État Indépendant du Congo au Zaïre Contemporain 1885 - 1974*, Ed. CODESRIA, Dakar, 1992, p. 145

dans le Tanganyika Territory, d'un siège à Londres ouvert pendant la guerre, d'un siège à Bruxelles et un bureau à Anvers »[336].

Par son importance, la Banque du Congo Belge fut la plus considérable, avec un capital de 2 millions de francs belges.

Toutefois, ainsi que le note J. DELPECHIN, un peu plus tard, c'est-à-dire moins d'un mois après, son capital fut porté à 3 millions, et en 1911 à 5 millions. Les augmentations continuèrent sans désemparer jusqu'à atteindre 20 millions en 1937. Au bilan de 1937, le passif présentait un poste de fonds de réserve de plus de 40 millions. Au bilan de 1961, le capital atteindra 500 millions de francs »[337].

Par ailleurs, c'est à partir de 1911 que s'établit une autre institution bancaire au Congo, en l'occurrence la Standard Bank of South Africa qui ouvrit une agence à Lubumbashi, pour finalement se retirer en 1936. Et en 1920, furent ouvertes les portes du Crédit Général du Congo en tant que société à portefeuille, reprenant les quatre agences de la Banque de Bruxelles à Kinshasa, Lubumbashi, Matadi et Kisangani. En 1929, la Banque Belge d'Afrique récupéra les activités du Crédit Général du Congo.

On notera l'avènement de plusieurs banques au Congo après la Deuxième Guerre Mondiale. On peut citer la Banque de Reports, constituée le 24 novembre 1947, la Banque Congolaise pour l'Industrie, le Commerce et l'Agriculture en octobre 1950, créée sur impulsion de la Banque Belge pour l'Industrie. Enfin, le 28 septembre 1951, le Crédit Congolais ouvrait ses portes sous le patronage de la Société Belge de Banque et de la Banque de Commerce.

Mais, par le décret du 26 mars 1951, la Banque Centrale du Congo-Belge et du Rwanda-Urundi est créée avec un capital social réparti à raison de 50% pour le Congo Belge, 10% pour le Rwanda-Urundi, 20% pour la Banque Nationale de Belgique et 20% d'émissions libres au public[338]. Ainsi que le note un ancien Gouverneur de la Banque Centrale, « l'absence de lien organique entre cette banque et la Banque Nationale de Belgique illustre la séparation du Trésor Belge et celui de la Colonie. En conséquence, la mauvaise appréciation du franc belge durant la Seconde Guerre Mondiale ne pouvait en rien affecter le franc congolais qui était même préféré au franc belge dans la métropole pour le règlement des transactions ».

Il faut cependant indiquer que son caractère sui generis, c'est-à-dire public-privé, a fait que cette banque ne soit pas capable de réguler convenablement le système bancaire et financier national. Il a fallu que par le décret du 26 mars 1957 les pouvoirs publics mettent en place une nouvelle institution, publique cette fois-là, la Banque Centrale du Congo Belge qui avait entre autres missions l'octroi de l'autorisation de création des banques-intermédiaires financiers et le contrôle de leurs activités[339].

Alors que la plupart des pays avaient déjà institué un contrôle des banques privées par les pouvoirs publics, dans notre pays la RDC c'est à partir de cette année que ce contrôle a été institué.

---

[336] MABI MULUMBA, *Les Banques Commerciales face aux Mutations Structurelles de l'Economie Zaïroise*, CRP, Kinshasa, 1983, p. 15.

[337] *Idem*, p. 147.

[338] Voir le bulletin officiel du Congo, 1951.

[339] Exposé des motifs du décret du 26 mars 1957 instaurant le contrôle des Banques au Congo Belge, B.O. 1956, pp. 17 à 28.

Cette mission lui est restée dévolue jusqu'à ce jour[340].

Le 3 octobre 1960, c'est-à-dire moins de trois mois après l'indépendance, fut installé le Conseil Monétaire, avec pour conséquence la liquidation de la Banque Centrale du Congo Belge et du Rwanda-Urundi. Le 22 juin 1961, le Conseil Monétaire céda son pouvoir et ses prérogatives légales à l'Institut d'émission nouvellement mis en place, c'est-à-dire la Banque Nationale de la République Démocratique du Congo, qui deviendra ensuite Banque Nationale du Congo la même année, avant d'être baptisée Banque Nationale du Zaïre le 25 novembre 1971.

Elle est restée Banque du Zaïre jusqu'en 1998 où elle fut rebaptisée Banque Centrale du Congo[341].

Il importe dès lors de relever les principales fonctions dévolues à l'Institut d'émission en République Démocratique du Congo.

Comme pour toute banque centrale, les fonctions dévolues à l'Institut d'émission restent fondamentalement les suivantes : la défense de la valeur interne et externe de la monnaie grâce à une politique de crédit ou de change compatible avec les exigences du développement économique équilibré, le contrôle du système bancaire, la gestion des réserves d'or et des devises du pays, le rôle de caissier et de banquier de l'État, qui se manifeste par l'enregistrement des opérations des recettes et des dépenses dans le cadre budgétaire de l'État.

Aux termes de la Constitution du 18 février 2006 telle que modifiée et complétée à ce jour, la BCC est l'institut d'émission de la RDC.

À ce titre, elle a pour mission[342] :

1. La garde des fonds publics ;
2. La sauvegarde et la stabilité monétaire ;
3. La définition et la mise en œuvre de la politique monétaire ;
4. Le contrôle de l'ensemble de l'activité bancaire ;
5. De conseil économique et financier du Gouvernement.

En effet, par sa qualité et son statut de l'autorité chargée de la gestion monétaire du pays, l'Institut d'émission a reçu le pouvoir de contrôler la masse monétaire en circulation « par l'influence qu'elle peut exercer sur le volume du crédit que les banques privées accordent à l'économie ainsi que sur celui qu'elle même accorde au Trésor »[343].

Cela se justifie par le fait qu'une Banque Centrale dispose de deux modes d'intervention pour orienter la distribution des crédits et la création monétaire[344] : la politique de refinancement des banques commerciales et la politique de réserves obligatoires. La BCC doit également veiller sur les contraintes quantitatives des forces du marché. Il y a une nécessité qu'elle

---

[340] BUKA eka NGOY et NYEMBO TAMPAKANYA, Le fonctionnement du système bancaire en RDC, *in* Cahiers Africains des Droits de l'Homme et de la Démocratie « CRIDHAC », n°030 Vol. I, octobre-décembre 2010, p. 485.

[341] Banque centrale du Congo, *Une rétrospective historique*, *op. cit.*, p. 24.

[342] Article 176 de la Constitution de la RDC du 18 février 2006 telle que modifiée par la loi n° 11/ 002 du 20 janvier 2011 portant révision des certains articles de la constitution de la RDC.

[343] Article 7 de la loi n° 005/2002 du 7 mai 2002 relative à la constitution, à l'organisation et au fonctionnement de la Banque Centrale du Congo, in J.O, numéro spécial, mai 2002.

[344] MUKUNDI NYEMBO KAHUMBA Emmanuel, *Politique Monétaire et intermédiation financière en République Démocratique du Congo : analyse des effets de modification du taux directeur de la Banque Centrale du Congo sur les activités des banques créatrices de monnaie, op. cit.*, p. 30.

encadre le comportement des acteurs du marché afin d'un nivèlement des taux d'intérêt pour chaque compartiment du marché en vue de sauvegarder un courant satisfaisant d'épargne.

En RDC, la BCC ne remplit plus cette tâche depuis 1983, le marché étant totalement libre. À notre avis, une liberté encadrée est la meilleur politique. Elle se conçoit en ce que les opérateurs privés fixent les prix de leurs offres de monnaie par référence au taux directeur de la BCC.

Outre le contrôle de la monnaie et du crédit, la Banque Centrale du Congo assure une grande fonction dans les relations financières de la République Démocratique du Congo avec l'Etranger. En effet, « c'est elle qui gère les réserves d'or et de devises du pays. Il lui revient de régulariser le fonctionnement du marché des changes et de veiller à la stabilité extérieure de la monnaie. À ce titre, elle a généralement la haute main sur le contrôle des changes lorsqu'il est institué »[345]. Dans ce secteur, le pays s'est toujours caractérisé par un tâtonnement continu au point qu'actuellement, dans une liberté totale en ce qui concerne le taux de change, la RDC a opté, depuis 2001, pour la circulation concomitante du Franc Congolais et des devises étrangères.

Aussi, a-t-elle autorisé aux exportateurs exploitant les ressources naturelles d'apprécier la possibilité pour eux de rapatrier les fruits de leur exportation en RDC. Et pourtant chaque État met en place le cadre juridique nécessaire à l'échange des monnaies : c'est le droit des changes ou la réglementation des changes.

Cette réglementation se traduit par des mesures de restriction à la liberté de paiements internationaux afférents, principalement aux transactions commerciales internationales. Concrètement, on peut dire que c'est l'ensemble des règles qui soumettent au contrôle des pouvoirs publics tous les mouvements des capitaux, des biens ou des valeurs susceptibles d'affecter les ressources de l'État.

Il s'agit, d'une part, de l'obligation faite à tout vendeur ou acheteur à l'étranger de passer par le système bancaire pour régler les transactions, en choisissant une banque devant servir d'intermédiaire pour la réalisation de son opération ; et d'autre part, la soumission des règlements et transferts de toute nature effectués avec l'étranger à l'autorisation des autorités investies du pouvoir de contrôle.

Ce qui permet à l'exportateur d'être rassuré du paiement de l'importateur et à l'État de faire la comparaison entre la valeur des marchandises déclarées en douane et expédiées et la rentrée des capitaux correspondants. La domiciliation permet également de vérifier a posteriori si l'exportateur a satisfait à l'obligation de rapatrier les devises provenant de la vente des marchandises[346].

La RDC, qui ne tient pas compte de ces principes cadres de la finance internationale, laisse croire à un abandon de ses prérogatives régaliennes.

En tant que caissier de l'État, la Banque Centrale du Congo effectue, pour le compte de l'État, tous les paiements et encaisse toutes les recettes de l'État. L'accomplissement de ce service incite la Banque Centrale du Congo à l'ouverture sur toute l'étendue du territoire national, au niveau de chaque

---

[345] MABI MULUMBA, *La Monnaie dans l'Economie*, éd. LEDI, Kinshasa, 2001, p. 78.

[346] Garanties Bancaires dans les Contrats Internationaux, colloque de Tours des 19 et 20 juin 1980, éd. du Moniteur, Paris, 1980, p. 18.

siège, agence ou succursale, un compte courant au nom de l'État, appelé « compte général du Trésor »[347]. Ainsi, toutes les opérations financières de l'État, qu'il s'agisse de l'exécution du budget ordinaire et extraordinaire de l'État ou de l'avance aux organismes de l'État, sont centralisées au niveau de ce compte général du Trésor.

En raison des prérogatives qui lui sont dévolues, la Banque Centrale est l'institution qui est mieux indiquée pour conseiller le Gouvernement sur la sauvegarde de l'intérêt public en matière financière et monétaire voire en matière économique de façon générale[348].

De toutes les fonctions qui incombent à la Banque centrale du Congo, celle relative au rôle de caissier et de banquier de l'État a souvent constitué l'un des points d'affrontement entre les autorités de l'Institut d'émission et les responsables du Trésor, c'est-à-dire le Gouvernement[349]. En effet, en application de cette prérogative, la Banque centrale du Congo « peut accorder des avances pour compenser l'insuffisance temporaire des recettes ordinaires aux conditions du montant du taux d'intérêt et du délai de remboursement déterminées par les dispositions de l'article 55 de ses statuts.

Toutefois, à cause du caractère permanent du déficit budgétaire, ces conditions n'ont jamais été respectées. Ainsi, note un ancien Gouverneur de la Banque Centrale du Congo, « Malgré la première consolidation des avances non remboursées en 1970, le financement monétaire du Trésor Public n'a fait que se gonfler d'année en année, compromettant ainsi l'équilibre des autres paramètres macroéconomiques, en particulier l'accélération de l'inflation et la détérioration des taux de change de la monnaie »[350].

Parce que Banque des banques, la Banque Centrale du Congo est appelée à exercer son contrôle sur les banques commerciales.

b) Les établissements de crédit

Après la création d'un Institut d'émission, les établissements de crédit continuaient leur installation. Ainsi, le 25 septembre 1952, la Kredietbank s'installait au Congo. « Elle devait reprendre au cours de l'année 1954 l'activité de la Banque Congolaise pour l'Industrie, le Commerce et l'Agriculture, installée à Bukavu, dont une assemblée générale tenue le 28

[347] C'est la fonction de banquier et caissier de l'État prévue à l'article 6 des statuts de la BCC. Cette fonction est sujette à controverse depuis la publication de l'actuelle constitution qui parle de « la garde des fonds publics » alors que depuis toujours on parlait de cassier de l'État. La loi qui institue la BCC, qui date cependant de 2002, lui a confié la mission de détenir et gérer les réserves officielles de la République. Là où il y a source de conflit avec le Gouvernement est lorsqu'il est consacré que la fonction de caissier de l'État se fait conformément à la convention conclue avec le Ministère ayant les Finances dans ses attributions. Cette convention institue le suivi et l'autorisation du Ministre des Finances dans les activités de la Banque (article 2 de la convention).

[348] CHAIRNAU A., *Mécanismes et Politique Monétaires*, P.U.F., Collection L'Economiste, Paris, 1984, p. 150.

[349] Cette fonction qui place la BCC sous l'autorité du Gouvernement, son mandant, fait fléchir son indépendance dès lors qu'il est admis qu'un caissier a le devoir d'exécuter les ordres de celui pour le compte de qui il tient la caisse. En tout état de cause il est difficile qu'un cassier soit indépendant.

[350] NYEMBO SHABANI Jean, un des anciens Gouverneurs de la BCC, *Entretiens nous accordés le 20 mai 2010 et le 10 janvier 2016*, Kinshasa/ Lemba-Righini.

avril de cette même année modifiait sa dénomination en Kredietbank-Congo »[351].

Avant l'indépendance, la dernière banque à s'installer au Congo fut la Banque de Paris et des Pays-Bas, une banque de droit français, en juillet 1954.

II existe des processus grâce auxquels les banques commerciales augmentent ou réduisent la circulation de la monnaie.

Nous distinguons avec le Professeur André CHAIRNEAU, deux types de processus :

- premièrement, elles profitent de l'afflux d'actifs monétaires venant d'autres banques - banques commerciales concurrentes ou Trésor ou Banque Centrale, et inversement, elles peuvent souffrir « des fuites monétaires vers le reste du système bancaire. Cette conversion monétaire, ajoute l'auteur, altère le volume des dépôts à vue » ;
- deuxièmement, la Banque commerciale peut augmenter - ou diminuer cette masse de dépôts en monétisant ou en démonétisant des actifs non monétaires. Il y a, alors, création monétaire[352].

Aussi, par leur pouvoir de création monétaire, les banques commerciales nécessitent un encadrement approprié, à défaut duquel elles risquent d'abuser de leur redoutable pouvoir de création de monnaie scripturale. Les banques ont la faculté d'user de leur pouvoir de création de monnaie pour offrir sur le marché une monnaie entièrement nouvelle. Il faut que les crédits par elles accordés aient des proportions avec les nouveaux dépôts du numéraire qu'elles sont appelée à enregistrer même si la distribution de crédit offre un certain caractère d'autonomie.

De tout ce qui précède, il convient de présenter les principales caractéristiques du système bancaire congolais :

1°. Les banques des dépôts se révèlent trop peu liquides et peu enclines à fournir les efforts dans la collecte des ressources. À un moment de notre histoire, elles assortissaient à l'ouverture des comptes en banques de sévères formalités relatives notamment à un dépôt minimum initial et de « l'obligation d'un parrainage par des anciens clients de la banque concernée ; ce qui a pour conséquence l'exclusion d'office des petits déposants. À quelques exceptions près, elles sont ainsi loin d'être des banques de qualité auprès des banquiers correspondants et d'assurer le rôle de banque responsable.

Une ou deux banques seulement rencontrent la relation activité commerciale-gestion du risque crédit-développement humain[353].

2°. Au niveau de leur implantation géographique, une partie réduite du territoire national est couverte par leurs activités. L'industrialisation et le

[351] MABI MULUMBA : « *Les Banques Commerciales face aux Mutations structurelles*, *op. cit.*p 59.
[352] CHAIRNEAU A., *op. Cit.*p. 90.
[353] Les banques congolaises ne connaissent pas une croissance réelle de leurs activités dès lors qu'elles diminuent toujours le portefeuille crédit au point que beaucoup d'entre elles n'arrivent pas à répondre rapidement et efficacement aux demandes des clients. Elles n'arrivent pas à bien rémunérer leur personnel car n'ayant pas des bons résultats financiers.

développement commercial ainsi que l'urbanisation constituent les principaux facteurs d'attraction ; d'où la disproportion observée entre la densité démographique et le nombre de guichets bancaires. Ainsi donc, « la région urbaine de Kinshasa collecte à elle seule, depuis plusieurs années, plus de 70% des dépôts de tout le système bancaire national et 80% pour les dépôts à terme.

En effet, au regard de l'étendue du territoire, seulement dix-huit banques, nonante coopératives, quarante-trois messageries financières et seize bureaux de change ont été agrées[354].

Bien que ce soit depuis 1887 que la RDC a connu un système monétaire légal et qu'il y a été déterminé la monnaie qui y sera frappée, le FRANC[355], et qu'en 1909 la première banque a ouvert ses portes dans le pays, « la Banque du Congo Belge »[356], l'économie est pauvre avec un système bancaire qui n'est pas encore parvenu à couvrir toute l'étendue du territoire national par ses activités usuelles pour permettre à la population active d'accéder à ses services. À nos jours, seulement un pourcent (1%) de la population accède aux services bancaires[357] et dix-neuf autres pourcent (19 %) utilisent le système bancaire pour le paiement de rémunération.

3°. Par ailleurs, suite à la mégestion constatée au niveau macroéconomique sur le plan national, le système bancaire a connu une crise profonde de liquidité « qui a donné un coup d'arrêt aux crédits et a exercé un effet régressif sur les dépôts bancaires ». De ce fait, le taux de couverture des dépôts à vue, qui mesure la capacité des banques commerciales à faire face aux retraits de la clientèle sur base des encaisses disponibles est compté à 2% à fin décembre 1992 et réduit de moitié près de dix ans après. Alors qu'en temps normal ce taux se situe aux environs de 8%.Compte tenu du niveau anormalement bas de ce ratio (encaisses des banques / dépôts à vue des banques), le marché financier (marché monétaire) congolais a pendant longtemps enregistré un degré élevé d'inconvertibilité de la monnaie scripturale en monnaie fiduciaire ou billets de banque. En plus de la thésaurisation, c'est ce phénomène singulier qui est à la base de l'accentuation de la désintermédiation bancaire.

En effet, « les versements en espèces dans les banques par les opérateurs économiques ont souvent tari suite à un taux de recyclage quasi-nul des billets de banque. L'incertitude permanente pesant sur la possibilité de retirer les espèces aux guichets des banques a toujours été le facteur favorisant ».

De même, l'absence d'une politique de rémunération des dépôts a aggravé la situation, la BCC ayant laissé aux banques agréées la liberté d'accorder une rémunération aux dépôts de leur clientèle. Il a par ailleurs été enregistré un recul significatif de la demande de crédit à l'économie étant donné « l'incapacité des banques commerciales à convertir en espèces les crédits octroyés à leurs clients. Les sous-utilisations des crédits bancaires ont

---

[354] BCC, Liste des institutions financières agrées, direction de la supervision des intermédiaires financiers, Kinshasa 2012.

[355] Par le décret du 27 juillet 1887, article 1er, le Roi Léopold II, Souverain de l'État Indépendant du Congo « EIC » a précisé que la monnaie de compte pour l'EIC est le Franc (voir ce décret dans le Bulletin Officiel de l'EIC, 1887, p. 194.

[356] La Banque du Congo Belge était une société anonyme constituée à Bruxelles par acte du notaire SCHEYVEN en date du 11 janvier 1909.

[357] BCC, Situation journalière du 30 décembre 2015.

atteint 70% en 1993 contre le taux de 53,3 en 1994 et elles sont quasi impraticables depuis 2010[358]. À ce propos, il y a lieu de relever que « d'une manière générale, les ressources collectées (aussi bien les dépôts à vue que ceux à terme) par les banques et les institutions financières spécialisées sont loin d'atteindre le volume optimal mobilisable. La RDC compte actuellement 18 banques.

4°. Enfin, les Coopératives d'Epargne et de Crédit (COOPEC), en dépit de l'intense activité déployée par elles dans la mobilisation de l'épargne durant la période qui va de 1984 à 1990, elles ont connu à un moment de notre histoire, une situation de cessation de paiement et même d'ébranlement de crédit. Elles ont été virtuellement en faillite », du fait que « la grande partie de leurs emplois étaient faits sous forme de dépôts à terme dans les banques ». Leur nombre s'élève actuellement à quatre-vingt-dix[359].

On peut arriver à conclure que le système bancaire de la RDC souffre d'un dysfonctionnement dès lors qu'il est difficile de comprendre le rôle que jouent les établissements de crédit en ce qui concerne les coûts de transaction, le partage des risques et les coûts d'informations sur les marchés financiers. Ce qui dénote leur incapacité à garantir la stabilité financière et à renforcer la compétitivité et l'attractivité des places financières de la RDC.

Les coûts de transaction, c'est-à-dire le temps et l'argent dépensés pour réaliser les transactions financières, sont un problème majeur pour les gens qui ont de l'argent à prêter en RDC. L'émetteur d'un titre demande toujours la garantie des banques[360].

Même quelqu'un qui connaît un entrepreneur qui veut lancer une entreprise, et souhaite lui prêter de l'argent, doit, pour se protéger contre toute éventualité, payer un juriste pour rédiger le contrat de prêt et préciser les conditions de paiement des intérêts et du remboursement. Si le montant du prêt est peu élevé, le paiement de ce spécialiste risque de lui coûter plus cher que tous les intérêts qu'il ne pourra jamais obtenir, de sorte que le prêt peut ne pas être réalisé.

Cet exemple montre qu'en RDC beaucoup de petits épargnants ou de petits emprunteurs sont sans doute empêchés par les coûts de transaction pour réaliser des prêts qui leur seraient mutuellement bénéfiques. C'est ici que les intermédiaires financiers doivent se rendre proches des épargnants et intervenir efficacement. En effet, les intermédiaires financiers peuvent réduire substantiellement les coûts de transaction, parce qu'ils détiennent le savoir-faire nécessaire, et peuvent réaliser des économies d'échelle en l'utilisant pour un grand nombre d'opérations.

Par exemple, une banque a des contrats standardisés, qui ont été mis au point une fois pour toutes, et dont le coût marginal pour une nouvelle transaction est nul. Elle peut même ainsi réaliser les transactions dans des meilleures conditions : au lieu de payer 500.000FC pour la rédaction d'un contrat médiocre, comme l'aurait fait un petit prêteur, elle peut payer

---

[358] D'après les résultats de nos enquêtes à la Direction des Opérations bancaires et Marchés de la Banque Centrale du Congo, les banques n'accordent presque pas les crédits de plus d'une année de terme aux particuliers. Et elles accordent tant bien que mal des crédits à court terme aux personnes sous contrat de travail, à condition que l'employeur se porte garant.

[359] BCC, liste établie en décembre 2015.

[360] GUILLAUME Jean-Marie et ROYERE Jean-Louis, *Le second marché. De l'introduction aux opérations financières*, Dalloz, Paris, 1989, p. 95.

5000.000 des FC le meilleur spécialiste et dans la mesure où elle va l'amortir, ce coût devient négligeable. Elles procèdent également à la transformation d'échéances[361].

En réduisant les coûts de transaction, les intermédiaires financiers permettent à des petits prêteurs de fournir indirectement des capitaux à de petits emprunteurs. En outre, ils fournissent des services supplémentaires à leurs clients, en particulier des services de liquidité qui facilitent les transactions. Par exemple, les banques fournissent à leurs déposants des chéquiers ou des cartes bancaires, qui leur permettent de payer leurs factures de manière commode.

Les intermédiaires financiers aident à modeler les coûts des transactions ; ce qui influence la structure financière de l'économie. En réduisant les coûts des transactions, ils permettent aux petits épargnants de profiter des marchés financiers dès lors qu'ils vont y accéder facilement.

Si les établissements de crédit en RDC n'aident pas les agents économiques à maitriser les coûts de transaction, ils favorisent, contre ces derniers, la possibilité de courir des risques énormes.

Un deuxième avantage, pour les prêteurs, de passer par un intermédiaire financier est que cela leur permet de réduire leur exposition au risque, c'est-à-dire envers l'incertitude sur le rendement qu'ils peuvent attendre de leurs placements. Les intermédiaires financiers permettent en effet un partage du risque : ils créent et vendent des actifs avec des caractéristiques, en termes de risque, qui correspondent aux besoins des épargnants, puis utilisent l'argent ainsi obtenu pour acheter des actifs éventuellement plus risqués. Comme leurs dettes sont moins risquées, ils paient un taux d'intérêts plus faible que celui qu'ils obtiennent sur les actifs qu'ils détiennent. Et comme leurs coûts de transaction sont faibles, les intermédiaires financiers peuvent gagner de l'argent par la différence entre les deux taux d'intérêt.

En RDC, passer par un intermédiaire ne réduit pas le risque de non rentabilité de l'emprunt car les intermédiaires financiers sont à la base des taux d'intérêts trop élevés.

Les intermédiaires devraient faire une transformation. On parle de transformation pour désigner le fait que le risque des actifs détenus par les intermédiaires financiers n'est pas le même que celui de leurs dettes envers leurs déposants, parce qu'en un sens, les intermédiaires ont transformé des actifs risqués en actifs plus sûrs pour les épargnants[362].

Les intermédiaires financiers permettent aussi le partage du risque en permettant aux épargnants de diversifier leur portefeuille, et ainsi de diminuer le risque auquel ils sont exposés. La diversification, que l'on peut résumer par l'adage « ne pas mettre tous ses œufs dans le même panier », consiste à investir dans un assortiment (un portefeuille) d'actifs qui ne sont pas exposés aux mêmes risques (c'est-à-dire dont on peut attendre que les rendements ne varient pas de la même manière face à chacune des situations futures envisageables), de manière à ce que le risque du portefeuille soit moindre que le risque des actifs particuliers. Là encore, la diversification est permise par la faiblesse des coûts de transaction des intermédiaires financiers, qui peuvent réunir un portefeuille d'actifs et en faire un actif

---

[361] KRUGMAN Paul et OBSTFELD Maurice, *Economie internationale*, 7ème édition, op. cit, p. 627.

[362] MISHKIN Fréderic et Consort, *op. cit*, p.237.

global qu'ils vendent aux épargnants. Cette tâche ne profite nullement à la population congolaise qui est mal informée de ce que les établissements de crédit réalisent avec leurs épargnes.

La présence de coûts de transaction sur les marchés financiers explique en partie pourquoi les intermédiaires financiers sont si importants. Une autre raison, peut–être encore plus importante, est qu'il est fréquent que les prêteurs connaissent trop peu les emprunteurs et leurs projets pour pouvoir prendre les bonnes décisions. Cette situation porte le nom d'asymétrie d'information. De manière générale, un entrepreneur qui veut emprunter pour réaliser un projet connait mieux le rendement potentiel et le risque associés à ce projet que le prêteur. Cette inégalité d'information crée deux problèmes différents, avant la transaction et après.

Le recours aux intermédiaires financiers permet de remplir l'obligation de publier les informations nécessaires au public[363].

L'anti-sélection (en anglais adverse sélection) est le problème que crée l'asymétrie d'information avant qu'une transaction n'ait lieu. Il y a anti–sélection sur un marché financier lorsque les emprunteurs les plus susceptibles de conduire à des mauvais résultats ont de chance d'en obtenir (d'être sélectionnés). En raison de l'anti-sélection, beaucoup de prêts risqués sont accordés, mais si les prêteurs craignent trop de ce fait de perdre leur argent, ils peuvent décider de ne pas prêter du tout alors même qu'il y a parmi les candidats de bons emprunteurs potentiels.

En RDC, l'assistance des établissements de crédit en tant que conseiller financier des investisseurs n'est pas encore mieux exécutée.

Tant que l'investisseur connaît les deux emprunteurs, il n'a pas de difficultés et attend seulement que le sérieux vienne le voir. Mais s'il ne les connaît pas bien (si l'information est asymétrique), il risque de prêter au second, qui est toujours prêt à demander et est prêt à payer un taux d'intérêt élevé. Mais s'il connaît cette histoire et se montre un peu méfiant, le prêteur peut décider de ne pas prêter du tout, et risque alors de laisser passer l'occasion de prêter à la première personne, bien qu'elle soit particulièrement sûre et qu'elle fasse un excellent débiteur. L'information asymétrique peut ainsi interdire la réalisation d'échanges mutuellement avantageux.

Aussi, est-il à relever le faible taux de participation des hommes d'affaires congolais dans les capitaux des établissements de crédit, des banques[364].En RDC, l'indépendance de la BCC est sujet, dans les faits, à controverse. C'est pourquoi, en effet, pour atteindre l'objectif de stabilité de la monnaie, le législateur investit la Banque Centrale du Congo d'une mission générale de surveillance de tous les établissements de crédit, c'est-à-dire qu'elle surveille l'application de la réglementation au vu des documents à la demande d'agrément, des rapports établis à certaines périodes par les établissements de crédit, des rapports consécutifs aux enquêtes de l'inspection qu'elle mène et des rapports des commissaires aux comptes.

---

363 GUILLAUME Jean-Marie et ROYERE Jean-Louis, *Le second marché. De l'introduction aux opérations financières*, *op. cit*, p. 93.

364 Faisant allusion à une mission économique de l'ambassade de France en RDC, MUKUNDI NYEMBO KAHUMBA E. relève ce phénomène parmi les déficiences qu'accuse le système bancaire congolais, voir l'auteur, p. 103.

La situation actuelle de notre pays, potentiellement riche mais concrètement pauvre avec une population active largement non couverte par le système bancaire, démontre que le contrôle exercé par la BCC n'est pas très efficace. Dès lors, les consommateurs des services financiers, que nous sommes tous (épargnants, investisseurs, demandeurs des capitaux) ne sont pas du tout protégés au point qu'il y a un déséquilibre entre les établissements de crédit et leurs clients.

Cela dit, on se pose bien la question de savoir la situation des institutions financières accessoirement monétaires ainsi que d'autres institutions financières non bancaires en République Démocratique du Congo.

B. L'Institution accessoirement monétaire

Sans qu'il soit nécessaire de s'étendre largement sur ce point, il suffit de relever qu'en RDC, au nombre d'institutions financières accessoirement monétaires, figure seulement la Caisse d'Epargne du Congo (CADECO).

Notons que cette institution financière répond au principe de la spécialisation bancaire selon la nature de ses activités. Selon Denise FLOUZART, « la spécialisation des banques permet une meilleure connaissance des opérations relevant de leur spécialité ; ensuite la spécialisation assure la correspondance et l'équilibre entre opérations actives et passives des banques, entre la structure des ressources et celles des emplois (crédits). La spécialisation apparaît ainsi comme la conséquence d'une gestion prudente des banques soucieuses de la sécurité des déposants »[365].

Comme toute entreprise du portefeuille de l'État, la CADECO souffre de la mégestion ayant entraîné la méfiance du public vis-à-vis d'elle. À l'heure actuelle, ses activités sont rudimentaires accompagnées d'un bilan sérieusement déficitaire. Ses dettes sont estimées au centuple de ses actifs.

Quatre institutions financières non bancaires sont à considérer dans le système de financement de la RDC.

C. Les intermédiaires financiers à statut légal spécifique

Parmi les institutions financières à statut légal spécifique, on dénombre le Fonds de Promotion de l'Industrie (F.P.I.), l'Institut National de Sécurité Sociale (INSS), la Caisse Nationale de Sécurité Sociale des Agents Publics de l'État (CNSSAP) et la Société Nationale d'Assurances (SONAS).

Chacune de ces institutions financières non bancaires revêt un caractère spécifique, lié à la nature des opérations pour lesquelles elle a été créée.

a) Le Fonds de Promotion de l'Industrie (F.P.I.) :

C'est un organisme créé par les pouvoirs publics sur base des ordonnances n° 89-171 du 07 août 1989 et n° 89-031 du 07 août 1989 et qui

---

[365] FLOUZART OSMONT Denise, *Economie Contemporaine, Tome II, Les Phénomènes monétaires,* P.U.F., Coll. Thémis éd., Paris, 1981, pp. 91-92.

a été transformé en établissement public par décret[366] pour financer le développement industriel du pays. Ses ressources sont alimentées essentiellement, sinon exclusivement, par la parafiscalité. Il s'agit d'une taxe prélevée sur la vente au détail des biens produits et/ou commercialisés sur toute l'étendue du pays d'une part, et prélevée à l'exportation d'autre part.

Aux termes de ses statuts, les ressources du FPI constituent une subvention destinée à la réalisation de l'objet social du Fonds pendant dix ans soit depuis 1999. « Au-delà de cette échéance, elles constituent des lignes de crédit dont les conditions d'octroi et de remboursement seront fixées par le Gouvernement ».

b) L'Institut National de Sécurité Sociale (I.N.S.S.)

En tant qu'organisme percevant l'épargne contractuelle, il est doté de ressources relativement importantes, bien qu'il soit confronté dans ses activités par l'instabilité macroéconomique dont a souffert la République Démocratique du Congo, en particulier l'hyperinflation et l'absence d'un marché financier stricto sensu organisé et structuré.

En garantissant à l'individu une certaine sécurité pour l'avenir, les institutions de sécurité sociale, en RDC, l'Institut National de Sécurité Sociale, devraient lui enlevé une des raisons essentielles de faire lui-même des efforts nécessaires pour épargner[367]. Lorsqu'il remplit sans faille sa mission, il est considéré comme le substitut moderne de l'épargne, au point de constituer un heureux intermédiaire sur les marchés financiers, puisqu'il collecte des fonds importants et les placent dans des emplois de toute nature[368]. Dans l'histoire de la RDC, l'INSS détient des réserves importantes et a toujours été en mesure d'intervenir efficacement dans le financement des entreprises. Il a eu à participer à la formation du capital social du Gand Hôtel Kinshasa, la COMIERE, la FIKIN et d'autres entreprises du portefeuille de l'État. Il est, depuis quelques mois, sollicité pour sa participation dans la formation du capital social de la nouvelle compagnie aérienne nationale[369].

L'INSS, ayant la forme d'établissement public bénéficie d'un monopole dans le domaine de ses activités et est placé sous l'autorité directe de l'État.

Par le passé, comme pour toutes les entreprises de l'État, l'INSS a souffert d'un problème de mauvaise gestion caractérisée au point que les différents agents économiques acceptaient difficilement son intervention dans la collecte de l'épargne publique.

Avec la réforme de 2008, un effort considérable afin de l'amélioration de la gouvernance de ce secteur est à signaler. En effet, il faut retenir que le montant des cotisations versées par les employeurs ainsi que les branches concernées par lesdites cotisations ne représentaient nullement ce qu'il fallait

---

[366] Article 2 du décret 09/ 12 du 24 avril 2009 établissant la liste des entreprises publiques transformées en sociétés commerciales, établissements publics et services publics, in *J.O* n° spécial du 10 décembre 2009.

[367] SCHLOGEL Maurice, *Organisation et fonctionnement des marchés financiers*, *op. cit*, p. 23.

[368] NGUYEN Pascal, CERTHOUX Gilles, Les marchés financiers contribuent-ils au développement économique ? *In référence*, n° 19, Paris, mai 1999.

[369] Direction générale de l'INSS, entretien nous accordé par l'Assistant Principal de madame le Directeur Général ce jeudi 18 septembre 2014.

réellement considérés comme rémunérations sur lesquelles il faut retenir 7% en guise de cotisation au fonds et branches à couvrir par la sécurité sociale.

Un besoin de réforme se fait sentir car le système de Sécurité Sociale en vigueur protège les catégories les plus favorisées de la société congolaise, en l'occurrence les personnes qui exercent une profession salariée dans le secteur formel aussi bien privé que public. Il laisse de côté l'immense majorité de la main d'œuvre du secteur informel, qui représente 90 à 95% de la population active qui vit en dessous du seuil de pauvreté.

Hormis le régime général, plusieurs régimes spéciaux de sécurité sociale institués par divers textes légaux et règlementaires sont dénombrés dans notre système de protection sociale, considéré par plus d'uns comme l'un des faibles en Afrique.

En effet, le régime général de Sécurité Sociale institué par le Décret-loi du 29 juin 1961 organique de la Sécurité Sociale applicable aux travailleurs salariés couvre le service des prestations en cas d'accidents du travail et de maladies professionnelles (branche de risques professionnels), d'invalidité, vieillesse et décès (branche des pensions) ainsi que de charges de famille (branche des allocations familiales). Il exclut de sa couverture les soins de santé, les indemnités de maladie, les prestations de maternité et les prestations de chômage.

Ces lacunes du régime général sont partiellement comblées par le Code du Travail qui met à charge des employeurs, pendant le contrat du travail, l'obligation de supporter les soins de santé en cas de maladie, d'accident, de grossesse ou d'accouchement. Il met également à leur charge l'obligation de payer les deux tiers de la rémunération en espèces et la totalité des allocations familiales. Dans le même cadre, la femme travailleuse se voit reconnaître, en cas de grossesse, d'accouchement et de ses suites, le droit aux deux tiers de sa rémunération en espèces et le maintien de tous ses avantages en nature.

Cette situation prend malheureusement fin avec la cessation du contrat de travail.

Quant aux agents publics de l'État (fonctionnaires, magistrats, personnel de l'enseignement supérieur et universitaire, parlementaires,…), ils bénéficient d'une gamme de prestations plus large, englobant outre les prestations servies par le régime général, les prestations en cas de maladie, de maternité et de charges de famille. Dans la pratique, les prestations prévues en faveur des agents publics de l'État ne sont pas liquidées suite aux difficultés et contraintes liées à l'exécution du budget de l'État.

Dans tous les cas, cela a été souvent critiqué comme marquant la démission de l'État devant son obligation de garantir la population contre les risques majeurs tels que la maladie et les charges de famille. Pour mettre fin à cette démission, et en application de la Constitution et des instruments internationaux notamment la Déclaration Universelle des Droits de l'Homme et des Peuples, la Charte Africaine des Droits de l'Homme et des Peuples et les Conventions des Nation Unies sur les droits de l'Enfant et sur les Droits de la Femme ainsi que les normes de l'Organisation Internationale du Travail relatives à la Sécurité Sociale, en particulier la Convention n°102 concernant la Sécurité Sociale - norme minimum (1952), il faut une réforme qui préconise d'intégrer tous les risques éventuels dans le régime légal de sécurité sociale.

Ladite réforme doit instituer les garanties élémentaires reconnues à toutes personnes, en l'occurrence :

- l'accès à un ensemble de biens et services définis comme étant des soins de santé essentiels, y compris les soins de maternité, qui répondent aux critères de disponibilité, d'accessibilité, d'acceptabilité et de qualité ;
- la sécurité élémentaire de revenus pour les enfants, assurant l'accès à l'alimentation, à l'éducation, aux soins et à tous autres biens et services nécessaires ;
- la sécurité élémentaire de revenu pour les personnes d'âge actif qui sont dans l'incapacité de gagner un revenus suffisant, en particulier dans les cas de maladie, de maternité et d'invalidité et,
- la sécurité élémentaire de revenu pour les personnes âgées, se situant à un niveau défini par la législation nationale.

Il est à relever à ce stade que même organisées par la législation en vigueur, les charges de famille (branche des allocations familiales) ne bénéficient des cotisations versées à l'INSS que dans l'espace de l'ancienne province du Katanga. Il était nécessaire qu'en attendant la couverture des soins de santé, des indemnités de maladie, des prestations de maternité et les prestations de chômage que la branche des allocations familiales soit exécutée sur l'étendue du territoire national.

L'INSS ne pouvait plus ne pas remplir sa mission. Il ressort des dispositions de l'article 4 du décret n° 09/53 du 03 décembre 2009 fixant les statuts d'un établissement public dénommé Institut National de Sécurité Social en sigle I.N.S.S. que c'est cet organisme qui organise et gère le régime de sécurité sociale qui comprend :

- les pensions d'invalidité, de retraite et de décès (branche des pensions) ;
- les prestations en cas d'accident du travail et de maladie (branche des risques professionnels);
- les allocations familiales (branche des allocations familiales) ;
- toutes autres prestations sociales à instituer.

Ce décret mérite des mesures réglementaires pour son application. C'est ainsi que le gouvernement, par le biais du Ministre de l'Emploi, Travail et Prévoyance Sociale, a, après avis du Conseil National du Travail, pris l'arrêté n° 049/ CAB/MIN/ETPS/MBL/2012 du 10 décembre 2012 relatif à l'affiliation des employeurs à l'immatriculation des travailleurs ainsi qu'aux modalités et conditions de versement des cotisations de la sécurité sociale. Cet établissement public rencontre de la résistance de la part des entreprises tant publiques que privées, redevables des cotisations de leurs employés en ce qui concerne la branche des allocations familiales et les taux des cotisations.

En effet, aux termes de l'article 18 dudit arrêté, les taux des cotisations sont fixés comme suit, et ce, pour toute l'étendue de la RDC :

1) 7% pour la branche des pensions dont la répartition est 3,5 % à charge du travailleur et 3,5 % à charge de l'employeur ;
2) 1,5% pour la branche des risques professionnels à charge de l'employeur ;

3) 4% pour la branche des allocations familiales à charge exclusive de l'employeur.

Les allocations familiales sont attribuées au travailleur pour chacun des enfants à charge dans la limite de six (6) enfants.

L'article 25 de l'arrêté sous examen précise que l'employeur est débiteur vis-à vis de l'I.N.S.S de l'ensemble de cotisations dues et est le seul responsable de leur versement même de la part mise à la charge du travailleur.

Au titre des raisons du refus de se soumettre à ce nouveau dispositif, les employeurs relèvent la perturbation de leur budget de fonctionnement qui est déjà menacé par la conjoncture difficile que traverse le pays. En outre, ils estiment que l'arrêté est un texte réglementaire hiérarchiquement trop bas dans l'arsenal juridique congolais et, de ce fait, ne peut régir un secteur très sensible comme celui de la sécurité sociale. Les employeurs proposent qu'une ordonnance du chef de l'État vienne réglementer la question.

L'I.N.S.S, qui a besoin des moyens de sa politique, a mis en veilleuse ledit arrêté en attendant que la nouvelle loi sur la sécurité sociale qui est en instance au parlement soit promulguée.

À notre avis, les deux arguments des employeurs ne sont pas juridiquement soutenables dès lors que l'I.N.S.S est régi par un décret qui fixe ses statuts ; l'arrêté pris devant être considéré comme ses mesures d'application afin de lui permettre de réaliser son objet social. De même, la question du budget pouvait être soutenue si et seulement si l'application de l'arrêté devait commencer à mi-parcours d'un exercice budgétaire. Il s'agit, comme d'habitude, des manœuvres pour se soustraire aux obligations légales, en l'occurrence celle de la couverture de sécurité sociale des travailleurs.

Il revient donc à l'État de s'assumer.

c) La Caisse Nationale de Sécurité Sociale des Agents Publics de l'État (CNSSAP).

cet établissement public vient revaloriser le système de protection sociale grâce à la mise en place d'un outil devant gérer les différents régimes de sécurité sociale prévus par la loi en faveur des agents de l'État. En tant qu'établissement public, la CNSSAP organise et gère les prestations sociales qui couvrent les branches ci-après[370] :

La branche pour des pensions, pour les prestations d'invalidité, de vieillesse et de survivants ;

- La branche des risques professionnels, pour les protections en cas d'accident du travail et de maladie professionnelle ;
- Le cas échéant, couvrir toute autre branche à instituer par son conseil d'administration, après accord du ministre de tutelle.

[370] Article 2 du Décret n° 15/031 du 14 décembre 2015 portant création, organisation et fonctionnement d'un établissement public dénommé Caisse Nationale de Sécurité Sociale des Agents Publics de l'État.

Dans ce cadre, la CNSSAP a pour missions[371] :

- Recouvrer les cotisations sociales des agents et de l'État employeur ;
- Servir les prestations de sécurité sociale ;
- Servir des prestations pour le compte des tiers ;
- Placer aux mieux les excédents financiers et à terme, contribuer au développement socio-économique du pays.

Il s'agit d'un complément nécessaire aux insuffisances de l'INSS même si le volet de sécurité sociale des privés mérite une libéralisation.

d) La Société Nationale d'Assurances (SONAS)

Elle reste, pour le cas de la RDC, jusqu'en mars 2016 la seule qui tient les assurances. Créée en 1966, la Société Nationale d'Assurance (SONAS) a jouit d'un monopole sur toutes les opérations d'assurance dans le pays[372]. Elle a cependant traversé plusieurs difficultés d'ordre économique à l'instar des sinistres encore non couverts. Voilà pourquoi les autorités du pays ont décidé de se pencher sur l'alternative en libéralisant le secteur. C'est ainsi qu'a été promulguée, le 17 mars 2015, la loi portant code des assurances.

Le secteur d'assurance en RDC représente officiellement plus de 60 millions de dollars américains et aux dires des experts ce chiffre irait bien au-delà avec sa libéralisation[373]. L'assurance, outre le fait qu'elle contribue à la sécurité des familles et à la pérennité des entreprises en compensant les conséquences des accidents qui menacent leur patrimoine ou la sécurité de leurs revenus, elle suscite une épargne collective qui, une fois investie au service de l'économie nationale, contribue fortement au développement de cette dernière.

Pour les analystes du domaine, la structure monopolistique a étouffé l'éclosion du secteur vu le manque de concurrence qu'elle maintient[374]. La SONAS ne s'est donc pas adaptée aux réalités modernes qui lui auraient permis de booster son activité. Elle a particulièrement baigné dans la mollesse généralisée qui a longtemps frappé les entreprises publiques du pays. Il a fallu libéraliser le secteur par la suppression du monopole (voir infra, II ème partie, titre II, chapitre I, section 3, §3, point B).

Ce qui permettra l'émergence des sociétés de micro assurance. La micro assurance s'adresse à la même population que le microcrédit, mais elle n'intervient pas uniquement dans ce cadre.

Cette assurance doit être peu chère, facturée à prix coûtant, et couvrir des montants limités[375]. Les difficultés auxquelles est confronté le secteur sont liées au type de clientèle : il s'agit d'une population fragile qui fait courir

---

[371] Article 3 in Idem. La dernière mission de la CNSSAP démontre clairement son rôle d'intermédiaire financier de grande importance pour ravitailler en capitaux la bourse des valeurs mobilières qui sera créée.

[372] L'ordonnance-loi n°67/240 du 02 juin 1967 avait octroyé le monopole des assurances à la Société Nationale d'Assurances.

[373] Travaux préparatoires du projet de loi portant code des assurances, Secrétariat Général du Gouvernement, Kinshasa 2010.

[374] GARNER Patrice,*Congo (RDC) : Vers une libéralisation des assurances*, in www.afrique7.com du 31/08/2012.

[375] GABRIELLI Daniel, RAOULT-TEXIER Béatrice et VANDERMOLEN Anne Claude, *Le microcrédit accompagné*, *op. cit.*

aux prêteurs des risques financiers élevés. L'équilibre et la performance de ces opérations nécessitent d'élargir les portefeuilles pour mieux mutualiser les risques. Or, la sensibilisation des assurés potentiels est encore insuffisante alors que la sinistralité est élevée.

Favoriser le développement de la micro assurance suppose améliorer l'information et la sensibilisation aux risques des personnes pouvant être concernées. Il est nécessaire également d'établir un partenariat avec les professionnels du microcrédit, d'élaborer des produits ciblés et d'assurer un accompagnement des assurés.

En définitive, s'agissant du financement interne des activités économiques en République Démocratique du Congo, tant sur le plan du crédit destiné au fonds de roulement que celui de l'équipement, les banques de dépôts constituent à l'heure actuelle la principale source ; « les institutions financières non bancaires n'ont pas encore joué un rôle significatif dans le financement de l'économie congolaise » ; et cela soit à cause de la mauvaise gestion de ces institutions depuis l'accession du pays à la souveraineté nationale (cas de la CADECO), soit à cause de l'absence d'un cadre déterminé de financement à leur destination (c'est le cas de l'IN.S.S. et de la SONAS), qui ont leurs dépôts à vue en banque.

Aussi, le monopole accordé à ces institutions ne les pousse pas à changer des méthodes d'attraction de la clientèle et de ce fait collecter une épargne considérable, nécessaire aux investissements.

D. Le marché monétaire de la RDC est caractérisé par l'utilisation exagérée des espèces ; il recourt rarement aux titres[376]

Généralement, les instruments suivants sont utilisés, dans le monde, sur le marché monétaire[377] : le bon du Trésor, la mise en pension, les certificats de dépôt, les billets de trésorerie, les accords de swaps de taux et les acceptations bancaires. Leur usage est rare voir moins connu en RDC.

La RDC ne se rappelle pas de l'année de leur dernière émission, tellement qu'il y a plusieurs décennies passées.

Pourtant c'est dans le cadre de la mise en œuvre de la politique monétaire qu'une Banque centrale développe ces actions pour influencer le niveau de l'activité économique et maintenir la stabilité des prix grâce à la régulation de la quantité et du coût de la monnaie. La politique monétaire doit permettre à une économie de disposer des liquidités nécessaires à son bon fonctionnement et à sa croissance équilibrée[378]. Cette action des autorités monétaires s'inscrit dans la démarche générale des gouvernements qui visent le plein emploi et l'équilibre de la balance des paiements, tout en préservant la stabilité des prix et le taux de change de la monnaie[379].

---

[376] C'est le 27 mars 1984 qu'une convention a été signée entre la RDC et la BCC aux termes de laquelle le premier donne à la BCC mandat d'émettre des Bons du trésor ainsi que d'assurer le contrôle de leur négociabilité. Cette expérience a été connue de 1984-1986, 1993-1995 et en 1999 les certificats de dépôt et les billets de trésorerie ont été émis. Les souscripteurs des bons du trésor n'ont jamais recouvré leur mise, un contentieux est pendant entre ceux-là et le Gouvernement congolais.

[377] MISHKIN Fréderic et Consort, *Monnaie, banque et marchés financiers, op. cit*, p. 36.

[378] MUKUNDI NYEMBO KAHUMBA E., op. cit, pp.16 et 17.

[379] DOV OGIEN, *Pratique des marchés financiers*, *op. cit,* p. 19.

Les billets de trésorerie et les certificats de dépôt ont été utilisés pour la dernière fois en 1999.

Les accords de swaps de taux qui sont des accords conclus entre deux institutions financières dans le but d'échanger des paiements périodiques liés aux taux d'intérêts, dans la même monnaie, ne sont pas connus en RDC.

Par ailleurs, il est à rappeler que bon nombre d'intermédiaires financiers tels que développés précédemment n'existent pas sur le marché de la RDC.

§2. Absence de la bourse des valeurs mobilières, marché à long terme

Comme pour tous les autres États potentiellement riches, en RDC le sujet relatif à la mise en place d'un marché financier a toujours fait l'objet des conférences, mais non suivies des réponses. C'est un sujet très sensible au moment où le pays a toujours été confronté à plusieurs guerres qui ont eu des impacts sur le tissu financier et économique du pays.

Il est opportun de rappeler que le marché financier diffère fondamentalement du marché monétaire et de celui de crédit. Il met en jeu les deux situations corrélatives d'investissement et de long terme, même si, **dans l'usage**, la doctrine réserve le qualificatif « financier » au domaine très vaste, ayant un sens plus extensif.[380].

Qu'ils aient leur source dans l'épargne créatrice des particuliers ou, très exceptionnellement, dans l'épargne publique, c'est sur la bourse des valeurs mobilières que se concentrent et s'engagent les capitaux disponibles pour les immobilisations de plus longue durée[381] ; c'est-à-dire que c'est sur ce marché que les unités monétaires épargnées vont être concentrées et orientées vers les emplois où elles sont en principe immobilisées pour une longue durée qui dépasse dix ans[382]. C'est donc un lieu de rencontre de trois catégories d'agents[383] : les agents en excédent des ressources financières, ceux en besoin de financement et les intermédiaires financiers qui servent d'interface aux deux types d'agents précédents.

Ce marché également appelé marché des actions et des obligations, donne lieu à trois catégories de titres[384] :

• **Les titres de capital, divisés en actions ordinaires et actions de préférence[385]**,.sont des titres de propriété émis par des sociétés commerciales qui donnent accès à leur capital[386]. Le marché des actions est un facteur important pour les décisions d'investissements des entreprises puisque le prix des actions a un impact sur le montant des fonds qu'elles

---

[380] Tous les auteurs cités dans cette étude opposent le court terme, qualifié de monétaire, au moyen et long terme qu'ils considèrent de financier stricto sensu.

[381] MERVILLE Anne-Dominique, *Droit financier*, *op cit*, 23.

[382] SCHLOGEL Maurice, *Organisation et fonctionnement des marchés financiers*, *op. cit*, p. 3.

[383] DUMAS André, *L'Economie Mondiale. Commerce-monnaie-finance*, 2ème Ed., *op. Cit*, p. 115.

[384] CAPUL Jean Yves et consort, *Dictionnaire de l'Economie et des Sciences Sociales*, *op. cit*, pp.275-276.

[385] - BONNEAU THIERRY et DRUMMOND FRANCE, *Droit des marchés financiers*, *op. cit*, pp.118-122.
- MERVILLE Anne-Dominique, *L'essentiel du Droit Financier*, *op. cit*, pp.29-31.

[386] COURET A et consort, *Droit financier*, *op. cit*, pp. 239-268.

peuvent lever en vendant des actions récemment émises dans le but de financer les dépenses d'investissement[387].

Les actions sont des droits sur les revenus et sur l'actif de la société qui les a émises[388] ;

- **Les obligations**, qui sont des emprunts émis par les sociétés par actions ou les entreprises et l'État pour financer leurs investissements à long terme. Il s'agit d'un titre de dette qui promet des paiements périodiques sur une durée déterminée[389]. Les obligations sont des titres négociables qui, dans une même émission, confèrent les mêmes droits de créance pour une même valeur nominale[390]. Le marché obligataire est particulièrement important pour l'activité économique parce qu'il permet aux entreprises ou aux gouvernements d'emprunter pour financer leurs activités à moyen et long terme[391]. Nous avons ainsi les obligations d'État, les obligations privées et les obligations hypothécaires.
- **Les valeurs mobilières composées** donnent accès soit au capital de la société, soit à un droit de créance sur elle, soit les deux à la fois[392]. Ces titres n'ont jamais été organisés en RDC en termes d'un marché particulier. Devant cette incapacité, d'aucuns se demandent si à l'époque pré indépendance, pareilles organisations n'ont pas été réglementées ?

1. Situation avant l'Indépendance

Il importe de noter qu'avant l'entrée du colonisateur sur le sol congolais, les populations autochtones utilisaient, à côté du troc traditionnel, certains biens tels que les MAKUBA croisettes de cuivre chez les Round, les NKONGA métallique chez les Anamongo et les NZIMBU chez les Kongo, reconnus par tout le milieu social comme instrument de paiement, qui servaient de base d'échange pour certaines transactions. Dans son cours de droit financier, le Professeur ordinaire MBOYO EMPENGE ea LONGILA ajoute à cette liste : le KANU chez les Tetela du Sankuru, le SIMBI chez les Hunde au Nord Kivu, le LUKANU LWA TSHIOMBO chez les Luba, MUAMBO chez les Luba du nord, MBAMBA chez les Ngbandi, BINGETELE chez les Mpama Lukolela Mongo, MFUALANGA chez les Songye, le RAPHIA chez les Bakuba[393]. Nous ajoutons de notre part à cette liste, le MALIBA chez les peuples HEMBA du Tanganyika[394].

---

387 - ZVI BODIE et consort, *Finance*, *op. cit*, p. 272 ;
- DOV OGIEN, *Pratique des marchés financiers*, *op. cit*, pp.87-89.

388 SCHLOGEL Maurice, *Organisation et fonctionnement des marchés financiers*, *op. cit*, p.11.

389 L'emprunteur est celui qui émet l'obligation, les prêteurs sont ceux qui la détiennent et sont appelés obligataires. La périodicité de paiement des intérêts d'une obligation est plus souvent annuelle en France et trimestrielle ou semestrielle aux États Unis (voir JONATHAN B. et Consort, *Finance d'entreprise*, *op. cit*, p. 232.

390 DOV OGIEN, *Pratique des marchés financiers*, *op. cit.*, p. 64.

391 - MISHKIN Fréderic et consort, op cit, p. 1 ; -COURET A et consort, *Droit financier*, *op. cit*, pp 412-442.

392 Il s'agit d'un mode de combinaison de titres associant, suivant plusieurs modalités et quasiment indéfinies, plusieurs catégories des titres de capital.

393 MBOYO EMPENGE ea LONGILA BB. Victor, Cours de Droit Financier, op cit, Ed.2015-2016, p. 15.

394 Le MALIBA est une forme de Raphia, était spécialement conçue pour servir d'intermédiaire d'échange et une réserve des valeurs chez les HEMBA.

En vertu des Traités d'allégeance que fit conclure le Roi Léopold II ainsi que les Chefs traditionnels d'une part, et en raison de l'occupation militaire des territoires qualifiés abusivement de « sans maître » d'autre part, l'unification territoriale du Congo fut réalisée, et de celle-ci naquit l'État Indépendant du Congo. Ce dernier était gouverné par l'Association Internationale du Congo, reconnue par la suite comme Pouvoir gouvernant par l'Acte Général de la Conférence de Berlin[395]. À l'origine de l'Association Internationale Africaine a existé la Conférence Géographique de Bruxelles du 12 septembre 1876, qui avait réuni des particuliers sans mandat public : explorateurs, hommes des sciences et représentants des œuvres et organisations philanthropiques[396]. Pour le Souverain Belge, initiateur de ce projet, il s'agissait d'ouvrir à la civilisation la seule « partie de notre globe où elle n'a pas encore pénétré, percer les ténèbres qui enveloppaient des populations entières ... discuter et préciser les voies à suivre, les moyens à employer pour planter définitivement l'étendard de la civilisation sur le sol de l'Afrique Centrale. N'ayant pas considéré cette histoire comme objectif principal de cette étude, nous allons, dans les lignes qui suivent, donner ce qu'il en était de l'organisation financière.

Propriété privée du Roi Léopold II, l'État Indépendant du Congo était unique en son genre sur le plan politique et dans le domaine économique. En réalité, souligne Daniel VANGROENWEGHE, il était plus qu'une monarchie absolue. La souveraineté était incarnée dans la personne du Roi qui considérait l'État Indépendant du Congo comme sa propriété privée[397].

Sur le plan économique, il existait un monopole d'État instauré par le Souverain qui imposait aux entreprises privées des sévères limitations dans l'exercice du commerce ; l'État Indépendant du Congo a installé « le régime domanial ».

Par ailleurs, jusqu'en 1895, les revenus étant réduits, le Roi Léopold II a « dû y aller de sa fortune personnelle. Il fit même émettre en Belgique un emprunt à lots »[398]. Les entreprises africaines du Roi Léopold II étaient considérées comme ses affaires purement privées, n'engageant nullement le trésor ni la responsabilité du royaume de Belgique.

C'est en vertu de ce statut que le Roi Léopold II pouvait utiliser les bénéfices retirés de l'exploitation de l'État Indépendant du Congo à l'entretien de ses châteaux personnels[399].

Sur le plan financier, l'Acte Général de la Conférence de Berlin n'a pas institué la perception des droits d'entrée sur les marchandises étrangères dans le bassin conventionnel du Congo. Ce qui avait privé l'État Indépendant du Congo d'énormes ressources budgétaires qui auraient dû lui revenir. Cette situation entraîna un déficit financier que la bourse privée du Souverain Belge ne pouvait plus couvrir[400].

Aussi, par la loi du 29 juillet 1889, le Gouvernement belge était admis à souscrire 10 millions d'obligations émises par la Société du Chemin de Fer

[395] MULUMBA LUKOJI, *Succession d'États aux Droits Patrimoniaux, le cas de l'Ex-Congo Belge (Zaïre)*, éd. P.U.Z., Kinshasa, 1976, pp. 7-8.
[396] Idem p. 8.
[397] VANGROENWEGHE D., *Du Sang sur les Lianes, Léopold II et son Congo*, éd. Didier Hatier, Bruxelles, 1986, p. 80.
[398] *Idem*, p. 81.
[399] *Ibidem*.
[400] MULUMBA LUKOJI, *op. cit*, p. 72.

de Matadi au Stanley Pool ; cette participation financière rendait inévitablement l'État belge intéressé dans l'avenir économique de l'État Indépendant.

En outre, la Convention du 3 juillet 1890 conclue entre l'État Indépendant du Congo et le Gouvernement belge fixa les termes de la reprise du Congo par l'État belge. Aux termes de cette Convention, il fut stipulé que la Belgique s'engageait à accorder un prêt sans intérêt, pour dix ans, de vingt-cinq millions de francs à l'État Indépendant du Congo. En contrepartie, l'État belge se voyait reconnaître le droit de s'annexer le Congo, six mois après l'expiration du terme de dix ans.

D'une manière générale, le système de financement instauré par le Roi Léopold II au Congo, avec la possibilité de la reprise de celui-ci par la Belgique, était fondé sur l'exploitation de l'E.I.C. comme propriété personnelle du Roi. En effet, « le Congo a été administré par les agents de l'État Indépendant en vue de son exploitation économique par le Roi. Pour réaliser son entreprise économique, le Roi Léopold II, limité financièrement et matériellement, a associé des privés d'origine métropolitaine à l'exploitation économique du Congo.

Dans le but de répondre à la volonté de Léopold II exprimée dans son testament du 2 août 1889, et pour matérialiser le droit de cession du Congo, le Parlement belge conclut un traité avec l'État Indépendant du Congo portant sur l'annexion du territoire de celui-ci à l'État belge. Ainsi fut signé le « Traité de Cession » du 28 novembre 1907. Aux termes de ce traité, la souveraineté des territoires du Congo ainsi que tous les droits et obligations qui y étaient attachés devraient être transférés à l'État Belge. C'est la « Charte Coloniale » qui organisa le nouveau statut du Congo sous emprise belge. Tout bien considéré, il y a lieu de soutenir qu'il n'y a pas eu à l'époque léopoldienne (E.I.C.) une organisation structurée du financement à long terme de l'économie. Le Congo était considéré comme la propriété privée du Roi Léopold II sans institutions financières.

Il est donc à retenir qu'au lendemain de la percée européenne au Congo, le Roi Léopold II a confié à certaines sociétés à chartes, dont la société pour l'exploitation et la commercialisation du Bassin ouest du Fleuve Congo et la compagnie pour l'exploitation de la Cuvette Centrale du Congo, le droit et le privilège d'exploitation des richesses de notre pays. Ces sociétés de droit étranger recouraient, dans leurs zones d'action, pour certaines de leurs transactions commerciales, dans la plupart des cas, à la monnaie de leurs pays d'origine.

Le 27 juillet 1887, par décret du Roi Léopold II, le franc sera institué comme unité monétaire ayant le même contenu d'or que le franc belge et ayant cours légal au Congo. Quelques monnaies divisionnaires en argent et de billons en cuivre ont été instituées pour permettre les transactions. En plus de ces monnaies, la circulation de la livre Sterling fut admise ultérieurement »[401].

L'émission des billets d'État fut décrétée à partir de 1896 suite à la disparition des pièces d'or et à la dépréciation des pièces d'argent. Vu leur lourdeur, des pièces de cuivre furent remplacées par des pièces de monnaie en cupronickel, sur autorisation du Pouvoir colonial.

---

[401] MABI MULUMBA, *op. cit*, p. 252.

2. Situation après l'Indépendance

Comme il n'y avait pas de banques au Congo à l'époque de l'EIC, ce sont les agents de l'État et les grandes compagnies à charte qui se chargeaient des transferts et de mise en circulation des monnaies[402].

Il faut toutefois attendre le régime de la Charte Coloniale pour voir s'ébaucher un système de financement bancaire et monétaire plus ou moins structuré, mais sans marchés financiers tels qu'organisés actuellement dans les pays à économie performante et traités au titre I de cette partie.

Indiquons cependant qu'en 1971 les autorités politiques et économiques du pays se sont spécialement intéressées à la création d'un marché financier. *Le gouvernement a trouvé, déclarait le Président Mobutu, un système original d'épargne : l'actionnariat congolais. Ce système permettra à tout congolais, quel que soit son niveau dans la société, de détenir des actions dans certaines sociétés.* Pour la mise en application de ce programme, la Société Zaïroise de Gestion et de Financement « SOGEFI » avait même recouru à des appels publics à l'épargne[403]. Ce procédé a échoué car son fonctionnement est lié à l'existence d'un marché financier, lequel faisait défaut. Aussi, en janvier 1999, la RDC a tenté d'organiser une bourse des matières précieuses. Cette initiative, pourtant louable, n'a pas évolué, bien au contraire, elle s'est estompée quelques mois après, sous le règne du Président Laurent Désiré Kabila. Donc, la RDC n'a jamais réglementé la vente et l'achat des capitaux à long terme.

On se demande ainsi comment faire pour se faire financer ou rembourser en RDC et quel est le rôle de l'État sur les marchés financiers ?

SECTION 2. RECOURS AU FINANCEMENT INFORMEL ET LE RÔLE DE L'ÉTAT DANS LE FONCTIONNEMENT DES MARCHES EN RÉPUBLIQUE DÉMOCRATIQUE DU CONGO

Dans les pays à économie performante, a-t-il été dit, les marchés financiers sont interconnectés ; les mouvements de capitaux devant se réaliser tant sur le marché monétaire, le marché du crédit que sur le marché financier, celui à long terme. Des connexions existent entre les divers marchés financiers eux-mêmes, dues au déplacement des offres ou des demandes de l'un à l'autre[404]. Ces marchés supposent la présence des agents à capacité de financement et ceux qui ont besoin dudit financement[405] grâce à l'achat ou la vente des titres financiers. La situation congolaise est loin d'être celle-là.

Sans marché financier stricto sensu et devant se contenter d'un marché monétaire réservé aux seules banques, toute personne qui a besoin des capitaux pour des raisons d'investissement, ou qui doit obtenir remboursement en RDC est obligée de recourir au marché noir. Mais on peut

---

[402] *Idem.*, p. 253.

[403] MBOYO EMPENGE ea LONGILA BB Victor, *Le Régime de l'Autorisation dans la Société par Actions et son Incidence dans les Marchés de Capitaux en République du Zaïre et en Droit de Pays Européens*, Thèse de Doctorat en Droit, op. cit, p. 133.

[404] SCHLOGEL Maurice, *Organisation et fonctionnement des marchés financiers*, Masson, *op. cit.*, p.3.

[405] MISHKIN FREDERIC et Consort, *Monnaie, banque et marchés financiers*, *op. cit*, p. 3.

se demander, comment peut-on tirer profit de l'adhésion à l'OHADA dans ces conditions.

§1. L'informel en République démocratique du Congo

L'émergence du secteur informel en République Démocratique du Congo n'est plus un élément à démonter. Avec la destruction du tissu économique et par conséquent de l'emploi, le citoyen congolais cherche ses propres moyens de survie en se créant de petites activités productives qui échappent au contrôle de l'administration fiscale. À cette question s'ajoute celle du remboursement de la dette souveraine qui, depuis quelques années est objet de spéculation sur des marchés internationaux mais non réglementés. Ces marchés sont dominés par les fonds vautours.

1. L'Informel

Pour rappel, il est à indiquer que la situation économique pendant plus de 40 ans est à la base de la montée en puissance de l'informel. La mise en œuvre des projets de prestiges et de grande échelle a permis de quadrupler l'investissement public pendant un moment de l'histoire de la RDC, mais cet élan ne s'est pas maintenu dans le temps pour des raisons que nous évoquons ci-dessous.

A. État de la question

En1971, le plan décennal dit Plan Mobutu (1971-1980) initie entre autre la nationalisation de petites, moyeVnnes et grandes entreprises, en projetant une augmentation du PIB réel de 7%. Cette période voit une expansion économique annuelle moyenne de 5,1%.

La période qui va de1975 à 1982 est caractérisée par la naissance de la crise de la dette consécutive à l'inadéquation des politiques économiques et des investissements du début des années 1970 mettant en mal l'économie du pays. Cette période marque le départ de dépression de l'économie. « Au total, le PIB réel a chuté de 12% sur la période allant de 1975 à 1982 »[406].

En dépit de tous ces efforts fournis par le Gouvernement au cours de cette période, « la performance financière du pays s'est détériorée considérablement. La croissance annuelle du PIB réel a décéléré pour finir à 0,5% en moyenne sur la période 1987-1989[407]. À partir de 1983 jusqu'à 1990, on remarque la mise en place des programmes de stabilisation et d'ajustement structurel avec l'objectif de redresser l'économie nationale. Au cours de la période allant de 1990 à 2000, les tentatives de libéralisation ayant échoué, le pays entre dans un cycle de l'hyperinflation, de la dépréciation monétaire, d'une forte dollarisation et de la désintermédiation financière, de la chute de l'épargne, de la détérioration des infrastructures économiques et du déclin généralisé de la production.

[406] Programme de Nations Unies pour le Développement (PNUD), Situation économique de la RDC de 1960 à nos jours, Kinshasa, 2007, p. 5.
[407] *Idem.*

De 2001 à 2006, on vit la mise en place des programmes de redressement de l'économie. Après la situation chaotique héritée de la décennie précédente, cette période va démarrer avec la mise en place du programme de stabilisation, « Programme Intérimaire Renforcé (PIR) », qui a été exécuté de juin 2001 à mars 2002. Ce programme a été relayé par un autre programme d'ajustement dénommé « Programme Economique du Gouvernement (PEG)».La réalisation de ces deux programmes aboutit à des résultats macroéconomiques un peu satisfaisants.

Au cours de la même période, le pays a repris avec des taux de croissance économique positifs, « le taux de croissance du PIB en 2003 s'est situé à 5,8% contre 3,5% en 2002 »[408]. Après avoir atteint le sommet de 6,6% en 2004, le taux de croissance a retrouvé sa tendance descendante. « Les estimations établies sur base des réalisations de production à la fin de décembre situent le taux de l'activité économique à 6,4% (en 2006) contre 6,5% en 2005 »[409]. La croissance est à 7, 2% en 2012 et de 8,1% en 2013-2015[410]. Mais, il faut le reconnaître, les activités de la majorité de la population échappent au circuit formel.

L'absence des intermédiaires financiers et des bureaux de change agréés dans certains coins du pays, permet par exemple, aux changeurs manuels des rues, personnes physiques, de faire la loi en la matière. Et pourtant, aux termes de la loi, en RDC, seules les personnes morales de droit congolais autres que les établissements de crédit, agréés par la Banque Centrale du Congo pour effectuer, à titre de profession habituelle des opérations de change manuel, sont qualifiées de bureau de change[411].

Dès lors, les Petites et Moyennes Entreprises (PME) et les Petites et Moyennes Industries (PMI) qui devaient être des secteurs porteurs de la croissance sont confrontées à un environnement politique, juridique et socioéconomique défavorable au profit du secteur informel.

La part de l'économie informelle quant à elle, s'accroît continuellement dans la création des richesses et des emplois au point que le secteur informel représente une part dominante de l'économie en RDC »[412].

De 46,2% en 1980, la part du secteur moderne ne cesse de décroître, pour tomber jusqu'à 21,6% en 1992 au profit du secteur traditionnel et informel. Selon plusieurs analyses actuelles, cette tendance se poursuit jusqu'à ce jour. Ainsi donc, il est difficile dans ce contexte d'organiser les marchés financiers. En effet, il se pose souvent la question de l'équilibre entre les offres et les demandes de capitaux exprimées sur ces marchés et en voici les causes.

---

[408] Banque Centrale du Congo (BCC), *Rapport Annuel 2003-2004*, p. 5.

[409] Banque Centrale du Congo (BCC), *Evolution économique récente*, Février 2007, p. 8.

[410] Banque Centrale du Congo, *Evolution de la situation économique et financière au 30 octobre 2013.*

[411] Articles 1et 3 de l'instruction n° 007 du 13 juillet 2006 portant réglementation de l'activité des bureaux de change, in journal officiel, 49ème année, numéro spécial, 20 janvier 2008.

[412] Ministère du Plan, *Document de la Stratégie de Croissance et de Réduction de la Pauvreté (DSCRP)* Kinshasa, Juillet 2006, p. 33.

B. Les causes de l'informel en RDC

Il est admis que les banques sont la principale source de fonds externes pour financer les entreprises et jouent un rôle de premier plan pour ajuster les marchés des capitaux, et de ce fait les économies des États modernes. En effet, les banques, les intermédiaires financiers non bancaires comme les compagnies d'assurances, les fonds de pension, les sociétés de financement accordent des prêts aux entreprises dans le monde entier (56% aux USA, plus de 70% en Allemagne et au Japon, plus de 50% au Canada).

En RDC, ces institutions de canalisation des fonds vers des investissements productifs sont en nombre insignifiant. La détérioration des structures d'intermédiation financières n'est pas à démontrer. Aussi, depuis son indépendance, la RDC n'a pas de constance dans le régime de change, au point que ce tâtonnement a abouti, une fois encore, depuis 2001 à opter pour la circulation concomitante du Franc Congolais et des toutes les devises étrangères.

a) Le nombre insignifiant des intermédiaires financiers

On peut distinguer trois catégories d'intermédiaires financiers[413] : les institutions de dépôt (également appelées institutions financières monétaires par la Banque centrale européenne, établissements de crédit par la Banque de France et la BCC, et plus couramment banques) ; les établissements d'épargne contractuelle comme les compagnies d'assurance vie et les fonds de pension ; et les entreprises d'investissement[414], également appelées intermédiaires de placement, qui facilitent les placements en actifs financiers, notamment les banques d'affaires, les fonds collectifs d'investissement, les sociétés financières[415].

La RDC n'a que la première catégorie, celle des établissements de crédit qui manque cependant le volet mutualiste, et deux établissements de la deuxième catégorie, appartenant à l'État. Le nombre de ces différentes catégories d'intermédiaires est résumé dans le tableau suivant :

---

[413] - MERIEUX Antoine, FRANCK BLUA, CHRISTIAN LIGEARD et CHOUAN Alain, *La banque américaine*, *op. cit*, pp. 91-103 et 113-115.
- GREGORY N. MANKIW, MARK P. Taylor, *Principes de l'économie*, *op. cit*, p. 713.

[414] MERVILLE Anne-Dominique, *L'essentiel du Droit Financier*, *op. cit*, pp. 81-92.

[415] Idem.

Tableau n° 2 : les intermédiaires financiers de la RDC

Type d'intermédiaire	Nombre agréé en RDC
Institutions de dépôt	
Banques commerciales	18
Caisses d'épargnes	1 : CADECO
Banques d'épargne mutualistes	0
Sociétés coopératives de crédit	90
Institutions d'épargne contractuelle	
Compagnies d'assurance vie	1 : SONAS
Compagnies d'assurance dommages	1 : SONAS
Fonds de pension, caisses de retraite	2 : I.N.S.S et CNSSAP
Entreprises d'investissement	
Sociétés financières	0, la SOFIDE ayant interrompu ses activités : Billets de trésorerie, actions, obligations
Fonds collectifs d'investissement, SICAV, fonds communs de placement	0

Source :
- BCC, liste des intermédiaires financiers agréés ;
- Décret-loi du 29 juin 1961 organique de la Sécurité Sociale applicable aux travailleurs salariés ;
- Décret n° 09/53 du 03 décembre 2009 fixant les statuts d'un établissement public dénommé Institut National de Sécurité Social, en sigle I.N.S.S. ;
- Décret n° 15/031 du 14 décembre 2015 portant création, organisation et fonctionnement d'un établissement public dénommé Caisse Nationale de Sécurité Sociale des Agents Publics de l'État.

En 1970, toute l'étendue de la République ne comptait que neuf banques commerciales et douze institutions financières non bancaires. Cette situation s'est légèrement améliorée à la fin de la décennie 80 pour les banques de dépôts qui sont passées à douze en 1989, quant aux institutions financières non bancaires, elles sont restées à neuf seulement contre douze en 1970.

Si le nombre des banques créatrices de monnaie et des institutions financières non bancaires a accru au début des années 1990, la tendance a été inversée à la fin de cette décennie.

En effet, en 1995 treize banques des dépôts agréées et vingt-six institutions financières non bancaires ont figuré sur la liste de la BCC. En 1999, le système bancaire national ne comptait que dix banques de dépôts agréées. En 2004, le Congo ne comptait que dix banques créatrices de monnaie et vingt-cinq institutions financières non bancaires. Actuellement, dix-huit banques appartement aux étrangers, nonante coopératives, quarante-trois messageries financières et seize bureaux de change ont été agrées jusqu'en septembre 2014.

Si en termes de nombre de banques et institutions financières non bancaires, la tendance est moins déplorable, il n'est pas ainsi pour leur implantation et leurs activités sur terrain. Plus de 90% de banques de dépôts ne sont opérationnelles que dans les grandes villes du pays, notamment : Kinshasa, Lubumbashi Matadi et Goma. Certains coins du territoire national ne connaissent même pas l'existence d'un intermédiaire financier. Par rapport aux activités, les institutions financières participent de moins en moins au financement de l'économie nationale. D'une décennie à l'autre, les dépôts et les crédits bancaires rapportés au Produit Intérieur Brut ne font que dégringoler bien qu'une tendance de reprise se manifeste depuis 2000[416].

Et pourtant, il faut le rappeler, l'équilibre des flux de financement des prêteurs aux emprunteurs est également réalisé par la forme de la finance indirecte, dans laquelle un intermédiaire financier emprunte d'un côté aux épargnes-prêteurs et prête de l'autre aux emprunteurs. Une forme d'intermédiaire passant par le marché financier consisterait à ce qu'une banque émette des obligations (par lesquelles elle s'endette envers leurs détenteurs) et utilise les fonds obtenus pour acheter des obligations de sociétés industrielles (ce par quoi elle leur prête ces fonds). De manière similaire, une banque peut obtenir des fonds en se reconnaissant une dette envers le public. Ce sont les intermédiaires financiers qui doivent canaliser les capitaux vers des emplois productifs contrôlés.

Etant donné que depuis 1983 la BCC a consacré la liberté en ce qui concerne les taux d'intérêts et des changes ainsi que la rémunération des dépôts, le recours au secteur informel présente cet inconvénient que les taux d'intérêt et les taux de change sont irrationnels ; le taux d'intérêt peut même arriver à 36% l'an et les taux de change au-delà des fourchettes acceptables : parité officielle +1%.

b) Le régime de change adopté

La position légale instituée dans le pays en matière de change est propice à l'informel. En effet, depuis la disparition du système de taux de change fixes de Bretton Woods, il y a près de quarante ans, le vieux problème de la mise en place d'un système viable de taux de change est devenu de plus en plus complexe, et les choix offerts aux pays plus variés.

Le choix du système de change le plus propice s'est compliqué à mesure que le commerce mondial et les marchés des capitaux poursuivaient leur intégration. De nouveaux problèmes ont surgi, et de nouvelles solutions ont été proposées quant au régime de change le plus apte à promouvoir les objectifs de développement de chaque pays. La plus récente de ces solutions est la dollarisation intégrale, système en vertu duquel les pays renoncent entièrement à utiliser leur propre monnaie et adoptent comme moyen de paiement légal une devise mondiale stable — le dollar des États-Unis d'Amériques - la plupart du temps.

À partir de 1976, compte tenu de l'aggravation des déséquilibres macroéconomiques traduits notamment par les déficits des paiements extérieurs et l'écart persistant entre le taux de change officiel et le taux du marché parallèle, les autorités ont opté pour le régime de change flottant. La monnaie nationale se dépréciait toujours et à de taux exorbitants. Par-delà l'échec d'une politique économique et monétaire qui s'est démontré par la dévaluation constante de la monnaie, un déséquilibre monétaire a toujours

[416] BCC, *La politique monétaire et de change de 1967 à nos jours*, Kinshasa, avril 2009, p. 2.

caractérisé la situation économique du pays[417]. Ce qui a amené le pays à pratiquer l'indexation sur le dollar américain[418].

Vue sous l'angle d'un pays à monnaie forte, la dollarisation intégrale peut paraître plus radicale qu'elle ne l'est en réalité : la plupart des pays en développement utilisent déjà le dollar américain ou une autre monnaie forte dans une mesure plus ou moins grande, en particulier pour les contrats financiers. Avec la dollarisation intégrale, on passe de l'utilisation limitée et officieuse d'une monnaie étrangère à son utilisation officielle pour la totalité des transactions.

L'analyse sur le processus de dollarisation dans le pays arrive à un constat d'une dollarisation intégrale du pays le 31 janvier 2001, initiée par le Président Joseph KABILA KABANGE, qui autorisait l'utilisation concomitante aussi bien de francs congolais que des devises étrangères dans les transactions internes[419].

On adopta alors une série des mesures institutionnalisant la dollarisation de l'économie à travers : l'autorisation de recevoir des devises en provenance de l'étranger ; la dépénalisation de la détention de devises étrangère et l'ouverture de comptes en ces devises ; la création des magasins dont les ventes des biens de consommation courante et durable s'effectuent dans toute monnaie mais convertible en dollars[420] ».

Cette mesure de l'utilisation concomitante du Franc congolais et des devises qui s'inscrit dans la logique du libéralisme tous azimuts prônée par le Président Joseph KABILA avait été précédée de deux décrets pris par les Premiers Ministres et Chefs des gouvernements KENGO wa DONDO et LIKULIA BOLONGO respectivement le 22 janvier 1997[421] et le 24 avril de la même année[422], décrets relatifs au « mode de paiement des créances envers l'État ».

En clair, les Premiers Ministres, au travers de ces décrets, instruisaient tous les services mobilisateurs des recettes de percevoir les impôts et taxes en « dollar » exclusivement, en ces termes : « les contributions, impôts, droits, taxes, redevances visés à l'alinéa Ier ci-dessus sont obligatoirement, à la date du fait générateur, convertis en US $ et réglés en NZ au cours de change du jour du paiement ou en monnaie étrangère dans le cas déterminés par le Ministre des finances »[423]. Tous les règlements des créances de l'État,

---

[417] KATO-KALE Lutina M.L., Le Juge congolais et les questions monétaires, *in* Anales de la Faculté de Droit, n° XI-XXVII, Presses de l'Université de Kinshasa, 2004, pp 144-162

[418] Dans son article visé ci-dessus, le professeur KATO-KALE Lutina M.L. dénonce le recours à cette pratique même par les Cours et Tribunaux de la RDC et pourtant, l'a-t-il souligné, il s'agit, pour les juges, de la consécration de l'incivisme économique qui a caractérisé la société congolaise.

[419] TSHIUNZA MBIYE : *De l'économie des interdits et de commandement du Gouvernement de Feu Laurent Désiré KABILA à celle du libéralisme tous azimuts de Joseph KABILA KABANGE*, IRES, UNIKIN, 2001, p.2.

[420] HERRERA Rémy et Paulo NAKATANI, *La dollarisation cubaine : Eléments de réflexion pour une dé dollarisation*, FMI, Edition française, Washington, 2001, p.5.

[421] Article 1 du Décret n° 0013 du 22 janvier 1997 modifiant et complétant le décret n° 0005 du 24 février 1995 relatif au mode de paiement des dettes envers l'État, *J. O.*, Kinshasa, le 22 janvier 1997, p.2.

[422] Article 2 du Décret n° 029 du 23 avril 1997 autorisant à titre exceptionnel le règlement des dettes envers l'État en espèces, Kinshasa, le 23 Avril 1997, p.2.

[423] Article 1, alinéas 2du décret n° 0013 du 22 janvier 1997 modifiant et complétant le décret n° 0005 du 24 février 1995 relatif au mode de paiement des dettes envers l'État, Kinshasa, *J.O.*, le 22 janvier 1997, p. 2.

notamment ceux concernant les contribuions, impôts, droits, taxes, redevances, d'un montant égal ou supérieur à l'équivalent en NZ de 100$ (cent dollars américains) sont obligatoirement effectués en espèces, en zaïre monnaie ou en monnaie étrangère, au compte du comptable public concerné »[424].

En effet, depuis l'accession du Congo (RDC) à l'indépendance (le 30 juin 1960), son cycle économique a connu des périodes de courte expansion (1968-1974) et de grande récession (1975-1990) qui se sont traduites par des niveaux très élevés d'inflation.

« La dernière grande crise économique sévit depuis 1975, sans que les pouvoirs publics n'arrivent à trouver une solution durable aux différents maux qu'ils entraînent, notamment le chômage, la baisse du niveau de vie et le développement de nombreuses activités parallèles qui perturbent sérieusement l'activité économique officielle[425] ».

Par rapport au total des dépôts bancaires, la République Démocratique du Congo occupe la quatrième position parmi les pays ayant les taux de dollarisation les plus élevés, soit 78 %[426].La monnaie étant une institution dans un pays, la dollarisation peut être considérée à la fois comme une crise de légitimité et un processus d'érosion de la souveraineté monétaire.

Enfin, les phénomènes de substitution en tant que fuite devant la monnaie nationale, apparaissent alors comme les symptômes d'un malaise profond, celui de la perte de la légitimité de la monnaie domestique. La dollarisation peut être interprétée comme une manifestation de la crise de confiance en la monnaie qui met à mal la souveraineté monétaire.

Devant cet état de chose, il est difficile d'organiser une bonne collecte de l'épargne. En effet, alors que les épargnants privilégiés, les ménages, sont payés en franc congolais, les encaisses des banques ont plus des devises étrangères que les Francs congolais. Ce qui amène tout habitant de la RDC à épargner hors circuit formel, dans une monnaie étrangère et cela à tout prix.

Ce qui, sans doute, occasionne la perte de la valeur de la monnaie nationale et de ce fait son rejet par la société. Dans les marchés financiers, la règle étant la convertibilité des monnaies étrangères contre la monnaie locale, cette dernière devant être considérée comme réserve des valeurs acceptée par la société, le fonctionnement normal du système de financement en RDC pose problème dès qu'il se caractérise par « la trappe de liquidité ».

Pour l'histoire, il faut rappeler que la République Démocratique du Congo ayant signé les accords de Bretton Woods ne pouvait que s'aligner sur le système monétaire international en vigueur. Ainsi, la première sous-période (1967-1976) est dominée par l'application du régime de Change fixe, système exigé à tous les pays signataires des accords de Bretton Woods.

De 1967 à 1976, « le Zaïre-monnaie était rattachée au dollar américain. Afin d'éviter toute fluctuation de la monnaie de plus de 1% par rapport au

---

424 Article 1 du décret n° 029 du 23 avril 1997 autorisant à titre exceptionnel le règlement des dettes envers l'État en espèces, Kinshasa, *J.O.*, le 23 Avril 1997, p. 2.

425 WAKA MANKALA, *La demande de monnaie dans un pays en voie de développement, cas du Zaïre, 1960-1990 ; Thèse de doctorat*, VRIJE UNIVERSITEIT Brussel, FACULTEIT VAN DE ECONOMISCHE, SOCIALE EN POLITIEKE WA TENSCHAPPEN, 1993-1994, p.3.

426 DESQUIBET Jean-Baptiste, *Dépôts bancaires totaux, pays ayant les taux de dollarisation les plus élevés 1990-2000, FMI*, Edition française, Washington, Décembre 2000, p. 113.

dollar, la banque était obligée d'intervenir de façon permanente sur le marché des changes »[427].Dans l'exécution de sa politique, outre les interventions sur le marché des changes, la Banque centrale a utilisé deux autres instruments directs, à savoir : le contrôle de change qu'elle qualifiait de souple ; et les contingentements des importations de certains produits de luxe. Cette option s'est matérialisée par trois textes visés ci-dessus, à savoir le décret signé par le Premier Ministre KENGO wa DONDO, celui signé par le Premier Ministre LIKULIA BOLONGO et la réglementation du change du 31 janvier 2001.

La lecture faite ci-haut démontre comment la monnaie nationale perd souvent sa valeur face à la devise américaine. En effet, le zaïre-monnaie s'est déprécié de 99,99% entre 1990 et 1993.Pour sa part, le nouveau zaïre a connu une dépréciation de 99,26%. Il est clair que cette évolution, qui est celle que la population vit et ressent réellement, correspond à une dépréciation de 98,5% au cours du second semestre de 1993, de 80,0% durant le premier semestre de 1994 et de 84,8% pendant les derniers mois de 1994 »[428].

Bref, le choix du change flottant n'a pas résolu les problèmes car la monnaie nationale perdait quotidiennement sa valeur vis-à-vis d'autres devises.

À ce sujet, indiquons que le franc congolais s'est déprécié de 99,14% entre 1999 et 2006 par rapport au dollar américain. Toutefois, il sied de reconnaitre qu'au cours de ces trois dernières années, le franc congolais s'est légèrement bien comporté. La faiblesse de la monnaie congolaise face à la devise de référence du pays, le dollar américain, ne peut être qu'une source de la fuite des agents économiques résidents dans la monnaie nationale vers d'autres devises-refuges, et comme conséquence, la dollarisation de facto puis de jure. Ce qui influe sur les prix et le pouvoir d'achat de la population et par voie de conséquence l'insuffisance de l'épargne nécessaire au fonctionnement des marchés financiers.

Devant une situation de flottement, les ménages, apporteurs attitrés des capitaux sur les marchés, préfèrent thésauriser. Devant cette impasse et l'incertitude qui plane sur les capacités de l'État à rembourser ses dettes, les créanciers de la RDC recourent aux fonds vautours.

2. La question spécifique des fonds vautours

L'existence d'un marché secondaire de la dette constitue un facteur essentiel pour les emprunts et prêts souverains. Lorsque les créanciers peuvent librement échanger la dette sur ce marché secondaire, les prêts aux États souverains présentent moins de risques et les créditeurs sont plus enclins à fournir à ceux-ci les capitaux dont ils ont besoin. Mais le défaut qui les caractérise a poussé les créanciers à vendre ces créances aux groupes incontrôlés.

---

[427] BCC, *La politique monétaire et de change de 1967 à nos jours*, *op. cit*, p. 2.

[428] NDIANG KABUL, *La Banque Centrale du Congo : Tome 1. La guerre pour la gestion du compte du trésor. « Retour de manivelle »*, CEDI, Kinshasa, 1999, p. 83.

A. Qu'entendre par fonds vautour

Durant ces dernières décennies, à la faveur de l'expansion du marché secondaire de la dette, de nouveaux acteurs ont fait sur face, au point de remettre en question l'opportunité du « modèle de la dette échangeable » en ce qui concerne la dette souveraine[429]. Certains de ces acteurs sont appelés « fonds vautours » – nom donné aux fonds qui rachètent la dette d'entités en difficulté sur le marché secondaire, où elle est échangée largement en dessous de sa valeur nominale, et qui cherchent à en recouvrer le montant intégral, souvent par le biais de procès. Ceux-ci sont possibles pour les créanciers intransigeants, car la plupart d'initiatives d'allégement de la dette, notamment pour les Pays Pauvres Très Endettés « PPTE », ne modifient en rien les droits et obligations légales entre ces derniers et leurs créanciers extérieurs[430].

Les fonds vautours achètent des crédits, souvent à très bas prix, dans le but d'engager des poursuites contre le débiteur pour l'amener à rembourser intégralement sa dette. Leurs taux de recouvrement représentent en moyenne 3 à 20 fois leur investissement, ce qui équivaut à des rendements (nets des frais de justice) de 300 % à 2000 %.

B. Les techniques utilisées par les fonds vautour

Le modus operandi est simple : acheter une dette d'une entité en difficulté à un prix dérisoire, refuser de participer à la restructuration, puis recouvrer le montant total de la dette, souvent à la valeur nominale plus les intérêts, arriérés et pénalités, à travers un procès si c'est nécessaire. Les fonds vautours entraînent les pays pauvres dans une suite de procès, une pratique appelée « champerty » généralement inconnue des systèmes juridiques africains. Les procédures judiciaires sont généralement longues et comportent de nombreuses actions en justice dont le « règlement » prend trois à dix ans. D'après les documents juridiques, la durée moyenne du recouvrement peut raisonnablement être estimée à six années, ce qui permet d'évaluer la moyenne des rendements annuels de 50 % à 333 %.

Certaines de ces créances sont rachetées à environ 10 % de leur valeur nominale, ce qui donne lieu à des taux de recouvrement exorbitants. Si on déduit les frais de justice, souvent remboursés par l'État emprunteur, ces taux de recouvrement sont peut-être les plus élevés du marché de la dette des entités en difficulté.

La volonté et la capacité d'engager des actions en justice semblent essentielles pour la stratégie et la réussite des fonds vautours.

Les fonds vautours exercent des pressions sur le débiteur souverain, en essayant d'obtenir la saisie des avoirs de l'État à l'étranger. Ces poursuites sont toujours pesantes pour les débiteurs concernés et peuvent compliquer la gestion financière et celle des réserves. En excluant toute possibilité d'allégement de la dette et en dépensant des millions de dollars en frais de

---

[429] *Lorsqu'un État fait « défaut », c'est dire est incapable d'honorer les termes du contrat, soit qu'il ne peut payer les intérêts, soit qu'il ne peut payer le principal du prêt, on parle de la crise de la dette souveraine.*

[430] Groupe de la Banque Africaine de Développement, *Fonds vautours et dette souveraine, ASLF, 2013.*

justice, les fonds vautours minent le développement desdits pays les plus vulnérables.

Le FMI rapporte que dans certaines affaires, les plaintes déposées par les fonds vautours représentent jusqu'à 12 % ou 13 % du produit intérieur brut (PIB) du pays. Il rapporte également que onze PPTE ont été entraînés à ce jour dans quarante-six procès, et que les plaignants étaient essentiellement concentrés dans trois pays et les actions judiciaires auprès de quelques tribunaux seulement. Certaines auraient également lieu dans des PPTE.

En général, les fonds vautours ont gagné leurs procès. Vingt-cinq jugements en leur faveur ont rapporté jusqu'à présent près de 1 milliard de dollars. Fait révélateur, le nombre d'affaires en cours contre des pays débiteurs a doublé depuis 2004.En moyenne, huit nouveaux procès sont intentés chaque année.

Les procès coûtent cher aux pays débiteurs et empêchent les autorités financières et autres de s'occuper des problèmes politiques importants. Ces actions en justice menacent les objectifs de base de l'initiative PPTE. Elles réduisent effectivement l'impact de l'allègement de la dette des PPTE et entraînent une répartition inéquitable des charges entre les créanciers. Le problème des fonds vautours accentue l'opacité de la gestion financière dans la mesure où les PPTE inventent des moyens de protéger ou de cacher leurs biens à des créanciers agressifs.

La principale critique formulée à l'égard des fonds vautours est la suivante : en achetant une dette d'une entité en difficulté à un prix réduit, en refusant de participer à la restructuration volontaire et en cherchant à recouvrer la valeur intégrale de la dette par le truchement de procès, ils font leur proie des autres créanciers et des pays endettés eux-mêmes. Les pays dont la dette est échangée à bas prix sont, presque par définition, confrontés à de graves difficultés financières et nombre d'entre eux sont pauvres[431]. L'attitude inflexible des fonds vautours rend la restructuration plus lente, difficile et incertaine. Les débiteurs pâtissent de l'importante incertitude qu'ils doivent affronter et du fait de devoir reverser aux créanciers individuels des montants bien supérieurs à ceux prévus dans les accords négociés avec les autres créanciers.

Au moins vingt pays pauvres très endettés ont été menacés ou ont fait l'objet d'actions en justice de créanciers commerciaux et de fonds vautours depuis 1999,15 dont la Sierra Leone par Greganti Secondo et ARCADE, la Côte d'Ivoire et le Burkina Faso par Industrie Biscoti. D'autres pays ont été visés, comme l'Angola, le Cameroun, le Congo, la République démocratique du Congo, l'Éthiopie, le Liberia, le Madagascar, le Mozambique, le Niger, le São Tomé-et-Principe, la Tanzanie et l'Ouganda.

Le Club de Paris a exprimé sa préoccupation par rapport aux litiges avec les fonds vautours. En considérant les conséquences préjudiciables de ces litiges pour les PPTE et conformément à son principe de comparabilité du traitement, il a pris en mai 2007 la résolution d'éviter la vente de ses créances sur les PPTE à d'autres créanciers non disposés à consentir un allègement de la dette au titre de l'initiative PPTE.

Le Club de Paris exhorte les autres créanciers à faire de même. En collaboration avec les institutions internationales concernées, les créanciers

---

[431] Groupe de la Banque Africaine de Développement, *Fonds vautours et dette souveraine*, ASLF, 2013.

du Club de Paris ont convenu d'intensifier leur réflexion sur cette question, afin d'identifier des mesures concrètes pour s'attaquer à ce problème. Dans une déclaration d'avant sommet faite à Essen en Allemagne le 19 mai 2007, les ministres des Finances du G8 ont exprimé leur préoccupation à propos des actions de certains créanciers à l'encontre des PPTE et ont convenu de travailler ensemble à l'identification de mesures pour résoudre ce problème, sur la base du travail du Club de Paris.

Le 12 décembre 2007, les experts de la dette du G7 ont invité le FMI, la Banque mondiale et la Banque Européenne à une réunion à Paris présidée par le Secrétaire général du Club de Paris, pour discuter de l'impact des fonds vautours sur l'allègement de la dette, et des mesures qui pourraient être prises pour en minimiser l'effet négatif sur le développement économique des PPTE. Il revient aux États de se battre pour faire face à ces fonds.

En RDC, la Gécamines a déjà récupéré plus de 150 millions de dollars américains sur plus de 280 millions de dollars américains gelés, depuis plusieurs années, par FG Hémisphère, un fonds vautour qui a son siège à Delaware, aux États-Unis d'Amérique[432]. La Gécamines a, en effet, remporté, au cours du mois de septembre 2012, deux procès contre FG Hémisphère. Cette victoire lui permet de récupérer cette somme d'argent saisie par cet investisseur spéculant sur d'anciennes créances de la RDC.

Le président du conseil d'administration de la Gécamines, Albert Yuma, a expliqué qu'il s'agissait des litiges dans lesquels la Gécamines n'était pas impliquée. Les Fonds Vautours ont saisi les fonds de la Gécamines qui étaient payés soit via Hong Kong, soit via Gervais pour récupérer les créances sur l'État congolais ou sur une entreprise publique. »

Les Fonds vautours ont pour mission de racheter des dettes. Ils rachètent à bas prix des parts de dettes émises par des États proches du défaut de paiement, puis intentent des procès partout où ils le peuvent afin d'obtenir le paiement intégral de la valeur faciale des créances, intérêts compris.

Albert Yuma a précisé que la Gécamines a gagné les deux procès et a pu récupérer des fonds saisis depuis plusieurs années :

« Après avoir perdu en première instance et en appel, nous avons gagné à la Cour suprême de Gervais et à Hong Kong. Et depuis lors, nous avons récupéré la libre jouissance des fonds qui avaient été saisis. À Gervais, c'était 101, 4 millions USD dont une partie a été déjà libérée par le tribunal. Nous avons récupéré 70% de fonds qui ont été gelés. Sur Hong Kong, il s'agissait de 175 millions USD qui avaient été gelés et qui ont été libérés à la suite du jugement en notre faveur.

La Snel avait mené le premier combat et l'avait perdu. En 2009, après avoir racheté une créance impayée de la Snel pour moins de 10 % de sa valeur (18 millions de dollars), FG Hemisphere avait obtenu d'un tribunal sud-africain la condamnation de la RDC au paiement de 104 millions de dollars. La somme est depuis lors saisie sur les recettes d'exportation de l'électricité de la Snel vers le Sud-africain Eskom.

Comme on peut s'en rendre compte, le taux d'intérêt pratiqué par les fonds vautour est hors norme, il faut une réglementation spécifique pour contourner leur malice. En guise de préalable, peut ajouter la signature des

---

[432] Fonds vautour et la RDC : Fonds vautour, GECAMINES et SNEL, in Radio okapi. Net, 18 septembre 2012.

traités de coopération financière entre les États afin d'obtenir que chaque partie au traité s'engage à ce que toute juridiction de son pays saisie d'un litige entre les fonds vautour et un État partie audit traité, sera incompétente.

D'aucuns se demandent quel a toujours été le rôle de l'État et si l'adhésion à l'OHADA suffit pour organiser un marché boursier.

§2. Le rôle des pouvoirs publics et les avancées liées à l'adhésion à l'OHADA par la République démocratique du Congo

Contrairement à d'autres pays, même si la tutelle des marchés est confiée au Ministre ayant les finances dans ses attributions, en RDC, la BCC est l'organe réglementaire, de contrôle et d'encadrement des marchés[433]. Et l'adhésion à l'OHADA, quel est son apport ?

1. La banque centrale du Congo, organe directeur

La BCC agrée, contrôle et réglemente l'accès des acteurs aux marchés financiers ; elle a le monopole du contrôle de l'accès à la profession et du bon fonctionnement de cette dernière.

A. L'agrément et le contrôle

Même si elle est placée sous la hiérarchie du Gouvernement, qui l'exerce par le biais du Ministre ayant les finances dans ses attributions[434], c'est la BCC qui conçoit et exécute la politique monétaire et de développement des marchés monétaires et des capitaux[435] .Dans la mesure où elle est indépendante dans l'exercice de cette mission[436], ses avis sont obligatoires en matière économique, monétaire et financière[437].En effet, les établissements de crédit, les coopératives d'épargne et de crédit, les bureaux de change, les messageries financières et les institutions de micro finance doivent, avant d'exercer leurs activités sur le territoire national, obtenir l'agrément de la BCC[438].

L'examen de la demande d'agrément se fait dans les conditions fixées par la BCC. Elle édicte la réglementation applicable aux institutions financières et examine les conditions de leur exploitation.

Et pourtant, dans les pays à forte expansion économique, comme nous allons le proposer dans la deuxième partie de cette réflexion, ces missions

---

[433] Article 6 de la loi n° 005/2002 du 07 mai 2002 relative à la constitution, à l'organisation et au fonctionnement de la BCC, article 36 de loi relative aux établissements de crédit déjà citée ; in Journal officiel, numéro spécial du 20 janvier 2008

[434] Les articles 54 et 55 de la loi relative à la constitution, à l'organisation et au fonctionnement de la BCC consacrent que c'est principalement par le biais du Ministre ayant les finances dans ses attributions que la BCC entretient les rapports avec le Gouvernement, grâce à une convention qu'elle conclut avec lui.

[435] Article 6 de la loi n° 005/2002 du 07 mai 2002 relative à la constitution, à l'organisation et au fonctionnement de la BCC.

[436] Article 3 in *idem.*

[437] Article 58 in *ibidem.*

[438] Articles 10 et 36 de loi relative aux établissements de crédit déjà citée ; les instructions de la BCC sur les Bureaux de change, les messageries financières, les institutions de micro finance.

sont confiées à des organismes indépendants composés des professionnels et de la Banque nationale qui représente les pouvoirs publics. En dehors de ce contrôle, la BCC assure l'encadrement des crédits.

B. L'encadrement du crédit

La BCC est tenue de veiller à l'application et au respect, par les établissements de crédit, des dispositions légales et réglementaires en matière des opérations de banque. Parmi les instruments utilisés par la Banque Centrale pour l'encadrement des crédits, il convient de citer la politique du taux de réescompte et d'avances, les avances en comptes courants, les taux d'intérêts débiteurs et la politique d'open market.

a) Les taux de réescompte

En cette matière, les rapports de la Banque centrale renseignent qu'elle a toujours eu recours à cette technique[439]. À cet effet, dans les années 50, sa politique en ce domaine a été « celle des bas taux d'escompte sauf lorsque la situation monétaire semblant incertaine des années 1957 à 1960, la grande liquidité du système bancaire à cette époque l'a rendu indépendant vis-à-vis de l'Institut d'émission et a fortement atténué l'impact de la politique d'escompte sauf épisodiquement les années 1958 et 1959 ».

Au cours des années 60-70, cette technique comportait uniquement une dimension indicative, au regard de la désaffection du portefeuille commercial parmi les catégories de crédits accordés par les banques commerciales. De 1952 à 1959, le système bancaire congolais a connu un grand développement des acceptations bancaires comme conséquence à la politique de taux d'escompte qui favorisait ce type de crédits, notamment les acceptations résultant des exportations.

À partir de 1970, l'on assistera à une politique privilégiant l'octroi des crédits d'escompte au secteur de l'agriculture et celui des petites et moyennes entreprises, avec des taux de réescompte avantageux.

Ce n'est qu'à partir du 12 février 1974 que l'autorité monétaire adopte une politique tendant à limiter le recours au réescompte. À cet effet, « il est établi une échelle de taux et de tranches de réescompte qui complète la politique de réserve obligatoire et renforce la limitation globale des crédits en décourageant, au-delà d'un certain seuil, le recours aux facultés de réescompte auprès de l'Institut d'émission. Ce volume réescompté est subdivisé en tranches successives déterminées proportionnellement aux dépôts de chaque banque communiqués séparément ».

Par ailleurs, outre celle des effets de commerce, l'Institut d'émission institue l'acceptation au réescompte des bons du trésor librement négociables à un an maximum à partir de leur date d'émission et « les promesses souscrites par les offices agricoles pour le financement de leurs opérations à court terme ».

Il est à noter que la mise en place d'une politique de réescompte en République Démocratique du Congo fait partie intégrante de la politique monétaire et financière adoptée par les pouvoirs publics. C'est à l'institut d'émission qu'il revient de déterminer, chaque trimestre, le montant autorisé

---

[439] BCC, une rétrospective historique 1951-2006, *op. cit.*

pour les lignes de crédit. S'agissant du taux applicable à ces avances, il est de 153% pour la première ligne d'avance, et de 160% pour la deuxième ligne d'avance à partir 1993.

b) Les avances à l'État

Les avances à l'État par l'Institut d'émission constituent une véritable pomme de discorde entre les autorités monétaires ; c'est-à-dire la Banque Centrale du Congo et le Gouvernement, à travers le Trésor Public.

En effet, BOSEKOTA W'ATSHIA précise que « Dans la plupart de temps, si pas toujours, les financements des déficits budgétaires publics furent rarement réalisés à travers des jeux d'écriture mais plutôt par des émissions de billets de banque et cela, sans considération aucune de la masse monétaire en circulation, sans le complément d'une politique adéquate de promotion des instruments de paiements scripturaux. Ce qui contribua grandement à la désintermédiation bancaire.

On peut également relever le recours à cette technique pour l'émission de certains titres de créance comme le Bon du Trésor dont la dernière expérience remonte à 1993-1995, les certificats de dépôt et les billets de trésorerie vers les années 1999[440]. Le manque de respect des engagements et même de la procédure par les pouvoirs publics a découragé les potentiels souscripteurs qui ne trouvent plus d'intérêt à y participer. Et enfin c'est sans une politique appropriée de consolidation de l'épargne flottante par la promotion et l'offre des instruments financiers attractifs dans un système bancaire évolutif »[441].

Cette situation est d'autant plus inquiétante qu'elle fait l'objet d'une réglementation précise. Aux termes de l'article 57 des statuts de la Banque Centrale du Congo, les avances au Trésor sont interdites[442].Mais il arrive que la Banque Centrale procède à des avances et fixe le taux de façon unilatérale[443]. Même si cette opération permet à la BCC de gagner des intérêts, elle protège la République contre les prêteurs véreux.

c) La politique des taux d'intérêt débiteurs et créditeurs

L'intérêt est le prix payé par l'emprunteur pour recevoir la disposition d'un capital ou le prix perçu par le prêteur en contrepartie du dessaisissement de son capital, pendant une période déterminée. Il est d'autant plus élevé qu'une créance est moins demandée. L'examen du rôle des taux d'intérêt soulève la question du niveau auquel ces derniers se fixent. Ils doivent se former comme le prix sur un marché et, comme ce dernier,

---

[440] En application d'une convention entre la BCC et le Gouvernement signée en mars 1984, la BCC a émis des Bons du Trésor qui avaient suscité un engouement certain. L'opération a été cependant suspendue avant l'échéance sur instruction du Ministre des Finances de l'époque sans que les souscripteurs recouvrent leur mise, les intérêts ayant été payés à l'avance lors de la souscription. Cette dette, a été, selon les informations reçues au service d'études de la BCC, versée à la dette intérieure de la République où les créanciers attendent encore le paiement .

[441] BOSEKOTA W'ATSHIA, *Rebâtir le Congo Démocratique*, T.II, Université Bel Campus, Kinshasa, 2001, p. 116.

[442] Article 57 de la loi n° 005/2002 du 07 mai 2002 relative à la constitution, à l'organisation et au fonctionnement de la BCC.

[443] Ces pratiques sont souvent d'usage lorsque la BCC doit faire face aux demandes de l'État jugées imprévues et quand elle doit agir comme conseiller économique de l'État.

manifestent des tendances générales[444]. Les taux d'intérêt jouent donc sur les marchés financiers le rôle que les prix exercent sur les marchés des biens et services.

Précisons à ce stade qu'en matière des marchés financiers, les prix s'énoncent soit par le montant de la créance, soit, le plus souvent, par le taux d'intérêt. Une élévation des taux d'intérêt est donc la marque d'un manque de capitaux et leur fléchissement, celle d'une abondance de capitaux. Il faut donc une politique d'équilibre des offres aux demandes. Cette politique exerce de façon plus ou moins directe une influence sur la demande et l'offre des ressources financières nécessaires à l'investissement ou à la consommation. En effet, « pour les banques commerciales, prêter de l'argent doit être rémunérateur, c'est-à-dire qu'elles doivent vendre l'argent aux clients plus cher qu'elles ne se le procurent »[445]. Les taux débiteurs sont pratiqués pour les prêts aux entreprises, à la consommation et au logement[446].

Par le passé, la politique pratiquée par la Banque Centrale du Congo fut celle des taux d'intérêts administrés, avec toutefois des minima et des maxima auxquels les banques étaient tenues de se référer dans la fixation de leurs taux. Par cette action, la Banque Centrale recherchait la mobilisation de l'épargne, en garantissant à celle-ci une rémunération minimale, tout en évitant un coût excessif susceptible de réduire la demande, et c'est donc ce qui serait la cause de la hausse des prix.

À partir de 1983, il a été enregistré un processus général de libéralisation des taux d'intérêts débiteurs, et à partir du 1er octobre 1987, sous la pression des institutions de Bretton Woods, en particulier du Fonds Monétaire International, les taux d'intérêt concernant tous les crédits furent libéralisés. Les taux d'intérêt créditeurs sont ceux des dépôts de la clientèle[447].

Faisant le bilan de cette politique des taux d'intérêts, BOSSEKOTA W'ATSHIA n'hésite pas à écrire : S'agissant de la politique des taux d'intérêts administrés, que leur impact fut limité « parce que la fixation de ces taux ne tient pas compte du coût marginal effectif de l'argent ; ensuite une telle imposition arbitraire des taux créditeurs méconnaissait sensiblement la marge de manœuvre des banques commerciales en réduisant, en particulier, leur enthousiasme à collecter l'épargne ; enfin, une telle discrimination des taux empêcha une allocation plus efficiente des diverses ressources financières »[448]

En guise de synthèse relative à la politique de taux d'intérêts en République Démocratique du Congo, on conviendra avec BOSSEKOTA W'ATSHIA trois points essentiels :

a) Premièrement, il y a lieu de relever le niveau très bas des taux d'intérêts créditeurs par rapport aux taux débiteurs s'il faut stigmatiser, à la base de cet écart entre les deux taux, la léthargie manifestée par les banques commerciales dans la collecte et la mobilisation des ressources financières dans « les circuits d'activités

---

444 BERGER Pierre, *Le marché monétaire*, op cit, p. 101.

445 BOSEKOTA W'ATSHIA, *Rebâtir LE Congo Démocratique*, T.II, Université Bel Campus, Kinshasa, 2001, P. 117.

446 DE MOURGUE Michelle, *Macroéconomie monétaire*, Economisa, Paris, 2000, p. 248.

447 Idem.

448 BOSEKOTA W'ATSHIA, *Rebâtir le Congo Démocratique*, T.II, Université Bel Campus, Kinshasa, 2001, p. 117.

économiques non traditionnels » d'une part, et d'autre part, il faut stigmatiser « la stérilisation des dépôts des banques commerciales par le coefficient de réserve obligatoire très élevé leur imposé pendant plusieurs décennies, ainsi que le système d'encadrement de crédit ».

b) Deuxièmement, pendant plusieurs décennies, les taux d'intérêts débiteurs nominaux n'ont pas manqué de subir l'effet de l'inflation, pour devenir « excessivement prohibitif », exception faite des opérations de haute spéculation, sans rapport avec « une activité économique normale ».
c) Troisièmement, il faut relever le caractère rigide et largement négatif des taux pratiqués par la Banque Centrale jusqu'à la stabilisation monétaire intervenue au deuxième semestre de l'année 1997.

Ce qui l'a amené à jouer un rôle d'observateur des marchés.

Le taux d'intérêt mesure le coût d'opportunité associé au fait de détenir de la monnaie plutôt que des obligations portant intérêts. Une hausse du taux d'intérêt entraîne alors une augmentation du coût d'opportunité de la détention de monnaie. Elle réduit en conséquence la demande de monnaie.

En RDC, les taux d'intérêts débiteurs sont fixés par ceux qui font offre des capitaux. Il revient, en effet, aux banques agréées de fixer les taux de chargement de tous les crédits y compris les crédits agricoles[449]. Dans la pratique, ce taux varie entre 24 à 40%.

Cette attitude des banques agréées est inadmissible lorsque la BCC a fixé le taux directeur à 2%. Loin sans faux, il s'agit d'une escroquerie institutionnalisée dont est victime la population congolaise. La BCC est appelée à encadrer cette activité en vue de permettre l'accès de la population aux services financiers et décourager un enrichissement exagéré des intermédiaires financiers et investisseurs.

Par ailleurs, dans la plupart de cas, les comptes à terme, mieux l'épargne durable en RDC ne rapporte que 3% du montant initial par an. Ce qui fait de la thésaurisation le mode normal de l'épargne des ménages à travers le pays.

En effet, la BCC, autorité compétente en la matière a opté, depuis plus de 30 ans, pour le principe de liberté en matière de rémunération des dépôts. Elle dispose, par son instruction n° 11 du 15 septembre 1997, la dernière en date, renforcée par la nouvelle réglementation de change du mars 2014 que les banques agréées sont libres d'accorder une rémunération aux dépôts de leur clientèle. La seule exigence qui leur incombe est d'afficher les barèmes de rémunération, par terme, des dépôts tant en monnaie nationale qu'en monnaies étrangères.

Un taux d'intérêt qui n'est pas suffisant pour compenser les conséquences de la dégradation de la monnaie est indiscutablement un facteur de découragement[450]. Ainsi, le marché formel souffre d'une carence de liquidité et les projets de développement peinent à être réalisés. Il est souhaitable que les taux d'intérêt des comptes à terme soient revus à la hausse, pendant une période expérimentale, soit un taux de 8% l'an. Cela va permettre à restaurer la confiance de la population dans le placement bancaire. Ce qui nécessite que la BCC prenne une instruction contraire à celle en vigueur. La formation

---

449 Articles 1 et 2 de l'instruction n° 12 telle que modifiée pour la 13ème fois du 15 septembre 1997.

450 BERGER Pierre, *Le marché monétaire*, op cit, p.105.

des taux d'intérêt ne peut être livrée à ses seules forces, sans intervention régulatrice de la Banque Centrale. Si non le fonctionnement du marché monétaire donnerait lieu à des fluctuations de taux extrêmement brutales. Il faut, comme il sera proposé dans la IIème partie, titre II, chapitre 2, section 2, §1, que la BCC s'occupe de l'encadrement des marchés financiers par le canal des taux d'intérêts.

d) La politique de change

Le contrôle des flux monétaires internationaux comme instruments de politique monétaire et financière se présente généralement sous la forme d'une intervention directe de la Banque centrale sur le marché des changes pour défendre la valeur externe de la monnaie nationale. Il existe deux systèmes :

- le système des changes fixes ; et
- le système des changes flottants.

Dans le système de change fixe, chaque monnaie est définie, quant à sa parité, par rapport à une devise-clé. Ce système a été instauré pendant longtemps par le Fonds Monétaire International, celui-ci faisant obligation aux pays membres de définir leur monnaie par rapport au dollar, autour duquel les fluctuations des pays membres devaient se rapporter dans un sens haussier ou baissier, c'est-à-dire dans les limites strictes. C'est ainsi que « l'intervention des Banques Centrales avait pour objectif de maintenir les fluctuations des monnaies nationales par rapport au dollar dans les limites convenues ». À partir de 1971, le dollar Américain ayant été détaché de l'or par la décision du Président Richard NIXON, toutes les autres monnaies qui étaient gagées sur le dollar sont devenues flottantes avec lui[451].

Le système de change flottant a pour fondement les mécanismes autorégulateurs de la balance extérieure, par la variation du cours des monnaies entre elles. Pour être opérationnel, ce système suppose la non-intervention de la Banque Centrale sur le marché des changes. L'efficacité de ce système dépend d'un catalogue des mesures portant sur la demande globale.

En République Démocratique du Congo, le fait caractéristique de la politique de changes demeure l'intervention de l'État de 1960 à 1967, dans le cadre du régime de changes fixe adopté au cours de cette période par les autorités monétaires et s'appliquant aux opérations d'importations, d'exportation et à celles de transferts. En dépit de bouleversements politiques violents qui ont marqué cette période, l'environnement macro-économique resta malgré tout caractérisé par une certaine stabilité monétaire. Cette politique a été reprise à partir de 1976.

Si le régime de changes fixe adopté en République Démocratique du Congo en 1967 et 1976 en rattachant la monnaie nationale, au cours de ces deux périodes, respectivement au dollar américain et aux droits de tirage spéciaux n'a pas produit de résultats positifs, « le système de changes flottants, adopté par le Congo en 1983 et qui est restauré depuis 2001n'a pas donné les résultats escomptés en ce qui concerne la tenue de la monnaie ». La RDC, il faut le rappeler, est l'un des rares pays du monde où n'importe

[451] LWAMBA KATANSI, *Cours de Droit Financier*, *op. cit.*

qui peut s'ériger vendeur et ou acheteur des monnaies étrangères malgré que la loi réserve cette activité aux personnes morales de droit congolais agréées par la BCC en qualité de Bureaux de change[452].

Ce qui fait de notre pays un lieu hautement spéculatif en la matière, chacun ayant son taux de change. Pourtant le taux de change doit ajuster l'offre et la demande d'une devise contre une autre. Il évolue de façon à égaliser l'offre et la demande[453]. Cette mission relève du pouvoir régalien qui ne peut être exercé que par les pouvoirs publics.

Même si les transactions et les prestations des services sur le territoire national s'expriment et se dénouent tant en monnaie nationale qu'en monnaie étrangère, le contrôle que doit exercer la BCC doit permettre un équilibre entre l'offre et la demande de la monnaie nationale afin d'en empêcher sa volatilité. Encore une fois, la BCC n'a pas atteint les objectifs lui assignés.

e) La politique d'open market

La politique d'open market procède des interventions de la Banque Centrale consistant en l'achat ou vente d'effets sur un marché particulier des capitaux[454], avec pour objectif d'agir sur les trésoreries bancaires[455].Cette politique se manifeste de deux manières :

a) par l'intervention de la Banque Centrale en vue d'éponger une portion de liquidité en monnaie centrale pour limiter la capacité de création de monnaie par les banques. Cette opération est rendue possible par la vente des titres publics par la Banque Centrale en contrepartie de la monnaie centrale. La conséquence immédiate est la diminution de la masse monétaire.
b) par l'injection dans l'économie d'une monnaie supplémentaire « par l'achat par la Banque Centrale des titres publics avec comme résultat l'accroissement de la masse monétaire ».

La portée réelle de cette politique ne se manifeste que dans les économies « où il existe un marché monétaire suffisamment approvisionné et où il existe en même temps un portefeuille d'effets publics significatif ». En RDC, ces résultats ont été difficiles à se faire sentir pendant la période où la BCC y a fait recours.

En effet, cet instrument est mal utilisé, pour la lutte contre l'inflation, dans pratiquement tous les pays en développement où les marchés boursiers n'existent généralement pas ou sont insuffisamment développés[456]. C'est pourquoi il n'est plus fréquemment utilisé, depuis 2006, par la BCC eu égard à la situation macroéconomique qui était caractérisée par l'hyperinflation.

---

452 Article 1 de l'instruction administrative du 18 mai 2001 portant réglementation de l'activité des bureaux de change.

453 D'ARVISENET Philippe, *Finance Internationale*, 2ème Ed., DUNOD, Paris, 2008, p. 12.

454 Article 8 de la loi n° 005/2002 du 07 mai 2002 relative à la constitution, à l'organisation et au fonctionnement de la BCC, in *idem*.

455 BERNIER Bernard et SIMON Yves, *Initiation à la macroéconomie*, DUNOD, Paris, 1995, p. 404.

456 DWUIGHT H. et Consort, *op. cit*, p. 592.

f) La politique des réserves obligatoires

Ainsi que le soulignent Henri GUITTON et Gérard BRAMOUILLE « les Banques Centrales doivent surveiller de près l'activité des banques périphériques. La raison en est que la création de monnaie scripturale dépend plus des banques périphériques que de la Banque Centrale[457] ».C'est à cet objectif que répond l'instauration des réserves obligatoires dont le taux dépend des missions de la politique monétaire : une élévation de ce taux tendant à réduire l'expansion monétaire, un abaissement produisant l'effet inverse.

En effet, « la politique des réserves obligatoires oblige les banques à conserver à la Banque centrale, en compte non rémunéré, une fraction nominale de leurs exigibilités (de leur passif exigible à vue ou à court terme) et parfois des crédits qu'elles accordent. Le taux qui définit cette fraction peut varier : plus il s'accroît, plus il est contraignant pour les banques, et vice-versa ». Les banques centrales prennent des réglementations par lesquelles elles obligent les banques commerciales à respecter un coefficient de réserves minimal[458].

Par cette politique, l'autorité monétaire, c'est-à-dire la Banque Centrale, enjoint aux banques commerciales ainsi qu'aux organismes accessoirement monétaires « de détenir de la monnaie centrale en réserve dans des comptes non productifs d'intérêts à la Banque Centrale ».Outre son impact sur les trésoreries des banques commerciales, en vue de comprimer la masse monétaire, « la politique des réserves obligatoires figure également parmi les instruments permettant de contrôler les opérations avec l'étranger pour freiner l'affluence des capitaux étrangers incitant les banques à créer la monnaie au-delà des besoins de l'économie avec le risque de survenance de l'inflation.

Dans ce cas, la Banque Centrale impose une quantité de réserves obligatoires sur les dépôts de non-résidents ». Ce taux a été ramené à 19% en 1984 lorsque l'abondance de la masse monétaire fut épongée[459].Si en 1985 ce taux est arrivé à 40%, il est passé à 55% en 1990, de 2% en 1993, 4% de 2001 à 2006 et à 7% en 2012[460].Il faut le rappeler, en RDC, la politique des réserves obligatoires a été instaurée le 15 juillet 1970 par l'instruction n° 10 de la Banque Nationale du Congo. Elle a été utilisée en renforcement afin de remplacement des plafonnements du crédit. Son coefficient a été de 15% en 1972 et de 40 % en 1974 à cause de l'inflation galopante du moment.

Malgré toutes ces techniques d'encadrement, la RDC n'a pas une organisation des marchés financiers répondant aux standards internationaux. L'adhésion à l'OHADA peut-elle être une chance ?

---

[457] GUITTON Henri et Consort, *La monnaie*, Dalloz, Paris, 1978, p. 444.

[458] GREGORY N. MANKIW, *Macroéconomie*, 4ème édition, Nouveaux Horizons, Deboeck, Bruxelles, 2009, p. 643.

[459] BOLALUETE M., *Cours de Politique Monétaire*, L1 Economie Monétaire, FASEG, 2007-2008, UNIKIN, p. 71.

[460] - Article 3 de l'instruction n°10 aux banques, telle que modifiée pour la 36ème fois le 16 avril 2012 ; - BCC, Direction des opérations Bancaires et Marchés, situation du 07 mars 2012.

2. Les avancées liées à l'adhésion à l'OHADA

Beaucoup se posent la question de savoir si l'adhésion de la RDC à l'OHADA ne suffit pas pour une nouvelle organisation des marchés financiers en RDC ?

A. Contexte

Il fut signé, par seize pays, le 17 octobre 1993 au Sénégal, un traité créant l'Organisation pour l'harmonisation du Droit des Affaires en Afrique « OHADA ». Considérant que le droit des Affaires harmonisé facilite l'activité des entreprises, la RDC est devenue membre de cette organisation depuis septembre 2012.

Ainsi, ayant opté pour le monisme, le dispositif prévu en matière des sociétés par le traité de l'OHADA et ses actes uniformes fait partie intégrante du droit positif de la RDC[461].Contrairement à l'ancienne législation, ce nouveau droit de société a l'avantage d'organiser les sociétés tant en ce qui concerne le fonctionnement des organes, les pouvoirs et la responsabilité des gérants, des fondateurs et des contrôleurs internes qu'en ce qui concerne les titres que peuvent émettre les sociétés anonymes.

B. Les innovations apportées par l'OHADA pour les marchés financiers de la République Démocratique du Congo

Avant 2012, les sociétés par actions à responsabilité limitée, actuelle société anonyme, fonctionnaient selon la pratique, non écrite ; les valeurs mobilières n'étaient pas définies, leur émission non réglementée.

Les valeurs mobilières sont définies depuis comme des titres négociables qui représentent des droits identiques par catégories, acquis par ceux qui ont apporté à la société anonyme des espèces ou des biens nécessaires à son financement. Elles présentent ainsi les caractéristiques[462] des titres indivisibles à l'égard de la société émettrice ; des biens fongibles, par conséquent, interchangeables ; des titres négociables, c'est-à-dire transmissibles selon les modes spéciaux du droit commercial qui varient avec la forme du titre. Les titres nominatifs sont transmissibles par inscription dans les livres de la société par virement de compte à compte ; les titres au porteur se transmettent par simple tradition, c'est-à-dire de main à main ; les valeurs mobilières peuvent même être cotées en bourse ; des meubles par détermination de la loi.

Aussi, les titres sont convertibles d'une forme à une autre et les valeurs mobilières peuvent être constituées en gage. De même, les différentes formes des actions et des obligations sont fixées. En effet, les actions sont soit de numéraire soit par incorporation au capital des réserves.

Elles sont de numéraire lorsque le montant est libéré en espèce ou par compensation des créances certaines, liquides et exigibles sur la société. Les actions de numéraire sont dites par incorporation celles qui sont émises par suite d'une incorporation au capital de réserves, bénéfices, ou primes d'émission et celles dont le montant résulte pour partie d'une incorporation

---

[461] Article 215 de la constitution du 18 février 2006 telle que modifiée et complétée à ce jour.

[462] Articles 744 et 745 de l'acte uniforme sur les sociétés commerciales.

de réserves, bénéfices et primes d'émission et pour partie d'une libération en espèces. Toute autre action est dite d'apport.

Le montant nominal des actions ou coupures d'action ne peut être inférieur à 10.000 francs CFA. Ainsi, à chaque action est attaché un droit au vote, au dividende et un droit préférentiel de souscription, droit négociable et transmissible dans les mêmes conditions que l'action elle-même[463]. En dehors des actions, le droit issu de l'OHADA réglemente les obligations en les définissant, en fixant les conditions d'émission, les droits et les garanties y rattachés[464].

L'OHADA, par son acte uniforme portant organisation et harmonisation des comptabilités des entreprises, accorde une restructuration des règles comptables et financières. Elle impose une transparence dans l'information que les entreprises doivent donner à l'intérieur comme à l'extérieur par les états financiers, le rapport de gestion, les rapports des commissaires aux comptes, le bilan social, le rapport du président du conseil d'administration pour le cas particulier des sociétés anonymes[465].

Quoi qu'il en soit, les actions et les obligations nécessitent, pour leur vente-achat, un marché particulier – comme le marché boursier – non encore réglementé en RDC. Même si les entreprises congolaises peuvent souscrire aux titres qui sont en vente sur les marchés domestiques des États membres de l'OHADA, un marché financier domestique en RDC a plus d'avantages.

CONCLUSION DU CHAPITRE II

La RDC n'a pas enregistré dans son histoire, une évolution positive de son système de financement économique. Depuis plus de cinquante ans, elle a un marché uniquement monétaire embryonnaire dont les activités se réalisent principalement entre les banques. Ce système de la finance indirecte qui n'est qu'en priorité entre les banques et exclu le grand nombre de la population active n'a pas permis au pays de booster son économie.

Au regard de l'étendue du territoire national, le réseau bancaire existant ne parvient pas à couvrir toutes les activités usuelles en vue du développement du pays. Cette situation favorise le recours au financement informel pour satisfaire aux besoins en capitaux.

En RDC, trouver un financement à long terme ou obtenir son remboursement est un parcours de combattant. La seule possibilité est de recourir au secteur informel, à des taux hors normes dont les difficultés de remboursement sont inévitables. Ce qui oblige certains créanciers à recourir aux fonds vautour afin de se faire rembourser la dette souveraine. La RDC a toujours été le théâtre des blocages des comptes tant des entreprises publiques que de l'État de par le monde. Nous l'encourageons à signer des accords de coopération financière afin que les États parties auxdits accords ne puissent pas accepter que soit jugé sur leur territoire tout litige en faveur d'un fonds vautour.

En ce qui concerne le rôle des pouvoirs publics, depuis plus de 50 ans, c'est la BCC qui est autorité de contrôle, de surveillance et d'encadrement

---

[463] Articles 751 à 764 de l'Acte Uniforme sur les sociétés commerciales.
[464] Articles 779 à 820 in *idem.*
[465] Articles 8, 71 et 79 de l'Acte uniforme sur la comptabilité.

des mouvements des capitaux. C'est elle qui s'occupe du contrôle prudentiel des acteurs du marché et surveille toutes les activités qui s'y nivellent. Afin de stabiliser le prix global, elle est chargée de la conception et de l'exécution de la politique monétaire. Elle accomplit cette tâche grâce aux restrictions qu'elle impose, par ses règlements, ses instructions et circulaires, à tout le système de financement.

L'adhésion à l'OHADA constitue une avancée pour la RDC, du moins pour l'organisation des sociétés anonymes capables d'émettre les actions et les obligations d'une part, et l'établissement des règles comptables et financières conformes aux normes internationales, d'autre part.

Il reste cependant vrai que malgré la réglementation des sociétés anonymes, le lieu de négociation desdits titres répondant aux standards internationaux n'est pas encore organisé. L'institution d'une bourse des valeurs mobilières en RDC reste une question urgente.

CONCLUSION DE LA PREMIÈRE PARTIE

Dans les économies performantes comme en Europe occidentale, notamment en France, le financement de l'économie passe par des marchés tant à court terme qu'à moyen et long terme.

Ainsi :

- les marchés financiers apparaissent comme un instrument de la croissance dans la mesure où ils permettent la rencontre des personnes qui ont des disponibilités sans emploi et celles qui ont des besoins mais sans des ressources nécessaires à pouvoir les satisfaire ;
- ce qui revient à dire qu'il est plus qu'important d'avoir une épargne suffisante et disponible à répondre à la demande des agents qui en ont besoin ;
- devant cette exigence, les marchés financiers doivent être interconnectés afin de faciliter tant le financement des besoins à court terme qu'à moyen et long termes pour une croissance réelle et suffisante de toute l'économie ;
- à cette fin, il est à encourager tous les agents économiques (ménages, entreprises, administration publique et l'étranger) à manifester leurs offres et demandes de capitaux sur ces marchés ;
- dans cet objectif, les pouvoirs publics ne doivent pas toucher aux mécanismes monétaires et ne doivent s'adonner qu'à assurer le contrôle, la surveillance et l'encadrement des dits mécanismes en s'appuyant sur des professionnels ;
- ainsi donc, les marchés financiers ne peuvent mieux fonctionner que grâce aux investissements canalisés par le système bancaire et financier soutenue par une meilleure politique des taux de change et des taux d'intérêts qui, du reste, sont tributaires de la situation macroéconomique ;
- là encore, la banque centrale étant considérée comme l'épine dorsale de conception, d'orientation et d'encadrement de la politique de crédit, est plus appelée à s'occuper de la politique monétaire et financière en agissant sur la quantité et sur le prix de la monnaie.

Ce n'est que par le bon fonctionnement des marchés financiers qu'on peut espérer un relèvement du revenu individuel et du niveau de vie de la population. Malgré que la RDC a un régime monétaire légal depuis 1887 et un système bancaire réglementé à partir de 1957, le marché financier comme la bourse des valeurs mobilières, marché à long terme n'a jamais été organisé au point que l'informel couvre plus de la moitié de ses activités financières.

Dans son histoire, pendant l'EIC et la colonisation, la RDC n'a connu que des marchés essentiellement monétaires, par contre les titres à long terme qui y étaient émis sont restés cotés dans des marchés boursiers à l'étranger. Après son accession à l'indépendance en 1960, la situation n'a pas vraiment évolué, le pays est resté avec une petite organisation qui ne concerne que les banques et qui, faute d'acteurs suffisants, ne couvre pas l'étendue du territoire national.

En ce qui concerne le rôle des pouvoirs publics, depuis plus de 50 ans, la BCC est autorité de contrôle, de surveillance et d'encadrement des marchés. C'est elle qui s'occupe du contrôle prudentiel des acteurs du marché et surveille toutes les activités qui s'y nivellent. Afin de stabiliser le prix global, elle est chargée de la conception et de l'exécution de la politique monétaire et financière. Elle accomplit cette tâche grâce aux restrictions qu'elle impose, par ses règlements, ses instructions et circulaires, à tout le système de financement. C'est dans ce cadre qu'elle utilise un bon nombre d'instruments, à savoir les réserves obligatoires, le réescompte, le taux d'intérêt et de temps en temps l'open market, les plafonnements et planchers.

Dans la mesure où cette organisation n'a pas permis à la BCC d'atteindre l'objectif ultime lui assigné, à savoir promouvoir le développement des marchés monétaires et des capitaux, il y a nécessité de revoir sa mission et d'envisager la création d'autres institutions de soutien aux marchés. Ce qui corrobore la création d'une bourse des valeurs mobilières dont le fonctionnement exclue ce monopole de compétence de la Banque. Elle doit être appuyée, dans la nouvelle organisation, par d'autres institutions tant pour le contrôle prudentiel que pour la surveillance des marchés.

DEUXIÈME PARTIE

Avantages et conditions d'instauration d'une bourse des valeurs mobilières en République démocratique du Congo

La RDC, pays aux potentiels considérables, doit avoir une organisation des marchés financiers conforme aux standards internationaux si elle veut sortir de la catégorie des pays sous-développés.

Pour ce faire, elle doit envisager la prise d'un cadre légal et réglementaire portant organisation et fonctionnement d'une bourse des valeurs mobilières et redéfinissant le rôle des intermédiaires financiers, dans un système monétaire international où toutes les monnaies sont flottantes. Car, les décisions d'investissement malheureuses risquent de compromettre l'avenir d'une organisation et de ruiner sa stratégie, sa marque et même sa culture. Ainsi, les effets qualitatifs des décisions d'investissement se répercutent sur les résultats financiers et la pérennité économique[466]. La maîtrise de certains préalables nécessaires pour aboutir à l'étape de financement est recommandée.

La bourse va permettre le financement de l'économie dans la mesure où c'est sur le marché primaire qu'a lieu la rencontre directe entre de nouveaux épargnants et agents économiques recherchant des fonds. Et ce marché financier secondaire, la bourse parvient ainsi à attirer une nouvelle épargne[467] et facilite donc le développement des entreprises.

Le grand problème qui se pose ici, c'est de savoir comment s'y prendre en RDC sachant qu'il existe des préalables, notamment celui de l'amélioration du climat des affaires, qui est d'une grande actualité.

---

466 HORNGREN Charles et Cie, *Contrôle de gestion et gestion budgétaire*, 4ème édition Nouveaux Horizons, Paris, 209, p. 307.
467 Jean-Yves Capul et Cie, *op. cit*, p.19.

TITRE I

Avantages de l'instauration d'une bourse des valeurs mobilières en République démocratique du Congo

Dans son histoire, la RDC a tenté d'organiser une bourse des matières précieuses. Cette initiative, pourtant louable, n'a pas évolué et s'est estompée quelques années après sous le règne du Président Laurent Désiré Kabila. En effet, il a été soutenu que la mise en place d'une bourse des valeurs mobilières permettrait à la RDC de réduire sensiblement sa dépendance de l'extérieur[468] et d'augmenter le revenu individuel à plus de 4000USD.Pour atteindre un revenu de 4.086 USD, il faudrait un taux de croissance à deux chiffres (exemple 15 %, pendant au moins 20 ans).

Cette performance est-elle possible alors que l'Afrique en général et la RDC en particulier sont tributaires des exportations des matières premières ?

La réponse à cette question est positive, à condition que soit réalisée[469]:

- la migration vers une plus grande diversification économique ;
- l'ouverture économique assez significative au reste du monde marquée par l'intégration rapide au commerce mondial par les exportations importantes des biens et services et l'intégration au système financier international : ouverture des marchés financiers aux capitaux étrangers.

Il faut, par ailleurs, noter que, là où les marchés financiers sont organisés, ils sont dotés d'une structure classique. Il y a la base, c'est-à-dire le secteur bancaire et le secteur d'assurances qui placent dans des bourses de grands capitaux pour couvrir les risques que peuvent courir les opérateurs économiques, et le sommet constitué des épargnants.

Les avantages d'une bourse des valeurs mobilières en République Démocratique du Congo sont évidents.

Les États africains semblent aujourd'hui résolument engagés dans la voie de la modernisation de leurs économies, modernisation rendue nécessaire par le contexte de mondialisation ambiant. L'une des voies qu'emprunte ce processus de modernisation est le marché boursier qui, outre le fait qu'il est un instrument de développement des entreprises, impose également aux

---

468 YOLANDE LUMWENE, *RDC : La création des marchés financiers, une nécessité !*, *in* Entreprendre, Kinshasa, n° 22 du 7 octobre 2010.

469 MUTOMBO MWANA NYEMBO, *Du financement du processus de transformation et d'émergence du continent, op. cit*, pp.10-11.

États et aux entreprises tant d'obligations morales et déontologiques que des contraintes financières et technologiques[470].

Ces exigences, loin de constituer des obstacles, reflètent plutôt l'allure des défis qui sont ceux des dirigeants africains d'aujourd'hui et de demain, défis qui, du reste, peuvent, voire doivent être surmontés .Les résultats déjà enregistrés jusqu'ici prouvent qu'avec un peu de volonté politique, l'intégration africaine pourra se faire, les marchés constituant ainsi l'une des voies les plus prometteuses.

Il est admis l'existence d'un lien entre, d'une part, le développement des activités d'intermédiation financière et le développement économique et, d'autre part, une politique monétaire expansionniste et la croissance[471].

Des nombreux travaux théoriques ont montré que l'intermédiation financière est susceptible d'avoir des effets positifs sur la croissance. Par leurs capacités d'expertises spécifiques et leur accès privilégié à l'information, les banques sont à même d'assurer un financement optimal des projets d'investissements. Le système financier développé est alors capable de jouer sur la croissance.

Les conséquences du développement de la finance sur le secteur réel dépendent du niveau de développement de l'économie. Un système très développé dans une économie qui l'est moins pourrait être prédateur de ressources. À contrario, un système financier non efficient dans un pays en développement peut perpétuer le sous-développement et plonger le pays dans le cercle vicieux d'un piège à pauvreté.

Quelle est la mission de la bourse des valeurs en RDC est la question à laquelle il faut répondre dans les lignes qui suivent.

En son temps, KEYNES indiquait, dans sa théorie générale de l'emploi, de l'intérêt et de la monnaie que le but des bourses de valeurs mobilières est de canaliser les investissements nouveaux dans les directions les plus favorables aux rendements futurs[472]. Et pourtant la RDC se place en queue de classement de l'indice sur le développement humain, les stratégies entreprises jusqu'alors ne s'étant pas traduites en termes de progrès social et de développement humain pour le pays.

De tout ce qui précède, il est admis que la bourse favorisera la croissance et le développement économique. À cet effet, elle facilite un progrès vers la vérité des relations[473] entre acteurs économiques et étatiques, et est, de ce fait, un facteur d'intégration.

Il n'en reste pas moins vrai que de ces avantages découlent bien d'autres, notamment : former des références de prix ; rendre publiques les entreprises ou les collectivités émettrices en transférant leur propriété et en organisant leur gouvernance ; fournir une monnaie d'échange universelle aux unes ou aux autres lors de la fusion, de la cession ou des opérations de croissance externe, bref fournir le lieu de négociation des valeurs mobilières.

---

[470] LONDO PANGO Charles-Arthur, *Marchés financiers et croissance économique : Impact des bourses de la Zone Franc CFA sur la croissance économique des pays de ce sous ensemble*, Ecole Supérieure Libre des Sciences Commerciales Appliquées(ESLSCA) - Mastère Spécialisé : Banque-Finance-Assurance, Libreville, 2008, p. 12.

[471] HERVE JUVIN, *op. cit.*, p. 17.

[472] GOUDAL Jean, *Tout savoir sur la bourse*, Edition Filipacchi, Paris, 1974, p.69.

[473] La négociabilité et la standardisation caractérisent les opérations effectuées sur les marchés réglementés comme la bourse des valeurs mobilières.

CHAPITRE I

Marché boursier en tant que lieu de négociation et facteur d'intégration

Dans les économies traditionnelles, il fallait posséder pour vendre, détenir pour livrer, avoir pour promettre. Les marchés financiers permettent de vendre sans détenir, de promettre sans avoir, de livrer sans transporter.

Depuis un temps, le marché financier est devenu le système de financement de l'économie, avec les banques comme intermédiaires entre autres[474] et pourtant les banques étaient le système de financement de l'économie, qui utilisait notamment les marchés financiers.

Plus que les échanges de biens et services, la négociation des titres de propriété, le commerce du pouvoir et du contrôle des entreprises, devenus le cœur de l'activité humaine, déterminent la prospérité ou la dépendance.

Sur les marchés financiers tout se négocie selon la loi du marché, et la puissance publique garantit le lien contractuel et transactionnel entre acteurs économiques et sociaux.

Les marchés financiers fonctionnent dans le respect, sur base des principes directeurs[475] comme la sécurité, la transparence, l'intégrité, l'égalité et l'équité[476], principes qui permettent le juste prix et l'égalité devant l'information[477].

Avec la globalisation de l'économie, les marchés financiers jouent un rôle de premier plan pour l'intégration et la coopération des États modernes. Les marchés monétaires, du crédit et financiers comme ceux des obligations et des actions contribuent de façon décisive dans la promotion d'une plus grande efficacité économique à l'échelle planétaire[478]. Comme nous le savons tous, la mondialisation économique évoque l'intégration croissante des économies dans le monde sans barrière, où tout est proche, accessible, où tout communique et où, par conséquent, les solidarités et les

---

[474] HERVE JUVIN, *Les marchés financiers*, *op. cit.*, p. 247.

[475] MERVILLE Anne-Dominique, *Droit financier*, *op. cit.*, pp. 47-48.

[476] PELTIER F., *Marchés financiers et droit commun*, Banque éditeur, Paris, 1997 ; n°172 et suivant, p.112.

[477] BONNEAU THIERRY et DRUMMOND FRANCE, *Droit des marchés financiers*, *op. cit.*, pp. 23-26.

[478] MISHKIN Fréderic et Consort, *Monnaie, Banque et Marchés Financiers*, 9ème Ed. Nouveaux Horizons, Paris, 2010, P.3.

interdépendances s'accroissent[479]. L'augmentation des flux des capitaux entre pays renforce les relations entre États et a un impact sur les performances des économies nationales.

En effet, les activités sur les marchés financiers ont des conséquences directes sur la richesse individuelle, sur le comportement des entreprises et sur l'efficacité de l'économie de chaque pays[480].

SECTION 1. MARCHÉ BOURSIER, LIEU DE NÉGOCIATION

Un marché financier est un lieu où se garantissent des engagements dans le temps : engagement à payer à date certaine une somme convenue, engagement de verser à l'échéance connue un intérêt convenu. Former des références de prix, rendre publiques les entreprises ou les collectivités émettrices en transférant leur propriété et en organisant leur gouvernance, fournir une monnaie d'échange universelle aux unes et/ou aux autres lors de fusion, de cession ou d'opération de croissance externe[481] : la fonction du marché financier est en réalité beaucoup plus complexe et plus riche que ce que suggère l'expression « lieu de négociation des valeurs mobilières ». C'est un lieu d'attribution des propriétés et de confrontation des ordres.

§1. Le marché boursier est avant tout un lieu d'attribution de la propriété

Dans les économies ouvertes aux mouvements de capitaux, telles que les institutions internationales et les accords de l'OMC, la première fonction des marchés financiers est de faire circuler le titre de la propriété et, en définitive, d'attribuer la propriété au mieux disant, au plus risquant. Toute société, ou tout système, financièrement rémunérateur au capital investi, verra son contrôle ou sa propriété transférés, par le biais du marché international des capitaux, vers des propriétaires et des dirigeants capables d'améliorer la situation. Et ce mouvement sera d'autant plus rapide et brutal que les exigences des investisseurs seront plus élevées.

1. La bourse facilite l'acquisition directe de propriété

Ce constat marque un changement dans la nature des fonctions du marché. Dans la mesure où la sécurité des marchés financiers est un principe protecteur, les opérations financières, les intermédiaires financiers et les marchés eux-mêmes sont protégés contre les risques qui leur sont liés, et ainsi facilitent les négociations[482].

Les relations financières internationales avaient pour première composante les échanges des biens et des services ; elles servaient,

---

[479] NYEMBO TAMPAKANYA (J. P.), *Les effets de la mondialisation économique en RDC*, *in* Cahiers Africains de Droits de l'Homme et de la Démocratie, n° 031, vol.1, janvier-juin 2011, p. 159.

[480] MISHKIN Fréderic et Cie, *Monnaie, Banque et Marchés Financiers*, *op. cit.*, P. 21

[481] HERVE JUVIN, *Les marchés financiers*, *op. cit.*, p. 247.

[482] BONNEAU THIERRY et DRUMMOND FRANCE, *Droit des marchés financiers*, *op. cit*, p. 24.

directement ou indirectement, la production et les échanges commerciaux (changes, couvertures, financement des stocks et des investissements productifs). Désormais, elles ont pour première composante les échanges de titre de propriété et la conquête du pouvoir sur les sociétés, cotées ou non.

Les exportations et les importations commerciales ne sont plus le facteur déterminant la puissance économique, et finalement politique, d'un pays ou d'une région. Ce sont les opérations en capital qu'ils réalisent, leurs prises de participations, leurs investissements directs ou financiers, les fusions et acquisitions dont ils sont la cible ou l'origine qui déterminent cette puissance, et en définitive leur pouvoir. Et le premier avantage d'être coté consiste à acquérir de battre monnaie_ une société cotée peut payer en titres.

En effet, si la confrontation des ordres doit être effectuée largement et si elle doit fonctionner pour l'ensemble de la société, chacun doit disposer de l'information maximale[483] sur l'état du marché et avoir la possibilité d'y participer le plus largement possible, sur une base comparable. Le meilleur moyen pour ce faire est la centralisation des ordres[484] sur une plate-forme unique, avec priorité au premier ordre transmis pour un prix donné, même s'il est petit. Le tout doit être complété par une information étendue sur les possibilités de transaction (c'est le carnet d'ordre, qui donne l'état de l'ordre et de la demande), et sur les transactions réalisées[485].

La transparence vaut plus que l'argent sur les marchés. Un Congolais pourra, dorénavant, grâce à une bourse domestique, acquérir une propriété sur place ou à l'étranger. L'accès à une propriété se fait directement dans la transparence, quel que soit le lieu d'implantation de l'objet de l'achat.

La transparence et la collusion d'intérêts qui caractérisent leur gouvernance, permettent d'organiser sur une base universelle la circulation des titres de propriété. Elles rendent réellement négociables, sur la base la plus étendue, les titres de l'ensemble des sociétés cotées sur l'un quelconque des marchés règlementés existant dans le monde, et déterminent, sur cette base, l'attribution de la propriété en fonction de prix[486].

Non seulement lors d'OPA, expression violente, emblématique, finalement marginale, de la circulation des droits de propriété organisée par les marchés financiers, mais tout naturellement, dans l'ensemble des transactions réalisées chaque jour sur les marchés d'action, directement, et indirectement, sur ceux des produits de taux et d'options, c'est la propriété et finalement le pouvoir dans l'entreprise qui sont en cause.

Le système de marché a quatre caractéristiques principales qui sont interdépendantes et difficilement séparables dans la mesure où chaque caractéristique implique les autres[487].

D'abord, l'intégration des différents compartiments des marchés financiers est très forte. Il existe un menu d'actifs ayant un degré de substituabilité élevé compte tenu de la liquidité élevée des marchés ; ce qui permet de passer du court au long terme, sans difficulté.

---

483 *Idem.*
484 DE LAUZUN PIERRE, Qu'est-ce qu'un bon marché financier et comment le réaliser ? In www. libertepolitique. Com. du 23 mars 2012.
485 COURET Alain et Cie, *Droit financier*, *op. cit.*, p. 44.
486 HERVE JUVIN, *op. cit.*, p. 251.
487 AKA Brou Emmanuel, p.104.

Ensuite, les taux d'intérêt sont de véritables taux de marché. Le degré d'intégration entre les compartiments implique que le taux d'intérêt global soit lui-même représentatif de la confrontation entre capacité et besoin de financement de l'ensemble de l'économie. Un prix ferme[488], est publié. Depuis 2004, les marchés organisés correspondent désormais aux systèmes multilatéraux de négociation[489]. Aussi, ces systèmes assurent la rencontre, en leur sein, et selon des règles non discrétionnaires, des multiples intérêts acheteurs et vendeurs exprimés par des tiers sur des instruments financiers.

Enfin, les banques ont une place prépondérante dans ce type d'économie en tant que partenaires des agents non financiers : transformation des échéances (emprunts courts et prêts longs). La structure du bilan des banques montre une grande place des titres à l'actif et des dépôts au passif.

C'est là que la BCC doit remplir loyalement la finalité de fournir le bien et services collectifs comme la monnaie, la stabilité des prix et la stabilité financière. Elle doit se spécialiser dans ces tâches et ne pas réguler les activités de l'ensemble du système financier, mais rechercher la maîtrise des marchés.

Cette dernière se conçoit en ce que la BCC doit assurer une croissance équilibrée de l'économie, c'est-à-dire, un développement de la production, des échanges et des conditions de vie, accompagnée d'une tenue satisfaisante de la monnaie dans les domaines de prix et des changes. Il est préférable d'opter pour une politique de liberté encadrée en ce qui concerne les taux des changes et les taux d'intérêts. La BCC doit demander aux intermédiaires financiers d'appliquer des taux en référence au taux directeur qu'elle leurs applique.

De même la bourse fait recours à l'épargne du plus grand nombre.

2. La bourse fait appel public à l'épargne ; ce qui occasionne une évaluation et une participation du public

En ce qui concerne la logique du système de marché, les entreprises sont soumises à une évaluation publique qui rassemble et coordonne les opinions de la plus large communauté d'investisseurs potentiels. Le régime de l'appel public à l'épargne constitue un ensemble des règles qui s'applique dès lors qu'une société souhaite offrir au public une forme de placement. Nous sommes d'avis que ces règles visent à protéger le public en imposant aux personnes faisant appel à son épargne de respecter des règles garantissant un certain degré d'information, de transparence et de sérieux[490].

L'appel public à l'épargne est constitué par l'une des opérations suivantes[491]:

- L'admission d'un instrument financier aux négociations sur un marché réglementé ;
- L'émission ou la cession d'instruments financiers dans le public en ayant recours soit à la publicité, soit au démarchage, soit aux

[488] MERVILLE Anne-Dominique, *L'essentiel du Droit Financier*, *op. cit.* p. 28.
[489] BONNEAU THIERRY et DRUMMOND FRANCE, *Droit des marchés financiers*, *op. cit*, p. 11.
[490] AUCKENTHALER FRANC, *Droit des marchés de capitaux*, op cit, p.383.
[491] Article L.411-1 du code monétaire et financier français.

établissements de crédit ou aux prestataires des services d'investissement.

La RDC qui a pourtant des sociétés de capitaux organisés depuis 1887[492] n'a jamais eu application de ce principe d'appel public à l'épargne. Les actions et ou les obligations ainsi que les titres de créance négociables sont vendus et ou achetés sans publicité, sans transparence ; tout se passe entre copains, de bouche à l'oreille.

À titre d'exemple, la société Congo Chine Telecom SARL, NRC 50009 a procédé à l'augmentation de son capital par la vente des actions à Orange France en 2011. Avant cette période, il y a eu augmentation du capital par souscription à des nouvelles actions par ZTE. Dans tous les cas, il n'y a eu ni publicité ni transparence afin que le public congolais soit informé du fait que Congo Chine Telecom va disparaître et donnera naissance à une autre société, Orange Congo. Ce qui supposerait leur compétition éventuelle et que cette opération a entrainé un prélèvement d'un montant x en faveur de la République dès lors qu'il s'agit d'un enrichissement dans le chef des anciens actionnaires.

Pourquoi, est-ce l'ignorance ou on veut se soustraire aux exigences de faire participer tout le public au développement ?

La réponse à cette question est simple, la RDC n'a pas le marché approprié à la vente et ou à l'achat des actions, dans le respect de la règle de l'appel public à l'épargne. Il revient pourtant, depuis plusieurs décennies, à la BCC de promouvoir le développement du secteur financier par non seulement l'accroissement du nombre d'institutions financières mais aussi et surtout par la diversification et l'accroissement des services financiers. Ce qui sous-entend que cette mission n'a pas été accomplie par la BCC ; il faut recadrer son rôle et donner cette mission à une autre structure à statut particulier.

Cette règle d'appel public à l'épargne consacrée dans le fonctionnement d'une bourse des valeurs mobilières permet également l'évaluation publique.

En effet, une société cotée s'expose sur la place publique. Son président est en butte aux questions jugées ineptes ou insolentes d'analystes qui contestent sa stratégie et des gérants qui se permettent de discuter sa rémunération.

L'évaluation publique de marché consiste à avoir une opinion collective sur des profits futurs qui ne sont pas exempts d'incertitudes. La valeur fondamentale, c'est-à-dire la valeur actualisée des profits, apparaît comme étant l'opinion collective du marché. Elle n'est pas une réalité objective préexistante ; c'est un processus interne de coordination à partir des opinions individuelles les plus diverses permettant d'aboutir à une évaluation publique. La logique du système de marché apparaît ainsi comme une logique d'homogénéisation[493]. Le prix de marché et sa variation résultent des comportements stratégiques et spéculatifs des opérateurs du marché.

---

[492] Le Roi souverain, roi des belges avait signé un décret le 27 février 1887 sur les sociétés commerciales au Congo Belge.

[493] Orléans, 1999, cité par AKA Brou Emmanuel, *op. cit.*

Il est admis que les services financiers qui s'exercent à travers les marchés boursiers, ont une activité économique centrale : ils produisent des prix[494].

Les marchés financiers à long terme offrent un lieu propice des échanges. Le marché financier permet la diversification de portefeuille en diversifiant les placements[495]. La référence à la négociabilité permet d'indiquer que le donneur d'ordre peut à tout moment se libérer de son obligation initiale, issue de l'opération de marché conclue, par une opération en sens inverse, indépendamment de l'accord de son cocontractant[496].

Aussi, sur le marché boursier, la standardisation permet, grâce à la liquidité, la possibilité d'entrer et de sortir du marché à tout instant à un prix raisonnable. L'efficience mesure la capacité des systèmes de marché à produire le bon prix des actifs, celui qui intègre, à un moment donné, toute l'information disponible.

À cet effet, le marché des actions est important pour les décisions d'investissement des entreprises, puisque le prix des actions a un impact sur le montant des fonds qu'elles peuvent lever, en vendant des actions récemment émises dans le but de financer les dépenses d'investissement[497].Il remplit une fonction importante dans l'économie : en permettant aux agents économiques à capacité de financement de prêter leur épargne aux agents à besoin de financement, ce marché permet de satisfaire les uns et les autres. On considère ainsi qu'il permet une amélioration de l'efficacité de l'allocation des ressources au sein de l'économie, qui améliore le bien-être et, en général, l'investissement et donc la croissance.

Bref, un système financier efficace, décloisonné et unifié améliore directement le bien-être des investisseurs en leur permettant de répartir leur consommation dans le temps comme ils le souhaitent. Il permet aux jeunes ou aux entrepreneurs de la RDC de s'engager dans des dépenses sans attendre en avoir épargné le montant ; il augmente ainsi l'efficacité de l'économie et le bien-être de chacun[498].

§2. La bourse en tant que lieu de confrontation des ordres

Les marchés boursiers sont régis par le principe de transparence avant et après les négociations. Il y est prévu une procédure d'offre publique obligatoire, lorsque les instruments financiers admis sur ces systèmes sont des titres de capital émis par des sociétés par actions.

---

[494] HERVE JUVIN, *op. cit.*, p. 257.
[495] D'ARVISSENET Philippe, *op. cit.*, p. 244.
[496] BONNEAU THIERRY et DRUMMOND FRANCE, *Droit des marchés financiers*, *op. cit.*, p.29.
[497] MISHKIN Fréderic et Consort relèvent l'importance des marchés financiers en ce que le prix des actions dépend des besoins de l'émetteur, et l'acheteur s'engage sur base de la rentabilité qu'elles vont procurer. Lire les auteurs à la p. 5.
[498] HERVE JUVIN, *op. cit.*, p. 280.

1. La bourse permettra au congolais de vendre ou d'acheter à un prix d'équilibre

Les différents titres de financement sont négociés sur ce marché. En pratique, le plus souvent une personne souhaitant investir sur un marché financier doit s'adresser à un intermédiaire qui achètera le titre sur ce marché. De la même manière, un investisseur possédant des instruments financiers et qui désire les vendre en fera part à un intermédiaire financier qui accomplira l'opération.

Ainsi, plus généralement, un client transmet un ordre à un membre de marché qui recherche la contrepartie sur le marché. Concrètement, par exemple en France, depuis 1986 sur le marché réglementé, ces transactions sont enregistrées sur un système de cotation électronique géré par Euronext[499]. Ainsi les intermédiaires entrent les instructions de leurs clients dans le système informatique qui assure la confrontation de tous les ordres d'achat et de vente[500]. Il résulte de cette situation que le terme de négociation a un sens un peu plus large que celui habituellement retenu en droit commercial qui vise la transmission simplifiée des titres, sans avoir recours à la formalité du code civil.

En effet, en droit financier, la négociation apparaît comme l'action de conclure une opération sur un marché, aujourd'hui matérialisée par des systèmes électroniques rapprochant une offre et une demande. Elle s'exprime par des mécanismes juridiques particuliers : le contrat de commission et le contrat de mandat.

Une fois les ordres exécutés, ils vont être confrontés pour établir les cours de bourse, c'est-à-dire les prix auxquels se négocient les instruments financiers. On parle de cotation[501]. À l'origine cette cotation intervenait à la criée, les négociateurs étaient présents physiquement dans un lieu déterminé pendant les heures d'ouverture, ils annonçaient les prix à un coteur qui fixait un prix d'équilibre. Ce procédé a été abandonné, actuellement l'opération s'effectue avec assistance informatique.

La cotation peut se réaliser par fixage (ou fixing), ce qui signifie qu'elle est organisée à des instants donnés. Ainsi, entre deux confrontations, le cours reste inchangé. La cotation peut également être établie en continu. Dans ce cas, à partir d'un cours d'ouverture (déterminé au fixing), les ordres sont exécutables au fur et à mesure qu'ils sont passés, le cours est unique et varie à tout moment. Le résultat de la confrontation est donc la formation d'un cours de bourse qui se concrétise par un prix qui apparaît également comme une valeur de référence dans la mesure où ce prix sera utilisé par exemple en cas d'offre publique ou pour la détermination des instruments financiers à terme portant sur cet actif.

Pour déterminer le meilleur prix d'échange, le marché financier intègre la plus grande diversité d'information issue du plus grand nombre d'acteurs ; il socialise l'information, en l'absence de toute institution et de tout système[502]. Dans cette démarche, il pèse et il compare les cultures comme les sociétés en les rapportant à ses critères rendus universels. Dans le prix d'une action,

---

499 COURET Alain et Cie, *Droit Financier*, *op cit.*, p. 72.

500 BONNEAU THIERRY et DRUMMOND FRANCE, *Droit des marchés financiers*, *op cit.*, p.776.

501 COURET Alain et Consort, *Droit Financier*, *op cit*, p.77.

502 Voir Hayek, 1945 cité par HERVE JUVIN, *op cit.*, p. 282.

d'une obligation, l'ensemble des structures d'une économie et d'une société, de l'éducation à la sécurité, de l'assurance maladie au droit des brevets, est comparé à l'ensemble des structures d'une autre société.

Peser, évaluer et donner un prix à ce qui n'a jamais été auparavant, est le cœur de l'utopie des marchés. Les risques de chacun sont classés, évalués, regroupés et revendus à tous ; la totalité des événements possibles dans tous les futurs concevables est achetée à tout instant par chacun. Ainsi, les conditions de la croissance la plus élevée et de la meilleure répartition des risques sont assurées. Les marchés évoluent sur base de l'égalité et de l'équité[503]. Une technique permet ainsi de sécuriser les contractants en bourse.

2. Le contrat en bourse nait à partir de la compensation

L'opération se matérialise par une transaction dont la nature contractuelle fait débat. Certains considèrent que la transaction s'inscrit dans un cadre, certes complexe, mais de nature contractuelle car il est question d'un processus volontaire de création d'obligations. D'autres estiment que cette transaction repose en réalité sur deux engagements unilatéraux. Ils font en effet remarquer que les obligations naissent seulement à partir de son enregistrement qui conduit à la mise en œuvre du mécanisme de compensation. Il est nécessaire d'avoir une bourse des valeurs mobilières en RDC en ce que la compensation qui s'en suit bénéficie de trois mécanismes de sûreté destinés à garantir la sécurité du système et à éviter les risques de défaillance en chaîne. Elle recourt tout d'abord au mécanisme de résiliation anticipée et de compensation dérogeant au droit des procédures collectives. Ensuite, elle assure, par un dépôt de garantie, la garantie des positions des donneurs d'ordre et des adhérents. Enfin, un fond de garantie est affecté à la sûreté du solde résiduel éventuel.

De tout ce qui précède, il faut signaler que le marché financier facilite l'intégration sociale et régionale.

Section 2. Marché boursier, facteur d'intégration

Qu'elle soit volontaire ou pas, les États, les élus, les institutions constatent une large privatisation du pouvoir. Les entreprises, les investisseurs, les banques exercent par l'intermédiaire des marchés financiers une part croissante de ce qui était l'apanage de l'élection et du suffrage universel. Se met en place un lien horizontal, de nature contractuelle et transactionnelle, entre les acteurs économiques et sociaux, dont la puissance publique est ou peut être le garant, mais non le maître. Les mouvements de population, les choix d'infrastructures, et jusqu'aux choix de défense et de sécurité, dépendent désormais d'eux plus que des élus. À cet égard, le marché financier est bien devenu lieu social, et peut-être le premier : il est chargé de faire société là où la démocratie, l'enseignement,

---

[503] BONNEAU THIERRY et DRUMMOND France, *Droit des marchés financiers*, *op cit*, p. 25.

l'armée, le civisme déclarent forfait[504]. La bourse est ainsi un facteur d'intégration sociale et régionale.

§1. La bourse va-t-elle intégrer les pauvres dans le système de financement de l'économie congolaise ?

Il est évident que la bourse, instituée en RDC, va briser les barrières entre les différentes couches sociales et sera l'expression de la grande opinion congolaise. Tous les rapports sur le développement humain en RDC démontrent l'absence de l'équité de l'accès aux bénéfices des progrès économiques et sociaux réalisés par la nation[505]. La question des inégalités constitue une dimension importante dans le vécu quotidien. Il se dégage une grande inégalité sur la répartition des revenus dans la population.

1. En RDC, la bourse va mettre fin aux barrières d'accès au financement selon le rang social

La RDC est caractérisée par une dynamique cumulative des inégalités depuis plus de cinquante ans. Les inégalités sont animées par une dynamique de production et reproduction qui élargit la fissure entre les nantis et les démunis sur les plans vertical (social) et horizontal (géographique).L'instauration d'une bourse des valeurs mobilières apparait, dès lors, salutaire vu qu'elle poursuit l'émergence d'un marché unique des services financiers et vise à parachever la libéralisation des services financiers. Ce qui, sans doute, va promouvoir la concurrence entre lieux d'exécution des ordres pour augmenter le choix des investisseurs et abaisser les coûts des transactions. L'accès au financement est ainsi facilité, tant la bourse permet la confrontation des offres et des demandes des capitaux des agents économiques en général et principalement des ménages. La bourse fait réellement appel public à l'épargne.

Les marchés financiers non seulement permettent, mais appellent la participation du plus grand nombre au capital des sociétés et au financement des projets privés ou publics sous, cependant, conditions importantes de régulation, de transparence et d'égalité d'accès au juste prix, qui est un prix d'équilibre[506]. S'il convient d'utiliser le mot avec prudence, surtout en raison des difficultés de prise en compte des votes des minoritaires aux assemblées générales, mais aussi de l'importance de vote des sociétés de gestion, il n'est pas faux de considérer que c'est bien le vote de centaines de millions d'investisseurs ou de leurs mandants qui se réalise chaque jour sur les marchés financiers et que les États souverains comme les sociétés privées sont soumis à ce vote quotidien.

Pour faciliter cette intégration, beaucoup militent aujourd'hui pour le microcrédit accompagné. Cette technique s'insère dans le cadre plus général de la lutte contre la pauvreté et de l'action en faveur de l'insertion des

---

[504] HERVE JUVIN, *op cit.*, p. 282.

[505] Que ça soit dans le rapport sur le développement humain 2012, pp. 12-13 que ça soit dans celui de 2014, pp. 22-23, il est indiqué que les grandes inégalités en RDC amènent à une perte générale de la valeur réelle de l'indice même sur le développement humain.

[506] BONNEAU THIERRY et DRUMMOND FRANCE, *Droit des marchés financiers*, *op cit*, p. 25.

populations défavorisées et de l'inclusion bancaire. Ce sujet fait l'objet d'une attention croissante des pouvoirs publics et des banques centrales au niveau international[507].Comment investir dans une petite affaire si l'on n'a accès à aucune source de financement ? Comment prendre en main son propre développement si l'on ne dispose d'aucune option raisonnable pour gérer le peu de revenu que l'on détient ?

Ces questions se posent chaque jour en RDC où une large majorité de la population n'a pas accès aux banques, comme il a été relevé dans les lignes précédentes. Dans ce pays, il existe un écart considérable entre l'essentiel de la population – les paysans, les familles des milieux pauvres et populaires des villes, les petits entrepreneurs du secteur informel – et les établissements financiers du secteur formel. Les banques perçoivent ceux-ci comme des clients peu rentables et extrêmement risqués. En retour, ces clients sont conscients que les banques, trop formelles, trop distantes, trop prudentes, sont inadaptées à leurs besoins. La seule solution est de se tourner vers des acteurs financiers informels, dont les taux d'intérêts sont souvent exorbitants et les services inadaptés[508].

En RDC, par micro finance on entend : « la prestation des services de crédits et/ou d'épargne aux agents économiques vulnérables, exclus du système bancaire classique en vue de leur permettre de réaliser des activités génératrices de revenus, de créer des emplois et ainsi de lutter contre la pauvreté. Cette activité n'est réservée qu'aux personnes morales professionnelles[509]. Avec la possibilité d'encadrement des petits épargnants et des petits emprunteurs, ces derniers, regroupés sous diverses formes, peuvent accéder au marché boursier par la technique de l'émission globale, étalée dans le temps, des titres des créances négociables conférant des droits identiques. Il va s'agir de l'émission des titres, fongibles, à intérêts précomptés sur base de programme selon la technique de l'assimilation aux obligations. La BCC jouera un rôle de régulation et d'encadrement de pareils titres afin d'assurer le fonctionnement normal du marché.

Dans d'autres pays, afin de permettre l'accessibilité au marché financier, il a été instauré la technique de l'émission des Bons à Moyen Terme Négociables « BMTN »[510].Ces titres pouvant être émis par tous les acteurs du marché, ont l'avantage d'avoir une échéance fixe, supérieur à un an, mais sans durée maximale. Leur régime est souple en ce qui concerne le taux qui peut être fixe ou variable, la prime de remboursement, l'indexation et le rachat possible par l'émetteur.

Aussi, les acteurs de la microfinance pourront faire usage des instruments financiers à terme mieux des contrats à terme. Ces contrats seront cessibles et créent des droits et des obligations. La BCC en assurera la compensation.

Ainsi, un degré supérieur de protection naît d'une liquidité sans cesse supérieure, qui procède elle-même de l'intégration permanente de nouveaux acteurs, de nouvelles classes des risques et de nouveaux instruments

---

507 GABRIELLI Daniel, VANDERMOLEN Anne-Claude, RAOULT-TEXIER Béatrice, *Le microcrédit accompagné*, *op cit*, p. 7.

508 BOYE Sébastien, HAJDENBERG Jérémy et POURSAT Christine, *Le guide de la micro finance. Microcrédit et épargne pour le développement*, 2ème Ed. EYROLLES, Paris, 2009, p. 17.

509 Articles 1 et 2 de l'Instruction n° 1 de la BCC aux Institutions de Micro finance, mise à jour le 18 décembre 2005.

510 AUCKENTHALER Franck, *Droit des marches de capitaux*, op cit, p. 64.

financiers au périmètre de jeu. Sur ce plan, il représente une forme du lien social dont le cœur serait l'opinion de tous sur tout le suffrage universel de l'opinion économique.

2. La bourse est le reflet de l'opinion la plus large

Chacun, à travers ses décisions d'achat ou de vente, est libre d'exprimer ses préférences, ses choix, sa volonté. Et le marché, mieux que tout sondage d'opinion, davantage que tout suffrage politique, prétend refléter l'opinion la plus large et la plus juste, à tout moment[511]. C'est dans ce cadre que, administrativement, un certain nombre de comportements au travers de quelques infractions que sont en particulier les délits de fausse information et les manquements à la bonne information du public ainsi que les délits et manquements d'initiés sont sanctionnés dans plusieurs pays[512].

Une bourse des valeurs mobilières, domestique, permettra de réduire sensiblement les frustrations. La situation de pauvreté de la RDC est notamment liée aux problèmes de sécurité engendrés par des pillages, les guerres et l'instabilité politique de ces trente dernières années[513].Dans ce climat d'instabilité, il y a rupture entre les villes et la compagne au point que les échanges commerciaux sont rares et de ce fait pas des recettes devant permettre l'épargne nécessaire à financer les marchés financiers.

À ce titre au moins, et avec la part de l'information qui l'entoure, avec aussi la frontière nouvelle qu'est la pédagogie du public, un marché boursier est l'une des formes d'organisation économique et sociale qui assurent la participation du plus grand nombre. C'est en cela qu'il peut jouer d'un intégrateur puissant, et ce d'autant plus que des besoins collectifs auxquels nul n'échappe, comme la retraite ou la maladie, sont sur le marché.

La fonction sociale des marchés a particulièrement été illustrée au cours des dernières années de la décennie 1990. Des grands patrons très médiatiques ont été démis par leur conseil d'administration. L'interpellation de gérants de fonds mutuels a suffi à déstabiliser des équipes de direction et révélé l'énormité des avantages financiers qu'elles avaient su se faire consentir par des conseils d'administration complaisants ou mal informés (à titre d'exemple, en mai 2002, les dirigeants de Vivendi Universal proposaient à leur assemblée générale de ratifier une décision du conseil leur permettant de s'assurer 5% du capital du groupe, soit 55 millions d'actions, 20% en dessous du cours de bourse). Les opérations de marché, servie par une ingénierie inventive, ont changé les modes des propriétés.

Les marchés financiers proposent un mode de régulation sociale plus concurrentiel, plus brutal, mais plus soutenable que les formules d'assistance inconditionnelle mises en place dans les années 1970 et 1980 par des États européens prétendant administrer les revenus et les patrimoines. En établissant des relations plus directes entre la contribution de chacun à la richesse collective, en exigeant de connaitre le profil risque-rentabilité de chaque activité de chaque société cotée, en évitant de rémunérer la capacité de nuire à laquelle n'échappent pas les systèmes de rémunérations administrés, et sous l'importante réserve de la qualité de l'information sur le

[511] HERVE JUVIN, *op. cit.*, p. 282.
[512] BONNEAU Thierry et DRUMMOND France, *Droit des marchés financiers*, *op cit*, p. 25.
[513] HUART Alain, TOMBU Chantal, VAN der ELSTRAETEN Alice et Consort, *op cit*, p. 28.

prix et de la mobilité effective des acteurs, ils assurent davantage d'équité que les systèmes publics détournés de leurs objectifs par les phénomènes de clientèle ou de rente[514].

Enfin, dans la recherche par les individus de la protection contre les grands risques de la vie et de la préparation de l'avenir, les marchés financiers fournissent une alternative aux prélèvements publics et aux redistributions contraintes (par l'impôt ou les cotisations sociales obligatoire) en reliant des acteurs qui, sans eux, ne se rencontreraient jamais et qui, à travers l'échange de risques contre des risques, de capitaux contre des titres, entrent en relation et deviennent d'une certaine manière réciproquement engagés-solidaires.

Cette fonction de lien réciproque est caractéristique du rôle des fonds de pension qui lient le niveau des retraites futures à l'évolution positive ou négative des marchés financiers, donc, en définitive, à la croissance des entreprises, aux progrès techniques et au développement de l'économie. Le résultat financier est moins différent, et aussi moins uniformément positif que ne veulent bien le dire les adeptes du modèle des fonds de pension par rapport aux systèmes de répartition, mais il est intéressant de constater qu'il oppose surtout deux lieux de régulation et de mise en relation de la puissance publique, dans un cas, puisque surtout les systèmes par répartition fonctionnent sur le mode de l'obligation de cotisation d'ordre public, le marché financier de l'autre. Cette fonction sociale traduit une réalité, déjà acceptée comme telle dans nombre de pays développés, encore objet d'un déni dans d'autres, comme la France ou l'Allemagne : l'entreprise n'est plus le lieu du conflit social essentiel. Le conflit est dans la rue, il est aux frontières du système, il est au-dehors de l'entreprise.

D'une manière ou d'une autre, le capitalisme de masse réussit à instaurer une communauté d'intérêts entre les salariés, les dirigeants et les actionnaires, puisque tous ont intérêt à la bonne marche de l'entreprise, tous ont intérêt à sa croissance rentable, tous ont intérêt à un bon niveau de résultat quitte à négocier ou disputer ensuite le partage de ce résultat.

Cette réalité marque une nouvelle étape dans le débat public et dans le consensus social de marché, mais elle implique aussi que l'entreprise et ses dirigeants respectent scrupuleusement les règles du jeu[515] qui assurent la confiance de toutes les parties prenantes, que l'équité entre la répartition des résultats inspire les dirigeants, que les stratégies d'appropriation solitaire des profits soient bannies. Faut-il ajouter que la vision idyllique du consensus de toutes les parties prenantes est souvent démentie dans les faits par les stratégies individuelles et par le démon du greed, « l'avidité »[516].

La fonction sociale des marchés financiers est mise en évidence par le débat et par les progrès actuels de l'épargne salariale et des fonds, partenariaux ou non, de retraite. Pas d'épargne salariale sans cotation, pas de plans d'épargne entreprise dignes de ce nom sans cotation. Le refus ou la fuite devant la cotation masquent le plus souvent l'abus du pouvoir

---

[514] - BYE Maurice, *Relations économiques internationales*, *op cit*, p.294.
- HERVE JUVIN, *op. cit.*, p. 285.
- BONNEAU Thierry et DRUMMOND France, *Droit des marchés financiers*, *op cit*, p. 26.

[515] BONNEAU THIERRY et DRUMMOND FRANCE, *Droit des marchés financiers*, *op cit*, p. 968.

[516] HERVE JUVIN, *op. cit.*, p. 287.

personnel, le refus de toute contestation intérieure ou extérieure de ce pouvoir, dissimulation d'information, la confusion des intérêts des dirigeants et des actionnaires majoritaires, des pratiques comptable et fiscale hasardeuses.

La question qui reste posée est la capacité de cette bourse à resserrer les liens entre États de la région.

§2. La bourse des valeurs mobilières de la RDC en tant que facteur d'intégration économique régionale

Les mouvements des capitaux à long terme jouent un rôle dans la croissance. Ils permettent un développement supérieur à celui que procurerait l'épargne autochtone (flux additionnel d'investissements) et ajout en « ressources réelles », celles provenant d'une importation additionnelle à celles provenant du produit intérieur brut[517]. Par ces mouvements qui ont lieu grâce aux marchés boursiers, les pays prêteurs et emprunteurs, ceux avancés et ceux retardés se transmettent la croissance.

Le marché boursier, comme organisateur de la participation de tous à la progression des valeurs actifs, à travers les fonds salariaux, les fonds de retraite, etc., se substituerait dans ce rôle moins à l'administration ou à l'État, qui ont fait la preuve de leur incapacité à répondre aux besoins des acteurs en temps de paix et dans des situations d'abondance, qu'aux formes antérieures de croyance, d'appartenance, de subordination, qui faisaient reposer le lien social, mais aussi dépendre la propriété et le niveau de vie, de la caste, de l'ordre, du clan, et qui continuent à régir la majorité des humains[518], de l'Afrique à l'Inde, du monde confucianiste à Cuba.

Cette opinion ne manque pas d'arguments. C'est à travers les marchés financiers qu'une part de plus en plus importante de la population des pays riches peut bénéficier d'une participation à la croissance et au progrès, et c'est peut-être à travers les marchés financiers que les capitaux surabondants des pays développés viendront financer la croissance des pays à la recherche de développement[519], donc résoudre le problème lancinant du paiement des retraites des enfants du baby-boom.

C'est aussi à travers ces marchés qu'une partie significative des actifs salariés dépend moins pour ces revenus et son patrimoine de l'entreprise qui l'emploie, et davantage de l'ensemble des sociétés ou des économies dans lesquelles elle investit. Dès lors, il faut accroitre la participation au marché central des politiques publiques d'insertion et d'intégration[520].

Compte tenu de l'exiguïté et de la faible liquidité des marchés nationaux de valeurs mobilières, une intégration sous forme de bourses régionales conduites de façon professionnelles apparaît inévitable. Tandis que l'Union monétaire ouest africaine a déjà fait de premiers pas concrets en ce sens avec la création de la bourse régionale d'Abidjan, une telle coopération est au moins envisagée dans la région de la SADC (communauté de développement d'Afrique Australe) ainsi que dans la nouvelle communauté Est Africaine en

---

[517] BYE Maurice, *Relations économiques internationales*, *op cit*, p. 243.
[518] HERVE JUVIN, *op cit.*, p. 282.
[519] BYE Maurice, *Relations économiques internationales*, *op cit*, p.294.
[520] HERVE JUVIN, *op cit.*, p. 282.

formation. Pour plus d'uns, une telle intégration de marchés partiels générera les expériences de succès dont on a grand besoin sur le continent et suscitera de confiance en une coopération régionale plus intensive dans d'autres domaines.

Les sous régions d'Afrique souffrent d'un manque important de ressources longues susceptibles d'aider au financement des activités économiques. On y note un décalage important entre les besoins et les capacités de financement sous régionales. La création d'une bourse en RDC avec la possibilité d'un noyau régional des valeurs mobilières peut à travers les actions et les obligations qui seront émises, favoriser la mobilisation de l'épargne intérieure et extérieure nécessaires au financement des activités économiques.

La bourse offre ainsi aux épargnants de nouvelles opportunités de placements et aux emprunteurs la possibilité de s'adresser directement aux épargnants pour financer des activités et leurs investissements. Dans les pays africains, les investisseurs étrangers se plaignent souvent des lourdeurs administratives et d'une absence d'information sur les opportunités d'affaires. La création des marchés boursiers régionaux (ou Bourses Régionales de Valeurs Mobilières) peut favoriser cet accès à l'information via les renseignements qu'elle fournira aux créanciers et investisseurs étrangers sur les entreprises cotées ; elle peut ainsi les inciter à acquérir des actions négociées sur le marché sous régional. Un tel système offre des possibilités de diversification des risques, des liquidités, un emprunt plus important et donc des investissements plus conséquents.

Cela évitera les investissements modestes, faute d'un partenariat plus large. La création des bourses avec des filiales régionales peut permettre un rapprochement des économies de l'Afrique. Une sous-région soudée pourrait mieux coopérer avec des marchés financiers extérieurs et bénéficier des innovations technologiques. La diversification de la structure financière peut faire jouer la concurrence. Les entrepreneurs seront désormais tenus de rendre compte aux actionnaires qui deviennent copropriétaires et, ont par ce fait, un droit de regard sur la conduite de l'entreprise. On fait ainsi appel à l'excellence, ce qui peut faire jouer la concurrence.

Devant la faiblesse des tissus économiques nationaux et le nombre réduit des entreprises à coter en bourse, il y a lieu de se demander si une bourse nationale est une opération rentable du fait du faible volume des transactions par pays. De tels marchés financiers ne pourront engendrer des recettes suffisantes pour couvrir ne serait-ce que les investissements initiaux. On a vu le cas de la Bourse Tanzanienne où, en ses débuts, seules deux entreprises privatisées ont été cotées en deux années d'existence. Cependant, à la fin de l'année 2015 au moins 22 entreprises, même étrangères, y sont cotées.

Quelle force représentera un marché boursier national et indépendant en RDC face aux grands marchés qui sont en construction dans le monde ?

Les États d'Afrique au sud du Sahara ainsi que tous les pays du continent ayant en cœur la création d'un marché boursier national et indépendant devraient tirer des leçons des échecs constatés sur les autres places boursières en Afrique. L'Afrique du sud représente à elle seule 80% de la capitalisation boursière. La tendance aujourd'hui est d'ailleurs au regroupement pour lutter contre ces faiblesses.

Ces marchés boursiers africains sont caractérisés par leur petite taille, une faible diversification des branches d'activités, un volume restreint des transactions, une concentration sur un petit nombre de titres (200 au Nigeria, 56 au Kenya, 21 au Ghana, 3 au Malawi contre 3000 à New York), un manque de liquidité et des systèmes fiables de règlement et de compensation, un manque de technologie de pointe pour les transactions. Il faut reconnaitre que la Tanzanie a, au 31 décembre 2015, 22 sociétés cotées pour une capitalisation de 8.008.567.608, huit milliard huit million cinq cent soixante-sept six cent huit USD[521]. Ces sociétés sont des secteurs bancaire, des services, des télécommunications, dans l'agroalimentaire, de transport aérien, portuaire, de commerce général, de l'audio visuel, etc.

Cette bourse tient parce que parrainée par la place financière de Londres, London stock exchange.

Il est ainsi soutenu que le regroupement sous régional est un préalable nécessaire. Les États membres de la Communauté des États de l'Afrique Centrale ont mis en place un marché financier au sein de la Communauté. Une bourse de la RDC pourra travailler en coopération avec ce marché ; des mécanismes permettant cette intégration ayant été envisagés et une Commission de Surveillance dudit marché ayant été créée. Cette commission est la seule autorité d'agrément et de régulation des sociétés de bourse devant intervenir comme intermédiaires financiers sur le marché financier de l'Afrique Centrale[522]. Les sociétés de bourse ont le monopole d'exercice des opérations de placement, de négociation et de compensation.

Elles peuvent également, sous réserve de leur agrément par la Commission de Surveillance du Marché de l'Afrique Centrale « COSUMAF », exercer les activités complémentaires suivantes[523] :

- Tenue des comptes des titres ;
- Réception et transmission d'ordre ;
- Gestion de portefeuille sous mandats ;
- Conseil en investissement financier ;
- Conseil en gestion de patrimoine ;
- Démarchage financier ;
- Toute autre activité liée aux prestations visées ci-dessus.

Par ailleurs, dans l'intérêt du développement de leurs marchés boursiers, les pays Africains doivent nouer des coopérations supra régionales. Il existe des marges considérables de coopération entre les continents. La Bourse de Tunis coopère, elle aussi plus étroitement avec des experts Parisiens des marchés financiers en vue d'augmenter sa liquidité et son attrait. En plus du « rattachement » à l'espace Européen, ces efforts pourraient également porter sur le développement d'une coopération plus étroite au niveau de la région méditerranéenne, qui est d'ailleurs souvent réclamée. Des modèles analogues seraient envisageables pour des pays anglophones (Ghana ou Nigeria ainsi que la Tanzanie) en liaison avec la Bourse de Londres. Les questions posées par la problématique d'une floraison de marchés boursiers en Afrique d'une part et d'autre part le souci de chaque pays à vouloir se doter d'un marché boursier national et indépendant ne doivent plus restées

[521] WWW. Wikipédia. Com du 31 décembre 2015.
[522] Article 1 de l'instruction n°2005-03 du 20 décembre 2005 relative à l'agrément des sociétés de bourse intervenant sur le marché financier de l'Afrique Centrale.
[523] Article 2 in idem.

sans réponse ; on peut avoir une bourse domestique mais qui reste en étroite coopération avec le reste du monde et la région.

La RDC peut compter sur les entreprises minières ; les sociétés pétrolières de production-exportation ; les sociétés agroalimentaires ; les sociétés de construction comme ; les sociétés de téléphonie cellulaire ; les établissements de crédit ; les sociétés des transports aérien, les sociétés du secteur de l'habitat et du domaine foncier. Dans la mesure où son économie est déjà dollarisée, un parrainage par la bourse de New-York est souhaitable.

1. La bourse va permettre le financement des projets intégrateurs de la région

L'émergence du continent africain est considérée comme une étape importante intermédiaire pour sa convergence, le développement étant entendu comme la croissance à laquelle s'ajoute la transformation[524]. L'Afrique peut y parvenir si les États favorisent la protection des droits des propriétés et l'ouverture commerciale, c'est-à-dire un bon degré d'intégration au commerce international par l'attraction des investissements étrangers[525].

Comme pour certains pays de l'Afrique subsaharienne, la RDC est qualifiée de scandale géologique mais avec une population pauvre. Il y manque la capacité à financer des grands projets de développement. Un marché domestique unifié et homogène répondant aux standards internationaux peut rassurer les investisseurs étrangers, privés et publics à participer aux ouvrages d'intérêt régional dans des secteurs prioritaires comme l'électricité, l'eau potable, le transport et les domaines touristiques. Ainsi, la technique de l'émission des obligations des infrastructures peut être utilisée[526].

De même, les ressources naturelles dont dispose la RDC peuvent être négociées à des conditions et selon des contrats bien ficelés ; leurs cessions pouvant être assorties des clauses spécifiant la nécessité du développement local. Les infrastructures ainsi construites, cotées en bourse, aideront une émergence de l'Afrique.

Il faut donc la corrélation entre la productivité du travail et les avantages comparatifs. La croissance de la capacité de production d'une économie doit lui être pleinement bénéfique si elle lui permet de vendre une plus grande partie de cette production sur les marchés internationaux. Mais une telle croissance peut également profiter aux économies étrangères sous la forme d'une réduction du prix des biens et services exportés.

À cet effet, deux arguments essentiels permettent d'expliquer pourquoi les pays doivent participer au commerce international. Le premier tient au fait que les économies nationales ont des capacités différentes : tout comme les individus, les pays peuvent tirer partie de leurs spécificités en se

---

[524] MOUBARACK LO, *Formulation de la vision, des objectifs généraux et spécifiques ainsi que les résultats attendus pour atteindre le niveau d'émergence économique et sociale de l'Afrique*, présentation à la première conférence panafricaine sur l'émergence du continent, Kinshasa du 18 au 20 novembre 2013, p.4.

[525] *Idem*, pp. 11-13.

[526] MUTOMBO MWANA NYEMBO, *op cit.*, p. 20.

spécialisant dans les tâches pour lesquelles ils sont relativement plus efficaces.

Le second est lié aux économies d'échelle : en s'ouvrant au commerce, les pays peuvent se cantonner dans la production d'un nombre limité des biens, les produire à plus grande échelle et, in fine, améliorer leur productivité[527]. En pratique, le commerce mondial résulte de la conjugaison de ces deux raisons. Et, dans ce cas, toute production se fait implicitement aux dépens d'une autre et résulte inévitablement d'un arbitrage. Celui-ci peut se traduire par un coût d'opportunité qui résulte de la relation risque-rentabilité attendue[528]. L'équilibre mondial ne peut être atteint que si l'offre et la demande relatives s'égalisent.

Comment y arriver lorsque les inégalités existent dès le départ, la mondialisation n'étant pas vraiment équitable, la concurrence internationale ayant des imperfections[529]. En effet, la majeur partie de l'augmentation récente constatée sur le plan de la croissance des entreprises, de l'intégration, de l'investissement et du commerce s'est manifestée à l'intérieur de ce qu'on appelle le cadrat « Union Européenne, États–Unis, Japon et Canada »[530].

Mettant l'accent sur la spécialisation et le déploiement, la théorie de RICARDO aboutit à la naissance d'une nouvelle loi du plus fort économique qui constitue un véritable marché des dupes[531] : on vous vend des armes, des avions de chasse, des camions et des fusils, vous nous vendez vos matières premières, votre café, votre cacao et votre coton à un prix que nous vous fixons. La mondialisation apparait ainsi comme un instrument efficace de l'exploitation des pays pauvres par les pays riches et, à l'intérieur des États, un facteur d'aggravation des inégalités.

Les acteurs qui subissent l'aggravation de l'inégalité doivent changer de méthodes de compétition pour arriver à une croissance biaisée à l'échelle planétaire.

Ainsi donc, une croissance mondiale biaisée à l'exportation est bénéfique pour l'économie nationale puisqu'elle améliore ses termes de l'échange et réduit ainsi les bénéfices directs de la croissance de l'étranger. Cela se conçoit dès lors qu'on admet que la croissance des pays développés s'accompagnerait d'une réduction progressive de la demande relative des biens primaires exportés par les pays en développement, alors que le développement des nations les plus pauvres se ferait par une expansion de leurs secteurs traditionnels d'exportation, plutôt que par un véritable essor de leur industrie. Ce qui revient à dire que la croissance des pays industrialisés aurait donc été baissée à l'importation, alors que celle des pays en développement l'aurait été à l'exportation. Ce problème est connu sous le nom de « **croissance appauvrissant** » dont les effets sont pervers[532].

---

[527] KRUGMAN Paul, *Economie Internationale*, 8ème édition, *op cit.*, p. 26.
[528] FARBER A. et Consort, *Finance*, 2ème Ed Pearson, Paris, 2008, p.35.
[529] DUMAS André, *L'Economie Mondiale. Commerce-monnaie-finance*, 2ème Ed., *op cit*, p. 62.
[530] JACOB Jean, *L'antimondialisation : les aspects méconnus d'une nébuleuse*, Berg internationale éditeur, Paris, 2006, p. 86.
[531] JACQUIAU CH, *Les coulisses du commerce équitable. Mensonges et vérités sur un petit busines qui monte*, Ed. Mille et une nuits, Paris, 2006, p. 188.
[532] En 1958 JAGDISH BHAGWATI a montré dans un article célèbre que la croissance économique peut avoir des effets négatifs.

Avec la possibilité de lever directement des fonds qu'offre la bourse domestique, la RDC va booster l'économie de la région avec des projets intégrateurs.

2. La bourse de la RDC favorisera la paix et la sécurité de la région

Les pillages de 1991 et 1993, les guerres de 1996 et 1998 ainsi que les conflits armés ont également conduit à la destruction de l'outil de production et ont eu comme corollaire le découragement des investissements étrangers source de financement de l'économie. L'on constate à la même période un recul de l'investissement de 13% en 1990 à 4,4% en 2000. »[533]. Ces guerres, il a été admis par le conseil de sécurité de l'Organisation des Nations Unies, ont été entretenues par des forces étrangères.

La bourse, on l'a dit, favorise la rencontre des offres et des demandes de capitaux, sans considération de l'origine des apporteurs et ou demandeurs. Dans les économies modernes, l'étranger est l'un des agents économiques qui participent à la formation de l'épargne.

Dès lors, les étrangers, privés ou publics, qui auront investi en RDC grâce à la bourse des valeurs mobilières, n'auront pas intérêt à soutenir les guerres et toute autre forme d'insécurité ; ils auront intérêt à un fonctionnement optimal des marchés afin d'une rentabilité totale de leur investissement ou au maintien en bon état des infrastructures communes réalisées ensemble. Nous sommes de l'avis de MVIOKI BABUTANA que la signature de plusieurs accords et communiqués conjoints n'ont pas pu et ne peuvent pas, par eux-mêmes, rétablir et instaurer une paix durable dans la région des Grands Lacs. Il est suggéré l'intégration et la libre circulation, notamment des capitaux[534]. Cette circulation des capitaux a également lieu grâce aux marchés boursiers.

Au regard de sa position géographique et de son potentiel économique, la bourse domestique va resserrer les liens entre la RDC et d'autres pays originaires ou bénéficiaires des capitaux y investis. Ce qui éviterait les guerres à répétition et l'insécurité juridique et judiciaire, non favorables à l'investissement puisque tous ont intérêt à la bonne marche de l'entreprise, tous ont intérêt à sa croissance rentable, tous ont intérêt à un bon niveau de résultat quitte à négocier ou disputer ensuite le partage de ce résultat.

La bourse est donc favorable à un climat de confiance mutuelle et de paix. La paix extérieure permet le développement des échanges transfrontaliers et transcontinentaux, à court et moyen terme. Celle intérieure et extérieure favorise le désengagement des États, le désarmement de la logique de pouvoir et de force, au profit des logiques de marché et de prix : la concurrence se substitue à l'affrontement armé et désarme les confrontations.

Les liens transfrontaliers que nouent les entreprises, investisseurs et gérants d'actifs, entraînent la réduction des tensions entre nations et l'effacement de cette sensibilité nationale qui leur donnerait le sens d'une prise de gages, d'une domination étrangère illégitime, voire d'une conquête qui ne dirait pas son nom.Il est tout à fait admis que la paix permet la

---

533 Ministère du Plan, DSCRP, *op cit*, p. 33.

534 MVIOKI BABUTANA Joseph, Les défis de l'intégration et de la libre circulation dans la région des Grands lacs : État des lieux et perspectives, *in* Annales de la Faculté de Droit/UNIKIN, 2011-2012, Ed. DES, Kinshasa, juin 2013, p. 316.

sécurité des contrats et nourrit la confiance, fournit un cadre incitatif à la propriété privée, à l'investissement à long terme, à l'initiative privée dans les domaines de la production et des échanges.

CONCLUSION DU CHAPITRE I

Le fait que sur la bourse tout se négocie en toute transparence et que tout le public a la même information, la bourse des valeurs mobilières apparaît comme un lieu d'intégration de toutes les couches sociales de la population. Les barrières sociales n'existent point.Elle est également propice à une coopération régionale et même mondiale dès lors qu'elle opère dans un réseau des multinationales pour lesquelles la circulation des capitaux est l'un des principes sacro-saints.

Au regard de sa position géographique et de son potentiel économique, la bourse domestique va resserrer les liens entre la RDC et d'autres pays originaires ou bénéficiaires des capitaux y investis. Ce qui éviterait les guerres à répétition et l'insécurité juridique et judiciaire, non favorables à l'investissement puisque tous ont intérêt à la bonne marche de l'entreprise, tous ont intérêt à sa croissance rentable, tous ont intérêt à un bon niveau de résultat quitte à négocier ou disputer ensuite le partage de ce résultat.

CHAPITRE II

Marché boursier en tant que facteur de croissance et de développement économiques

L'idée d'un lien entre les marchés financiers et la croissance économique n'est plus du tout à démontrer. Les marchés des capitaux à long terme jouent un rôle dans la croissance. Ils permettent un développement supérieur à celui que procurerait l'épargne autochtone et un ajout en « ressources réelles », celles provenant d'une importation additionnelle à celles provenant du produit intérieur brut. Par ces mouvements qui ont lieu grâce aux marchés boursiers, les pays prêteurs et emprunteurs, ceux avancés et ceux retardés, se transmettent la croissance.

Le marché financier est le foyer de la liquidité des offres et des demandes de capitaux et un lieu d'innovation.

SECTION 1. MARCHÉ BOURSIER, FOYER DE LA LIQUIDITÉ ET INCITATEUR DES OFFRES ET DES DEMANDES DE CAPITAUX

La Bourse tient un rôle économique primordial, car, pour se financer et se développer les entreprises ont besoin d'argent. Elles peuvent émettre des titres, et pour les placer, elles vont trouver des investisseurs sur les marchés financiers. Ces derniers permettent la confrontation de l'offre et de la demande de capitaux. In fine, la demande de capitaux émane des entreprises pour le financement de leurs investissements, de l'État et des collectivités locales ainsi que des particuliers et de l'étranger. L'offre de capitaux émane principalement des ménages qui assurent leur consommation future par l'épargne qu'ils constituent et qu'ils apportent au système financier, soit directement soit indirectement par le biais des compagnies d'assurances, des caisses de retraites ; bref des intermédiaires financiers[535].

§1. Marché boursier, foyer de la liquidité des offres et des demandes de capitaux

Les marchés boursiers peuvent être considérés comme un système industriel de collecte, de transformation et d'allocation des ressources

[535] ZVI BODIE ET ROBERT MERTON, *Finance*, *op. cit*, p. 229.

financières[536]. Ils viennent répondre à la réalité selon laquelle « la civilisation industrielle exige des investissements continuels ». Dans un monde assoiffé des capitaux, il faut canaliser les investissements.

Les instruments financiers qui font l'objet des transactions sur un marché sont traités par des infrastructures post-marché qui, d'une part, en assurent le paiement et, d'autre part le transfert de propriété. Tout passe par les professionnels de la finance. Les sociétés de bourse ont le monopole d'exercice des opérations de placement, de négociation et, dans une certaine mesure, de compensation.

Elles peuvent également, sous réserve de leur agrément, exercer les activités complémentaires suivantes :

- Tenue des comptes des titres ;
- Réception et transmission d'ordre ;
- Gestion de portefeuille sous mandats ;
- Conseil en investissement financier ;
- Conseil en gestion de patrimoine ;
- Démarchage financier ;
- Toute autre activité liée aux prestations visées ci-dessus.

Il est reconnu que les acteurs sont les banques qui interviennent pour le compte de leurs clients ou pour leur propre compte, les courtiers, les banques centrales et, de façon exceptionnelle, quelques très grandes entreprises[537]. La RDC qui souffre de l'accès au financement est appelée à entrer dans le jeu.

C'est là qu'il est admis qu'un marché financier est sain lorsqu'il est un marché raisonnablement liquide.

1. La bourse va-t-elle faciliter l'allocation des ressources au sein de l'économie de la RDC ?

La liquidité est utile sans être un veau d'or. Mais si un marché n'est pas liquide, il est peu fiable et erratique : tout ordre qui arrive déplace les prix de façon irrationnelle. La liquidité ne se décrète pas, même si on peut la faciliter. Si un marché ne présente pas la liquidité voulue, et qu'elle ne peut être améliorée par des dispositifs divers (teneur de marché, gendarme de la bourse), la valeur ne doit pas être traitée comme une valeur cotée. Dans ce cas, sur le marché financier les institutions financières doivent traiter les participations correspondantes comme des immobilisations, notamment en termes prudentiels, c'est-à-dire être équipés pour pouvoir supporter les conséquences de cette faible liquidité. Des auteurs ont démontré que la fonction primordiale d'une bourse est de faciliter une allocation efficace des ressources ; à la fois dans le temps et dans l'espace, et leurs mise en œuvre dans un environnement incertain[538]. Le service de liquidité constitue le cœur de la valeur ajoutée d'un marché[539]: il établit la différence compétitive entre deux marchés.

---

[536] DOV OGIEN, *Pratique des marchés financiers*, *op. cit*, p. 170.

[537] D'ARVISENET Philippe, *Finance Internationale*, 2ème Ed. DUNOD, Paris 2008, p.10.

[538] LONDO PANGO Charles-Arthur, *Marchés financiers et croissance économique : Impact des bourses de la Zone Franc CFA sur la croissance économique des pays de ce sous ensemble*, *op. cit*, p. 8.

[539] HERVE JUVIN, *Les marchés financiers. Voyage au cœur de la finance mondiale*, *op. cit*, p. 267.

C'est sur les marchés financiers que se réalisent les placements de portefeuille, les investissements directs et la transformation des aides en capital[540]. L'activité de placement consiste dans la recherche des souscripteurs ou acquéreurs pour le compte d'un émetteur ou d'un cédant des valeurs mobilières. Les sociétés de bourse qui interviennent peuvent même garantir à l'émetteur ou au cédant un montant minimal de souscription en s'engageant à souscrire ou acquérir elle-même les valeurs mobilières non placées. Les intermédiaires peuvent, pour des raisons de liquidité, agir en leur nom et pour leur propre compte, en souscrivant directement des valeurs mobilières auprès de l'émetteur ou du cédant en vue d'effectuer leur placement après.

La bourse est aussi le moteur de la globalisation, c'est-à-dire de la capacité du capital à se porter là où les perspectives de la rentabilité sont les meilleures. Ce qui favorisera l'émergence de la RDC.

La performance d'une entreprise de marché tient pour une grande part à son offre de liquidité. Combien de capitaux permet-elle d'investir ou de réaliser sur un titre sans variation substantielle de prix ? Chaque système de marché s'attache à réaliser l'échange de ces besoins et offres en fabriquant le prix auquel le plus grand nombre de demandes sont possibles.

Il reste vrai que les marchés financiers permettent la croissance économique en ce que la recherche d'une forte croissance est étroitement liée à l'objectif du plein emploi[541]. En effet, quand on se rapproche de celui-ci, les entreprises augmentent leurs capacités, leurs dépenses d'équipement en capital pour améliorer la productivité ; ce qui est bon pour la croissance.

L'instauration d'une bourse des valeurs mobilières en RDC permet de faire face à la crise à répétition de liquidité car les marchés financiers permettent la mobilisation de l'épargne. La bourse joue le rôle de régulateur pour toutes les formes de l'épargne et de l'investissement. Avec l'information qu'elle accorde au public tant sur les droits de souscription, la cotation que sur les échanges, elle aidera l'économie congolaise à trouver les fonds et les emplois voulus. Elle va sûrement favoriser la création des nouvelles entreprises nécessaires pour booster l'économie congolaise.

C'est ce que l'on appelle aussi du pooling[542], qui peut être considéré tant du point de vue des entreprises que de celui des ménages. La bourse apparait ainsi comme un instrument de la croissance dans la mesure où elle permet la rencontre directe des personnes qui ont des disponibilités sans emploi et celles qui ont des besoins mais sans des ressources nécessaires à pouvoir les satisfaire.

Actuellement, sans bourse, le mode de financement de l'économie de la RDC est caractérisé par la léthargie manifestée par les banques commerciales dans la collecte et la mobilisation des ressources financières dans « les circuits d'activités économiques non traditionnels ».

En effet, le marché congolais (marché monétaire) a pendant longtemps enregistré un degré élevé d'inconvertibilité de la monnaie scripturale en monnaie fiduciaire ou billets de banque.

---

540 BYE Maurice, *Relations économiques internationales*, *op. cit*, p. 248.

541 MISHKIN Fréderic et Consort, *Monnaie, banque et marchés financiers*, *op. cit*, p. 600.

542 SCHLOGEL Maurice, *Organisation et fonctionnement des marchés financiers*, *op. cit*, p. 248.

En plus de la thésaurisation, c'est ce phénomène singulier qui est à la base de l'accentuation de la désintermédiation bancaire. De ce fait, les versements en espèces dans les banques par les opérateurs économiques ont souvent tari suite à un taux de recyclage quasi-nul des billets de banque, du fait de l'incertitude permanente pesant sur la possibilité de retirer les espèces aux guichets des banques.

Il a par ailleurs été enregistré un recul significatif de la demande de crédit à l'économie, étant donné l'incapacité des banques commerciales à convertir en espèces les crédits octroyés à leurs clients. La mobilisation de l'épargne suppose une agglomération du capital des épargnants disparates aux fins d'investissement. En tant que marché primaire, le marché financier, permet de lever du capital et de transformer directement l'épargne des ménages en ressources longues pour les collectivités publiques et privées. En réunissant les épargnes, les marchés financiers élargissent l'ensemble des projets d'investissement réalisables. Étant donné que les projets à rendement plus élevé nécessitent souvent de grandes injections de capital, en mobilisant l'épargne des ménages, les marchés boursiers peuvent améliorer l'efficience économique et accélérer la croissance économique de la RDC.

L'un des avantages fondamentaux des financements de marché par rapport au crédit est la liquidité : un prêteur ou une banque qui consent un prêt ne récupère son capital qu'à l'échéance de ce prêt ; mais un acheteur d'obligations peut à tout moment récupérer son capital, du moins si le marché est suffisamment liquide.

Il est connu de tous que la quête incessante de grands acteurs mondiaux et régionaux, qu'ils soient émetteurs ou investisseurs, comme elle sera tôt ou tard la quête de tout investisseur, c'est la recherche de la liquidité. La liquidité d'un marché veut dire qu'il y est possible d'acheter des actions, en grande quantité, dans un délai court et à prix proche de celui auquel on aurait pu vendre ces mêmes actions. Cette liquidité est un facteur clé pour attirer de nombreux investisseurs, y compris individuels[543].

Il faut cependant convenir avec François MORIN qu'il faut, pour que la bourse remplisse ce rôle en RDC, retrouver la maitrise de prix fondamentaux[544].

Selon **François Morin** la crise de confiance à l'égard des marchés financiers est réelle, profonde et justifiée et les choses vont vraisemblablement encore empirer du fait de leur fonctionnement. En effet, explique-t-il, les marchés ne remplissent plus leur rôle dans le financement de l'économie réelle. Certes des entreprises se financent sur ces marchés, mais, d'un point de vue macroéconomique, les marchés prélèvent davantage de ressources sur les entreprises qu'ils n'apportent de financements nouveaux. Leur efficacité en termes de détermination des prix est défaillante du fait du rôle insensé pris par la spéculation. Les zones d'ombre de la finance non contrôlée continuent de se développer. La concentration accroit les périls. Fin 2010, le total du bilan des 11 premières banques mondiales

[543] BERK JONATHAN et DEMARZO Peter, *Finance d'entreprise*, 2ème Ed. Nouveaux Horizons, Paris, 2011, pp. 13 et 14.

[544] MORIN François, *Retrouver la maîtrise des prix fondamentaux*, in Compte rendu de la conférence JECO 2011 organisée par l'Institut pour l'Education financière du Public dans le cadre des Journées de l'économie de Lyon 2011 sur le thème « Peut-on encore avoir confiance dans les marchés financiers ? p. 3

était équivalent au total de l'endettement public mondial. Celui de BNP Paribas est supérieur à la dette publique française.

Selon François Morin, tout cela est la conséquence directe du fait que les États ont abandonné progressivement leurs pouvoirs dans la détermination de prix aussi fondamentaux que les taux de change ou les taux d'intérêt. La vraie réforme consiste donc, selon lui, à ce que les États reprennent la main dans ces domaines et à stabiliser les taux de change et les taux d'intérêt. La RDC qui a abandonné ce pouvoir depuis 1983 ne peut plus se le permettre afin de faciliter l'allocation des ressources.

2. Une bourse en RDC va permettre le transfert des ressources

Le système financier, mieux, les marchés financiers et les intermédiaires, fournissent des moyens de transfert des ressources économiques dans le temps, dans le monde et entre entreprises[545].

La RDC est l'un des pays de l'Afrique subsaharienne positionnés en dernière place, où la précarité et la pauvreté battent le record[546].

Grâce à la bourse, la plupart des flux consistent à abandonner quelque chose aujourd'hui pour obtenir quelque chose dans le futur, ou vice versa. En sus de cette fonction de transfert des ressources dans le temps, ce mode de financement joue un rôle important dans le transfert des ressources d'un endroit à un autre.

La fonction de liquidité des marchés financiers s'inscrit ainsi dans le progrès de la liberté des acteurs privés. Elle caractérise les économies des marchés financiers, qui cherchent à réaliser un idéal de fluidité totale et de réversibilité permanente des engagements à travers l'expression un prix bien sûre, mais surtout à travers la capacité de réaliser les actifs libellés à ce prix. Tout émetteur doit pouvoir instantanément trouver les capitaux recherchés, et tout investisseur détenteur d'actifs financiers doit convertir ces actifs en espèces ou en une autre catégorie d'actifs, sans limites matérielles, sans devoir attendre la recherche d'une contrepartie, sans souffrir des modifications significatives des prix dues à sa demande ou à son offre, et sans coût important de transaction[547].

Une certaine doctrine arrive à conclure que le marché financier est parfait[548] : tous les agents y ont accès aux mêmes conditions ; il n'existe ni frais de transaction ni impôts ; ce qui favorise la liquidité nécessaire à la croissance. En l'absence d'impôts, la valeur d'un projet ou d'une entreprise est indépendante de son financement et les actifs équivalents ont le même prix.

Par ailleurs, le marché financier fournit un moyen d'échange et une réserve des valeurs appelée monnaie, laquelle sert également d'unité de compte pour mesurer la valeur des transactions. Il offre des canaux qui permettent de mobiliser l'épargne provenant d'un grand nombre de sources et de les diriger vers les investisseurs, selon un processus qualifié

---

[545] ZVIE BODIE et MERTON ROBERT, *Finance*, 3ème Ed. Nouveaux Horizons, Paris, 2011, p. 31.

[546] MUTOMBO MWANA NYEMBO, *Du financement du processus de transformation et d'émergence du continent, op. cit*, p. 3.

[547] HERVE JUVIN, *op. cit.*, p. 268.

[548] FARBER André, LAURENT Marie-Paul, KIM OOSTERLINCK, PIROTTE Hugues, *Finance*, 2ème Ed. Pearson, Paris, 2008, p.1.

d'intermédiation financière. Le marché financier offre un moyen de transférer et de répartir les risques dans l'économie ; et enfin fournit un ensemble d'instruments politiques pour stabiliser l'activité économique[549].

En effet, une économie qui n'a pas un moyen d'échange que constitue la monnaie est primitive. Les échanges entre individus doivent prendre la forme d'opérations de troc, coûteuses et inefficaces. Dans une économie de troc, des biens ont des prix, mais ceux-ci sont exprimés en prix relatifs des biens matériels. Dans un tel contexte, les échanges se traduisent par des coûts d'information élevés.

Le marché financier favorise les gains élevés pour chaque pays et des coûts de transaction très faibles[550]. Les banques jouent à ce titre un rôle primordial dans la mesure où l'état du système de paiement dont elles assurent la gestion est un déterminant majeur des coûts de transaction. Le développement du commerce mondial et des sociétés multinationales a fortement justifié le développement des activités financières hors frontières. Les banques ont naturellement accompagné leurs clients dans leur développement à l'étranger.

La capacité des intermédiaires financiers à alimenter la volatilité des marchés, source essentielle de leurs revenus, et à fabriquer de la liquidité avec de l'information est avérée. Cela est le spectacle du marché, grâce à l'innovation technologique qui multiplie les effets de levier, donc les écarts des cours[551].

Ainsi, les marchés financiers, les bourses domestiques, aideront la RDC à sortir, comme tout le monde le sait, nous l'avons dit, de son paradoxe : alors que la RDC est potentiellement l'un des pays les plus riches du continent africain, sa population, elle, est l'une des plus pauvres de la planète. Elle est incapable d'exploiter le secteur agricole, malgré la variété de ses climats et de ses ressources végétales ainsi que l'immensité du territoire. Elle observe inexploitée, faute de moyens financiers, cette gamme étendue des richesses minières et des forêts[552]. C'est une réforme qui rendra la croissance effective.

En vue d'un développement, le marché incite l'offre ou la demande de capitaux.

§2. Marché boursier, incitateur de l'offre et de la demande de capitaux

Le marché financier se nourrit par lui-même. Sa logique est boulimique. La condition de son pouvoir, et de la satisfaction des intermédiaires qui en vivent, est que rien de ce qui peut se vendre, s'échanger, s'engager ne doit lui échapper.

Son avantage en RDC est donc double en ce qui concerne l'incitation des offres et de demandes[553]. D'une part, il permet à l'investisseur d'avoir la

549 DWIGHT H. Perkins et Cie, *Economie de développement*, *op. cit*, p. 548.
550 KRUGMAN Paul et Cie, *Economie internationale*, *op. cit*, p. 628
551 HERVE JUVIN, *Les marchés financiers. Voyage au cœur de la finance mondiale*, *op. cit*, p. 270.
552 MALU-MALU Jean-Jacques Arthur, *Le Congo Kinshasa*, Ed. KARTHALA, Paris, 2002, p. 253.
553 SIMONNET Jean-Paul, *Les avantages du marché financier*, in http:/www.lyc-arsonval-brive, *op. cit*.

possibilité, quand il le souhaite, de vendre le titre détenu (liquidité) et par là, soit de retrouver des espèces, soit de se dégager d'un investissement qu'il ne juge plus désirable. Cela élimine les risques considérables résultant d'immobilisations non liquides, ce qui rend possibles de nombreuses opérations qui ne le seraient pas. D'autre part, la fréquence des transactions donne un prix d'échange, permettant à l'investisseur ainsi qu'à l'entreprise ou à l'emprunteur d'évaluer la manière dont le marché perçoit le titre considéré, soit par rapport à ses performances futures, soit par rapport aux autres possibilités d'investissement. Cela constitue en fait une confrontation publique permanente des projets en présence[554].

1. Une bourse en RDC rassure aux épargnants de se désengager à tout moment

En dehors du fait de rapprocher les investisseurs et l'émetteur d'un titre, le rôle d'un Marché financier est de permettre aux investisseurs de se désengager à tout moment[555].L'univers de la rareté, dans lequel nous entrons du fait de la croissance démographique et de l'explosion des consommateurs privés, promet des développements inattendus à ce principe : tout ce qui est rare ou limité est ou sera objet de marché – l'eau, l'air, l'espace, les ressources naturelles, toutes les nouvelles raretés seront sur les marchés, entendus comme le seul moyen pérenne de répartir la rareté, et de lui donner son prix et son sens en la rendant négociable[556].

Ce marché doit être institué en RDC où, comme pour beaucoup de pays africains, on souffre du piège de la trappe à liquidité[557]. Dans ce pays, les banques accumulent les réserves, tandis que les investisseurs institutionnels comme les ménages privilégient soit les actifs sans risque, soit les liquidités c'est-à-dire préfèrent thésauriser.

Ainsi, il y a des fortes chances que l'excès de l'épargne ne soit pas résorbé et que l'économie s'enlise dans la récession. Souvent, les perfusions de liquidités, qui ont permis dans un premier temps de rétablir le fonctionnement normal du marché interbancaire, finissent par avoir pour seul effet d'accroître inutilement la liquidité bancaire, tout en laissant entière la question du coût élevé du financement à long terme des banques, donc de celui des crédits à moyen et long termes pour l'ensemble des agents économiques.

Il n'y a que le marché financier qui, suite à son élargissement et la rapidité du processus de spécialisation, crée le besoin d'un instrument supplémentaire « les dépôts transférables »[558]. Aussi, depuis un temps, les institutions de micro finance accèdent[559] au marché financier et sont utilisées

---

[554] DE LAUZUN PIERRE, *Qu'est-ce qu'un bon marché financier et comment le réaliser* ? In www. Libertepolitique. Com. du *23 mars 2012.*
[555] NGUYEN Pascal et GILLES CERTHOUX, *Les marchés financiers contribuent-ils au développement économique* ?, in Référence, *op. cit*, p. 2.
[556] HERVE JUVIN, *Les marchés financiers. Voyage au cœur de la finance mondiale*, *op. cit*, p.271.
[557] ARTUS Patrick et VIRARD Marie-Paule, *La liquidité incontrôlable. Qui va maîtriser la monnaie mondiale*, *op. cit*, p. 20.
[558] DWIGHT H. Perkins et Consort, *Economie de développement*, *op. cit*, p.549.
[559] LHERIAU Laurent, *Précis de réglementation de la micro finance*, Ed AFD, Paris, 2009, p.26.

pour accroître le volume des ressources disponibles et assurer la liquidité des investissements.

Pour faire face à la plongée des indicateurs macro-économiques et sociaux, l'instauration d'un marché boursier en RDC est une nécessité. En effet, il a été relevé que le bilan économique et social de cinquante ans d'indépendance de la RDC est désastreux. Du coup, les Congolais, devant une monnaie en dépréciation permanente, devaient se réfugier dans les dollars américains pour préserver leur épargne des mauvaises surprises[560]. La majorité de transactions se fait donc en dollars, la seule monnaie fiable, et le moindre bas de laine épargné en monnaie locale est immédiatement reversé sur le marché informel des devises, dont les innombrables bureaux fleurissent ici et là dans les rues.

Aussi, au regard du bas niveau de la bancarisation du pays, et de la crise de confiance entre le secteur bancaire et les épargnants, il n'est pas question d'aller déposer cet argent à la banque. Prudents, ses anciens clients se détournent, préférant conserver leur épargne chez eux. Avant le lancement du Franc Congolais, le pays était divisé en espaces monétaires dont celui Kasaïen évoluant en dehors d'un quelconque cadre organique, et n'était soumis à aucune quelconque institution monétaire. Ce qui contribue aux désinvestissements.

Au regard du rythme des dépenses effectuées chaque jour en faveur de la famille – contribution à la dot, naissances, décès d'enfants, maladies, visites, recettes exceptionnelles et surtout les deuils – qui donnent lieu au versement des espèces, il est difficile, depuis les indépendances, pour qu'un Congolais réalise une épargne considérable[561]. Ces usages reflètent, curieusement, la permanence d'une tradition vigoureuse et n'en demeurent pas moins un obstacle difficile à surmonter, aujourd'hui, dans une perspective de développement, fondé sur le profit individuel dans un contexte sans marché boursier.

Ce contexte sociologique constitue un obstacle évident à la formation de l'épargne en RDC : les inévitables sollicitations de l'entourage, l'immobilisme tyrannique du cadre coutumier, un climat social d'incertitude où jalousies et vols sont fréquents, en sont les aspects les plus généralement notés.

Avec les diverses possibilités des conversions d'un titre du court terme au long terme, une bourse va inciter tous les acteurs à exprimer leurs demandes et offres de capitaux[562] car l'offre et la demande du marché est la somme des offres et de demandes de tous les acteurs.

Les marchés financiers parviennent à coordonner le niveau de l'épargne et des investissements d'une économie en ce qu'ils constituent un marché des fonds prêtables. Tous les épargnants déposent leur épargne sur ce marché alors que tous les emprunteurs y réalisent leurs emprunts. Cela réduira, de plus en plus, l'ampleur de l'informel en RDC.

---

[560] MALU-MALU Jean-Jacques Arthur, *Le Congo Kinshasa*, Ed. KARTHALA, *op. cit*, pp. 254-255.

[561] COMELIAU CHRISTIANT, *Fonctions économiques et pouvoir politique. La province de l'UELE* 1963-1964, Université Lovanium, IRES, avril 1963, août 1964, pp.39-40.

[562] GREGORY N. MANKIW et MARK P. TAYLOR, *Principes d'économie*, Nouveaux Horizons, Paris, 2011,
p. 101.

C'est là que la question de prix du crédit, de taux d'intérêt s'impose avec intérêt. En effet, les taux d'intérêts qui représentent le montant que les emprunteurs paient pour leur crédit et le montant que les prêteurs reçoivent en contrepartie de leur épargne sont mieux équilibrés dans le marché boursier. Comme un taux d'intérêt élevé rend les emprunts plus coûteux, la quantité demandée des fonds prêtables diminue lorsque le taux d'intérêt augmente. De manière similaire, comme un taux d'intérêt élevé rend l'épargne plus rémunératrice, la quantité offerte de fonds prêtables augmente lorsque le taux d'intérêt s'accroît[563].Ce qui mettra fin à l'escroquerie institutionnalisée pratiquée jusque-là sur le marché monétaire de la RDC avec des taux d'intérêt créditeurs au-delà de 30% l'an.

C'est à ce stade que la notion de besoin de financement des sociétés n'est conçue que dans la mesure où la rentabilité espérée de l'investissement est supérieur à celle d'un actif financier de même durée et de même risque[564]. D'où la définition d'un marché financier comme un lieu sur lequel s'échangent les anticipations favorables ou défavorables d'acteurs économiques qui deviennent acheteurs ou vendeurs des titres, investisseurs ou émetteurs, selon ces anticipations[565]. Les marchés font apparaître ainsi des taux d'intérêt réels[566].

L'épargne étant un déterminant de long terme important de la productivité d'une Nation, l'instauration d'un marché boursier en RDC constitue la meilleure voie de sortie de la pauvreté. Car si un pays peut accroitre son taux d'épargne, le taux de croissance du PIB augmentera, et au fil des temps les citoyens de ce pays pourront profiter d'un niveau de vie plus élevé. Ce qui est encourageant c'est que chaque agent y apporte les capitaux.

2. Avec la transparence sur le prix de vente des titres, la bourse congolaise va inciter tout le monde à y apporter les capitaux

Les investissements sont encouragés par les marchés grâce à la titrisation. Les bourses jouent la fonction de la détermination du prix du capital dans les économies modernes.

Pour dire les choses autrement, dans les vingt dernières années, il est apparu que la phase ultime de la libéralisation financière consistait en un « basculement » dans les économies « market-oriented », c'est-à-dire financées par les marchés financiers.

Cependant, le rôle de la finance est resté longtemps ignoré dans les modèles de croissance économique. En effet, les théoriciens keynésiens, pour qui les phénomènes monétaires et financiers sont déterminants dans l'explication du niveau d'activité, ne s'intéressent traditionnellement pas à la croissance (phénomène de long terme), mais au développement des modèles de court terme. Des travaux plus récents, s'inscrivant dans le cadre des modèles de croissance endogène, vont chercher à mettre en évidence le lien positif direct entre le développement financier (développement des

---

563 Idem, p. 724.
564 HERVE JUVIN, *Les marchés financiers. Voyage au cœur de la finance mondiale*, *op. cit*, p.272.
565 *Idem*, p. 273.
566 DENIEL Alain, *Cours sur le Trésor et la politique financière*, *op. cit.*, p. 206.

intermédiaires financiers et des marchés financiers) et la croissance économique. Le développement financier affecte la croissance économique via l'amélioration de la productivité et l'efficacité du capital.

Il affecte aussi l'accumulation du capital à travers le taux d'épargne ou à travers la fraction d'épargne ayant servi à l'investissement[567].

Il reste vrai que la gamme des produits d'épargne liquide reste étendue. Elle comprend[568] :

- l'épargne sur livret ou l'argent déposé et disponible en permanence. Entre dans cette catégorie, le compte à vue ;
- l'épargne à terme où l'argent est théoriquement bloqué : on y trouve le compte à terme et les différents types de bons ;
- l'épargne affectée qui regroupe des produits destinés à une opération bien précise et assortis d'un mécanisme à deux temps : une première phase d'épargne, une seconde phase de prêt. C'est ici que sont catégorisés l'épargne-entreprise et le plan d'épargne logement.

Les acteurs des marchés financiers se positionnement comme le font les banques entre les apporteurs de capitaux (typiquement, les ménages) et les demandeurs de capitaux (typiquement, les entreprises). Mais à la différence des banques, ils n'ont pas pour vocation à s'engager vis-à-vis des uns et des autres. En cela on doit entendre que leur rôle n'est pas de nouer les contrats qui les engagent à long terme (comme de prêter de l'argent aux entreprises après en avoir emprunté au près des ménages. Les marchés financiers servent simplement à rapprocher l'offre et la demande de capitaux[569].

Le développement de ce mode de financement s'explique par les avantages que les agents y trouvent[570] : taux d'intérêt moins élevés, quantités empruntées plus importantes, échéances mieux adaptées à leurs besoins, et, surtout, possibilité de revente des titres. C'est ce dernier point qui fait la force des titres financiers : celui qui les détient peut à tout moment les revendre sans difficultés à un prix affiché par un mécanisme de marché.

La possibilité de négocier les titres leur confère une liquidité proche de celle de la monnaie, même si à la différence de celle-ci, la valeur du titre peut varier dans le temps. Les titres sont des actifs (des avoirs) liquides mais comportant un risque de gain ou de perte de valeur dans le temps.

De ce fait, les marchés boursiers contribueront, en RDC, ensemble avec le système bancaire, à recycler l'épargne constituée par les ménages étant donné que l'avantage le plus décisif du marché financier est lié à la liquidité qu'il procure. Pour cause, dans le système bancaire, le prêteur est lié, engagé sur toute la durée de son prêt. Si une banque consent un crédit sur 30 ans, elle ne peut prétendre récupérer ses fonds avant l'échéance. Il lui faut être patient, même si elle a de nouveau besoin de cet argent (par exemple si elle

---

567 AKA Brou Emmanuel, *Le rôle des marchés financiers dans la croissance et le développement économiques*, Thèse pour le doctorat en sciences économiques, Université d'Auvergne, Clermont-Ferrand I, Faculté des Sciences Economiques et de Gestion, Centre d'Etudes et de Recherches sur le Développement International (CERDI), Présentée et soutenue publiquement le 30 Novembre 2005, p. 5.

568 DENOUNE MARTINE, *Placements et épargne*, 1ère édition Masson, Paris, 1987, p. 24.

569 NGUYEN Pascal et GILLES CERTHOUX, *Les marchés financiers contribuent ils au développement économique* ?, in Référence, Université de Nantes, numéro 19, mai 1999, p. 1.

570 SIMONNET Jean-Paul, *Les avantages du marché financier*, in http:/www.lyc-arsonval-brive du 20 mars 2010 mis à jour le 22 mai 2013.

trouve un autre emploi qui rapporterait davantage). L'instauration de la bourse résout la faiblesse des Congolais, l'impatience.

Actuellement, il revient à chaque offreur des capitaux d'en fixer librement le prix[571], sans qu'il ne soit institué des exigences permettant de se rassurer que les marges bénéficiaires sont dans des proportions raisonnables.

Dans tous les cas, pour le prêteur ou l'investisseur, le transfert de ses disponibilités lui permet d'obtenir un intérêt ; et l'emprunteur quant à lui pense réaliser un projet productif à l'aide des fonds qu'il emprunte. On admet ainsi que les marchés financiers permettent une amélioration de l'efficacité de l'allocation des ressources au sein de l'économie, qui améliore le bien-être et, en général, l'investissement et donc la croissance. Car sans un système financier, la satisfaction des besoins d'argent devrait attendre une épargne pendant longtemps[572].

Avec les marchés financiers, les problèmes posés par la détermination d'un taux de croissance possible est résolu, le taux de croissance équilibré étant celui qui se réalise à l'égalité de l'épargne et de l'investissement[573]. Dans ce cas, le mouvement des capitaux devrait alors se faire de telle sorte que la croissance soit favorisée.

Puis, les économies de marchés financiers se caractérisent par l'existence d'importants déficits budgétaires des États. Le Trésor public ne peut couvrir son déficit que par l'émission de titres dans le public. Ainsi, la forme de l'endettement du Trésor assure la liquidité des marchés par le volume très élevé de titres publics en circulation.

Dans tous les cas, il faut s'inscrire dans une logique de refondation, au point de ne pas ouvrir la bourse congolaise dans une attitude de méfiance.

Nous sommes de l'avis d'Olivier DAVANNE que, dans le monde, depuis la crise financière de 2007, la méfiance concerne toute la finance (y compris les banques) et pas seulement les marchés financiers. S'agissant spécifiquement des marchés financiers, explique-t-il, ceux-ci ont une triple mission : la première consiste, non pas à contrôler directement les investissements des entreprises cotées, mais les dirigeants de celles-ci. En second lieu ils permettent d'allouer et de porter des risques économiques. Leur troisième mission est une fonction de valorisation des actifs en établissant leurs prix[574].

Olivier DAVANNE juge lui aussi que la façon dont les marchés financiers remplissent ces missions est « désastreuse ». Mais, interroge-t-il, pourquoi en est-il ainsi ? Il met en avant les défaillances du marché notamment en ce qui concerne l'information qui doit être considérée comme un bien public, mais il souligne aussi les erreurs de gestion publique. Il faut, dit Olivier DAVANNE, trouver les bonnes régulations des marchés plutôt

---

[571] La nouvelle réglementation de change du 25 mars 2014 n'a fait que reconduire les dispositions existantes en la matière depuis plus de dix ans. La BCC, organisme directeur ne s'est réservée aucune tâche devant lui permettre de se rendre compte de la rationalité, par chaque offreur des capitaux, dans la fixation des prix de telle sorte que ces prix soient réellement des prix d'équilibre.

[572] SCHLOGEL Maurice, *Organisation et fonctionnement des marchés financiers*, *op. cit*, p. 67.

[573] BYE Maurice, *Relations économiques internationales*, *op. cit*, p. 206.

[574] DAVANNE Olivier, *S'inscrire dans une logique de refondation*, in Compte rendu de la conférence JECO 2011 organisée par l'Institut pour l'Education financière du Public dans le cadre des Journées de l'économie de Lyon 2011 sur le thème « Peut-on encore avoir confiance dans les marchés financiers ? p. 4

que de chercher à les fermer. Cela ne l'empêche pas d'avoir un point de vue critique sur les réformes entreprises. Selon lui, on reste encore, dans une logique de rustine, alors qu'il faudrait être dans une logique de refondation. On vise à réguler davantage ce qui est déjà régulé mais on ne s'attaque pas suffisamment à la régulation de ce qui ne l'est pas. Ongarde un boulevard largement ouvert.

Le marché financier, dans la mesure qu'il encourage la concurrence, est vecteur de l'innovation, pour attirer le plus possible d'agents demandeurs ou apporteurs de capitaux.

SECTION 2. MARCHÉ BOURSIER, VECTEUR DE L'INNOVATION PAR L'INFORMATION

En plus de l'effet direct de la mobilisation des épargnes sur l'accumulation du capital, une mobilisation efficace de l'épargne peut améliorer l'allocation des ressources et accentuer l'innovation technologique. Les institutions financières innovent pour contourner les contraintes qui pèsent sur elles[575].

En mobilisant efficacement les ressources pour les projets, le marché financier peut jouer un rôle crucial en permettant l'adoption de meilleures technologies ; ce qui favorise la croissance.

§1. En RDC, la bourse favorisera une expansion des nouvelles technologies

La question des progrès techniques améliore les spécialisations. C'est le disjoncteur d'avantages comparatifs, c'est elle qui favorise la formation du capital et oriente l'intervention de la puissance publique[576].

1. Amélioration des techniques de l'information en faveur des épargnants

Les marchés financiers représentent une mine d'information pour et sur les entreprises. Les marchés financiers peuvent promouvoir l'acquisition d'informations à propos des firmes. L'habiliter à profiter de l'information va stimuler les investisseurs à la recherche et à la surveillance des firmes. Ces informations agréées sont utiles à la fois pour les investisseurs et les entreprises, quelles que soient leurs activités. Ces dernières peuvent extraire et analyser ces données et s'en servir pour prendre des décisions d'investissements[577]. L'investissement, on ne peut s'en douter, véhicule des innovations, des recherches, des techniques, des techniciens[578].

Par le transfert de l'information, le marché financier facilite la coordination de la prise de décision décentralisée dans les différents secteurs

[575] KRUGMAN Paul et Cie, *Economie internationale*, *op. cit*, p. 631.
[576] BYE Maurice, *Relations économiques internationales*, *op. cit*, pp.239-241.
[577] NGUYEN Pascal et GILLES CERTHOUX, *Les marchés financiers contribuent-ils au développement économique* ?, in Référence, *op. cit*, p. 2.
[578] BYE Maurice, *Relations économiques internationales*, *op. cit*. p. 249.

de l'économie. En effet, sur l'ensemble des firmes et des entrepreneurs qui sollicitent du capital, les intermédiaires financiers et les marchés sélectionneront les plus prometteurs. Ainsi, on obtient une allocation du capital plus efficiente et par là, une accélération de la croissance.

2. Procuration par la bourse, en RDC, des anticipations sur la rentabilité

Le marché financier permet d'obtenir une information sur la relation risque-rentabilité attendue[579].

L'allocation des ressources financières que permettent les marchés financiers de plus en plus concurrentiels permettra donc de se rapprocher de l'optimum[580] ; ce qui se traduit par une accélération du taux de croissance.

En effet, le progrès technique est un facteur endogène de la croissance. Et c'est là qu'on parle de la théorie de la croissance endogène car les agents économiques, grâce aux marchés financiers, produisent et accumulent des connaissances, des savoirs, du capital humain ; ce qui produit des innovations[581]. Il est admis que le progrès technique est source de la croissance dans la mesure où il permet des gains de productivité mais aussi des multiples innovations dont celle des produits. Le progrès technique favorise la formation du capital d'abord parce qu'il lui procure des anticipations de rentabilité, ensuite parce qu'il facilite l'autofinancement des firmes qui disposent d'une position monopolistique, du moins à l'origine[582].

Bien que les analyses empiriques antérieures établissent une relation positive entre le développement financier et la croissance, il faut souligner qu'elles ne mettent pas en évidence l'effet du changement structurel du financement sur celle-ci. En outre, ces analyses ne tiennent pas compte du fait que certaines conditions initiales liées au niveau d'éducation et au niveau de revenu sont nécessaires pour que le développement financier stimule la croissance économique et, par conséquent, le développement économique.

§2. Faut-il favoriser un système financier de banques ou un système financier des marchés ?

Depuis un temps, la RDC a mis tout en œuvre pour sa croissance économique. Celle-ci a pour conséquence une augmentation du niveau de revenu national. En réponse à cette augmentation de revenu, la consommation croît d'une valeur inférieure à l'accroissement du revenu. Ainsi, la proportion du revenu qui n'est pas consommé constitue une offre nette d'épargne domestique à la recherche de rentabilité.

Parallèlement, l'augmentation de la consommation et l'existence d'un potentiel de croissance qui aboutit à l'émergence ont pour conséquence

---

[579] FARBER André, LAURENT Marie-Paul, KIM OOSTERLINCK, PIROTTE Hugues, *Finance*, 2[ème]Ed., *op. cit.*, p.35.

[580] BONNEAU THIERRY et DRUMMOND FRANCE, *Droit des marches financiers, op. cit.*, p.521.

[581] CAPUL Jean Yves et GRANIER Olivier, *Dictionnaire d'Economie et de Sciences sociales, op. cit.*, p. 129.

[582] BYE Maurice, *Relations économiques internationales, op. cit.*, p. 241.

l'accroissement des besoins en fonds pour faire face à l'augmentation induite de la production.

Les agents disposant d'une épargne et ceux en quête de fonds vont tous se tourner vers le système financier. Les uns, pour y placer leur épargne et les autres, pour y lever des fonds. La bourse est ainsi une conséquence logique pour répondre à ce besoin de développement.

De même, les nouvelles orientations économiques pour lesquelles la RDC a opté depuis 2008[583] participent d'une logique : celle de l'adoption d'un système d'économie libérale. Il s'agit pour l'État de se désengager de l'activité économique, de mettre en place des mécanismes qui assurent le jeu de l'offre et de la demande, qui encouragent et facilitent l'initiative privée et qui garantissent les droits de propriété. Le désengagement de l'État du secteur économique pose, d'une part, le problème de la transparence de la rétrocession de ses participations économiques et, d'autre part, entraîne une suppression de ses concours (capitaux de participation ou subventions) dans les unités (entreprises).

Deux interrogations majeures naissent de cette nouvelle donne, à savoir : premièrement, comment l'État peut vendre ses participations en y associant le maximum d'agents économiques, puisque la nouvelle option vise à encourager le développement de l'initiative privée (culture d'entreprise). Deuxièmement, comment pallier les suppressions des concours (capitaux de participation ou subventions) de l'État dans les unités économiques où il intervenait ? La réponse à ces interrogations trouve une réponse dans la structure du système financier. La bourse des valeurs mobilières répond à cette exigence. En effet, pour vendre au plus grand nombre et permettre aux unités économiques anciennement financées d'avoir accès aux capitaux, seul le marché financier offre la solution la plus appropriée.

La situation de la RDC milite en faveur de la deuxième possibilité, un financement par les marchés financiers en plus des banques, pour des raisons d'objectivité dans l'information ; ce qui facilite le contrôle des entreprises afin d'une bonne allocation des ressources nécessaires au développement du pays.

1. La bourse fournit des informations publiques objectives

Il est indéniable que le développement financier, à travers les innovations financières, a énormément accru la capacité à drainer l'épargne, à faire circuler des capitaux dans le monde entier, à stimuler l'esprit d'entreprise, à disséminer les risques, à faciliter les échanges des biens et services et les contrats financiers. Cela résulte de l'obligation qu'a tout investisseur de donner des informations objectives[584].

Les institutions financières sont soumises aux exigences de communication financière afin d'assurer une meilleure information des déposants et du marché[585]. Les obligations d'information caractérisent le

---

[583] Par la prise de 4 lois, la RDC a décidé de transformer les entreprises publiques en société commerciale afin de se désengager dans un délai raisonnable. Cet environnement exige transparence et répondre aux standards internationaux en matière de vente des parts et actions de l'État. Seule la bourse des valeurs mobilières domestique peut en assurer.

[584] BONNEAU THIERRY et DRUMMOND FRANCE, *Droit des marches financiers, op. cit.*,pp.523, 618.

[585] MISHKIN Frederick et Consort, *Monnaie, banque et marchés financiers*, *op. cit.*, p.351.

marché financier[586]. D'une manière générale, les émetteurs de titres sont tenus d'informer les investisseurs. Lorsque ces émetteurs interviennent sur le marché réglementé, leurs obligations d'information sont renforcées.

La transparence[587] qui se traduit par une bonne information comptable et financière est, en effet, un des piliers important de ces marchés[588]. C'est ainsi que les émissions et les admissions de titres sont encadrées de manière stricte et s'accompagnent de nombreuses dispositions visant à donner le plus d'informations possibles aux investisseurs[589].

D'ailleurs, les sociétés de bourse fournissent, dans le cadre du démarchage financier, des conseils en rapport avec la conclusion d'un contrat portant sur l'achat, la vente, ou l'échange de valeurs mobilières, ou en vue de proposer la participation à une opération sur valeurs mobilières. Ces dispositions manquent encore en RDC, l'accès du public au financement étant un parcours de combattant.

De même, en France par exemple, les émetteurs, quels qu'ils soient, dès lors que leurs titres sont placés sur un marché réglementé, doivent fournir une information permanente et périodique régulière et fiable, l'Autorité des marchés financiers veillant étroitement à l'accomplissement de ces obligations.

Le besoin de transférer le risque des cours, liés par exemple à la volatilité des changes et des taux d'intérêt ; le besoin de transférer les risques du crédit, du bilan du prêteur à celui du souscripteur d'un titre de dette ; le besoin d'accroître la liquidité d'une classe d'actifs en améliorant les facilités d'émission ; le besoin d'accéder à des nouvelles sources de financement ; le besoin d'accroître ses fonds propres et de disposer de capitaux acceptant de prendre le risque de l'entreprise, à travers le développement de nouveaux compartiments de marché ont trouvé de réponse dans l'innovation en matière d'offre financière[590] et de l'élaboration d'instrument sur mesure[591].

L'innovation financière qui répond à ces besoins permet aux entreprises soit de dégager des profits identiques, à plus faible niveau de risque, soit de dégager des profits supérieurs au même niveau de risque.

Cependant, il faut souligner que le développement financier s'est accompagné d'asymétries d'information (des cas où l'une des parties – l'emprunteur par exemple – a plus d'informations que l'autre partie – le prêteur)[592], qui sont à la base des crises financières.

---

[586] COURET Alain et Consort ; *Droit financier*, *op. cit.*, p. 44.

[587] MERVILLE Anne-Dominique, *Droit financier*, *op. cit.*, p. 47.

[588] NZANDA-BUANA Kalemba M., et BAMBA MAKOLA Sylvain précisent que le respect des normes comptables et financières rassurent les investisseurs tant anciens que ceux nouveaux ; Lire NZANDA-BUANA Kalemba M. dans les questions spéciales de l'économie internationale et sylvain BAMBA MAKOLA dans son mémoire présenté à l'Institut des réviseurs Comptables de la RDC soutenu en janvier 2015 à Kinshasa Gombe.

[589] - Le code monétaire et financier français (articles L. 411-1 à L 412-3) ainsi que le règlement général de l'Autorité des marchés financiers (articles 211-1 à 223-37) ont mis en place un cadre soumettant les émetteurs aux obligations d'information ;
- COURET Alain et Consort, *Droit financier*, *op. cit.*, p. 44.

[590] HERVE JUVIN, *Les marchés financiers. Voyage au cœur de la finance mondiale*, op. cit., p. 287.

[591] BONNEAU THIERRY et DRUMMOND FRANCE, *Droit des marchés financiers*, op. cit., p.70.

[592] AKA Brou Emmanuel, *op. cit.*, p.7.

La bourse va offrir les services de conseil en investissement financier. Elle aidera, de façon professionnelle, à éclairer la décision d'un épargnant ou investisseur portant sur la réalisation d'opérations sur valeurs mobilières ou sur fourniture d'une ou plusieurs prestations financières. Il en est de même en ce qui concerne la gestion du patrimoine où les sociétés de bourse aideront les épargnants à comprendre leurs décisions en matière de stratégie patrimoniale, par une approche globale prenant en compte non seulement son portefeuille des valeurs mobilières, mais aussi l'ensemble de ses biens et produits financiers. Ce qui permettra d'éviter des décisions malencontreuses, susceptibles d'entrainer des crises.

Depuis une vingtaine d'années, ces crises paraissent se multiplier avec une amplitude et une fréquence croissantes dans le monde (crise de la dette à partir de 1982 ; choc boursier de 1987 ; crise du SME en 1992-93 ; krach obligataire de 1994 ; crise du peso mexicain en 1994-95, crises asiatiques en 1997 ; russe en 1998, brésilienne en 1999 et argentine en 2001, crise du zaïre monnaie en 1990-92).

Ce qui nécessite un nouveau mécanisme de contrôle.

2. Le fonctionnement de la bourse améliore le contrôle des investisseurs en concurrence

La réduction de l'asymétrie de l'information facilite à son tour le financement externe et une meilleure allocation des ressources. En terme de croissance à long terme, le système financier qui améliore le contrôle des entreprises tend à améliorer une accumulation plus rapide du capital et la croissance par une meilleure allocation du capital[593].

Le marché boursier est donc un facteur d'une bonne allocation des ressources[594]. De façon similaire, les marchés financiers forment un dispositif permettant d'échanger des capacités d'investissement.

En effet, on sait que les investisseurs représentent les agents économiques disposant d'excédents(en raison de leur comportement d'épargne). Où vont-ils les placer ? Auprès d'autres agents économiques, les entreprises, qui souhaitent acquérir ces excédents. La question est de savoir ce que ces dernières offrent en échange.

Une entreprise qui acquiert des ressources à un moment donné doit en rapporter davantage plus tard. C'est parce qu'elle témoigne de cette faculté que les investisseurs lui confient les ressources dont ils disposent. Afin que le retour sur investissement soit le meilleur possible, il est également préférable qu'il y ait une concurrence dans l'accès aux ressources. Par exemple, imaginons que le sac de graines n'appartient pas au paysan. C'est la propriété d'un meunier qui l'a obtenu en paiement de services antérieurs.

Naturellement, vendre le sac immédiatement pour une somme fixe ou pour la moitié de la récolte prochaine est une décision envisageable. Mais il ya peut-être mieux à faire. Supposons que le champ d'un autre paysan permette de récolter 15 fois le nombre de graines semées. Alors il est préférable, pour le meunier, de confier à cet autre paysan les ressources qu'il

---

593 LONDO PANGO Charles-Arthur, *op. cit.*, p.15.

594 NGUYEN Pascal et GILLES CERTHOUX, *Les marchés financiers contribuent-ils au développement économique* ?, in Référence, *op. cit.*, p. 3.

possède. Il pourra en tirer un plus grand bénéfice et collectivement, pour le meunier et le deuxième paysan, le résultat sera meilleur.

Le même problème se pose aux investisseurs. À qui doivent-ils confier leur fonds ? Aux entreprises(les producteurs) les plus performantes, ou en d'autres termes celles dont la rentabilité est la plus élevée. Justement, la concurrence que se livrent les entreprises dans l'accès aux ressources permet d'orienter celles-ci vers les investissements les plus productifs.

Un marché financier est une industrie qui crée des gammes des services et des produits et tire son développement de sa capacité d'innovation, de marketing et de vente – de la force irrésistible de ses offres[595]. C'est le marché financier qui permet la sélection des meilleurs investissements[596]. Comment déterminer quelles sont les entreprises les plus performantes.

En pratique, les investisseurs institutionnels comme les banques, les fonds de pension, les compagnies d'assurance disposent des moyens d'analyse relativement sophistiqués. Dans ce cadre, le marché financier utilise la « duration »[597] qui est la durée moyenne de récupération des flux futurs. C'est une moyenne pondérée des délais dont les poids sont les valeurs actuelles des flux futurs.

C'est par ces intermédiaires agréés dans le cadre d'une organisation que les pouvoirs publics de la RDC vont surveiller les marchés[598].

Aussi, le marché financier, une fois institué dans un pays, s'accompagne d'une assistance technique, un transfert de connaissances au service du développement. L'assistance technique qui s'ensuit représente donc un facteur essentiel du développement, valorise non seulement les capitaux transférés mais aussi l'ensemble des potentialités locales, permet d'éviter au pays sous-développé de refaire toute l'histoire de la technique[599].

La RDC a donc intérêt à instituer un marché boursier pour rassurer les prêteurs et les emprunteurs.

La bourse permet à l'État et aux pouvoirs publics de réunir les fonds dont ils ont besoin pour leurs investissements d'intérêt général. Elle permet, enfin, aux épargnants de toute importance et de toute classe sociale d'effectuer à des prix officiels et contrôlés, à tout moment et à peu de frais, des placements judicieux et diversifiés ; de participer ainsi directement à l'expansion commerciale et industrielle du pays et de recueillir une quotte-part des profits en résultat.

La bourse est donc un lieu permettant la confrontation des demandeurs et des offreurs[600] pour un produit donné. C'est donc un espace géographique particulier où se déterminent les cours d'échange, c'est-à-dire le prix d'échange des produits en question[601].

---

[595] HERVE JUVIN, *Les marchés financiers. Voyage au cœur de la finance mondiale*, *op. cit.*, p. 286.

[596] NGUYEN Pascal et GILLES CERTHOUX, *Les marchés financiers contribuent-ils au développement économique* ?, in Référence, *op. cit.*, p. 4.

[597] D'ARVISSENET Philippe, *Finance Internationale*, 2ème Ed., *op. cit.*, p. 56.

[598] BAKANDEJA WA MPUNGU, *Droit financier, le droit du financement des investissements et des activités économiques, op. cit.*, 15.

[599] BYE Maurice, *Relations économiques internationales*, *op. cit.*, p.294.

[600] BONNEAU THIERY et DRUMMOND France, *Droit des marchés financiers, opcit*, p. 4.

[601] CAPUL Jean Yves et consort, *Dictionnaire d'économie et des sciences sociales*, *op cit*, p. 18.

De ce qui précède, il est à relever que la bourse en RDC présente les avantages suivants :

1°) Les opérations ne s'y effectueront pas entre particuliers.

En effet, celui qui désire acheter des titres, comme celui qui veut en vendre doit obligatoirement passer par un agent de change. C'est ce qu'on appelle donner un ordre de bourse avec comme conséquence que le donneur d'ordre ne peut être connu ; seuls les agents de change, acheteur et vendeur, se connaissent.

L'ordre de bourse apparaît ainsi comme un mandat donné à un intermédiaire pour conduire une opération précise.

Le marché financier est, également, un lieu de négociation et d'intégration sociale.

2°) Les opérations ne seront pas traitées à un prix individuel de négociation.

Les opérations en bourse étant traitées selon le cours figurant dans les journaux boursiers et qui est le résultat des tractations qui se sont déroulées dans la journée sur la place où l'opération est traitée, leur prix est global. La cotation officielle d'un titre est celle qui équilibre les achats et les ventes dans la mesure où elle doit correspondre au point d'équilibre de l'offre et de la demande ;

3°) Les opérations de bourse seront dirigées par un organisme indépendant.

CONCLUSION DU CHAPITRE II

Les marchés financiers, comme la bourse, proposent un mode de régulation sociale plus concurrentiel, plus brutal, mais plus soutenable. En établissant des relations plus directes entre la contribution de chacun à la richesse collective, en exigeant de l'information sur le prix et connaitre le profil risque-rentabilité de chaque activité de chaque société cotée et en évitant de rémunérer la capacité de nuire, la bourse va assurer davantage d'équité dans la distribution des richesses en RDC.

Être public implique des obligations, être public est une obligation.

Ce mode peut transformer l'économie congolaise qui est souvent caractérisée par un flou dans la tenue des comptes. Il facilitera l'acquisition des moyens financiers, nécessaires pour la transformation des matières premières produites dans le pays. Ce qui, conséquemment, occasionne la croissance et le développement économiques.

Ainsi, comment instaurer une bourse des valeurs mobilières en République Démocratique du Congo ?

TITRE II

Préalables et condition de l'instauration d'une bourse des valeurs mobilières en République démocratique du Congo

Considérant que la marchandise recherchée ou apportée en vente sur les marchés financiers est la monnaie ou les titres qui la représentent, la force de la monnaie congolaise et le régime de change entretenu pendant des décennies étant à considérer comme quelques-unes des causes de la désintermédiation financière, il est impérieux que le pays évite, comme par le passé, le tâtonnement en ce qui concerne le régime monétaire.

Aussi, il n'y a pas de doute que la stabilité du cadre macroéconomique soit un préalable pour le développement adéquat des marchés boursiers.

Pour attirer les capitaux privés à long terme, il faut de la discipline budgétaire et monétaire comme condition nécessaire, et, l'établissement des marchés boursiers proprement dit comme condition suffisante. Cette dernière condition nécessite la présence des intermédiaires financiers et celle d'un réseau de courtage capable de soutenir le marché, de promouvoir la liquidité dans le marché secondaire.

Le succès de l'établissement d'un tel marché suppose préalablement la disposition des infrastructures appropriées, notamment :

- un cadre légal et réglementaire qui facilite son développement et contribue à la protection des investisseurs,
- un vaste marché commercial ainsi qu'un système de paiement moderne performant,
- la présence des mécanismes d'arbitrage sur les marchés dérivés (à terme, futur et d'options), les politiques fiscales souples et non discriminatoires, la suppression des barrières transfrontalières, l'harmonisation des règles d'investissement, l'éducation des fournisseurs,
- le renforcement des capacités des institutions financières et d'autres organismes responsables de surveillance des marchés financiers et des opérations, ainsi que
- la prise de conscience, comme autant d'éléments essentiels pour le développement d'un marché boursier.

D'aucuns pourraient se demander le pourquoi de parler des préalables ou, mieux, des étapes à respecter ? Il faut le savoir, une grande fragilité et leur vulnérabilité aux crises de confiance, surtout lorsqu'ils dépendent de l'effet de levier (c'est-à-dire lorsqu'ils possèdent peu de capitaux par rapport au montant des actifs en jeu), caractérisent le fonctionnement des marchés financiers de par le monde[602]. Il faut donc un cadre propice à leur émergence et surtout, pour la RDC, la condition de la prise d'une loi portant création d'une bourse des valeurs mobilières.

[602] REINHART Carmen M.et ROGOFF Kenneth S., *Cette fois, c'est différent. Huit siècles de folie financière,* Nouveaux Horizons, Paris 2010, p. 13.

CHAPITRE I

Préalables à l'instauration d'une bourse des valeurs mobilières en République démocratique du Congo

L'éclosion d'un marché boursier en RDC requiert au préalable un cadre juridique des marchés organisés, un bon régime monétaire ainsi qu'un bon fonctionnement du système bancaire, une restructuration des règles comptables et financières des entreprises congolaises et une stabilité politique et socio-économique. Cette position résulte de la nature même des institutions financières et des marchés du fait de leur interdépendance et leur sensibilité aux risques.

En effet, dès l'origine, l'activité des banques permettait, moyennant rémunération, la circulation de liquidité entre les différents secteurs de l'économie et consistait en une activité d'intermédiaire permettant la réallocation des flux. Cette position centrale au sein du système économique a d'ailleurs rendu indispensable le métier des banques pour le fonctionnement des autres secteurs, conduisant les pouvoirs publics à encadrer cette activité[603].

La nécessité de protéger l'épargne et d'assurer le financement de l'économie a conféré au secteur bancaire une position particulière, étroitement réglementée.

Cette réglementation est encore très recommandée de nos jours avec les rapprochements entre activités des banques et des marchés financiers. Ces évolutions dans l'intervention des banques et les rôles des marchés ont alors favorisé un rapprochement entre banque et entreprises d'investissement par la création des conglomérats financiers[604]. Les conglomérats financiers sont entendus comme des groupes de sociétés ayant un actionnariat commun et dont les activités exclusives ou prédominantes consistent à fournir des services significatifs dans au moins deux secteurs financiers différents (banques, titres, assurances)[605].

603 BOUREGHDA Maya, *La défaillance des conglomérats financiers internationaux*, Ed. A. PEDONE, Paris, 2002, p. 28.

604 PHIHON D., Les banques : nouveaux enjeux, nouvelles stratégies, la documentation française, Paris, 1998.

605 Cette définition que nous adoptons est proposée par le rapport du groupe tripartite française des autorités de réglementation des banques, des valeurs mobilières et des assurances, juillet 1995, p. 13 cité par BOUREGHDA Maya, *La défaillance des conglomérats financiers internationaux, op. cit.,*p. 22.

À cette convergence intersectorielle s'ajoute la dimension internationale de ces conglomérats composés d'entités œuvrant dans des pays différents. L'internationalisation des marchés financiers a favorisé le regroupement des activités et l'internationalisation des acteurs, allant de pair avec le développement des multinationales bancaires et financières[606].

Il est attesté que c'est la catégorie des réformes de deuxième génération qui rendent la croissance, tant recherchée par la RDC, effective. Ces réformes de deuxième génération concernent[607] :

- les réformes du système financier, le développement de marchés financiers ;
- les réformes du cadre juridique ;
- la rationalisation du dispositif de protection sociale (réformes du régime de retraite…) ;
- la transparence accrue et la bonne gouvernance ;
- les réformes des institutions.

Ceci révèle que l'instauration d'une bourse des valeurs mobilières en RDC doit prendre en compte quelques considérations.

Pour rompre avec la situation antérieure et obtenir un marché financier considéré comme efficace, la RDC doit répondre aux questions suivantes : quel régime monétaire, comment faire fonctionner de façon optimale le système bancaire et quelles sont les règles comptables et financières devant régir le fonctionnement des entreprises congolaises ?;la stabilité politique et socio-économique étant un principe sous-jacent nécessaire.

La modernisation de l'économie crée les interdépendances entre les différents marchés, les capitaux pouvant passer du court au moyen terme, voire même au long terme. Cela sous-entend que le bon fonctionnement d'un marché financier stricto sensu dépend de l'efficience de celui à court et moyen terme. Il est cependant accepté que pour que les intermédiaires financiers et les banques jouent réellement ce rôle de pivot du développement, il faut ajouter la condition d'un climat de stabilité politique et de paix grâce aux institutions politiques qui rassurent justice et protection des droits de chacun.

On peut encore considérer que l'efficacité du marché passe non seulement par ses qualités intrinsèques[608], mais également par sa capacité à attirer les investisseurs, sans lesquels finalement il n'y a aucun marché. Ces investisseurs doivent alors avoir une connaissance suffisante du système et des éléments qui le composent pour décider d'y réaliser leurs opérations.

---

[606] Aujourd'hui on vit l'émergence des filiales et succursales localisées à l'étranger et demeurant attachées à la maison mère.

[607] MUTOMBO MWANA NYEMBO, *Du financement du processus de transformation et d'émergence de l'Afrique*, op cit, p.16.

[608] Le premier groupe des critères de l'efficacité d'un marché c'est sa liquidité et les mécanismes obligeant les acteurs à présenter un profil de solvabilité ; mais cela ne suffit pas, il faut remplir les obligations d'information pour attirer les investisseurs.

SECTION 1. LA STABILITÉ POLITIQUE ET SOCIO-ÉCONOMIQUE

On ne peut envisager une croissance sans production ; il est difficile de produire sans un climat de stabilité et de paix. Si non la méfiance s'installe entre les différents agents économiques. Ainsi, la question de redressement de l'économie congolaise grâce à l'institution d'un marché boursier exige une thérapeutique de choc capable d'extirper ses causes.

La conjoncture économique a des effets sur le revenu des actions. Tous les événements qui, d'une façon directe ou indirecte, viennent influer sur le revenu des valeurs mobilières, ont pour effet de modifier l'attitude des détenteurs de capitaux ou des porteurs des titres en les encourageant à acheter ou à vendre. Il est certain que la prospérité de l'industrie et du commerce, l'accroissement de la production, l'augmentation régulière de la consommation, la bonne tenue des exportations font présumer des comptes d'exploitation généralement favorables et encouragent les investissements en valeurs mobilières.

Inversement, les troubles sociaux, les grèves, les hausses des salaires, souvent accompagnés d'une action des pouvoirs publics sur les prix, les menaces d'augmentation d'impôts, sont de nature à réduire les bénéfices des entreprises industrielles et commerciales, donc des dividendes et les capitaux disponibles cherchent alors d'autres emplois[609].Il est important de maîtriser lesdits événements.

§1. État de la question

La situation de pauvreté de la RDC est notamment liée aux problèmes de sécurité engendrés par des pillages, les guerres et l'instabilité politique de ces vingt dernières années. Dans ce contexte, la population rurale, majoritairement pauvre, représente 69,1% de la population de la RDC[610]. Dans ce climat d'instabilité, il y a rupture entre les villes et la compagne au point que les échanges commerciaux sont rares et de ce fait, des recettes devant permettre l'épargne nécessaire à financer les marchés financiers ne sont pas mobilisées.

Bien que la prise du pouvoir par les forces armées en 1965 a pu maitriser les crises politico-militaires qui ont sévi le pays après l'indépendance, et a pu légèrement stabiliser la situation socio-économique nationale, au cours des premières années de règne de ce régime, les frustrations n'ont manqué de se manifester vers la fin des années 1970 et le début de 1980 (les guerres de Shaba, les maquis de montagnes de l'Est...). Ces événements politico-militaires ont, tant soit peu, déstabilisé les activités productives dans les provinces concernées.

Le processus de démocratisation des années 1990 a plongé de nouveau le pays dans un processus désordonné de multipartisme et de pluralisme syndical qui ont conduit à des grèves fréquentes et à un climat d'insécurité généralisée. Les pillages de 1991 et 1993, les guerres de 1996 et 1998 ainsi que les conflits armés ont également conduit à la destruction de l'outil de production et ont eu comme corollaire le découragement des investissements étrangers et le tarissement de l'aide publique au développement, principale

[609] DEFOSSE Gaston, *La bourse des valeurs mobilières*, op. cit., p.103
[610] HUART Alain, TOMBU Chantal, VAN der ELSTRAETEN Alice et consort, *op cit,* p. 28.

source de financement de l'investissement public. L'on constate à la même période un recul de l'investissement de 13% en 1990 à 4,4% en 2000[611].

À ces événements, il convient d'y joindre les grandes crises politiques engendrées entrainant l'instabilité des institutions du pays. En effet, de 1990 jusqu'à l'événement de l'Alliance des Forces Démocratiques pour la Libération du Congo « AFDL » en 1997, le pays a connu plus de 10 gouvernements et de 2003 à 2011, la plus longue durée pour un Gouvernement est de 11 mois.

Dans ce processus de démocratisation du pays, durant la longue période de transition, d'autres événements destructeurs du tissu économique sont intervenus, notamment les pillages, les guerres et les grèves. Au côté des crises sociopolitiques, il sied de classer aussi les catastrophes écologiques qui ont contribué à l'effondrement de l'économie congolaise ; il s'agit notamment de l'éboulement des mines de KAMOTO.

La stabilité macroéconomique est aussi indispensable au bon fonctionnement d'une économie de marché. En effet, des déficits budgétaires importants et chroniques absorbent l'épargne privée et les fonds étrangers requis pour réaliser les investissements productifs dont la croissance économique ne peut se passer[612]. Le financement des déficits budgétaires conduit fréquemment à faire tourner la planche à billets et l'inflation ; ce qui aggrave les risques, sape davantage l'investissement et rend plus difficile encore la situation des démunis[613].

Pour comprendre la nécessité des marchés financiers interconnectés dans le pays, il faut avant tout les replacer dans le schéma de l'économie dans son ensemble. Tout le monde l'accepte, les marchés financiers occupent le centre de l'économie.

Un circuit économique simplifié, efficace et propice au développement suppose la mise à contribution des ménages, grâce à leur travail productif, à la croissance de l'économie. Il devient donc intéressant que les familles, mieux les particuliers aient des bons salaires et des revenus conséquents afin de dégager une bonne épargne à reverser sur les marchés. Aussi, faut-il faciliter l'accès au crédit car pour les familles pauvres et les très petites entreprises, exclues des banques classiques, pouvoir épargner ou emprunter, c'est avoir des moyens de développer des activités autonomes et échapper ainsi à la pauvreté.

Dans ce contexte, il reste vrai que tous les agents économiques, à savoir l'État, les entreprises et l'étranger doivent voir dans les marchés des capitaux, qu'ils ont approvisionnés, une source des moyens qui dépassent leur capacité propre d'autofinancement[614]. Il faut absolument recourir, pour ce faire, à des fondamentaux de la stabilité dont il a été question ci-haut.

---

611 Ministère du Plan, DSCRP., *op. cit.*, p. 33.

612 DWIGHT H., PERKINGS, STEVEN RADELET ET DAVID LINDAUER L., *Economie du développement*, 3ème Ed., Nouveaux Horizons, Paris, 2008, p. 198

613 *Idem.*

614 RENAUD CHARTOIE et Cie, *Sciences économiques et sociales*, 2ème Ed. Nathan, Paris 2008, p.211.

§2. Les fondamentaux de la stabilité

Les fondamentaux culturels et sociaux[615] pour instituer et faire fonctionner un marché boursier sont d'une importance capitale.

1. Du point de vue culturel

Il est révélé que ni la Chine, plus riche, mieux organisée et industriellement plus avancée que l'Europe jusqu'au 15ème siècle, ni l'Inde, ni d'autres parties du monde plus favorisées par le climat, le sol, les ressources naturelles et même plus au cœur des grands courants commerciaux, comme l'a été Byzance, ni même le monde musulman, avec sa culture marchande et son impérialisme économique, du 9ème au 15ème siècle, n'ont réussi, ni même engagé le développement de cette activité financière et bancaire qui apparait comme la condition du développement de la richesse et de l'entreprise, en définitive du progrès économique et social[616].

L'avenir sera meilleur, il peut être meilleur, et il dépend, non du ciel, du hasard ou du roi, mais de chacun, de son travail et de sa volonté. Plus que tout, cette croyance résume la supériorité des Européens sur leurs voisins, leurs concurrents, autres fois leurs maîtres.

La culture est une dimension cruciale de l'organisation des marchés financiers en RDC. En effet, le marché boursier ne peut être le vecteur du développement de la RDC que s'il est bien inséré dans la culture de la communauté considérée.

Il est admis que si on y prend garde, la véritable histoire de la naissance des marchés financiers reste à écrire et le lien avec l'organisation, la dimension du territoire, la structure et la mobilité du peuplement serait manifeste. Les facteurs proprement économiques y seraient derrière les facteurs démographiques – urbanisation-politique – sûreté des biens et des contrats – et culturels – la reconnaissance collective du travail et de la réussite économique, au détriment de l'art de bien vivre jusqu'alors célébré[617].

En RDC, il y a un ensemble de pratiques et usages qu'il faut bannir afin d'un bon fonctionnement des marchés financiers. Dans ce pays, les banques accumulent les réserves, tandis que les investisseurs institutionnels comme les ménages privilégient soit les actifs sans risque, soit les liquidités, c'est-à-dire préfèrent thésauriser.

Ainsi, il y a des fortes chances que l'excès de l'épargne ne soit pas résorbé et que l'économie s'enlise dans la récession. Souvent, les perfusions de liquidités, qui ont permis dans un premier temps de rétablir le fonctionnement normal du marché interbancaire, finissent par avoir pour seul effet d'accroître inutilement la liquidité bancaire, tout en laissant entière la question du coût élevé du financement à long terme des banques, donc de

---

[615] KATO-KALE LUTINA M.L, dans ses enseignements de l'économie politique, *op cit*, insiste sur le fait que la culture peut être à la base de tout comportement vis-à-vis des questions d'argent.

[616] HERVE JUVIN, *Les Marchés financiers. Voyage au cœur de la Finance Mondiale*, Ed. D'organisation, Paris, 2004, p.31

[617] HERVE JUVIN, *Les Marchés financiers. Voyage au cœur de la Finance mondiale, op.cit.*, p. 33.

celui des crédits à moyen et long termes pour l'ensemble des agents économiques.

Les congolais doivent accepter qu'il n'y a que le marché financier qui, suite à son élargissement et la rapidité du processus de spécialisation, crée le besoin d'un instrument supplémentaire « les dépôts transférables »[618]. Aussi, depuis un temps, les institutions de micro finance accèdent[619] au marché financier et sont utilisées pour accroître le volume des ressources disponibles et assurer la liquidité des investissements.

Pour faire face à la plongée des indicateurs macro-économiques et sociaux, l'instauration d'un marché boursier en RDC est une nécessité.

En effet, il a été relevé que le bilan économique et social de cinquante ans d'indépendance de la RDC est désastreux. Du coup, les Congolais, devant une monnaie en dépréciation permanente, devaient se réfugier dans les dollars américains pour préserver leur épargne des mauvaises surprises[620]. La majorité de transactions se fait donc en dollars, la seule monnaie fiable, et le moindre bas de laine épargné en monnaie locale est immédiatement reversé sur le marché informel des devises, dont les innombrables bureaux fleurissent ici et là dans les rues.

Aussi, au regard du bas niveau de la bancarisation du pays, et de la crise de confiance entre le secteur bancaire et les épargnants, il n'est pas question d'aller déposer cet argent à la banque. Prudents, ses anciens clients se détournent, préférant conserver leur épargne chez eux.

D'ailleurs, avant le lancement du Franc Congolais, le pays était divisé en espaces monétaires dont celui Kasaï en évoluant en dehors d'un quelconque cadre organique, et n'était soumis à aucune quelconque institution monétaire. Ce qui contribue aux désinvestissements.

Avec les diverses possibilités des conversions d'un titre du court terme au long terme, une bourse va inciter tous les acteurs à exprimer leurs demandes et offres de capitaux[621] car l'offre et la demande du marché est la somme des offres et de demandes de tous les acteurs.

Les marchés financiers parviennent à coordonner le niveau de l'épargne et des investissements d'une économie en ce qu'ils constituent un marché des fonds prêtables. Tous les épargnants déposent leur épargne sur ce marché alors que tous les emprunteurs y réalisent leurs emprunts. Cela réduira, de plus en plus, l'ampleur de l'informel en RDC.

Il reste vrai que des raisons politiques sont moins négligeables pour l'éclosion des marchés financiers.

2. Sur le plan sociologique

Le contexte sociologique de la RDC constitue un obstacle évident à la formation de l'épargne en RDC : les inévitables sollicitations de l'entourage, l'immobilisme tyrannique du cadre coutumier, un climat social d'incertitude

[618] DWIGHT H. Perkins et consort, *Economie de développement*, *op. cit.*, p.549.
[619] LHERIAU Laurent, *Précis de réglementation de la micro finance*, Ed AFD, Paris, 2009, p.26.
[620] MALU-MALU Jean-Jacques Arthur, *Le Congo Kinshasa*, Ed. KARTHALA, *op. cit.*, pp. 254-255.
[621] GREGORY N. MANKIW et MARK P. TAYLOR, *Principes d'économie*, Nouveaux Horizons, Paris, 2011,
p. 101.

où jalousies et vols sont fréquents, en sont les aspects les plus généralement notés.

Aussi, les raisons sociales devenues politiques sont déterminantes car le marché n'est pas un fait économique et la société de marché n'est nullement le fait de l'économie, de la préférence économique et de la performance économique[622]. C'est une question de paix et de sécurité. Si la sécurité constitue un principe gouvernant les marchés réglementés, c'est en raison des risques qui leur sont inhérents, qu'il s'agisse des marchés de financement ou des marchés dérivés, encore que leur importance est surtout soulignée à propos des seconds[623].

La paix extérieure permet le développement des échanges transfrontaliers et transcontinentaux, à court et moyen termes. Celle intérieure et extérieure favorise le désengagement des États, le désarmement de la logique de pouvoir et de force, au profit des logiques de marché et de prix : la concurrence se substitue à l'affrontement armé et désarme les confrontations. Les liens transfrontaliers que nouent les entreprises, investisseurs et gérants d'actifs, entraînent la réduction des tensions entre nations et l'effacement de cette sensibilité nationale qui leur donnerait le sens d'une prise de gages, d'une domination étrangère illégitime, voire d'une conquête qui ne dirait pas son nom.

Il est tout à fait admis que la paix permet la sécurité des contrats et nourrit la confiance, fournit un cadre incitatif à la propriété privée, à l'investissement à long terme, à l'initiative privée dans les domaines de la production et des échanges[624]. Il reste aussi vrai que le mouvement de financiarisation des actifs s'est accéléré en raison de la dématérialisation qu'ont permise les techniques informatiques et la confiance générale dans la tenue des comptes par les intermédiaires financiers. La RDC, nous en sommes convaincus, doit s'atteler à faciliter l'avènement d'un marché boursier.

Il est connu en France, par exemple, que l'actif financier dématérialisé ne se perd pas, ne se dégrade pas avec le temps ; il se transporte partout d'un simple virement de compte à compte ; il est réalisable presque sans délai, sous réserve des conditions de marché ; son coût de détention tend vers zéro, il n'est sujet ni à l'obsolescence ni à des frais d'entretien ; enfin, sa sécurité juridique est en principe totale, du moins lorsque l'économie est développée.

Par-delà tout, il faut une stabilité économique grâce à des politiques qui évitent inflation et déficit[625]. L'État congolais doit éviter des politiques imprudentes ou malencontreuses qui augmentent des dépenses et qui le buttent à un déficit budgétaire. En effet, comme tous les pays en voie de Développement(PED), la RDC soufre de deux maux économiques : le risque de défaut, c'est-à-dire l'incapacité d'honorer les termes du contrat établi avec les prêteurs, et la dollarisation, que l'on qualifie de péché originel.

Il est établi que l'instabilité économique et politique des PED ainsi que la fragilité de leur système bancaire et financier font qu'il est plus risqué d'y

---

622 GREGORY N. MANKIW et consort, op. cit, p. 292.
623 BONNEAU Thierry et DRUMMOND France, *Droit des marchés financiers*, *op. cit.*, p. 23.
624 HERVE JUVIN, *Les Marchés financiers. Voyage au cœur de la Finance Mondiale*, *op. cit.*, p. 292.
625 GREGORY N. MAKIW, *Macroéconomie*, 5ème édition française, *op. cit.*, p.122.

investir que dans les pays industrialisés[626]. Suite aux crises à répétition, le pays a perdu l'accès aux sources de financement étranger. Ainsi, les prêteurs refusent d'accorder des nouveaux prêts, mais demandent le remboursement des anciens et procèdent rapidement au rapatriement de leurs placements les plus liquides.

Aussi, le manque de confiance en la monnaie nationale influe considérablement la politique du secteur. Les causes économiques susmentionnées notamment la destruction de l'outil de production ayant comme conséquence la forte décélération de l'activité économique, l'hyperinflation, les déficits des finances publiques, les dépréciations illimitées de la monnaie nationale, et l'inadéquation des politiques monétaire et des changes mises œuvre par la Banque Centrale du Congo ont créé un manque de confiance en la monnaie nationale de la part des agents économiques privés[627].

Cette crise de confiance en la monnaie nationale s'est aggravée particulièrement dans les années 1990 avec les déviationnismes monétaires et bancaires connue sous la dénomination de la « bindomanie » ; la réforme monétaire de 1993.

Tous ces éléments réunis ont contribué à l'abandon voire à la fuite en monnaie nationale par les agents économiques qui préfèrent détenir ou faire leur placement en une devise autre que la monnaie nationale ; et c'est le début même de la dollarisation de facto.

Le recours à l'informel est accentué par les habitudes de paiement créées dans certains milieux d'affaires, notamment dans les sites miniers. En effet, pour les transactions qui nécessitent les paiements des montants colossaux, les agents économiques préfèrent l'usage des devises étrangères que de la monnaie nationale.

Ces habitudes de paiement se sont plus développées encore dans certains coins du pays où la monnaie nationale est quasi-inexistante[628]. En effet, il a été relevé que le bilan économique et social de cinquante ans d'indépendance de la RDC est désastreux. Du coup, les congolais, devant une monnaie en dépréciation permanente, devaient se réfugier dans les dollars américains pour préserver leur épargne des mauvaises surprises[629]. La majorité des transactions se fait donc en dollars, la seule monnaie fiable, et le moindre bas de laine épargné en monnaie locale est immédiatement reversé sur le marché informel des devises, dont les innombrables bureaux fleurissent ici et là dans les rues.

Aussi, au regard du bas niveau de la bancarisation du pays, et de la crise de confiance entre le secteur bancaire et les épargnants, il n'est pas question d'aller déposer cet argent à la banque. Prudents, ses anciens clients se détournent de lui, préférant conserver leur épargne chez eux.

---

[626] *Idem*, p. 668.

[627] MUKUNDI NYEMBO KAHUMBA Emmanuel, *Politique monétaire et intermédiation financière en République Démocratique du Congo : Analyse des modifications du taux directeur de la Banque Centrale du Congo sur les banques créatrices de monnaie, op cit*, pp. 21-40.

[628] Le pays a connu des subdivisions en zones monétaires. Et l'espace monétaire Kasaïen s'est manifesté comme le plus anarchique évoluant, à partir des années 1993 jusque 1998, en dehors d'un quelconque cadre organique et sans être soumis à une institution monétaire.

[629] MALU-MALU Jean-Jacques Arthur, *Le Congo Kinshasa*, Ed. KARTHALA, Paris, 2002, pp. 254-255.

Ainsi s'est répandue sur toute l'étendue du territoire national, une habitude reconnue jadis dans certains milieux uniquement. Les paiements directs au moyen des devises étrangères sont généralisés à toutes les catégories d'échanges des biens et services. Ainsi, dans les supermarchés des grandes villes, les marchés populaires des rues des communes urbaines voire des milieux ruraux, les magasins, les stations d'essence, les boutiques, les pharmacies, les bars et restaurants, les salons des coiffures, bref partout où se font des échanges, les devises étrangères sont utilisées directement comme moyens de paiement.

Aussi, au regard du rythme des dépenses effectuées chaque jour en faveur de la famille – contribution à la dot, naissances, décès d'enfants, maladies, visites, recettes exceptionnelles et surtout les deuils – qui donnent lieu au versement des espèces, il est difficile, depuis les indépendances, pour qu'un congolais réalise une épargne considérable[630]. Ces usages reflètent, curieusement, la permanence d'une tradition vigoureuse et n'en demeurent pas moins un obstacle difficile à surmonter, aujourd'hui, dans une perspective de développement fondé sur le profit individuel dans un contexte sans marché financier.

Ce contexte sociologique constitue un obstacle évident à la formation de l'épargne en RDC.

En dehors de ces habitudes qu'il faut changer, le régime de change institué en faveur de certaines entreprises est aussi à la base de la non performance économique.

3. Concernant la politique de change : corriger les faiblesses du régime de change institué pour les entreprises minières et pétrolières de production-exploitation

Le bon fonctionnement des marchés financiers exige une épargne même en devise étrangère. Alors que tout marché à long terme doit avoir comme sous bassement un secteur de production rentable, ce que représente le secteur minier en RDC depuis son indépendance avec un apport de 80% des ressources financières, le pays consacre la fuite des capitaux.

Les entreprises minières et pétrolières qui brassent des sommes importantes en devises étrangères, sont autorisées de détenir des comptes dénommés « compte principal » ouvert auprès d'une banque à l'étranger, de réputation internationale, y garder 60% des recettes[631] et ne rapatrier au pays que 40%.

En effet, en son temps, par son instruction n°000574 du 04 avril 2007 et actuellement par la nouvelle réglementation de change du 25 mars 2014, en ses articles 75 alinéa 1, 76 alinéa 3 et 77 alinéa 1, la BCC a autorisé les titulaires des droits miniers à détenir 60% des recettes d'exportation dans des comptes dénommés « compte principal » ouverts dans une banque à l'étranger et les 40% restants pourront être rapportés dans le compte

[630] COMELIAU CHRISTIANT, *Fonctions économiques et pouvoir politique. La province de l'UELE* 1963-1964, Université Lovanium, IRES, avril 1963, août 1964, pp.39-40.

[631] Lire à ce sujet : - le point III de l'instruction n° 000574 du 04 avril 2007 portant mesures d'application du régime de change des sociétés titulaires des droits miniers ;
- Le chapitre IV, articles 75 alinéa 1, 76 alinéa 3 et 77 alinéa 1 de la réglementation de change du 25 mars 2014, in J.O numéro spécial du 28 mars 2014

national, compte débité des montants nécessaires aux besoins de fonctionnement local de l'entreprise. Cette même logique est appliquée en ce qui concerne les sociétés pétrolières d'exploitation–production dont le régime de change est fixé par la même réglementation.

Les sociétés pétrolières sont même autorisées à transférer des capitaux de plus de 10.000 dollars américains, à condition de souscrire à des licences et peuvent rapatrier en RDC les montants qui seraient nécessaires à leur besoin de trésorerie. Il s'agit d'une législation qui reflète l'image de la colonisation.

Ce qui revient à dire que plus que jamais, il faut une amélioration du contexte général pour toutes sortes d'investissements par un renforcement des infrastructures, la réduction de la bureaucratie et l'amélioration de la qualité du travail en RDC. Ce souci de protéger les uns et les autres exigent que des mécanismes de refinancement et d'encadrement soient mis en place et exécutés sous le contrôle des pouvoirs publics.

Faut-il encore que nos entreprises tiennent leur comptabilité selon les standards internationaux.

4. Du point de vue comptable et financier : la restructuration des règles comptables et financières des entreprises de la RDC

De nos jours, l'information comptable et financière devenue un bien public, devrait être élaborée en respectant un certain nombre des critères établis (transparence et sincérité des documents ; qualité et fiabilité de leur contenu).

En effet, il suffit qu'une entreprise publie des résultats bénéficiaires, dans les limites du crédible, pour que les cours de ses titres se maintiennent ou explosent avec toutes les conséquences bénéfiques que cela peut avoir sur sa croissance. Il faut donc un référentiel pour garantir la transparence des informations financières et comptables délivrées par différentes entités.

Cette transparence ne se décrète pas par l'autorégulation mais se construit autour d'un cadre normatif précisant le concept d'informations réglementées. Le droit doit ainsi garantir les intervenants en réduisant les asymétries.

La réglementation de l'information financière vise à favoriser l'égalité de traitement entre investisseurs. Cette information est régie, selon Thiery BONNEAU et DRUMMOND France par les principes d'égalité de traitement et d'intégrité.

En RDC, c'est par la loi n°76-020 du 16 juillet 1956 que la comptabilité a été normalisée pour la première fois. Ce texte a été mis en application par les ordonnances n° 76-150 du 16 juillet 1976 fixant le plan comptable général et n°77-332 du 30 novembre 1977 fixant les modalités obligatoires du plan comptable général congolais.

Pour être en phase avec l'évolution du monde, les entreprises congolaises doivent mettre en application, à partir de 2015, les normes comptables, le plan Comptable et les règles de tenue et de présentation des états financiers édictés par l'Acte uniforme sur le droit comptable OHADA[632].

Au-delà de cette restructuration, il est nécessaire qu'on ait des règles claires sur la monnaie.

---

[632] La RDC a adhéré à l'Organisation pour l'Harmonisation du Droit des Affaires en Afrique depuis le 12 juillet 2013. Compte tenu de son environnement, elle avait sollicité un moratoire, qu'elle a obtenue lors du conseil des ministres du 14 décembre 2012 de l'OHADA

SECTION 2. UN RÉGIME MONÉTAIRE CLAIR

Le droit monétaire national ou international a besoin d'une définition de la monnaie. Le juriste peut en trouver les éléments nécessaires et suffisants pour sa discipline dans l'histoire de la pensée économique.

Si le **marché** est pour les économistes le lieu virtuel de rencontre de l'offre et la demande, où se forme le prix d'un bien ou d'un service, un groupe d'acheteurs ou de vendeurs d'un bien ou d'un service particulier[633], il faut le reconnaître, le marché est une institution[634] régie par des lois et des règles.

Il y est, donc, indispensable une libre concurrence loyale, qui exige que[635]:

- les parties soient unies par des rapports de libre commerce, en sorte que les prix s'y nivellent avec facilité et promptitude ;
- les marchés soient les mieux organisés sous le rapport de la concurrence où les ventes et les achats se font à la criée, chacun des concurrents devant utiliser, pour arracher la clientèle du voisin ou la retenir, des procédés honnêtes comme l'usage des professionnels tels que les agents de change, courtiers de commerce ; l'offre des produits de bonne qualité à des prix accessibles à toutes les bourses de telle sorte qu'aucun échange n'ait lieu sans que les conditions n'en soient annoncées et connues et sans que les vendeurs ne puissent aller au rabais et les acheteurs à l'enchère. Ainsi, les biens offerts doivent être identiques et les acheteurs et vendeurs nombreux de sorte qu'aucun d'entre eux pris isolement ne puisse être capable d'influencer le prix de marché[636].

Dès lors, il ne pourrait être toléré que certains commerçants s'affranchissent des règles du jeu et s'approprient, par des manœuvres frauduleuses, la clientèle de leurs concurrents. En effet, le contexte de liberté de commerce favorise l'essor de la grande entreprise et de l'industrie, il accélère le progrès économique et social. Dans la mesure où il s'agit d'une compétition, chaque acteur du commerce va revoir la qualité des produits et services qu'il va offrir au public tout en augmentant les centres d'intérêts afin d'atteindre le grand nombre de consommateurs.

Ce qui, sans doute, va résorber le chômage, permettre l'accroissement des activités économiques des concurrents et l'augmentation du chiffre d'affaires et par voie de conséquence la croissance de toute l'économie[637].

De ce qui précède, d'aucuns admettent que la concurrence est un facteur de développement économique et il est reconnu, dans la plupart des pays, à chaque individu, à toute personne, de faire le négoce de son choix ou

---

633 GREGORY N. MANKIW-MARK P. TAYLOR, *Principes de l'économie*, 2ème édition européenne, De Boeck, Bruxelles, 2011, p. 90.

634 COURNOT Augustin, *Recherches sur les principes mathématiques des richesses,* cité par Marshall Alfred, *Principes d'économie politique*, Librairie de Droit, Paris, 1971, p. 105, mis à jour par wikipedia, 12 juillet 2011.

635 FABRE Gérard, *Concurrence, distribution, consommation*, 3ème édition, Dalloz, Paris, 1999, p. 52.

636 GREGORY N. MANKIW-MARK P. TAYLOR, *Principes de l'économie*, 2ème édition européenne, *op. cit.*, p. 91.

637 BUKA eka NGOY, *Cours de Droit Commercial Général*, G3 Droit, 2010-2011, UNIKIN.

d'exercer telle activité, art ou métier qu'elle trouve bon,[638] sous réserve pour elle, cependant, de se conformer aux exigences légales et réglementaires en la matière.

L'apport des privés en termes d'investissements est indispensable. L'action d'investir est fondatrice de l'activité économique en ce qu'elle détermine la capacité de productivité sans laquelle il ne peut y avoir ni production ni croissance économique et exige une accumulation préalable des moyens. Comme depuis un certain temps, les dépenses que les États ont à assumer sont devenues, en effet, si considérables que les États moyens ne sont plus capables de les assurer à eux seuls[639], le prélèvement fiscal sur les revenus de la population constitue une des sources importantes des finances de l'État[640].

Ainsi donc, pour un bon fonctionnement, le marché a besoin d'au moins deux institutions nécessaires, à savoir la monnaie et un droit spécifique[641]. Dans tous les cas, les échanges internationaux entraînent des transferts des revenus.

§1. La monnaie signe ou marchandise ?

Qu'est–ce que la « monnaie » ? À cette question fondamentale économistes, sociologiques et juristes donnent des réponses fort divergentes qui tiennent à des préoccupations non identiques[642]. L'économiste, du moins l'économiste moderne, va insister avant tout sur les fonctions de la monnaie, le sociologue sur l'attitude du groupe face au phénomène monétaire, le juriste sur le rôle de l'État en la matière. Nos réflexions vont s'appesantir sur ce dernier aspect. Les économistes utilisent le terme « monnaie » dans une acceptation plus spécialisée, qui ne désigne pas l'ensemble de la richesse, mais un seul type de richesse. La monnaie est le stock d'actifs aisément mobilisables pour procéder à des transactions[643].

La monnaie est généralement définie comme incluant tout ce qui est accepté pour le paiement de biens ou de services, ou pour le remboursement de dettes[644]. La monnaie est un objet de calcul économique (en même temps qu'elle permet l'expression de ce calcul). Elle est à la fois comme un fait social et comme un bien privé, les deux traditions s'accordant pour reconnaître que celle-ci a pour fondement la confiance. La monnaie est donc un bien, mais un bien particulier puisqu'elle permet d'acquérir tous les autres biens commercialisés[645]. Elle est également, selon le Professeur MBOYO EMPENGE ea LONGILA BB. Victor, un signe ou un symbole conventionnel sous forme métallique ou autre de toute nature, à valeur

[638] En RDC, l'article 35 de la constitution pose le principe selon lequel l'État garantie l'initiative privée tant aux nationaux qu'aux étrangers. Il encourage l'exercice du commerce.

[639] LWAMBA KATANSI, *Qui gardera les gardiens ? Le contrôle financier des institutions politiques de transition en RDC. Op cit*, p. 22.

[640] KOLA GONZE, *Cours de Droit Fiscal Approfondi*, DES, Faculté de Droit, 2005-2007, UNIKIN.

[641] Http, Wikipedia.org, 12 juillet 2011.

[642] CARREAU Dominique, *op. cit.*, p. 23.

[643] GERGORY N. MANKIW, *Macroéconomie*, 5ème édition française, nouveaux horizons, 2012, p. 123.

[644] MISHKIN Fréderic et Consort, *Monnaie, banque et marchés financiers*, *op. cit.* p. 9.

[645] BOFOYA KOMBA Beaujolais, *Economie politique*, L'Harmattan, Kinshasa 2013, p. 236.

conventionnelle arrêtée, permettant la réalisation des opérations d'échange contre une valeur similaire ou contre un bien, ou une marchandise ou encore un service estimé à valeur égale conventionnelle ou supérieur[646].

Même si la monnaie n'est pas la seule promesse de biens dans une économie, il en va de même de toute créance, c'est elle qui joue le rôle important dans les fluctuations économiques, c'est-à-dire dans les mouvements haussiers et baissiers du produit national brut et du chômage. Ainsi, la monnaie est un signe et elle se distingue, en tant que tel, de la chose qui lui sert de véhicule. Toute monnaie est fiduciaire et repose sur **la confiance**[647] de ses détenteurs, leur croyance dans le pouvoir de l'utiliser lors des échanges pour la valeur qu'elle est censée représenter.

C'est pourquoi, au regard de son rôle sur le marché, plus d'uns militent pour sa dématérialisation. « La question capitale en matière monétaire est celle qu'on peut appeler, empruntant le langage de la scolastique médiévale, celle du réalisme et du nominalisme monétaire ».

En d'autres termes, ceci revient à situer le fait monétaire par rapport à l'État. En effet, si la monnaie n'est qu'un « signe » le souverain disposera d'un pouvoir illimité pour donner une valeur quelconque à une chose qu'il qualifiera de « monnaie » et qui pourra n'avoir aucune valeur propre : la monnaie n'aura alors qu'une valeur extrinsèque, choisie à raison de ses qualités propres (or, argent, métaux précieux…) le souverain n'aura qu'à authentifier l'existence de ces qualités et garantir leur permanence ; il sera dans l'impossibilité d'en faire varier la valeur ; il ne pourra pas « diriger », « administrer », la monnaie ; le rôle de l'État restera dans le cadre de son contrôle général des poids et mesures[648].

Bien entendu, cette discussion apparaît en RDC, à l'heure actuelle, comme très académique. Toutefois, elle est historiquement importante au moins à deux titres ; tout d'abord elle a servi de ligne de clivage entre les tenants du libéralisme économique et les auteurs « socialistes » partisans d'une intervention de l'État dans la vie économique. Il est bien évident que plus personne de nos jours, qu'il soit économiste ou juriste ne pourrait s'aventurer à définir la monnaie comme étant une marchandise : l'époque de Turgot est bien passée. L'expérience a mis en lumière cette loi générale de la « dématérialisation » des monnaies ; la monnaie n'apparaît plus que comme un signe, un symbole dont il reste d'ailleurs à préciser les qualités et les fonctions[649].

Ensuite, cette querelle a eu le grand mérite de situer le phénomène monétaire par rapport à l'État. Là encore les nominalistes l'ont emporté sur les réalistes (ou valoristes) ; il n'est en effet plus d'auteur moderne pour nier le rôle fondamental de l'État quant à l'administration de la monnaie : celle-ci est même devenue « un instrument de politique gouvernementale »[650]. C'est la politique monétaire[651].

---

[646] Lire l'auteur dans le Cours de Droit financier, op.cit, Ed. 2015-2016, p.13.
[647] BOFOYA KOMBA Beaujolais, op cit, p. 236.
[648] CARREAU Dominique, *op. cit.*, p. 23.
[649] Idem
[650] Ibidem, p. 37.
[651] GREGORY N. MANKIW, *Macroéconomie*, 5ème édition française, p. 127

La RDC doit ainsi avoir une monnaie considérée comme un signe, administrée par l'État afin de réguler son achat et sa vente. Depuis 1998, le Franc congolais est la monnaie du pays[652].

C'est là qu'il faut indiquer que ce signe ne peut être considéré comme monnaie que dans la mesure où il assure certaines fonctions.

§2. Les fonctions économiques que doit remplir la monnaie en République démocratique du Congo

La monnaie, on l'admet dans tous les États, remplit trois fonctions qui, simultanément, la définissent[653] : unité de compte, intermédiaire général des échanges et réserve de valeur.

Pour échanger entre eux sur le marché, les agents ont d'abord besoin d'une évaluation commune[654] : c'est la fonction **d'unité de compte**, c'est-à-dire de servir d'unité de mesure de valeur dans l'économie. On mesure habituellement la valeur des biens et services en termes de monnaie, de même que l'on mesure le poids en gramme et la distance en mètre. Par la monnaie, l'économie de marché est plus souhaitée que celle de troc où il était difficile de connaître le prix réel d'un bien ou d'un service à échanger contre un autre devant une multitude des biens et services. En économie monétaire, la monnaie est susceptible d'être échangée contre n'importe quel bien ; c'est elle l'équivalent général[655]. En introduisant la monnaie, on résout la question de multiplication en indiquant tous les prix en monnaie.

La monnaie va bien au-delà de la simple question technique du numéraire, de l'unité de mesure au sens strict (euro, franc, unité de consommation...), puisqu'il s'agit de l'appréciation sociale des activités individuelles, autrement dit du rapport social. La monnaie est plus large que le numéraire même si elle est plus restreinte que le patrimoine ou la fortune et différente du revenu.

On constate que l'utilisation de la monnaie comme unité de compte permet de réduire les coûts des transactions en diminuant le nombre des prix qu'il faut afficher et examiner. Les gains de cette réduction sont d'autant plus grands que la société est plus complexe et le nombre des biens et services plus élevé.

La RDC a accepté plusieurs devises pour servir d'évaluation commune. Ce qui sous-tend que l'appréciation des activités individuelles des congolais dépendra non seulement de la population congolaise mais également et surtout de celles des États dont leurs monnaies servent d'unité de mesure. La valeur du travail des congolais est tributaire des décisions des pays étrangers : le seigneuriage.

Dans la plupart des cas, la « monnaie est tout d'abord un pouvoir d'achat conféré aux agents économiques » c'est-à-dire d'une part « une créance sur la production nationale » et d'autre part « une réserve de valeur »[656]. En tant

---

[652] Article 1 du décret-loi n° 080 du 17 juin 1998 instituant une nouvelle unité monétaire en RDC, *J.O* n° spécial, 20 janvier 2009.

[653] CAPUL Jean-Yves, GARNIER Olivier, *Dictionnaire d'économie et des Sciences sociales*, *op. cit.*, p. 319.

[654] BOFOYA KOMBA Beaujolais, *Economie politique*, *op. cit.*, p.237.

[655] KATOKALE LUTINA, *op. cit*, p. 65.

[656] CAREAU Dominique, *op. cit.*, p. 38.

que **réserve de valeur**, la monnaie est un moyen de transférer du pouvoir d'achat du présent vers l'avenir[657]. Elle doit être également **une unité de compte et un intermédiaire des échanges**[658].

Se pose ensuite la question du règlement des transactions. La monnaie sert d'intermédiaire des échanges dans presque toutes les transactions de marché dans les économies modernes[659]. Une économie qui ne dispose pas d'un moyen d'échange que constitue la monnaie est primitive[660].

Utiliser un intermédiaire dans les échanges permet de surmonter les blocages occasionnés par le troc, que cet intermédiaire soit un métal précieux ou un morceau de papier. Pourtant, les agents ne sont pas contraints de régler les échanges au comptant. Ils peuvent le faire à terme, par émission d'une reconnaissance de dette (traite), moyennant le paiement d'intérêts.

L'utilisation de la monnaie comme intermédiaire des échanges améliore l'efficacité économique et permet de minimiser le temps à dépenser pour trouver le bien correspondant pour échanger, comme c'est le cas dans une économie de troc.

Dans une économie de troc, le médecin ne peut manger que si un boulanger vient se faire soigner ou qu'il trouve des personnes qui peuvent échanger leurs propres biens contre de la nourriture et à lui échanger une partie contre les soins. Ces recherches risquent d'être longues et coûteuses car le temps à passer pour la recherche est le coût de transaction.

La monnaie augmente l'efficacité économique dans la mesure où elle permet à chacun de faire, de se spécialiser dans ce qu'il fait le mieux[661]. Avec l'internationalisation des activités économiques, il n'est pas toujours aisé de réaliser seul toutes les opérations qu'appelle son exploitation. En effet, si les contrats internationaux ne sont pas les épouvantails que d'aucuns craignent, ils ne sont pas non plus, des contrats signés entre gens de bonne compagnie ; il faut les aborder avec un minimum de connaissances, avec professionnalisme face aux pièges auxquels une négociation mal menée peut conduire[662].

Avec la monnaie, il est aisé de recourir au service d'un professionnel moyennant payement. Ainsi, la double difficulté que poserait le mode de paiement à terme : d'une part, le vendeur ne connaît pas forcément la capacité ou la volonté de rembourser de son client ; d'autre part, même dans le cas contraire, il ne pourra utiliser cette créance pour régler ses propres achats auprès d'autres agents qui, eux ne connaissent pas son client, est inopérante car il suffit de passer par des intermédiaires spécialisés dans l'échange (moyennant un coût) de leurs propres reconnaissances de dettes contre les traites individuelles. L'une des catégories de ces intermédiaires, disposant d'une expertise dans la gestion des créances individuelles et dont les propres créances sont généralement acceptables dans les échanges, sont des banques[663].

---

[657] GERGORY N. MANKIW, *Macroéconomie*, 5ème édition française, op cit, p. 123.
[658] *Idem.*
[659] BOFOYA KOMBA Beaujolais, *Economie politique*, *op. cit.*, p. 237.
[660] DWIGHT H. Perkin et Consort, *Economie de développement*, *op. cit.*, p.549.
[661] MISHKIN F. et Consort, *Monnaie, banques et marchés financiers*, *op. cit.*, p. 38.
[662] DE LA COLLETTE Jean, *Contrats de commerce internationaux*, De Boeck, Bruxelles, 1996, p. 230.
[663] BONNEAU Thiery, *Droit bancaire*, Montchrestien, Paris, 2001, p. 73.

Par les crédits, avances sur revenus, qu'elles octroient à leurs clients, les banques créent donc leur propre monnaie, contrepartie des reconnaissances de dette des agents privés, c'est-à-dire une reconnaissance de dette généralement acceptable dans les échanges et (le plus souvent) garantie par l'État.

On voit que cette monnaie bancaire est fondamentalement de même nature que les billets ou les pièces : il n'existe pas de créance généralement acceptable dans les échanges qui ne soit monnaie, de sorte que la distinction entre « moyen de règlement » des échanges et « moyen de paiement ultime » des créances n'a pas de sens : la monnaie n'est remboursable en aucune autre créance parce qu'elle n'a pas besoin de l'être ; elle est remboursable en biens lors de son utilisation. Avec la fonction d'intermédiaire des échanges apparaît l'essence de la monnaie : une promesse socialement garantie et généralement acceptable, alors que les traites n'offrent que la promesse individuelle de l'émetteur.

La venue du troisième millénaire étant caractérisée par une révolution technologique autrefois inimaginable, le secteur monétaire n'est pas en reste. La monétique se fait sentir sur l'économie. En effet, définie comme un ensemble des moyens électroniques mis en œuvre pour automatiser les transactions bancaires, cette forme de monnaie est considérée comme la plus efficace pour les transactions en ligne[664].

Il reste néanmoins une condition pour que la monnaie soit détenue : c'est qu'elle ne perde pas trop de valeur dans le temps.

La monnaie est aussi une réserve de valeur ; c'est un pouvoir d'achat mis en réserve et transférable dans le temps. Une réserve de valeur sert à épargner le pouvoir d'achat entre le moment où un revenu est reçu et le moment où il est dépensé. Cette fonction est utile dès lors que personne ne veut dépenser son revenu immédiatement quand on le reçoit, et on préfère le garder jusqu'au moment où on a le désir d'acheter.

En RDC, la monnaie nationale « le Franc Congolais », a cessé de rassurer aux congolais la possibilité de faire la réserve des valeurs ; ces derniers préfèrent le dollar Américain.

Enfin, la monnaie a aussi le « caractère d'un instrument de politique gouvernementale ». C'est ici qu'on parle souvent de politique monétaire qui se résume en ce que l'exécutif prenne des dispositions consistant à fournir les liquidités nécessaires au bon fonctionnement et à la croissance de l'économie tout en veillant à la stabilité de la monnaie[665].

En effet, la quantité de la monnaie en circulation dans une économie ne doit pas être trop faible, car les agents économiques seront obligés de limiter leurs activités économiques (consommation, production, investissement). À l'inverse, une quantité de monnaie trop abondante met à la disposition des agents économiques un pouvoir d'achat bien supérieur à la quantité des biens disponibles ; ce qui peut provoquer une hausse des prix[666].

Pendant cinq décennies, la BCC n'est pas parvenue à protéger la valeur de la monnaie nationale.

---

664 ZOLLINGER M., *Monétique et marketing*, Librairie Vuibert, Paris, 1989, p. 9.

665 CAPUL Jean Yves et OLIVIER Garnier, *Dictionnaire d'Economie et des Sciences Sociales*, N. E. Hatier, Paris, 2011, p.365.

666 CAPUL Jean Yves et OLIVIER Garnier, *Dictionnaire d'Economie et des Sciences Sociales,* op cit, p.365.

Si sur le marché financier seront échangés des titres, ces derniers représentent la monnaie et devront en définitive se transformer en liquidité. Il faut donc qu'existe un signe national qui servira d'intermédiaire dans les transactions.

Autrefois, les définitions juridiques de la monnaie se fondaient sur son poids, sa teneur, sur le régime de l'émission ; or, avec la dématérialisation totale de nos monnaies actuelles, ceci est devenu sans intérêt.

Ainsi, pour redonner au Franc congolais sa valeur, il faut donc tenir compte des trois éléments fondamentaux qui se traduisent dans les propositions suivantes : la monnaie est un attribut de la souveraineté, elle circule dans un territoire donné, elle représente un pouvoir d'achat[667].

Cela reste un défi pour un bon fonctionnement des marchés des capitaux en RDC, la question de pouvoir d'achat se posant avec acuité.

On ne doit pas perdre de vue que la monnaie est plus liée à l'exercice du pouvoir souverain qu'à la notion même d'État : nous devons retenir en effet qu'il est impossible de parler de monnaie avec toutes ses conséquences même quand il n'existe pas d'État au sens juridique du terme, et ce, sans faire appel à la théorie sociologique de la monnaie. Historiquement le titulaire du pouvoir monétaire était le plus haut personnage de l'État, Empereur ou Roi. De nos jours, si le titulaire a parfois et même souvent changé, la liaison entre la monnaie et l'autorité souveraine a été fortement affirmée.

La RDC doit mettre en évidence qu'il n'y a de monnaie que par l'usage commun et la confiance d'un groupe social déterminé. À l'appui de cette thèse, NUSSBAUM cite outre quelques cas très spéciaux mais traditionnels, des exemples plus nombreux se passant dans des périodes de troubles monétaires[668]. De plus, en cas de crise, l'estampille du Gouvernement ne suffit pas à faire accepter telle ou telle monnaie, la volonté populaire joue beaucoup.

Il revient donc au congolais de décider du pouvoir réel qu'ils accordent à leur monnaie, le Franc congolais.

À ce stade, pour atteindre l'objectif de donner un pouvoir d'achat à la monnaie, il s'avère important de faire cette distinction : Les pièces et les billets, c'est-à-dire les espèces ou le numéraire, constituent la monnaie fiduciaire. Celle-ci ne doit représenter qu'une petite part de la monnaie. Les dépôts bancaires, sur lesquels des chèques peuvent être tirés[669], font également partie de la monnaie : on parle de monnaie scripturale. Ils représentent des moyens de paiement largement acceptés qui peuvent être transférés à faible coût d'un individu à un autre. Les actifs, comme les biens immobiliers, ne sont pas considérés comme de la monnaie, car à l'inverse des espèces et des dépôts à vue, ils ne remplissent pas le critère fondamental de la liquidité.

Dans cette réflexion, lorsque nous parlons d'offre de monnaie, nous référons à l'agrégat monétaire que la banque centrale (dans l'Union européenne, la Banque centrale européenne et en RDC, la BCC) appelle l'agrégat monétaire M1.

---

[667] CARREAU Dominique, *op. cit.*, p. 23.
[668] NUSSBAUM, *Money in the law*, cité par CARREAU, *idem.*
[669] GERGORY N. MANKIW, *Macroéconomie*, 5ème édition française, p.128.

Il s'agit du montant total des espèces en circulation et des dépôts à vue détenus par les ménages et les entreprises.

La frontière entre la monnaie et la quasi-monnaie est en général définie de façon relativement arbitraire, aussi fait–elle l'objet de nombreuses controverses.

Les dépôts bancaires d'un montant important, qui sont échangés par les acteurs du marché des changes, ne sont pas considérés comme faisant partie de l'offre de monnaie. Ils sont en effet moins liquides que la monnaie et ne servent pas à financer des transactions courantes.

Il faut, de ce fait, que la RDC sache comment déterminer l'offre de la monnaie.

§3. La BCC doit offrir la quantité de la monnaie nécessaire

Dans les économies modernes, les États sont donc dans l'obligation de tout mettre en œuvre pour l'application heureuse de la théorie quantitative de la monnaie. Depuis longtemps, on sait que lorsqu'il y a trop de monnaies en circulation et que cette monnaie veut acheter trop de biens et services, les prix se mettent à augmenter. En bout de course, l'excédent monétaire par rapport aux besoins de la production doit forcément se déverser sur les prix. Ce qui débouche sur l'inflation avec pour effet de taxer doublement les détenteurs d'actifs financiers, c'est-à-dire que l'inflation fait fondre la valeur réelle des actifs monétaires et, en plus, elle fait apparaître des taux d'intérêts réels négatifs, taxant les détenteurs d'actifs portant taux d'intérêts (les obligations et les crédits).

L'offre de monnaie est contrôlée par la banque centrale. À l'intérieur du pays, la BCC doit préserver l'équilibre monétaire en prenant les décisions favorables au maintien du pouvoir d'achat de la monnaie. Dans les relations internationales, elle doit demeurer en état de fournir les devises nécessaires à tous les règlements avec l'étranger, éventuellement dans le cadre de la réglementation de changes en vigueur. Cette dernière réglemente directement le montant des dépôts à vue émis par les banques. Les procédures grâce auxquelles les banques centrales contrôlent l'offre de monnaie sont complexes. C'est pourquoi nous supposerons désormais que la banque centrale détermine simplement le niveau de l'offre de monnaie qu'elle souhaite. Cela suppose que soit maîtriser les différentes étapes suivantes[670] :

1. La demande individuelle de la monnaie

Tournons–nous à présent vers les facteurs qui déterminent le montant de monnaie que les personnes souhaitent détenir. Les déterminants de la demande individuelle de monnaie peuvent dériver de la théorie de la demande d'actifs que nous avons étudiée précédemment.

Nous avons vu que les particuliers fondaient leur demande sur trois caractéristiques de l'actif[671] : sa rentabilité anticipée comparée aux rentabilités offertes par les autres actifs, son risque et sa liquidité.

---

670 CARREAU Dominique, *op. cit.*, p. 24.

671 - ZVI BODIE et Consort, *Finance*, 3ème Ed., *op. cit.*, pp. 121-134.

La liquidité joue un faible rôle dans la détermination de la demande relative des actifs échangés sur le marché des changes[672]. En revanche, les ménages et les entreprises ne détiennent de la monnaie que pour des raisons de liquidité.

Pour comprendre comment les congolais choisissent le montant de monnaie à détenir, nous devons analyser la façon dont chacun des trois critères précédents influe sur la demande de monnaie.

A. La rentabilité anticipée

La monnaie ne porte pas intérêt. Les dépôts à vue offrent parfois des intérêts, mais les taux sont bien inférieurs à ceux offerts par les actifs moins liquides. Lorsqu'un agent détient de la monnaie, il renonce au taux d'intérêt plus élevé qu'il aurait pu obtenir en plaçant sa richesse dans une obligation d'État, un dépôt à terme ou tout autre actif. Lorsque nous parlons « du taux d'intérêt », nous faisons référence à ce taux d'intérêt auquel les individus renoncent. En effet, le taux d'intérêt sur les espèces est nul et le taux des dépôts à vue est relativement stable. Aussi, la différence de rentabilité entre la monnaie en général et les actifs alternatifs moins liquides se reflète-t-elle dans le taux d'intérêt du marché[673]: plus le taux d'intérêt est élevé, plus grand est le sacrifice financier à détenir sa richesse sous forme de monnaie[674].

La théorie de la demande d'actifs, nous permet de comprendre comment les variations des taux d'intérêt influent sur la demande de monnaie, quels sont les effets mêmes d'un changement du taux de rentabilité[675]. Par ailleurs, les individus préfèrent détenir les actifs offrant la meilleure rentabilité[676]. Supposons que les taux d'intérêt augmentent. Nous savons qu'une hausse du taux d'intérêt correspond à une hausse de la rentabilité des actifs moins liquides que la monnaie.

Les agents préfèrent donc détenir une plus grande part de leur richesse en actifs peu liquides, qui vont leur rapporter le taux d'intérêt du marché, et une moins grande part de leur richesse sous forme de monnaie[677]. Nous pouvons ainsi conclure que, toutes choses égales par ailleurs, une hausse des taux d'intérêt entraîne une baisse de la demande de monnaie.

Nous pouvons aussi aborder l'influence du taux d'intérêt sur la demande de monnaie en introduisant le concept économique de coût d'opportunité[678]. Il s'agit du revenu qui est sacrifié en choisissant un type d'action plutôt qu'un autre. Le taux d'intérêt mesure le coût d'opportunité associé au fait de détenir de la monnaie plutôt que des obligations portant intérêts. Une hausse du taux d'intérêt entraîne alors une augmentation du coût d'opportunité de la détention de monnaie. Elle réduit en conséquence la demande de monnaie.

En RDC, les taux d'intérêts créditeurs excessivement bas pratiqués par les intermédiaires financiers n'encouragent pas l'épargne par le placement.

- MISHKIN F. et Consort, *Monnaie, banque et marchés financiers*, *op. cit.*, pp 233 à 235.
[672] D'ARVISENET Philippe, *Finance internationale*, *op. cit.*, p. 405.
[673] GERGORY N. MANKIW, *Macroéconomie*, 5ème édition française, p.138.
[674] MISHKIN F. et Consort, *Monnaie, banque et marchés financiers*, *op. cit*, p. 560.
[675] KRUGMAN Paul et Consort, *Economie Internationale*, 7ème édition, *op. cit*, p. 655.
[676] D'ARVISENET Philippe, *Finance internationale*, *op. cit*, p.376.
[677] GERGORY N. MANKIW, *Macroéconomie*, 5ème édition française, p.143.
[678] ZVI BODIE et Consort, *Finance*, 3ème Ed., *op. cit*, p. 132.

Car chaque dollar, chaque franc congolais déposé en banque réduit la monnaie en circulation de 1 dollar ou de 1 franc et accroît les dépôts de cette monnaie : l'offre de monnaie reste inchangée[679].

B. Le risque

Le risque ne représente pas un facteur important dans la demande de monnaie. Bien entendu, il est risqué de détenir de la monnaie, puisqu'une hausse imprévisible du prix des biens et des services peut réduire la valeur de la monnaie en termes de pouvoir d'achat. Cependant, les actifs portant intérêts, comme les obligations d'État, présentent des valeurs nominales fixes en termes monétaires. La même hausse inattendue des prix diminue donc aussi la valeur réelle de ces actifs, et du même pourcentage que pour la monnaie. Puisque toute variation du risque de la monnaie entraîne une variation identique du risque des obligations, une augmentation de ce risque n'incite pas les individus à limiter leur demande de monnaie, ni à augmenter leur demande d'actifs portant intérêts[680].

Le marché financier congolais, que nous avons qualifié d'interbancaire, a perdu la confiance des épargnants à cause des pertes liées à la mauvaise gestion de ces banques et à l'instabilité macroéconomique.

Il est donc indispensable que les acteurs soient informés sur le niveau de la concurrence et les prix de la monnaie sous toutes ses formes. Chaque jour, des milliers d'investisseurs interagissent sur les marchés boursiers et confrontent leurs opinions sur la valeur des actions ou des obligations et d'autres titres des créances négociables. Le prix de marché est le résultat d'un équilibre entre l'offre et la demande, d'un consensus entre acheteurs et vendeurs sur la valeur du titre en question. Il faut une bonne dose de prudence pour parer à toute éventualité malheureuse[681].

C. La liquidité

Le principal avantage que présente la détention de monnaie réside dans la liquidité qu'elle procure. Les ménages et les entreprises en détiennent parce que c'est le meilleur moyen pour financer leurs achats courants. Certains achats de gros montant peuvent, certes, être financés grâce à la vente d'un actif de valeur non liquide.

Cependant, pour financer une série de petites dépenses, à des dates diverses et pour des montants variés, il est préférable de détenir un certain montant de monnaie.

Le besoin de liquidité d'un individu croît si la valeur moyenne de ses transactions courantes augmente. Nous pouvons en conclure qu'une hausse de la valeur moyenne des transactions courantes effectuées par une entreprise entraîne une hausse de la demande de monnaie.

---

[679] GERGORY N. MANKIW, *Macroéconomie*, 5ème édition française, p.681.

[680] FARBER ANDRE et Consort, *Finance*, *op. cit*, pp. 35-38.

[681] JONATHAN Berk et PETER DeMarzo, *Finance d'entreprise*, 2ème Ed. Nouveaux Horizons, Paris, 2011, p.295.

Il est malheureux de constater que la RDC est championne en transactions liquides[682]. Ce qui occasionne la perte de la valeur de la monnaie nationale.

2. La demande globale de la monnaie

Nous avons vu comment les individus et les entreprises déterminent leur demande de monnaie. Nous pouvons maintenant en déduire les déterminants de la demande globale de monnaie. Il s'agit de la demande totale de monnaie émanant de toutes les demandes individuelles. Plus que la demande individuelle de monnaie, c'est la demande globale qui nous intéresse pour comprendre les déterminants et les effets des taux de change et des taux d'intérêt.

Aussi, pour faire court, ferons-nous souvent référence à la demande de monnaie, sans préciser qu'il s'agit de la demande globale de monnaie.

Ici encore, trois facteurs principaux déterminent la demande de monnaie[683] : le taux d'intérêt, le niveau général des prix et le produit intérieur.

1. Le taux d'intérêt. Une hausse du taux d'intérêt incite chaque particulier à réduire sa demande de monnaie. Toutes choses égales par ailleurs, la demande de monnaie diminue lorsque les taux d'intérêt augmentent. C'est au taux d'intérêt qu'incombe le rôle essentiel d'équilibrer offre et demande[684]. Il faut comprendre que les flux entrants (l'épargne publique et privée) et sortants (l'investissement) sur les marchés financiers doivent être égaux[685].
2. Le niveau général des prix. Il s'agit du prix d'un large panier de biens et de services de référence, exprimé en termes monétaires. Souvent, le panier de référence contient des éléments de consommation courante, comme la nourriture, les vêtements et le logement, mais aussi des éléments moins courants, comme les soins médicaux et les frais d'avocat. Si le niveau général des prix augmente, les ménages et les entreprises vont dépenser une plus grande quantité de monnaie pour acquérir leur panier habituel de biens et de services[686]. Pour s'assurer du même niveau de liquidité qu'avant la hausse des prix, ils devront détenir une plus grande quantité de monnaie.

---

[682] Le système de paiement de la RDC manque beaucoup de moyens de paiement dans tout le pays ; le recours aux espèces est encore à la mode. Ce qui facilite la thésaurisation au point qu'il est souvent déploré l'absence de la monnaie dans les guichets des banques et des institutions financières et, au finish, le manque de placement des capitaux dans le circuit formel.

[683] MISHKIN F. et Consort, *Monnaie, banque et marchés financiers*, *op. cit*, p. 560.

[684] GREGORY N. MANKIW, *Macroéconomie*, 5ème édition française, *op. cit*, p.104.

[685] L'épargne et l'investissement sont interprétés en terme d'offre et de demande. Le bien est dans ce cas constitué par les fonds prêtables, dont le « prix » est le taux d'intérêt. L'épargne constitue l'offre de ces fonds : certains particuliers prêtent leur épargne aux investisseurs ou la déposent auprès d'une banque. L'investissement est la demande des fonds prêtables : les investisseurs empruntent directement auprès du public en vendant des obligations ou indirectement en empruntant auprès d'une banque. L'investissement étant fonction du taux d'intérêt, la demande des fonds destinés à financer cet investissement dépend elle aussi du taux d'intérêt.

[686] MISHKIN F. et Consort, *Monnaie, banque et marchés financiers*, *op. cit*, p.562.

3. Le produit intérieur. Lorsque le PIB réel augmente, un plus grand nombre de biens et de services sont vendus dans l'économie. Cette croissance de la valeur réelle des transactions entraîne une hausse de la demande de monnaie, le niveau général des prix étant donné.

Étant donné que la monnaie est un signe auquel on reconnait certaines fonctions, elle ne peut être qu'un attribut du pouvoir, de la souveraineté. Ce n'est qu'à ce titre que tout autre signe ne peut la concurrencer.

§4. La monnaie est une propriété du souverain

La prérogative ou le monopole du titulaire du pouvoir souverain en ce qui concerne l'émission de la monnaie remonte à l'Antiquité.

Cependant il y eut de longues périodes de « monnaies privées » : la monnaie fut émise par des municipalités non souveraines. À Rome le – jus monetandi – ne devint une prérogative impériale acceptée qu'à partir de Dioclétien[687].

À ce titre, CARREAU D. renseigne que[688] :

- Les Rois de France s'attribuèrent ce droit des empereurs tout en cédant la frappe à d'autres qu'à leurs agents directs. « Le monnayage, pouvait écrire René Gonnard, devint pour ainsi dire, une industrie privée, en restant toutefois sous la surveillance des représentants du pouvoir royal ».

Dès lors, à partir de cette époque jusqu'au XVIe siècle l'histoire monétaire, du moins celle qui nous intéresse ici, ne devait être qu'un perpétuel recommencement. Les premiers carolingiens dans leurs efforts pour rétablir l'ordre et l'autorité de l'État n'oublièrent pas de ressaisir le droit de battre monnaie, non sans se heurter, comme Charlemagne à de graves difficultés. Mais avec les derniers carolingiens, ce pouvoir retomba dans les mains des Eglises, couvents et seigneurs, petits et grands.

- Il fallut attendre Louis XI pour que le Roi reprenne la frappe des monnaies. Philippe le Bel continua dans cette direction et précisa par des lettres royales de 1355 que vingt-neuf seigneurs seulement avaient droit de battre monnaie. Le grand moment allait se produire sous Philippe VI qui proclama son droit régalien sur les monnaies dans une ordonnance du 16 janvier 1347 : « Nous ne pouvons croire qu'aucun puisse et doive faire doute que, à nous et à notre majesté royale, n'appartienne seulement et pour le tout, en notre royaume le métier, le fait, la provision et toute l'ordonnance de monnaies, et nous semble bon, pour le bien et le profit de notre royaume, et en faisons notre droit ».Ce droit ne fit que s'affirmer et se confirmer par la suite au point qu'à partir de Louis XIII on revint au monopole étatique.

- Et partant, cette prérogative entraînait celle de la « mutation » des monnaies. En bref « la concentration du pouvoir monétaire suivait celle, plus générale, du pouvoir royal ».

Cependant l'idée de la monnaie attribut de souveraineté et non propriété du roi ne s'était pas bien dégagée. À partir de la Révolution, cette étape allait être franchie de façon irréversible : car si elle avait « changé de souverain, elle se garda bien de toucher aux attributs de la souveraineté ».

---

[687] CARREAU D, *op. cit*, p. 24.
[688] CARREAU D., op cit, pp.24-27.

1. La monnaie, attribut du pouvoir souverain

Le monopole du Gouvernement (ou de l'organe constitutionnellement compétent) sur le système monétaire interne a été consacré par une jurisprudence unanime de même que par les lois et constitutions. La frappe est un droit régalien.

Le caractère régalien du droit de frappe, immédiatement reconnu et exercé, n'est ignoré qu'à l'époque féodale, par l'évêque, le seigneur, la commune, qui frappent monnaie chacun de leur côté. Il est repris dans les Temps Modernes, avec les autres attributs de la royauté, et la monnaie métallique est progressivement unifiée dans les différents pays.

Les rois ne se font pas plus faute que les seigneurs de procéder à des « mutations » monétaires – véritables dévaluation.

Il est indubitable que « déterminer ce qui sera légalement la monnaie et le cours légal est de par sa nature même, et nécessité un pouvoir gouvernemental[689]. Il est exercé dans les pays par les gouvernements.

« La fabrication des monnaies est une propriété qui appartient au souverain » dispose le décret français du 3 septembre 1792. La formule de la Tchécoslovaquie en date du 10 août 1919 s'exprimera de façon peu différente : « le droit d'émettre les instruments de paiement et de battre monnaie sur le territoire Tchécoslovaque appartient exclusivement à l'État ».

Et même dans les États fédéraux le pouvoir monétaire appartient à l'autorité suprême fédérale : l'article I, section VIII, paragraphe 5 de la constitution des États-Unis d'Amérique accorde au congrès le pouvoir : « de battre monnaie, d'en arrêter la valeur, ainsi que celle des monnaies étrangères.

En RDC, comme il a été dit plus haut, ce pouvoir est aussi reconnu aux pouvoirs publics qui l'exercent par le truchement de la BCC[690].

Enfin, il convient de signaler que cette prérogative du souverain en matière monétaire est fermement protégée par le droit pénal. Les crimes monétaires furent assimilés à la lèse-Majesté et à la haute trahison, et au Moyen-Age la punition en était la mort, accompagnée d'ailleurs de tortures raffinées[691]. Si les châtiments ne sont plus aussi barbares, les lois pénales modernes n'en restent pas moins sévères à l'encontre de ceux qui contrefont les monnaies.

Malgré le code pénal et des dispositions qui luttent contre le blanchiment des capitaux, cette leçon n'est pas encore mieux assimilée et exécutée en RDC où la vraie fausse monnaie est en circulation.

2. Le franc congolais est l'unique signe qui doit avoir cours légal en RDC

L'idée selon laquelle la monnaie ne circule que sur le territoire de l'autorité émettrice est ancienne. Ainsi, à Rome la circulation de la monnaie dans tout l'Empire allait de pair avec le monopole de l'Empereur.

Plus marquante encore est la période féodale : lorsque l'autorité politique économique et territoriale du souverain fut battue en brèche, des couvents,

---

[689] GERGORY N. MANKIW, *Macroéconomie*, 5ème édition française, p.127.

[690] Article 176 de la constitution du 18 février 2006, telle que modifiée par la loi n° 11/002 du 20 janvier 2011.

[691] CARREAU D., *op. cit*, p. 24.

des églises des seigneurs s'arrogèrent le « jus monetandi » et donnèrent aux pièces qu'ils frappaient un pouvoir libératoire sur leur domaine. Comme l'a écrit René Gonnard « le morcellement féodal s'exprime monétairement par une grande diffusion du droit de battre monnaie »[692].

C'est ainsi qu'au début du XIIIe siècle, plus de quatre-vingt seigneurs battaient monnaie en France. Lors de la réaction centralisatrice du pouvoir royal qui commença avec Saint-Louis, le roi ordonna que sa monnaie – « la forte monnaie du bon roi Saint-Louis » - eut cours dans tout le royaume, les monnaies seigneuriales se limitant au domaine de chaque seigneur ; de plus, là où il n'y avait pas de monnaie seigneuriale la monnaie du roi avait seule cours.

L'évolution dans le sens de la territorialité de la monnaie (signe frappé par l'État) n'allait pas se démentir : les moyens de paiements nationaux n'ont cours, n'ont de pouvoir libératoire, que dans le cadre de l'État émetteur. Passée la frontière, une monnaie nationale est sans valeur directement utilisable et l'on se trouve alors en face du problème du change. Tel est d'ailleurs l'avis d'un pionnier en la matière, le Baron Nolde, qui écrivait : « La législation et l'administration monétaires de l'État sont, en principe, strictement territoriales »[693]. La doctrine est divisée sur ce point.

En effet, dans ses enseignements relatifs à la Législation en matière économique, le Professeur ordinaire KUMBU ki NGIMBI J.M, arrive à la conclusion qu'un État, comme c'est le cas de la RDC, peut opter pour ne pas choisir une monnaie ayant cours légal, mais plusieurs. Nous pensons à notre avis que la circulation concomitante du Franc congolais et d'autres monnaies[694] reste une option qui affaiblie la devise nationale, signe dans lequel les épargnants privilégiés comme les ménages sont rémunérés. Toutefois, cela ne veut pas dire que les lois monétaires nationales n'aient aucun effet extraterritorial dès lors que toute politique de croissance doit tenir compte de l'équilibre extérieur, du système monétaire international[695]. Nous devons retenir que le droit monétaire international accepte cette idée que la monnaie représente un « pouvoir d'achat » en termes de biens ou de marchandises. Et il est même nécessaire qu'il en soit ainsi. En effet, les États ont perdu le pouvoir de fixer unilatéralement la parité de leur monnaie : de nombreux accords bilatéraux prévoient que les taux de change doivent être « réalistes » et « équitables », l'Accord sur le Fonds Monétaire International donne compétence aux organes directeurs pour approuver les déclarations initiales de parité et leur modification éventuelle en fonction des conditions économiques générales du pays en cause[696].

Le but de ces dispositions est d'éviter des taux de change « irréalistes », c'est-à-dire des monnaies sur-évaluées. Dans tous les cas le critère se

---

[692] CARREAU D. *op. cit*, p. 27.

[693] BARON Nolde, cité par CARREAU D. *op. cit*, p. 27.

[694] Le décret-loi n° 004/2001 du 31 janvier 2001 relatif au régime de opérations en monnaies nationale et étrangères en RDC consacre la possibilité que les transactions se déroulant sur le territoire national se dénouent soit en monnaie nationale soit en monnaie étrangère. Il en est de même des prestations des services qui peuvent être évaluées et rémunérées soit en monnaie nationale soit en monnaies étrangères (articles 1 et 2).

[695] BYE Maurice, *Relations économiques internationales*, *op. cit*, p.956.

[696] NYEMBO TAMPAKANYA, *Appréciation critique de la loi n° 73-005 du 5 janvier 1973 particulière sur le commerce au regard de la mondialisation*, *op. cit*, pp. 26-32.

fondera sur la théorie dite des « pouvoirs d'achat comparés »[697]. La comparabilité des pouvoirs d'achat des diverses monnaies est le meilleur garant de l'équilibre monétaire international que le F.M.I. se doit de promouvoir et de préserver.

Il est donc indispensable d'inclure dans une définition opérationnelle de la monnaie la référence à la notion de pouvoir d'achat. On arrive ainsi à la définition suivante : la monnaie est un ensemble de moyens de paiement, représentant un certain pouvoir d'achat, qui, par suite de la décision du pouvoir souverain de jure ou de facto, reçoivent pouvoir libératoire et circulent sur le territoire où s'exerce cette autorité suprême.

Indiquons cependant que les faiblesses du fonctionnement du FMI appellent à une réforme car alors que la politique monétaire agit sur l'offre de la monnaie sans modifier la dépense gouvernementale, la politique budgétaire en général agit sur la dépense gouvernementale sans modifier directement l'offre de monnaie[698].

Quelle réforme du système monétaire international ?

La crise financière récente a déclenché toute une série de mesures nationales, à commencer par des mesures de politiques monétaires, afin de désamorcer le risque de récession. Pourtant et en dépit de plusieurs tentatives de régulation, voire de réforme du système monétaire international (SMI), un grand nombre de questions demeurent en suspens. Plusieurs années après le début de la crise en août 2007, aucune solution probante n'a été adoptée pour le contrôle de la liquidité mondiale et de l'ajustement des déséquilibres internationaux.

Depuis l'apparition de la crise, le passage d'un cadre institutionnel international (Bretton Woods I) à un système fragile caractérisé par un équilibre improbable entre les pays à forts excédents et les pays à forts déficits d'épargne met plus que jamais en lumière la nécessité d'instaurer une coopération internationale sur la question de la monnaie et des changes.

Or, jusqu'à preuve du contraire, on a surtout observé la mise en place de stratégies non coopératives (injections massives de liquidités dans les économies des grands pays occidentaux, régime de change chinois, etc.), assorties de quelques modestes actions multilatérales (lignes de crédit et swaps) et d'une rafale de propositions plus ou moins crédibles sur une éventuelle réforme du système monétaire international.

Les défauts du système monétaire international sont connus : dès lors que le dollar est de facto la monnaie de réserve (en 2009, 63 % des réserves de change étaient en dollars) et la monnaie de facturation dominante de l'économie mondiale (49 % du commerce mondial en 2005), les États-Unis jouissent de ce privilège de « seigneuriage »[699] pour s'affranchir des contraintes généralement imposées par le nécessaire rééquilibrage des comptes extérieurs. Ils s'autorisent en permanence un déficit extérieur excessif qui « fabrique » à son tour une dette extérieure importante, mais finançable à des taux d'intérêt défiant toute concurrence grâce au rôle du

---

[697] BYE Maurice, *Relations économiques internationales*, *op. cit*, p.960.

[698] Idem, p.958.

[699] On appelle seigneuriage, les recettes acquises par émission d'argent. Ce terme vient de seigneur, lequel avait, au moyen âge, le monopole de l'émission de monnaie sur ses terres. Quelles sont alors les limites des terres américaines pour arriver à comprendre la raison d'être de leur comportement, le dollar étant la monnaie de réserve mondiale.

dollar comme monnaie de réserve internationale. C'est d'ailleurs la même logique qui a fait exploser le système monétaire européen en 1992-1993 lorsque l'Italie, l'Espagne et le Royaume-Uni se sont résignés à mettre en œuvre la politique monétaire qui leur aurait permis de maintenir leurs devises respectives à parité avec le Deutsche mark. Le système de Bretton Woods imposait un biais restrictif. Il en est mort[700].

Le système qui lui a succédé fonctionne dans l'autre sens. Pour cette raison, on l'a baptisé de « système de Bretton Woods inversé ». Lorsque les États-Unis affichent un déficit extérieur, les pays excédentaires (pays émergents d'Asie, pays exportateurs de pétrole) achètent des actifs en dollars et engrangent des réserves de change pour soutenir le billet vert.

Un système où le dollar est à la fois monnaie de réserve et monnaie de facturation dominante permet en effet, on l'a dit, aux États-Unis d'utiliser sans complexe son droit de seigneuriage, autrement dit d'afficher en permanence un déficit extérieur excessif (6 % de PIB début 2009), lequel se traduit finalement par une dette importante (17000 milliards de dollar de dette extérieure brute début 2009), mais aisément finançable grâce au rôle du billet vert comme monnaie de réserve internationale. À la fin de 2009, l'emprunt d'État à dix ans tournait autour de 3,2 %. Un engrenage dont on a pu observer les ravages au cours des dernières années (voir figure ci-dessous).

Dans le système de Bretton Woods inversé, la stabilisation du change est assurée par les pays à monnaie forte qui peuvent accumuler indéfiniment des réserves de change en créant leur monnaie, d'où la déstabilisation du système[701].

Comment mieux contrôler l'offre de monnaie mondiale ?

Nous pouvons paraphraser MISHKIN F que l'urgence est donc de réfléchir aux conditions de mise en œuvre d'un système plus équilibré, moins déstabilisant, susceptible de favoriser une croissance mondiale plus harmonieuse grâce à la réduction des risques de déséquilibre et à une meilleure allocation de l'épargne[702].

Sur toutes ces questions qui mettent en jeu les politiques économiques, donc in fine la souveraineté de tel ou tel pays, et où l'on cherche à imager les contours d'un nouvel arrangement institutionnel pour mieux faire fonctionner l'économie-monde, il y a évidemment le souhaitable et le possible[703]. Et l'un est souvent fort éloigné de l'autre.

Au chapitre du « souhaitable » ou, en tout cas, des réflexions menées par les gouvernements comme par les différentes instances internationales sur ce à quoi pourrait ressembler un « nouveau Bretton Woods », un certain

---

[700] - ARTUS Patrick, *op. cit*, p.48.
Le système de Bretton woods qui est fondé sur la conversion des monnaies jadis gagées sur le dollar américain s'est vu, à partir de 1971 devant l'impasse : la difficulté pour les monnaies de continuer à se gager sur l'or eu égard aux limites de la manipulation de l'or (l'or pèse pour son déplacement qui coûte cher et le fait qu'il est trop exposé au vol) et le souci d'avoir une référence pour déterminer la valeur des monnaies. Les USA ont détaché le dollar de l'or en 1971, décision confirmée en 1973, rendant toutes les monnaies flottantes.

[701] ARTUS Patrick, *op. cit*, p. 58.

[702] MISHKIN F. et Consort, *Monnaie, banque et marchés financiers*, *op. cit*, pp.562-563.

[703] CARREAU D., *op. cit*, p. 24.

nombre de pistes ont été tour à tour évoquées, voire explorées au cours des dernières années[704].

La première est celle de la création d'une monnaie de réserve artificielle, dont l'offre serait contrôlée par une institution internationale indépendante, le Fonds Monétaire International ou l'ensemble des banques centrales par exemple. L'occasion pour ses prosélytes de remettre en selle le DTS (Droit de Tirage Spécial) – le DTS étant défini comme un panier de monnaies[705] – qui avait déjà connu une (brève) heure de gloire dans les années 1970 (voir encadré). On connaît en effet les avantages d'une monnaie artificielle : une parité de change plus stable puisqu'il s'agit d'un panier de monnaie offerte contrôlée et, in fine, le fait qu'aucun pays ne puisse dans ce cas de figure user du privilège de la monnaie de réserve. Avec les DTS, ou toute autre monnaie artificielle, on pourrait donc, en théorie, contrôler l'offre de liquidité mondiale qui ne dépendrait plus du déficit extérieur américain. Pour toutes ces raisons, la monnaie artificielle, DTS ou panier de monnaies, ne paraît pas adaptée à un système où les flux de capitaux privés dominent[706].

La seconde, la variante de la première, est un système à plusieurs monnaies de réserve. Elle serait probablement inefficace car n'apporterait pas de solution au problème du réglage de l'offre de monnaie de réserve, ni de la croissance de la liquidité mondiale. En outre, elle irait de pair avec la multiplication des coûts de conversion dès lors que le billet vert est la monnaie dominante dans la facturation du commerce mondial[707].

Elle augmenterait enfin forcément la volatilité des taux de change entre ces monnaies en fonction des chocs locaux ou des anticipations de rendement, comme on l'a vu d'ailleurs entre le dollar et l'euro dans la période récente (la volatilité implicite dollar / euro a énormément augmenté depuis août 2007).

La troisième enfin, est la piste, parfois évoquée, d'un retour à l'or : une piste sans issue dans la mesure où le niveau des réserves de change mondiales (plus de 6000 milliards de dollars) ne peut être investi en or sans provoquer une explosion du prix, compte tenu du stock disponible (moins de 30000 tonnes). Ajoutons que l'offre de l'actif de réserve (l'or) ne peut être contrôlée, ce qui implique de violentes fluctuations de son prix, fluctuations que l'on observe déjà aujourd'hui alors que le métal jaune ne joue qu'un rôle mineur de monnaie de réserve.

Au chapitre du possible, tout l'enjeu porte sur la question de savoir s'il sera possible de mieux contrôler la création monétaire mondiale, de mieux réguler les flux financiers et l'évolution des changes et quelles sont les pistes pour y parvenir.

À la question, nous proposons des monnaies fortes mais convertibles, avec l'assistance des institutions financières. Cependant, chaque État doit savoir que c'est coûteux, avoir sa monnaie forte.

---

[704] NYEMBO TAMPAKANYA, *Appréciation critique de la loi n° 73-005 du 5 janvier 1973 particulière sur le commerce au regard de la mondialisation*, *op. cit*, pp. 26-32.

[705] BYE Maurice, *Relations économiques internationales*, *op. cit*, p. 465.

[706] Nous sommes de l'avis de MISHKIN, ARTUS, CARREAU D et autres que les marchés financiers prônant sur le libéralisme où la règle est la protection de la propriété privée, il sera difficile qu'une non monnaie soit une monnaie de réserve. Il faut faire le choix d'une monnaie pour référence dès lors qu'un État s'attèlera à sa régulation.

[707] KRUGMAN Paul, *Economie Internationale*, 7ème édition, *op. cit*, p. 506.

En effet, l'indexation sur une monnaie étrangère est une manifestation d'une absence de civisme économique, c'est dire d'un dévouement du citoyen pour sa patrie et ses symboles républicains dont la monnaie, attribut de souveraineté nationale[708]. Il n'est pas conseillé que des créances congolaises soient spéculées sur l'économie étrangère.

La banque garde et gardera toujours un dernier moyen d'action, dont le caractère monétaire est partout reconnu, un moyen d'action qui se confond avec le crédit, c'est-à-dire avec la définition même de la fonction bancaire. Lorsque le prêt bancaire est réalisé, non par voie de décaissement de fonds, mais par un jeu d'écritures, ou de virement de compte à compte, d'où les appellations de « monnaie scripturale » ou de « monnaie de compte », la Banque pense avoir rempli un rôle monétaire certain, la monnaie ainsi créée n'étant pas essentiellement différente, dans sa signification fiduciaire, du billet de banque lui-même.

Ce n'est qu'à cette condition que va bien fonctionner le marché monétaire.

SECTION 3. LE BON FONCTIONNEMENT DU SYSTÈME BANCAIRE NATIONAL

Le marché congolais est « monétaire », c'est-à-dire celui du court terme, avec les extensions récentes de cette notion. Il appartient essentiellement à l'appareil bancaire. Dans d'autres pays, son instrument classique est l'effet de commerce, avec les diverses opérations auxquelles il donne lieu, notamment l'escompte, le réescompte et l'acceptation.

Le réescompte évoque l'appui de la Banque Centrale dans le fonctionnement du marché monétaire : l'acceptation est souvent procurée par les établissements publics et semi-publics, lorsqu'elle ne l'est pas par des banques spécialisées. Les banques de par la fonction de distribuer des crédits, jointe à la faculté de gérer les comptes créditeurs, ont un pouvoir de création monétaire et de monétisation de créance. Elles procèdent en la transformation en monnaie des créances qui ne pouvaient pas être directement cédées en échange d'un bien ou d'un service[709].

Comme il a été relevé précédemment, son fonctionnement en RDC pose problème.

Et pourtant, on le sait tous, à l'ère de la globalisation financière, des marchés financiers structurés et qui fonctionnent normalement sont indispensables à l'harmonisation, à la sécurisation et à la promotion des rapports juridico-financiers entre États.

En effet, pour le bon fonctionnement de l'économie et la sécurité juridique des citoyens, le système de financement est appelé à répondre à une série des services : le système bancaire fournit un moyen d'échanges et une réserve des valeurs appelée « monnaie » ; celle-ci joue également la fonction d' « unité des comptes », pour mesurer la valeur des transactions.

Outre ces deux services, le système de financement offre un canal pour la mobilisation et l'affectation des fonds, en collectant les économies réalisées

---

708 KATO-KALE Lutina M.L., Le juge congolais et les questions monétaires, op cit, p.152.

709 BERGER Pierre, *Le marché monétaire*, Presses Universitaires de France, Paris, 1973, p. 19.

par les épargnants et en les dirigeant vers les investisseurs, en vertu du processus d'intermédiation financière ; il est un moyen de transfert et de répartition des risques dans l'économie ; et enfin, il fournit un catalogue d'instruments politiques pour la stabilisation de l'activité économique[710]. Ils sont un facteur clé dans la production d'une croissance économique élevée.

On sait également que la banque a pratiquement le monopole pour la collecte de l'épargne et sa canalisation pour des emplois productifs.

L'équilibre des flux de financement des prêteurs aux emprunteurs est également réalisé par la forme de la finance indirecte, dans laquelle un intermédiaire financier emprunte d'un côté aux épargnes-prêteurs et prête de l'autre aux emprunteurs.

Une forme d'intermédiaire passant par le marché financier consisterait à ce qu'une banque émette des obligations (par lesquelles elle s'endette envers leurs détenteurs) et utilise les fonds obtenus pour acheter des obligations de sociétés industrielles (ce par quoi elle leur prête ces fonds). De manière similaire, une banque peut obtenir des fonds en se reconnaissant une dette envers le public (qui devient un actif pour le public des épargnants-prêteurs aux entreprises emprunteuses par l'intermédiaire d'un intermédiaire financier (la banque).

Depuis quelque temps, il est admis que le recours au crédit bancaire et à la levée des fonds sur les marchés financiers en vue du financement des projets spécifiques constitue le mode de financement du développement d'un pays. Un système bancaire efficient facilite l'intermédiation financière et permet d'assurer une affectation optimale des ressources financières dans le secteur réel[711]. On se retrouve ainsi devant la situation suivante : d'une part, des particuliers ou des entreprises ont de la monnaie excédant leur volonté momentanée d'achat, d'autre part, des industriels, des agriculteurs, des commerçants ou même des particuliers ont besoin de monnaie pour faire face à leurs échéances ou pour procéder à des dépenses jugées indispensables. Un marché de l'argent, qui nécessite un encadrement par les banques et autres institutions financières, est amorcé.

Quelles sont les fonctions que doivent remplir les banques et autres institutions financières en RDC. Telle est la question fondamentale à laquelle il faudra répondre à la suite de notre étude sur ce que doit être le bon fonctionnement du système bancaire national.

§1. Les fonctions de canalisation des capitaux par les intermédiaires financiers

Bien que les médias accordent beaucoup plus d'attention aux marchés financiers, et surtout au marché des actions, la finance indirecte est en réalité, comme on l'a vu ci–dessus, le principal moyen par lequel les fonds sont transférés des prêteurs aux emprunteurs. Les banques et autres intermédiaires financiers doivent assurer le fonctionnement des circuits de paiement, en faisant circuler la monnaie par l'enregistrement des chèques ou

[710] DELAUBADERE et DELVOLVE P., *Droit Public économique*, Paris, Dalloz, 1983, p. 371.
[711] MUTOMBO MWANA NYEMBO, *Du financement du processus de transformation et de l'émergence de l'Afrique*, *op. cit*, p.21.

virements et par les domiciliations d'effets de commerce. C'est la raison pour laquelle les soldes créditeurs des comptes disponibles à vue présentent l'ensemble des caractères propres de la monnaie. En étant appelées à enregistrer les recettes et les dépenses réalisées par les agents économiques, les établissements de crédit sont incités à consentir des crédits. Ils doivent donc être constamment en mesure d'assurer la convertibilité de la monnaie scripturale en monnaie susceptible de tradition manuelle. Ils doivent y veiller d'autant plus qu'après la mise en circulation de toute quantité nouvelle de monnaie une fraction de celle-ci leur échappe dans des délais plus ou moins rapides, pour répondre à des demandes de transformation en billet.

Leur place est ainsi déterminante pour la mise en œuvre de la bourse des valeurs mobilières en RDC, l'intérêt des investisseurs devant être protégés.

1. La place des intermédiaires financiers dans la mise en œuvre de la bourse des valeurs mobilières en RDC

Même si les investissements du secteur public apportent un concours important à la croissance dans divers domaines, les investissements du secteur privé sont beaucoup plus importants dans la mesure où ils constituent le moteur principal de la création d'emplois, du renforcement de la productivité, de la croissance et du développement à long terme.

Dès lors, pour encourager des investissements en général et ceux du secteur financier en particulier, c'est-à-dire ceux économiquement productifs et rentables, les responsables politiques doivent mettre l'accent sur des mesures susceptibles de réduire les coûts de production et de contribuer à créer des marchés raisonnablement stables[712].

Outre la satisfaction à l'exigence de la stabilité macroéconomique et politique, l'état des infrastructures, les conditions liées à l'établissement de l'entreprise (l'octroi des licences industrielles et commerciales, l'obtention de crédit, l'enregistrement d'un bien et l'application des contrats) sont déterminants pour que les investisseurs passent à l'acte.

Bref, l'implantation des entreprises du secteur de la finance en RDC dépendra de la qualité des institutions et de la gouvernance. Car des institutions plus solides et une gouvernance meilleure peuvent contribuer à réduire les risques et à baisser les coûts. Ce qui devrait aussi favoriser le développement des investissements et de leur productivité.

Pour permettre l'éclosion des marchés des capitaux interconnectés « **marchés financiers** », il faut, à tout prix, multiplier l'implantation des banques partout dans le pays. Le Gouvernement doit se fixer l'objectif d'atteindre un chiffre de ne fut ce que 1000 banques d'ici 2030 ; près de 2000 coopératives d'épargne, même 3000 Institutions de Micro Finance d'ici 2020 afin de faciliter l'octroi des microcrédits et redonner confiance entre épargnants et intermédiaires financiers, préalable indispensable pour encourager l'investissement bancaire ; et une centaine d'institutions spécialisées.

De même, comme nous l'avons dit dans le chapitre en rapport avec les marchés financiers en RDC, de toutes les banques existant dans le pays, une seule « BIC » avait jusqu'en 2011, l'actionnariat congolais en majorité.

---

[712] DWIGHT H., PERKINGS, STEVEN RADELET et DAVID LINDAUER L, *op. cit.*, p. 474.

Et pourtant, nous ne devons pas perdre de vue que l'une des causes des problèmes macroéconomiques des PED est l'utilisation massive des capitaux étrangers pour le financement des investissements[713]. Et qu'en cas de défaut, en cas de crise, le pays perd soudainement accès aux ressources de financement car les prêteurs vont non seulement refuser d'accorder de nouveaux prêts, mais vont aussi demander le remboursement des anciens, et rapatrier rapidement leurs placements les plus liquides[714].

Dans les pays à économie performante, on achète et on vend à terme, les banques garantissant les uns et les autres. Comme nous l'avons démontré précédemment, un développement durable et intégral d'un pays exige la trilogie marché monétaire, marché du crédit et marché financier.

Pour que la RDC arrive à atteindre l'objectif de développement, elle doit envisager l'expansion de son marché monétaire qui, il faut le dire, doit organiser la vente et l'achat des titres des créances négociables. Ce qui permettra qu'on recourt de moins en moins aux espèces grâce à un nouveau système de paiement qui fait plus usage de la monnaie scripturale et de la monnaie électronique.

À cet effet, les habitudes de paiement doivent être uniformisées grâce à la suppression des possibilités que le paiement s'effectue seulement en monnaie étrangère dans certains secteurs de la production. C'est le cas dans le secteur minier et des hydrocarbures ainsi que dans celui du bois qui sont, dans tous les pays en voie de développement comme la RDC, des réserves des ressources importantes en devise pour la stabilisation de l'économie.

De ce fait, la monnaie nationale doit être protégée dans sa valeur et son pouvoir grâce à un gage des devises étrangères résultant de la balance extérieur. Par conséquent, les banques doivent être au centre de l'activité économique en vue d'une bonne collecte de l'épargne.

Cela ne peut être atteint sans l'usage des instruments suivants : le bon du Trésor, la mise en pension, les certificats de dépôt, les billets de trésorerie, les swaps de taux et les acceptations bancaires.

Quoi qu'il en soit, et comme il a été démontré dans les lignes qui précèdent, les institutions financières ainsi implantées doivent avoir une politique incitative de l'épargne.

Cette politique doit exercer, de façon plus ou moins directe, une influence sur la demande et l'offre des ressources financières nécessaires à l'investissement ou à la consommation. Il est d'une importance capitale que l'épargne des ménages soit réorientée grâce à une politique les incitant à investir sur les marchés[715].

2. Investir, épargner en RDC pour quel intérêt ?

La question des taux d'intérêt occupe une place de choix dans la décision d'épargner. Pour rappel, en effet, « pour les banques commerciales, prêter de l'argent doit être rémunérateur, c'est-à-dire qu'elles doivent vendre l'argent aux clients plus cher qu'elles ne se le procurent »[716]. Et pour les ménages le

---

713 KRUGMAN Paul et Cie, *Economie Internationale*, 7ème édition, *op. cit.*, p. 666.
714 *Idem*, pp. 666-668.
715 DENIEL Alain, *Cours sur le Trésor et la politique financière*, *op. cit*, p. 212.
716 BOSEKOTA W'ATSHIA, *Rebâtir le Congo Démocratique*, T.II, Université Bel Campus, Kinshasa, 2001, p. 117.

taux d'intérêt résultant des comptes à termes est plus alléchant lorsqu'il rapporte des ressources suffisantes. Ce n'est qu'à cette condition et à cette condition seulement que les agents économiques sont encouragés pour les immobilisations de très longue durée.

Le taux d'intérêt mesure le coût d'opportunité associé au fait de détenir de la monnaie plutôt que des obligations portant intérêts. Une hausse du taux d'intérêt entraîne alors une augmentation du coût d'opportunité de la détention de monnaie. Elle réduit en conséquence la demande de monnaie.

En RDC, les taux d'intérêts débiteurs sont fixés par ceux qui font offre des capitaux. Il revient, en effet, aux banques agréées de fixer les taux de chargement de tous les crédits y compris les crédits agricoles[717]. Dans la pratique, ce taux varie entre 30 à 40%.

Cette attitude des banques agréées est inadmissible lorsque la BCC a fixé le taux directeur à 2%. Loin sans faux, il s'agit d'une escroquerie institutionnalisée dont est victime la population congolaise. La BCC est appelée à encadrer cette activité en vue de permettre l'accès de la population aux services financiers et décourager un enrichissement exagéré des intermédiaires financiers.

Quant au taux de change, il ajuste l'offre et la demande d'une devise contre une autre. Il évolue de façon à égaliser l'offre et la demande[718].

Par ailleurs, dans la plupart de cas, les comptes à terme, mieux l'épargne durable en RDC ne rapporte que 3% du montant initial par an. Ce qui fait de la thésaurisation le mode normal de l'épargne des ménages à travers le pays.

En effet, la BCC, autorité compétente en la matière a opté, depuis plus de 30 ans, pour le principe de liberté en matière de rémunération des dépôts. Elle dispose, par son instruction n° 11du 15 septembre 1997, la dernière en date, que les banques agréées sont libres d'accorder une rémunération aux dépôts de leur clientèle. La seule exigence qui leur incombe est d'afficher les barèmes de rémunération, par terme, des dépôts tant en monnaie nationale qu'en monnaies étrangères.

Un taux d'intérêt qui n'est pas suffisant pour compenser les conséquences de la dégradation de la monnaie est indiscutablement un facteur de découragement[719]. Ainsi, le marché formel souffre d'une carence de liquidité et les projets de développement peinent à être réalisés.

Il est souhaitable que les taux d'intérêt des comptes à terme soient revus à la hausse, pendant une période expérimentale, soit un taux de 8% l'an. Cela va permettre à restaurer la confiance de la population dans le placement bancaire. Ce qui nécessite que la BCC prenne une instruction contraire à celle en vigueur. La formation des taux d'intérêt ne peut être livrée à ses seules forces, sans intervention régulatrice de la Banque Centrale. Si non le fonctionnement du marché monétaire donnerait lieu à des fluctuations de taux extrêmement brutales. Il faut une maîtrise des facteurs qui agissent sur la gestion des établissements de crédit[720] : sorties des devises, règlements au profit du Trésor, besoins des billets.

---

[717] Articles 1 et 2 de l'instruction n° 12, telle que modifiée pour la 13ème fois, du 15 septembre 1997.

[718] D'ARVISENET Philippe, *Finance Internationale*, 2ème Ed., DUNOD, Paris, 2008, p. 12.

[719] BERGER Pierre, *Le marché monétaire*, op cit, p.105.

[720] Idem, p.107.

Ce taux va encourager plus d'uns à opter pour le placement bancaire en lieu et place de la thésaurisation. Il va également rassurer les différents acteurs qui souhaitent exprimer leurs offres de capitaux dans le secteur informel à un taux d'intérêt exagéré, à leur risque et péril, qu'ils peuvent investir sur ce marché organisé et gagner, à coup sûr, à des proportions rationnelles.

En effet, la nécessité de protéger les consommateurs de services financiers en RDC se fait sentir avec acuité. Car favoriser l'implantation des intermédiaires financiers dans le pays ne peut, en aucune manière, laisser entrevoir une anarchie dans le fonctionnement du système bancaire national. S'il faut que la population accède au financement, on ne doit pas perdre de vue que cette opération doit se réaliser en vue du relèvement du revenu individuel. La BCC, qui a la mission générale de stabiliser le prix et de conseiller économique et financier du gouvernement doit se poser la question de savoir si avec un crédit remboursable à un prix de 40 % le bénéficiaire peut rembourser et atteindre un niveau de vie acceptable.

Il apparaît indubitable en fin de compte que l'offre et la demande de capitaux sont sensibles aux mouvements des taux d'intérêts. Il reste vrai que dans les pays où les droits de propriété sont sûrs et où le respect des contrats est assuré par le pouvoir judiciaire, les investisseurs ont beaucoup plus de chance de réaliser des implantations plus importantes et à long terme.

§2. Les intermédiaires financiers doivent faciliter le crédit aux pauvres : la micro finance comme moteur de développement

Au marché à court terme, il faut ajouter celui à moyen terme. Afin de favoriser une bonne redistribution des richesses à toutes les couches de la population, l'État doit encourager le « crédit » sous toutes ses formes et surtout le crédit à moyen terme.

1. Quelle est la situation du marché de la RDC ?

Dans un pays où la majorité de la population est pauvre, la politique des prêts de plus d'une année de terme (5 ans par exemple ou plus) devrait être le plus pratiqué par les banques et autres institutions financières.

Dans la mesure où le pays n'a pas assez de capitaux, le recours aux investisseurs étrangers peut être salutaire. En ce qui concerne la Politique de Crédit, quelques indicateurs expliquent l'inefficacité de la politique monétaire de la Banque Centrale du Congo, spécifiquement sur le volet crédit. Il s'agit notamment de :

- taux de dollarisation de l'économie élevée (60 à 70%) et 55% des dépôts en devises du système bancaire pendant plusieurs décennies ;
- désintermédiation bancaire (87% de la masse monétaire en CDF hors banque à la fin de 2004 et près de 60% jusqu'en 2015) ;
- hyperinflation résultant des avances de la Banque Centrale au Trésor, consenties en couverture des déficits budgétaires chroniques de l'État (même pour sauver certains établissements de crédit en difficulté, sur recommandation du gouvernement);
- crédit à l'économie et refinancement des banques commerciales plafonnés globalement ;

– pénurie des signes monétaires au sein du système bancaire et inconvertibilité des dépôts, se traduisant par l'arrêt des opérations au marché monétaire et par la décote de la monnaie scripturale par rapport à la monnaie fiduciaire ;
– inefficacité de tous les instruments de la politique monétaire :
  • taux d'intérêt inopérant ;
  • absence d'instruments appropriés de la gestion de la liquidité ;
  • inexistence d'un instrument hybride entre la politique monétaire et la politique budgétaire (Certificat de Dépôt) ;
  • réserves obligatoires ne jouant pas leur rôle ;
– interférence du Gouvernement dans la politique de taux d'intérêt de la BCC (crédit appui à l'économie et avances accordées à l'État);
– qualité douteuse des actifs reçus en contrepartie des opérations de refinancement.

Il a été prouvé également que la politique de crédit, quasiment inexistante, n'est pas exécutée par les banques commerciales en RDC. Les enquêtes que nous avons menées dans les banques de Kinshasa à partir de 2011 ont démontré le caractère rigide de l'octroi des crédits.

Les garanties exigées, le taux d'intérêt appliqué découragent complètement la distribution des ressources financières du pays à toutes les couches actives de la population. Et pourtant, il reste vrai que s'il faut attendre que les particuliers épargnent pour se procurer les biens qu'ils souhaitent avoir, eu égard au revenu personnel de 80% de la population en général qui est de moins d'un dollar par jour, et 66% de celle rurale qui est de deux dollars par jour, les rêves d'un développement durable sont encore loin d'être matérialisés. Il faudrait une croissance du PIB/ habitant de l'ordre de 12 à 15% par an[721] pour espérer un développement. Seuls les marchés financiers, qui ont les établissements de crédit à la base peuvent remonter la pente.

En effet, les établissements de crédit sont définis comme des personnes morales qui effectuent à titre de profession habituelle, des opérations de banque. Les opérations de banque comprennent[722]:

a) La réception et la collecte des fonds du public ;
b) Les opérations de crédit ;
c) Les opérations de paiement et la gestion des moyens de paiement.

Ce qui revient à dire qu'est considéré comme établissement de crédit toute personne morale qui réalise, de façon permanente, les trois opérations citées ci-haut ou tout au moins une d'entre elles. Mais une banque ne saurait être qualifiée comme telle sans que ces trois opérations ne soient ses activités usuelles.

Il est cependant à constater que les banques congolaises ne font presque pas le crédit surtout lorsqu'il est d'une maturité supérieure à un an de terme[723].

---

[721] HUART Alain, TOMBU Chantal, VAN der ELSTRAETEN Alice et Consort, *La voix du Congo profond*, Centre de Recherche et de Diffusion de l'Information Pédagogique, Kinshasa, Juin 2010, p 28.

[722] Article 1 de la loi n°003/2002 du 02 février 2002 relative à l'activité et au contrôle des établissements de crédit, *J.O.*, 45ème année, n° spécial, mai 2002.

Nous arrivons ainsi à la conclusion qu'il n'y a pas des sociétés de capitaux en RDC. C'est dans cette catégorie des sociétés des capitaux qu'on retrouve les sociétés dont le capital doit être à même de déclencher le développement du pays grâce à divers services rendus à la population active. Les banques étant les sociétés de capitaux par excellence, leurs capitaux propres initiaux devaient être des montants considérables devant leur permettre de bien réaliser leur mission d'octroi de crédit. Il est rare de trouver en RDC une banque de plus de 10 millions de dollars américains de capital. Ce qui explique la difficulté qu'elles ont pour intervenir dans le cadre du marché de crédit (moyen terme) au point qu'elles apparaissent comme des simples courtiers d'affaires.

De ce fait, en RDC, les banques sont considérées comme des structures qui viennent faire des bénéfices avec les fonds placés par le public congolais sans pour autant que ce dernier en tire réellement profit. Il s'agit dès lors d'une escroquerie minutieusement organisée car au lieu que les établissements de crédit financent le développement de la RDC par l'exécution de la politique de crédit, la BCC, le Trésor public et les déposants financent la croissance desdits établissements de crédit.

Il faut peut-être attendre que les institutions de micro finance s'installent durablement pour voir s'annoncer le développement en RDC.

2. La microfinance va-t-elle changer la donne en matière d'octroi des crédits ?

On ne peut rêver un quelconque développement sans un marché de crédit efficace et efficient et sans des acteurs qui servent réellement d'intermédiaires. Dès lors, il devient impérieux de recourir à la technique de micro finance pour remédier à cette situation désastreuse.

En effet, comment se constituer une épargne, même modeste, si l'on ne dispose d'aucun lieu sûr où déposer son argent ? Comment investir dans une petite affaire si l'on n'a accès à aucune source de financement ? Comment prendre en main son propre développement si l'on ne dispose d'aucune option raisonnable pour gérer le peu de revenu que l'on détient ?

Ces questions se posent chaque jour en RDC où une large majorité de la population n'a pas accès aux banques, comme il a été relevé dans les lignes précédentes. Dans ce pays, il existe un fossé entre l'essentiel de la population – les paysans, les familles des milieux pauvres et populaires des villes, les petits entrepreneurs du secteur informel – et les établissements financiers du secteur formel. Les banques perçoivent ceux-ci comme des clients peu rentables et extrêmement risqués. En retour, ces clients sont conscients que les banques, trop formelles, trop distantes, trop prudentes, sont inadaptées à leurs besoins. La seule solution est de se tourner vers des acteurs financiers informels, dont les taux d'intérêts sont souvent exorbitants et les services inadaptés[724].

En RDC, par micro finance on entend : « la prestation des services de crédits et/ou d'épargne aux agents économiques vulnérables, exclus du

[723] BCC, Direction des Opérations Bancaires et Marchés, entretien du 10 février 2012.

[724] BOYE Sébastien, HAJDENBERG Jérémy et POURSAT Christine, *Le guide de la micro finance. Microcrédit et épargne pour le développement*, 2ème Ed. EYROLLES, Paris, 2009, p. 17.

système bancaire classique en vue de leur permettre de réaliser des activités génératrices de revenus, de créer des emplois et ainsi de lutter contre la pauvreté. Cette activité n'est réservée qu'aux personnes morales professionnelles[725].

Avant le 15 septembre 2011, les personnes concernées par la micro finance pouvaient se constituer en trois catégories[726] :

1°) les entreprises de micro crédit de la première catégorie qui accordent à un client l'équivalent de 250$ par cycle, sans nécessairement poursuivre un but lucratif ;

2°) les entreprises de micro crédit de la deuxième catégorie accordent leurs crédits aux clients dans un but lucratif, et ne peuvent collecter l'épargne que si elles sont autorisées par la BCC ;

3°) les sociétés de micro finance, collectent l'épargne du public et lui octroient des microcrédits.

Avec la loi n°11/020 du 15 septembre 2011, les institutions de Micro finance sont réparties en deux catégories, à savoir[727] :

1. les entreprises de microcrédit ;
2. les sociétés de Micro finance.

Les entreprises de microcrédit effectuent des opérations de crédit direct en faveur de leurs clients. Elles ne collectent pas l'épargne du public.

Les sociétés de micro finance collectent l'épargne du public et octroient des crédits à leurs clients.

Les Institutions de Micro Finance « IMF » se constituent soit en société à responsabilité limitée, soit en société anonyme.

Une institution de micro finance peut se transformer conformément à la législation sur les sociétés commerciales, après autorisation de la Banque Centrale du Congo[728].

Les institutions de Micro finance effectuent les opérations suivantes :

1. la collecte de l'épargne ;
2. l'octroi de microcrédit.

Ainsi, dans les conditions définies par la Banque Centrale du Congo, les Institutions de Micro finance effectuent les opérations spécifiques ci-après :

1. les opérations de crédit-bail ;
2. toute autre activité ou opération autorisée par la Banque Centrale du Congo.

Elles effectuent également les services connexes dont notamment :

1. la location de coffre-fort ;
2. les actions de formation et de conseil à leur clientèle ;
3. le transfert de fonds et la distribution de la monnaie électronique.

[725] Articles 1 et 2 de l'Instruction n° 1 de la BCC aux Institutions de Micro finance, mise à jour le 18 décembre 2005

[726] Articles 4 et 5 in *idem.*

[727] Article 11 de la loi n°11/020 du 15 septembre 2011fixant les règles relatives à l'activité de la micro finance en République Démocratique du Congo.

[728] Article 12 à 15 in *idem.*

La Banque Centrale du Congo limite l'importance de ces opérations et services par rapport à l'ensemble des activités de collecte de l'épargne et/ou d'octroi de microcrédit[729].

Malgré cet arsenal juridique, les activités de micro finance n'ont pas encore pris de l'ampleur en RDC.

C'est à ce stade qu'il faut interpeler les pouvoirs publics afin qu'ils instituent et encouragent une technique comme le crédit-bail, qui n'est pas encore beaucoup appliquée dans notre pays.

La micro finance offre ainsi des services financiers de proximité adaptés à des populations exclues du système financier formel et qui ont un véritable impact sur leur développement économique et social.

Elle apparait comme une réponse pragmatique à l'opposition apparente entre solidarité collective et sens de l'initiative individuelle.

En effet, si on propose des crédits adaptés et qu'on sait substituer aux garanties physiques des méthodes novatrices, s'appuyant sur les mécanismes de solidarité préexistantes, les pauvres peuvent épargner, emprunter et rembourser des crédits. Ils sont capables de gérer leur argent et de rembourser[730].

Il faut cependant relever que la micro finance peut avoir un impact négatif au niveau macroéconomique si les microcrédits ne sont pas alloués pour des investissements productifs générateurs de valeur ajoutée et de développement mais plutôt utilisés par les bénéficiaires pour la consommation. Une bonne organisation des institutions de micro finance doit permettre que les crédits octroyés ne soient pas destinés à des activités de survie.

Aussi, afin d'être un cerveau de la collecte et de la création de l'épargne nécessaire sur le marché financier, les institutions de micro finance doivent éviter de ne financer que les mêmes types d'activités, créant ainsi une concurrence exacerbée sur une activité et entraîner un surendettement des emprunteurs. En effet, devant faire face à la concurrence et subvenir aux besoins de consommation, l'emprunteur sera obligé de diversifier ses activités en obtenant des prêts auprès d'autres partenaires. Ce qui, en fin de compte, amène l'emprunteur à être incapable de rembourser, à l'échéance, à chaque prêteur[731].

Nous le savons tous, une saturation du marché local entraîne plus ou moins rapidement la diminution de la rentabilité de l'activité concernée. Ainsi donc, on peut préconiser la mise à disposition de la personne nécessiteuse, c'est-à-dire prêter la somme utile d'abord, puis lui mettre dans les conditions favorables à utiliser les montants d'épargne pour rembourser ensuite et de manière progressive le prêt.

Nous pouvons proposer à ce stade, au regard du niveau de pauvreté et de vulnérabilité de la population que des garanties physiques souples soient acceptées (le titre de propriété informel, des biens meubles peuvent être donnés en garantie) ; l'obligation d'épargner et les garanties morales (moralité de l'emprunteur, les garanties personnelles) peuvent être utilisées

---

[729] Articles 6 à 9 de la loi n°11/020 du 15 septembre 2011fixant les règles relatives à l'activité de la microfinance en République Démocratique du Congo, In J.O, numéro spécial septembre 2011

[730] BOYE Sébastien, HAJDENBERG Jérémy et POURSAT Christine, *op. cit*, p. 19.

[731] Idem, pp. 124-127.

par le prêteur. À ces méthodes, le prêteur doit ajouter la menace à recourir à toute forme de contrainte pour se faire rembourser.

Une question se pose cependant : comment protéger les IMF contre une faillite due à l'incapacité de remboursement des bénéficiaires ?

On peut également proposer d'instituer un système de cotation par la BCC d'une catégorie d'entreprises bénéficiaires comme c'est le cas en France. La Banque de France attribue une cotation à un grand nombre d'entreprises résidentes non financières.

Cette cotation traduit son appréciation synthétique sur leur capacité à honorer leurs engagements financiers à un horizon de trois ans. La cible couverte vise essentiellement les entreprises dont le chiffre d'affaires est supérieur à 0,75 million d'euros ou dont le montant des crédits bancaires accordés est supérieur à 0,38 million d'euros. Pour exercer cette fonction d'analyse du « risque de crédit entreprises », la Banque de France s'appuie sur la documentation comptable collectée auprès d'elles, tout en intégrant de nombreux autres éléments, notamment d'ordre qualitatif[732].

En RDC, on peut envisager la cotation pour une catégorie des entreprises dont l'emprunt est supérieur ou égal à 15 millions de franc congolais.

Cette méthode d'évaluation semble être propice en ce que :

- L'activité de cotation concerne exclusivement la qualité du risque de crédit des entreprises non financières résidentes ;
- Les produits financiers, a fortiori structurés, ne sont pas cotés ;
- La cotation n'est pas diffusée au public : elle est exclusivement destinée à la communauté bancaire dont les membres sont soumis au secret bancaire ;
- Il faut s'abonner à un service pour y accéder ;
- Surtout, la prestation de cotation n'est pas payée par l'emprunteur mais elle est facturée aux banques qui consultent le service, ce qui réduit considérablement les risques potentiels de conflits d'intérêts entre l'entité cotée et son évaluateur (ici, la BCC).

Par ailleurs, ce système est différent de l'activité de notation de crédit qui est une activité d'évaluation du risque du crédit d'émetteurs de titres de créance ou assimilés[733] par une agence de notation. Le risque du crédit correspond au risque qu'un émetteur ne soit pas en mesure d'assurer le paiement des intérêts et/ou du principal de la créance.

Cela n'exclue pas cependant que les IMF, qui ne doivent pas prêter aux plus pauvres des pauvres, accompagnent les bénéficiaires par des formations ou des services additionnels, qui nécessitent durablement des subventions[734] et un accompagnement.

En République Démocratique du Congo, c'est depuis l'époque coloniale qu'est né le Fonds indigène, devenu Fonds National de Promotion et de Service Social.

---

[732] STEVANT Cyrille, *Le système de cotation de la Banque de France*, in Bulletin de la Banque de France, n°180, 2ème trimestre 2010.
[733] COURET Alain et Consort, *Droit financier*, *op. cit*, p. 149.
[734] BOYE Sébastien, HAJDENBERG Jérémy et POURSAT Christine, *op. cit.*, p. 107.

Qualifié de banque sociale et de caisse de solidarité nationale, cette structure peut être utilisée pour canaliser le financement[735] en ce qu'elle a entre autres missions :

- Prendre en charge des opérations de lancement des projets de relèvement social ;
- Mobiliser des fonds nécessaires à la réalisation des actions à caractère social et humanitaire ;
- Gérer la caisse de solidarité nationale ;
- Octroyer de l'aide sous forme de dons en matériels ou en espèce et des prêts gardant un caractère exceptionnel ;
- Servir d'une banque sociale de proximité pour la promotion et la protection des personnes nécessiteuses et défavorisées.

Le microcrédit accompagné s'insère dans le cadre plus général de la lutte contre la pauvreté et de l'action en faveur de l'insertion des populations défavorisées et de l'inclusion bancaire, sujet qui fait l'objet d'une attention croissante des pouvoirs publics et des Banques centrales au niveau international. En effet l'inclusion bancaire est considérée comme essentielle pour développer et soutenir l'emploi, la croissance et la stabilité financière.

Comme il s'agit des populations défavorisées, n'ayant pas une connaissance approfondie des mécanismes financiers, la mise en place d'un microcrédit nécessite un accompagnement, pour constituer le dossier de demande, mais aussi dans le cadre d'un suivi tout au long de la durée de remboursement du crédit lorsque c'est nécessaire.

L'enjeu est de prévenir les incidents de remboursement et de permettre aux personnes bénéficiaires d'acquérir l'autonomie financière et personnelle nécessaire à la réussite de leur projet d'insertion, leur permettant par la suite d'accéder aux services bancaires traditionnels. L'accompagnement comporte aussi souvent l'octroi d'une garantie directe ou indirecte.

L'accompagnement implique différentes structures : des accompagnateurs et des associations bénévoles, des travailleurs sociaux, les banques et les structures spécialisées. En dehors de ceux-là, un fonds de cohésion sociale, tel que nous l'avons proposé ci-haut, et des sociétés de micro assurance peuvent intervenir en garantie[736].

L'état de pauvreté dans lequel se trouvent les congolais nécessite la mise en place des structures de financement appropriées.

Aucun développement économique durable ne peut être envisagé sans le soutien des structures de financement. La relance de l'économie nationale passe obligatoirement par l'amélioration du système financier national qui est la condition essentielle de base pour permettre aux banques de remplir efficacement leur fonction, notamment celle d'encourager l'épargne. L'assainissement de ce secteur apportera également au secteur privé les moyens de soutenir sa compétitivité, gage de son développement ainsi que de son épanouissement. Le réseau bancaire congolais est constitué de

---

[735] Articles 3 et 4 du décret n° 13/007 du 23 janvier 2013 fixant les statuts d'un établissement public dénommé Fonds National de Promotion et de Service Social « FNPSS » en sigle, in *J. O.*, 54ème année, n° 5 du 1er Mars 2013, pp. 10 à 19.

[736] GABRIELLI Daniel, RAOULT-TEXIER Béatrice et VANDERMOLEN Anne Claude, *Le microcrédit accompagné*, Compte rendu du colloque organisé par la Banque de France le 12 décembre 2012, *in* Bulletin de la Banque de France, n° 191, 1er trimestre 2013.

quelques banques concentrées à Kinshasa avec quelques agences en provinces, auxquelles s'ajoutent des coopératives à bout de souffle[737]. Le secteur des assurances est encore géré par la SONAS et, de façon exclusive.

Aussi, est-il également nécessaire, afin de protéger l'épargne, qu'un fonds puisse garantir la solvabilité des intermédiaires financiers.

§3. La mise en œuvre d'un fonds de garantie et l'effectivité de la libéralisation du secteur des assurances

La RDC est qualifiée d'un État à risque financier où la voix des intermédiaires financiers est mieux écoutée. Profitant de cette position de faiblesse dans laquelle se retrouve le pays en quête d'investisseurs, ceux des intermédiaires agréés peuvent entreprendre des actions qui mettent en danger les épargnants. Il est nécessaire que leur solvabilité soit garantie et qu'un système de mutualisation vienne en aide aux petits épargnants.

1. La mise en œuvre du fonds de garantie

En Europe, les voix se sont levées pour la mise en œuvre d'un fonds de garantie[738] afin de faire face aux défaillances éventuelles du système de financement et rassurer les prêteurs de recouvrer leur mise assortie des intérêts. En France plus particulièrement, le fonds de garantie a été institué le 2 juillet 1996 et organisé le 25 juin 1999, puis adapté le 12 avril 2007[739].

Le mécanisme de garantie des titres a pour objet précis d'indemniser les investisseurs en cas d'indisponibilité de leurs instruments financiers ainsi que de leurs dépôts en espèces lorsqu'ils sont liés à un service d'investissement, à la compensation ou à la conservation d'instruments financiers[740]. Les biens concernés par l'indemnisation sont donc, d'une part, les instruments financiers qui appartiennent aux investisseurs et sont détenus pour leur compte dans le cadre de la fourniture d'un service d'investissement et, d'autre part, les fonds qui leur sont dus ou qui leur appartiennent.

La mise en œuvre du mécanisme de garantie est déclenchée par l'Autorité de contrôle prudentielle sous la supervision de l'Autorité des Marchés Financiers lorsqu'il est constaté que l'établissement n'est plus en mesure de restituer, immédiatement ou à terme rapproché, les instruments financiers ou les dépôts qu'il a reçus du public. Le plafond de l'intervention du fonds a été fixé, avant 2010, en Europe par exemple, à 70.000 euros par investisseur. Il est passé à 100.000 euros par investisseur au 31 octobre 2010[741].

---

[737] Fédération des Entreprises du Congo, *État des lieux de l'économie Congolaise. Problèmes et pistes de solutions pour la relance économique de la République Démocratique du Congo*, Kinshasa, Mars 2007, p. 5

[738] BOURGHEDA Maya, *La défaillance des conglomérats financiers internationaux*, *op. cit*, p. 304.

[739] En France, la loi du 2 juillet 1996 a posé le principe du mécanisme de Fonds de Garantie, simplifié et unifié par la loi du 25 juin 1999 en ce qui concerne la matière bancaire et financière, obligation étendue aux sociétés de gestion de portefeuille par l'ordonnance n° 2007-544 du 12 avril 2007.

[740] BONNEAU Thierry et DRUMMOND France, *Droit des marchés financiers*, *op. cit.*, p. 482.

[741] Article 5 de la directive n°2009/ 14/ CE du 11 mars 2009.

Le reliquat de la créance pourra éventuellement être payé dans le cadre de la liquidation judiciaire du prestataire. Le Fonds de garantie est subrogé dans les droits des bénéficiaires de son intervention à concurrence des sommes qu'il a versées. Il peut dès lors engager toute action en responsabilité à l'encontre des dirigeants des établissements pour lesquels il intervient aux fins d'obtenir le remboursement de tout ou partie des sommes qu'il a versées[742]. L'intervention du Fonds entraîne alors la radiation de l'adhérent.

Pour la RDC, un système quelque peu hybride, empruntant à la fois un mécanisme privé et public est propice[743], le fonds devant être constitué sous la forme d'une personne morale[744] de droit public intervenant en étroite collaboration avec la BCC[745].

Par ailleurs, pour cet accompagnement, en dehors du fonds de garantie, tel qu'envisagé ci-haut, des sociétés de micro assurance peuvent intervenir en garantie[746]. Ce qui nécessite, en ce qui concerne les assurances, la privatisation du secteur et la fin du Monopole[747].

2. L'effectivité de la suppression du monopole en matière des assurances

Le fait pour le Gouvernement congolais de continuer à garder le monopole dans certains secteurs d'activité économique (assurances, eau, électricité…) contraste avec la politique du libéralisme économique qu'il prône. L'économie nationale est aujourd'hui mise à mal par le manque d'efficacité et de performance des entreprises du portefeuille de l'État dont l'activité est vitale pour le secteur privé. Tel est le cas principalement de la SONAS, de la SNCC, de la SNEL, des LAC, et de la R.V.A.

Cette efficacité recherchée passe nécessairement par des réformes courageuses devant conduire à la privatisation de celles du secteur marchand dont il convient de définir le cadre. Il va de soi que des étapes intermédiaires, telles que les mises en concession, la privatisation de la gestion ou la cession d'une partie des actions de la société doivent préparer une privatisation réussie, après avoir reconstitué la santé financière de l'entreprise. Cela évitera le bradage des actifs de l'État, sans réel bénéfice pour les finances publiques.

---

742 Article L. 312-6 du code monétaire et financier français.

743 L'article L. 312-4 du code monétaire et financier Français a institué un fonds de garantie de dépôts afin d'indemniser les déposants dont les dépôts sont indisponibles.

744 - BOUREGHDA Maya, *La défaillance des conglomérats financiers internationaux*, *op. cit*, p. 305 ;
- Article L.312-19 du code monétaire et financier français propose que le fonds soit une personne morale de droit privé mais cette expérience ne va réussir en RDC où il est encore nécessaire un appui de l'État pour protéger les uns et les autres.

745 La situation particulière de la RDC nécessite qu'on s'inspire de la période coloniale pendant laquelle un fonds indigène a existé pour orienter et garantir le financement des personnes démunies et vulnérables tout en protégeant le public contre la défaillance des établissements de crédit.

746 GABRIELLI Daniel, RAOULT-TEXIER Béatrice et VANDERMOLEN Anne Claude, *Le microcrédit accompagné*, *op. cit.*, p. 2.

747 Fédération des Entreprises du Congo, *État des lieux de l'économie Congolaise. Problèmes et pistes de solutions pour la relance économique de la République Démocratique du Congo*, *op. cit*, p. 11.

Les bénéfices résultant de la privatisation sont de loin plus importants pour l'ensemble de l'économie (amélioration de la gestion et de la qualité des prestations, l'augmentation de la capacité contributive au Trésor, l'attrait des investissements nouveaux...) que la seule crainte d'un ajustement social se traduisant par une réduction des effectifs. La gestion des entreprises de l'État ne doit plus se faire sous la dictature des syndicats et des pressions tribales.

Ainsi privatisée, la SONAS devra être en concurrence avec d'autres sociétés commerciales d'assurance. Le secteur d'assurance en République Démocratique du Congo est toujours en gestation. Après plusieurs années de réflexion sur la question d'une libéralisation du secteur, la loi portant code des assurances a été promulguée le 17 mars 2015.

Elle vient mettre fin au cas particulier de la RDC qui était restée, pendant longtemps, le seul pays d'Afrique où les assurances sont ténues par l'État. Créée en 1966, la Société Nationale d'Assurance (SONAS) a jouit, aux termes de l'ordonnance-loi n°67/240 du 02 juin 1967, d'un monopole sur toutes les opérations d'assurance dans le pays. Ayant traversé plusieurs difficultés d'ordre économique à l'instar des sinistres encore non couverts, les autorités du pays ont décidé de se pencher sur l'alternative d'une libéralisation du secteur.

Le secteur d'assurance en RDC représente officiellement plus de 60 millions de dollars américains et aux dires des experts ce chiffre irait bien au-delà avec sa libéralisation[748].

Pour les analystes du domaine, la structure monopolistique a étouffé l'éclosion du secteur vu le manque de concurrence qu'elle maintient[749]. La SONAS ne s'est donc pas adaptée aux réalités modernes qui lui auraient permis de booster son activité. Elle a particulièrement baigné dans la mollesse généralisée qui a longtemps frappé les entreprises publiques du pays. La micro assurance s'adresse à la même population que le microcrédit, mais elle n'intervient pas uniquement dans ce cadre.

Cette assurance doit être peu chère, facturée à prix coûtant, et couvrir des montants limités[750].Les difficultés auxquelles est confronté le secteur sont liées au type de clientèle : il s'agit d'une population fragile qui fait courir aux prêteurs des risques financiers élevés. L'équilibre et la performance de ces opérations nécessitent d'élargir les portefeuilles pour mieux mutualiser les risques. Or, la sensibilisation des assurés potentiels est encore insuffisante alors que la sinistralité est élevée.

Favoriser le développement de la micro assurance suppose améliorer l'information et la sensibilisation aux risques des personnes pouvant être concernées. Il est nécessaire également d'établir un partenariat avec les professionnels du microcrédit, d'élaborer des produits ciblés et d'assurer un accompagnement des assurés.

C'est à ce point de vue que les IMF doivent être en partenariat avec les banques commerciales soit en se faisant financer, soit en distribuant leurs

---

748 Travaux préparatoires du projet de loi portant code des assurances, Gouvernement de la RDC, Kinshasa 2010.

749 GARNER Patrice, *Congo (RDC) : Vers une libéralisation des assurances*, in www.afrique7.com du 31/08/2012.

750 GABRIELLI Daniel, RAOULT-TEXIER Béatrice et VANDERMOLEN Anne Claude, *Le microcrédit accompagné*, *op. cit.*pp.2-3.

produits, soit encore en se constituant en des entités légales séparées des banques mais développant des activités de micro finance. Cette interdépendance va constituer une soupape de sécurité pour leur survie. Mais cela nécessite un nouveau cadre juridique répondant aux standards internationaux.

Nous sommes convaincus que plusieurs investisseurs vont se présenter si la RDC venait à mettre effectivement en œuvre la mesure. Il est cependant indiquer que la régulation de ce secteur soit prise dans le contexte global des marchés financiers, les investisseurs potentiels, les multinationales, constituant souvent des conglomérats financiers. L'entreprise multinationale se présente comme une firme privée ou publique agissant selon les méthodes de gestion privée, qui contrôle en divers pays des actifs (industriels, commerciaux et financiers) et qui en coordonne l'emploi à l'échelle planétaire[751].

Il est de ce fait souhaitable, que la loi sur les marchés financiers qui instituera l'Autorité des Marchés Financiers et l'autorité de contrôle prudentiel abroge les dispositions des articles 395 et 396 de la loi du 17 mars 2015 portant code des assurances. Ce qui permettra d'éviter la lourdeur qu'occasionnera la coexistence de l'Autorité de contrôle prudentiel de tous les établissements de crédits, des changeurs manuels, des émetteurs des monnaies électroniques et des entreprises d'assurance et celle spécialement de régulation et du contrôle des assurances.

Il est de même indiqué que l'article 285 du même code des assurances soit modifié dans le sens d'accepter que les sociétés étrangères d'assurance obtiennent leur agrément auprès de l'autorité de contrôle prudentielle à travers soit une filiale ou une succursale établie en RDC. Une filiale, tout en étant en état de dépendance économique par rapport à la société mère, bénéficie, sur le plan juridique, d'une complète autonomie vis-à-vis d'elle. L'acceptation des succursales permet à la RDC de se conformer aux dispositions des articles 115 à 120 de l'Acte Uniforme de l'OHADA sur les sociétés commerciales.

La condition d'un cadre légal propre à la bourse des valeurs mobilières s'impose donc.

CONCLUSION DU CHAPITRE I

La plus grande contrainte pour la réglementation d'une bourse des valeurs mobilières en RDC reste non seulement le dysfonctionnement du système bancaire et la faiblesse de la monnaie locale mais aussi l'instabilité du pays.

Nous sommes d'avis que la création d'un marché boursier au sein de l'économie congolaise va générer une épargne additionnelle capable de financer les investissements susceptibles de stimuler la croissance économique et d'attirer davantage des capitaux étrangers, lesquels encourageront la création des projets à caractère national et un grand accès sur une gamme variée des produits financiers ainsi que des opportunités d'investissement.

---

[751] BAKANDEJA WA MPUNGU G., *Droit du commerce international, les peurs justifiées de l'Afrique face à la mondialisation*, Ed. Deboeuck, Bruxelles, 2001 p.104.

La diversification d'activités induira la baisse du risque systémique de la plupart des projets et une allocation efficiente du capital incitant le pays à tirer des économies d'échelles grâce au taux concurrentiel internationalement compétitif. Au regard des expériences tirées de l'organisation des marchés financiers dans d'autres pays, l'éclosion d'un marché boursier en RDC requiert au préalable un cadre des marchés organisés.

Concernant le marché monétaire, le recours à son volet des titres de créance négociables comme le billet de trésorerie et autres, en complément du marché interbancaire, constitue le pivot de la restructuration de ce marché. Ainsi, trois étapes sont entrevues, à savoir : la cotation des entreprises, la modernisation de la centrale des risques et des Bilans et la mise en place progressive des différents volets des marchés financiers. Cette mise en place se fera dans le cadre institutionnel au tour de la BCC. L'État devra mettre en œuvre un fonds de garantie pour protéger les consommateurs des services financiers et rendre opérationnelle la libéralisation du secteur des assurances.

Aussi, faudra-t-il une discipline dans la conception et l'exécution de la politique monétaire et financière et un système bancaire moderne capable de couvrir les activités de toute la population active, les congolais devant éviter les pillages, les guerres et autres troubles nuisibles et contreproductifs.

CHAPITRE II

La condition relative à la mise en place d'un cadre légal sur la bourse des valeurs mobilières

Après plus de cinquante ans d'économie d'endettement, sans développement, il est temps qu'on opte pour une économie de marchés boursiers en complément de la première catégorie. Dans ce genre d'économie, l'essentiel des besoins de financement est couvert par l'émission par les entreprises des titres financiers souscrits par les investisseurs.

Le recours à la finance indirecte où le financement se fait par le crédit grâce à l'intermédiation des institutions financières a démontré ses limites, la RDC étant restée à la trappe de liquidité avec une population très vulnérable.

Beaucoup se demandent comment s'y prendre, est-ce que le crédit ne sera plus de mise ?

Ainsi, l'instauration d'une bourse des valeurs mobilières en RDC exige une réglementation spécifique devant fixer les principes directeurs (section 1) et les mécanismes de régulation de ce marché[752] (section 2).

SECTION 1. UN CADRE LÉGAL

Les marchés financiers sont, pour la plupart, inexistants ou pas très dynamiques en Afrique. Et pourtant, face au crédit bancaire à court terme et de faible volume, les marchés boursiers intérieurs constituent un palliatif pour le financement de l'émergence africaine.

L'organisation et le fonctionnement des marchés financiers, pour le développement, en RDC, exigent, en premier lieu, la mise en place d'un cadre légal, des règles de droit nécessaires pour garantir les échanges.

§1. Pourquoi une législation spécifique ?

Il est admis que la crise financière de 2008 a confirmé l'incapacité pour les marchés à s'autoréguler et l'existence d'un droit des marchés financiers est chose légitime. Cette crise stigmatise les insuffisances de la régulation

[752] Les marchés de financement sont ceux qui permettent aux entreprises notamment de se procurer des fonds pour leur création, leur fonctionnement et leur développement.

existante et contraint à une réflexion mondiale sur la redéfinition des règles de ce jeu particulier que sont les marchés financiers. Même si cette crise n'a pas affecté directement les marchés africains en général et ceux de la RDC en particulier, le fonctionnement de ces marchés en Afrique et en RDC ne répond pas aux standards internationaux.

Le marché exige un système de droits de propriété clairement garantie par l'État dans la mesure où la généralisation et la standardisation des titres de propriété permet une plus grande confiance dans les relations entre acteurs économiques (et donc un marché plus fluide) qui entraîne la création d'un système complexe de mutualisation du risque (et donc un marché plus souple, moins soumis aux à-coups) pour enfin aboutir à une économie plus prospère.

1. Les principes devant guider la reforme

La RDC, État d'accueil d'un investissement, doit avoir une politique de stricte détermination d'une vision de redressement de la situation économique du pays en mettant en place des politiques qui sont rentables et surtout productives. Cela sous-entend des mesures de protection et des mécanismes d'incitation afin d'obtenir le comportement souhaité dans le chef des étrangers et prendre en compte les intérêts des nationaux[753].

Le contexte international fait peser des contraintes[754].

Ce cadre institutionnel national doit cependant tenir compte de l'environnement international. Car même s'il existe un rapport positif entre les échanges et une croissance économique rapide, il reste vrai que la croissance rapide des revenus et la productivité peut renforcer la compétitivité d'un pays sur les marchés mondiaux et entrainer une croissance rapide des exportations.

En effet, en plus du principe de la liberté commerciale, l'Organisation Mondiale du Commerce « OMC » met l'accent sur le principe de non-discrimination dans les relations commerciales internationales et mondiales afin de réduire les obstacles à la circulation des marchandises et services et de lutter contre les pratiques susceptibles d'altérer le jeu concurrentiel. Ce dernier principe oblige les États de réserver aux étrangers ainsi qu'aux partenaires étatiques parties de l'OMC le même traitement que leurs nationaux[755] et permet de passer du bilatéralisme au multilatéralisme.

Il se subdivise en la clause de la nation la plus favorisée et du traitement national[756].

La clause de la nation la plus favorisée veut dire que lorsqu'un État accorde des avantages supérieurs à un nouvel État contractant, il doit les accorder d'office à l'ancien contractant. Issu de l'Accord Général sur les

[753] Depuis plusieurs décennies, le droit international fait porter des nouvelles contraintes sur l'État d'accueil en faveur de l'investisseur, appelées depuis un temps climat des affaires.

[754] On peut lire à ce sujet NTUNGU Rodrigue, *Le droit congolais à l'épreuve de la mobilité du capital. Protection de l'État récepteur d'investissements*, l'Harmattan, Kinshasa, 2013, p.17.

[755] NYEMBO TAMPAKANYA J. P., *Les effets de la mondialisation économique en RDC*, *op. cit*, p. 163.

[756] COLARD FABREGOULE Catherine, *L'essentiel de l'Organisation Mondiale du Commerce « OMC »*, Ed. Gaulino, Paris, 2002, p.19.

Tarifs douaniers et le Commerce(General Agreement on Tarif and Trade « GATT »), ce principe est le plus important de l'OMC.

Le traitement national s'entend en l'assimilation de l'étra nger au national quant à ce qui concerne le régime juridique et impose que les produits étrangers soient soumis au même traitement que les produits similaires d'origine nationale dès qu'ils se sont acquittés des droits d'entrée sur le territoire. La seule exception à la clause de la nation la plus favorisée qui est acceptée est les zones de libre-échange, les unions douanières et les accords provisoires nécessaires à leur établissement.

En effet, la mise en évidence des gains mutuels au commerce est l'un des résultats théoriques les plus importants de l'économie internationale. C'est un résultat ancien au moins ancien que l'éternel débat politique sur le degré d'ouverture commerciale qu'il est bon d'autoriser. Depuis l'émergence, au XVIème siècle, des États-Nations modernes, les Gouvernements se sont préoccupés des effets de la concurrence internationale sur la prospérité des activités locales ; ils ont tenté de protéger certains secteurs en limitant les importations, ou de les soutenir en instaurant des subventions à l'exportation.

Après la seconde guerre mondiale, les économies industrialisées ont fait des efforts importants pour supprimer les barrières au commerce[757]. Ces politiques reposent sur l'intuition selon laquelle le libre-échange est une force favorisant la prospérité économique des nations mais aussi pour la promotion de la paix. Avec cette considération, les années 1990 ont ainsi été marquées par une progression profonde de l'intégration commerciale avec la ratification, en 1994, de l'accord multilatéral de l'Uruguay Round et la création de l'Organisation Mondiale du Commerce « OMC »[758].

Cette ouverture des économies a aussi été portée par la mise en place d'un marché unique Européen le 1^{er}janvier 1993, l'instauration en 1994 de l'accord de libre-échange nord-américain entre les États Unis, le Mexique et le Canada.

Il est surprenant que la BCC ait pris des instructions qui, premièrement, excluent les congolais de l'actionnariat des banques et, deuxièmement, consacrent la fuite des devises qui résultent de l'exploitation des ressources minières et pétrolières du pays[759]. Elle met en place un cadre légal extériste[760], qui discrimine les congolais et la RDC au profit des étrangers. Il

[757] HENER (HF), Protectionnisme : bilan, limites, réexamen, in *Revue économique*, Paris, vol 33, n°6/ avril 1982, p. 957.

[758] KUMBU KI NGIMBI, *Législation en matière économique*, UNIKIN, 2011, p. 86.

[759] Par son instruction n°18 du 04 décembre 2007, en son article 5, la BCC a, peut être à la demande de ses maîtres, institué l'actionnaire de référence dans une banque, qui doit nécessairement être un groupe bancaire ou financier non industriel ou commercial. Par celle n°000574 du 04 avril 2007, elle a autorisé les titulaires des droits miniers à détenir 60% des recettes d'exportation dans des comptes dénommés « compte principal » ouverts dans une banque à l'étranger et les 40% restants pourront être rapportés dans le compte national, compte débité des montants nécessaires aux besoins de fonctionnement local de l'entreprise. Cette même logique est appliquée en ce qui concerne les sociétés pétrolières d'exploitation-production. Actuellement ce régime de change est fixé par la réglementation de change du 25 mars 2014.

[760] Le Professeur Ordinaire MBOYO EMPENGE ea LONGILA BB. Victor, dans le Cours de Droit Coutumier, qualifie d'extériste tout ce qui est négatif au développement du pays, à l'épanouissement heureux et harmonieux de l'Homme, du citoyen et résident et, particulièrement à la promotion du Droit Congolais et africain digne et objectif non colonialiste. Lire à ce sujet le Professeur MBOYO EMPENGE ea LONGILA BB Victor,

est ainsi souhaitable, afin de se conformer aux principes de l'OMC, que cette réglementation soit abrogée.

Quel peut être le contenu de la nouvelle réglementation à prendre.

2. Le contenu de ce cadre légal à mettre en place

Pour l'organisation de la bourse des valeurs mobilières en RDC, nous recommandons au Gouvernement :

1°) La prise d'une loi instituant une bourse des valeurs mobilières :

Cette loi à prendre devra non seulement concevoir son organisation et son fonctionnement mais il y sera également envisagé les mécanismes de transformation des titres d'une durée à l'autre, mieux il est plus conseillé que les capitaux soient susceptibles de passer d'un marché à un autre.

Car, des États, des banques ou des entreprises peuvent apparemment reconduire des lourdes dettes sans souci pendant une longue période quand boum !, la confiance s'effondre, les prêteurs disparaissent et la crise frappe. Dans ce cas, on ne peut raisonnablement être remboursé qu'à long terme[761].

Aussi, même si traditionnellement les banques empruntent à court terme, plus exactement sous forme de dépôts susceptible d'être remboursés sous un préavis relativement bref, les crédits qu'elles accordent ont pour la plupart une maturité bien plus longue et peuvent être difficiles à convertir rapidement en trésorerie[762].

Comme les marchés boursiers sont actuellement un lieu de financement primordial pour les entreprises, la matière doit faire l'objet régulièrement de nombreuses modifications législatives et réglementaires pour répondre de façon la plus réactive possible aux enjeux. Ce qui revient à dire que la législation à prendre doit répondre à un besoin de souplesse en réservant plusieurs questions au domaine réglementaire.

Comme partout ailleurs, l'organisation d'un marché de valeurs mobilières en RDC doit, pour être satisfaisante, comme le souligne DEFOSSE Gaston, remplir un certain nombre de conditions[763]:

- Les négociations doivent être rendues aussi faciles et rapides que possible, en dépit de la complexité de certains contrats dont les valeurs mobilières peuvent faire l'objet ;
- Il est nécessaire de surveiller avec soin la correction des transactions dans un domaine où le dol et la malversation seraient aisés ;
- Le marché d'une valeur déterminée doit être assez large pour donner au cours coté toute sa signification. Ce qui suppose une centralisation suffisante des demandes et des offres concernant cette valeur ;
- Les cours pratiqués doivent faire l'objet des mesures de publicité afin de renseigner tous ceux qui sont intéressés, acheteurs et vendeurs réels ou éventuels, ou simplement propriétaires des titres désirant être en mesure d'apprécier la valeur de leur portefeuille .

Traité de Doit Coutumier. Apologie de la coutume africaine, Fascicule 1, Collections Intérisme, Extérisme et Développement « Bonkoko-Coutume », Kinshasa, 2004-2005, p.16 ; *Lettres ouvertes*, dans les mêmes collections, Kinshasa, 2005,p.12

[761] DWIHT et Consort, *op. cit*, p. 570.

[762] REINHART Carmen M.et ROGOFF Kenneth S., *op. cit.*, p. 14.

[763] DEFOSSE Gaston, *La bourse des valeurs*, Presse Universitaire de France, Paris, 1972, p. 7.

2°) Avec les nouvelles technologies de l'information et de la communication, l'intermédiation s'étant également internationalisée, la législation en vigueur, notamment la loi n° 003/2002 du 02 février 2002 relative à l'activité et au contrôle des établissements de crédit, la loi n° 005/2002 du 7 mai 2002 relative à la constitution, à l'organisation et au fonctionnement de la Banque Centrale du Congo, la loi n° 15/003 du 12 février 2015 relative au crédit-bail et la loi n° 15/005 du 17 mars 2015 portant code des assurances doivent être modifiées afin de revoir le rôle des acteurs dont la finalité est de recadrer la régulation des marchés financiers dans l'ensemble. Une nouvelle orientation doit être consacrée en ce qui concerne le mode de régulation et le rôle des pouvoirs publics.

Tout pays est tenu de respecter les déterminants de développement des banques parmi lesquels la qualité des institutions occupe la première place.

Ainsi, en vue de l'effectivité de son indépendance, les modalités de collaboration de la BCC avec les pouvoirs publics doivent être fixées par une loi ou tout au moins par un décret afin d'éviter la situation actuelle dans laquelle la BCC qui jouit d'une indépendance de par la loi, vit une tutelle du Ministre des Finances, tutelle consacrée, souvent, par la convention de collaboration prise en application de la loi qui organise la BCC.

De même, les mesures d'application prises par la Banque Centrale du Congo ayant favorisé la fuite des capitaux et l'exclusion des congolais à l'actionnariat des banques doivent être abrogées.

En effet, par son instruction n°18 du 04 décembre 2007, en son article 5, la BCC a, peut être à la demande de ses partenaires, institué l'actionnaire de référence dans une banque, qui doit nécessairement être un groupement bancaire ou financier non industriel ou commercial. Aucun congolais ne pourra, ainsi être actionnaire de référence car il est inimaginable qu'on ait un groupe financier congolais comme vrai actionnaire devant influencer l'entrée d'autres congolais dans l'actionnariat des banques.

Cette instruction consacre l'existence des banques, appartenant uniquement aux étrangères en RDC et pourtant la nationalité pour les personnes morales représente un certain rattachement à la législation d'un État déterminé[764]. En RDC, la nationalité est déterminée par la situation du siège, critère auquel s'ajoute celui du contrôle qui repose, selon le cas, sur la nationalité des associés ou certains d'entre eux, la détention du capital, et en fin sur la nationalité des administrateurs[765]. Ce dernier critère est appliqué avec beaucoup de rigueur dans le cadre de la loi n° 73-009 du 05 janvier 1973 particulière sur le commerce, loi qui ne considère comme congolaise qu'une société de droit congolais dont le capital appartient en totalité aux congolais.

Ainsi, sont étrangères les sociétés qui, même ayant le siège en RDC, sont contrôlées par les étrangers[766].

En réservant l'actionnariat des banques aux seuls étrangers, cette instruction viole le principe de la liberté d'accès au commerce consacré par

---

[764] KAPETA NZOVU ILUNGA Hildebrand, *Cours de Droit International Privé*, D.E.S, 2005-2007, Faculté de Droit, UNIKIN.

[765] Articles 1 et 4 de l'ordonnance-loi n° 66-260 du 21 avril 1966 subordonnant à des garanties financières l'immatriculation au registre de commerce des étrangers, des sociétés étrangères et des certaines sociétés congolaises telle que complétée à ce jour.

[766] NYEMBO TAMPAKANYA, *Appréciation critique de la loi n° 73-009 du 05 janvier 1973 particulière sur le commerce au regard de la mondialisation*, *op. cit.*, pp. 71-72.

la constitution. On peut, à la rigueur, admettre que la banque exige des conditions de capital minimum et de probité des personnes devant gérer la banque à créer. Car, la banque ainsi créée constitue une individualité distincte de celle de ses actionnaires.

Dès lors que la nationalité d'une société commerciale permet de déterminer le droit qui lui est applicable, cette instruction fait échapper lesdites banques à la fiscalité congolaise. En effet, une société, quelle que soit la situation du lieu d'exploitation, reste régie par sa loi de constitution[767]. Il est évident que l'actionnaire de référence, groupement financier ou bancaire, restera soumis à son droit de constitution.

Par ailleurs, par l'instruction n°000574 du 04 avril 2007, la BCC a autorisé les titulaires des droits miniers à détenir 60% des recettes d'exportation dans des comptes dénommés « compte principal » ouverts dans une banque à l'étranger et les 40% restants pourront être rapportés dans le compte national, compte débité des montants nécessaires aux besoins de fonctionnement local de l'entreprise. Cette même logique est appliquée en ce qui concerne les sociétés pétrolières d'exploitation-production dont le régime de change est fixé par l'instruction n°000577 du 04 avril 2007.

Ces deux instructions violent également le principe de rapatrier en RDC les recettes de l'exportation afin de l'équilibre de la balance de paiement. En la matière, l'obligation de passer par une banque pour le règlement des transactions internationales doit permettre à l'État originaire des exportations de maîtriser les devises y afférentes et de contrôler ainsi les mouvements des capitaux.

Dans la mesure où les marchés, quel que soit le terme, sont interdépendants, on ne peut pas permettre la fuite des capitaux issus de l'exploitation des ressources naturelles, étant entendu que ces dernières constituent le gage du bon fonctionnement des marchés.

En effet, la qualité de la règle de droit en matière financière et l'effectivité de son application influent sur le développement financier. Il est admis que dans un pays où le système de droit facilite les contrats entre les agents économiques privés, et protège les droits de la propriété privée, des créanciers et des investisseurs, les épargnants sont plus disposés à investir dans les entreprises, à placer leurs fonds dans les institutions financières, contribuant ainsi à l'expansion des activités des banques[768].

En vue de faire face à des crises bancaires à répétition, par cette réforme la RDC va revoir les méthodes au lieu de recourir à la répression financière comme par le passé. Cette dernière est en réalité une forme de défaut intérieur utilisée par les gouvernements pour une imposition. Dans ce régime de répression financière, les pouvoirs publics se servent des banques pour accroître les recettes fiscales indirectement prélevées sur les citoyens grâce à un monopole sur tout le système d'épargne et de paiement, et pas seulement sur la monnaie.

Pour y parvenir, les pouvoirs publics utilisent ce schéma : les citoyens déposent leur argent à la banque faute d'autres endroits sûrs où placer leur

---

[767] VAN RYN Jean, *Droit commercial*, De Boeck, Bruxelles, 1976, p.74.

[768] MUKUNDI NYEMBO KAHUMBA E., Docteur en sciences économiques, s'appuie sur la théorie de droit et de la finance dont les chefs de file sont LA PORTA, LOPEZ-DE-SILANES, SHLEIFER et VISHNY. Selon ces auteurs, le système de la Common Law est mieux protecteur du secteur financier dans 49 pays analysés.

épargne ; les pouvoirs publics, corrélativement, obligent les banques, par des réglementations et des restrictions, à prêter à leur tour cet argent pour financer la dette publique soit par la technique des réserves obligatoires soit par d'autres moyens.

C'est ce qui a souvent caractérisé notre pays lorsque depuis plusieurs années, le taux d'intérêt a toujours été plafonné par la BCC au point de ne pas susciter l'engouement au placement.

Actuellement, la liberté consacrée en matière d'octroi de crédits depuis 2007 a amené un désordre sans précèdent au point que les banques arrivent à prêter à 36 % de taux d'intérêt.

3°) Il faut également, en vue de permettre un relèvement rapide du niveau de vie de la population, qu'on organise un Fonds de cohésion nationale et l'accompagnement de la population bénéficiaire des micro-crédits. Ce qui aidera que la micro finance atteigne ses objectifs de propagation rapide du développement économique (voir supra).

Par ailleurs, on peut se poser la question de savoir comment doit être organisée cette bourse en RDC ; faut-il un marché ou plusieurs ?

§2. Quelle est l'organisation compatible avec la situation congolaise ?

Selon les pays, l'organisation boursière est sensiblement différente. Par exemple il n'existe pas une seule bourse nationale officielle de valeurs mobilières à New York, mais deux[769] :

- Le NYSE (New York Stock Exchange) dont le surnom est Wall Street du nom de la rue de 450 mètres, située à la pointe de Manhattan dans l'État de New York, où il est situé, exactement au n° 11. Sa création remonte au 17 mai 1792, lorsque vingt-quatre courtiers se sont mis sous un platane pour y changer des titres (en 1865 l'arbre fut déraciné par une tempête mais une plaque rappelle son existence).

En 1979, la NYSE a créé une filiale, le NYFE, pour les contrats à terme. Un adage dit : « Quand Wall Street éternue, les autres places s'enrhument. » C'est la première Bourse mondiale en termes de capitalisation (environ 12 000 milliards de dollars) et elle abrite la cotation des plus grandes sociétés américaines : IBM, General Electric, Exxon, Coca-cola, ATT...

- L'AMEX (American Stock Exchange), dont l'origine remonte à 1849 mais son fonctionnement actuel a été conçu en 1911.

À côté de ces 2 Bourses nationales existent cinq Bourses régionales d'action (Boston, Cincinnati, Chicago, San Francisco, Philadelphie), mais celles-ci ne traitent pour l'ensemble qu'environ 10 % du volume du NYSE.

Le Nasdaq doit être mis à part quoiqu'ayant racheté l'AMEX en 1998, mais les deux marchés restent distincts, se font toujours concurrence pour attirer les sociétés vers leurs côtes respectives ; le Nasdaq cote les valeurs de croissance avec des transactions exclusivement électroniques par ordinateurs tandis que l'AMEX a longtemps offert des cotations à la criée (comme le NYSE) et s'est diversifié dans le domaine des options sur actions et sur le

[769] DUFLOUX Claude, *Cours de Finance de marché : Aspects techniques, économiques et juridiques des marchés financiers internationaux*, éd. Intec, Paris 2009-2010, p.45.

Dow Jones, même si Chicago joue toujours les premiers rôles sur le marché des options. Actuellement, le cas de NYSE Euronext est l'exemple qui démontre la possibilité d'une bourse avec des extensions dans plusieurs pays[770].

Pour rappel, il est à indiquer qu'en 1983, création du **second marché** à côté de la traditionnelle bourse des valeurs qui devient le **premier marché**. Ce second marché est destiné aux sociétés qui souhaitent voir leurs titres cotés mais qui n'ont pas une taille suffisante ou qui ne remplissent pas les conditions très rigoureuses exigées pour entrer sur le premier marché. Il a été précédé, en 1981, par l'internationalisation des activités bancaires grâce à la promulgation de la législation permettant de créer à New York « des International Bankings Facilities (IBF) » qui sont des comptes à terme des non-résidents ayant été à la base de la création future de l'euromarché[771].

En 1986 deux réformes essentielles interviennent :

- La création des **marchés dérivés** destinés à offrir des produits financiers permettant par des achats et des ventes à terme de se couvrir contre les risques de variation des cours des titres, des taux d'intérêt, des indices boursiers. Avec cette réforme la Bourse de Paris adopte les mêmes instruments que Wall-Street (New-York Stock Exchange) ou la City (Londres, le London Stock Exchange).
- Le marché monétaire qui était un marché du **refinancement** réservé aux banques et à quelques établissements financiers, est scindé en deux compartiments :
  - le **marché interbancaire, MIB** qui est réservé aux seules banques (y compris la Banque centrale) qui permet le refinancement ;
  - le marché des créances négociables à court terme qui fonctionne comme le marché des actions ou celui des obligations mais qui traite des titres à court terme émis par les entreprises, les institutions financières et les administrations publiques.

Le Vice-Doyen NZANDA-BUANA Kalemba M. indique que New york est le centre du système dollar, le plus gros marché des instruments libellés en dollars ; Londres, de son côté, est le foyer de la globalisation de la finance sous ses formes diverses et variées. Les deux villes sont en lutte acharnée pour la première place[772].

En 1996 comme pour les marchés dérivés, Paris s'aligne sur New-York en ouvrant un marché pour les nouvelles entreprises spécialisées dans les produits de haute technologie ayant un fort potentiel de développement (informatique, télécommunication...). Le **nouveau marché** copie ainsi le **Nasdaq** de Wall Street.

En 2000, les bourses d'actions et de produits dérivés d'Amsterdam, de Bruxelles et de Paris ont fusionné pour devenir Euronext, la première bourse paneuropéenne. C'est une réponse à la mondialisation des marchés et un moyen d'offrir aux investisseurs une liquidité accrue (plus d'échanges

[770] Euronext est né de la fusion des bourses d'Amsterdam, de Bruxelles et de Paris en 2000 et rejointe par la bourse Portugaise BVLP et le LIFFE, la bourse internationale des produits dérivés de Londres en 2002 ; puis récemment le 04 avril 2007 avec la bourse de New York.
[771] NZANDA-BUANA Kalemba M., op cit, p. 74.
[772] NZANDA-BUANA Kalemba M., *Cours des questions spéciales d'économie internationale*, op cit, p. 71.

possibles) tout en réduisant les coûts de transaction (les transactions sont regroupées et traitées plus rapidement).

En 2002, Euronext s'est élargie en fusionnant avec la Bolsa de Valores de Lisboa e Porto BVLP (la bourse portugaise pour les produits d'actions et de dérivés) et en acquérant le LIFFE (la bourse de produits dérivés basée à Londres)[773].

Depuis 2003, les marchés d'Euronext (Belgique, France et Pays-Bas et Portugal) utilisent un système unique de négociation (NSC) et un système unique de compensation.

En janvier 2005 une réforme importante modifie complètement les indications précédentes en particulier en unifiant les trois segments du marché EURONEXT : le premier, le second et le nouveau marché ne font plus qu'un seul et unique marché. Les sociétés seront classées par ordre alphabétique avec un regroupement en grandes, moyennes et petites valeurs.

Euronext utilise désormais une seule plate-forme pour les opérations sur titres (NSC) et une plate-forme unique pour les produits dérivés, les contrats à terme (LIFFE CONNECT). Ces deux plates-formes de négociation sont réunies au sein d'Atos Euronext Market Solutions.

Enfin, NYSE Euronext, la société holding créée par le rapprochement de NYSE Group et d'Euronext, est entrée en bourse le 4 avril 2007. NYSE Euronext (NYSE/New York et Euronext/Paris : NYX) est le plus grand et le plus liquide groupe boursier au monde et offre la gamme de produits et de services financiers la plus diversifiée. NYSE Euronext, qui rassemble 6 marchés au comptant dans 5 pays et 6 marchés dérivés, est numéro un mondial pour la cotation de valeurs, la négociation de produits au comptant, de produits dérivés d'actions et de taux, d'obligations et la diffusion de données de marché.

Plus de 3 500 sociétés sont cotées sur les trois marchés de NYSE Euronext, pour une capitalisation en valeur 15 000 milliards d'euros en janvier 2010 soit plus de 4 fois la capitalisation boursière de tout autre groupe boursier. Plus de 4 000 titres sont cotés quotidiennement sur les marchés au comptant de NYSE Euronext et chaque jour plus de 2 milliards d'échanges sont réalisés.

Ainsi, nous proposons :

1. Une bourse avec des extensions dans plusieurs villes

Une bourse de ce modèle peut être envisagée en RDC, c'est-à-dire une bourse à un endroit mais avec des filiales dans d'autres villes.

Deux raisons expliquent cette ouverture[774] : Il y a tout d'abord la recherche de la synergie, la course à la taille critique, la volonté légitime de participer au mouvement international et d'avoir une présence sur plusieurs continents. Ensuite, et surtout, suite aux scandales, le nouveau cadre juridique doit considérablement améliorer les pratiques en matière de reporting financier et de gouvernance[775].

Néanmoins, une telle loi va faire fuir les émetteurs étrangers qui souhaitent éviter ses contraintes et les coûts exorbitants d'une admission de

[773] AUCKENTHALER Franc, *Droit des marchés de capitaux*, op cit, pp. 299-300.
[774] DUFLOUX Claude, *op. cit*, pp. 46 et suivants.
[775] MERVILLE Anne-Dominique, *L'essentiel du droit financier*, Gaulino, *op. cit*, p. 23.

Bourse. À New York où l'on retrouve pareil dispositif, beaucoup d'émetteurs des pays émergents (Chine, Russie, Inde…) ont été plus inclus à se faire coter à Londres, Hong Kong… qu'à New York. En 2005, le montant total des émissions d'actions en Europe a dépassé de 75 % celui réalisé outre-Atlantique. Londres est encore au cœur de la géofinance[776] car berceau de l'Euromarché, siège de plusieurs marchés internationaux des matières premières, le plus grand marché d'affrètement, le plus grand marché mondial d'assurance et de réassurance.

Le New York Stock Exchange (NYSE) et le Nasdaq étaient donc condamnés à s'appuyer sur des plates-formes européennes pour attirer de nouveau les listings internationaux.

Toutefois, pour les grandes entreprises, les notions de Bourse européenne ou de Bourse américaine s'effacent devant celle de Bourse mondiale, permettant une source de financement quasi illimitée, les sociétés de par le monde pouvant se faire coter sur une plate-forme offrant des plages de transactions très étendues, couvrant des fuseaux horaires allant de Paris à New York. Mais la « fusion entre égaux » sera-t-elle toujours respectée et l'Europe financière ne sera-t-elle pas le théâtre d'une bataille américaine entre Nasdaq voulant prendre le contrôle du LES et le NYSE ayant choisi Euronext ?

Pour plus d'efficacité de fonctionnement de cette bourse, Il faut une réglementation de divers titres financiers qui prendra en compte les trois grandes familles de valeurs négociables, à savoir : les actions, les obligations et les Titres de créances négociables (TCN).

Dans plusieurs pays, il est fait recours à des titres des créances négociables qui se présentent comme des instruments de financement à mi-chemin entre les effets de commerce classiques et les valeurs mobilières. Par le fait qu'ils sont dématérialisés, et impérativement stipulés au porteur, ils échappent à la réglementation cambiaire et sont facilement transmissibles[777]. Initialement, TCN et valeurs mobilières représentaient deux catégories d'instruments financiers assez clairement différenciés. Les premiers étaient exclusivement des titres de financement à court terme permettant à leurs émetteurs de surmonter une impasse de trésorerie (sur le marché monétaire) et les valeurs mobilières sont traditionnellement, et demeurent dans une large mesure, des titres de financement à long terme (sur le marché financier). Cette différence a cependant perdu sa force dès lors qu'un titre peut passer d'un marché à un autre.

Comme le marché financier est le marché sur lequel sont émis et échangés les titres à long terme d'une durée supérieure à dix ans : les actions et les obligations, il faut indiquer que ces titres sont par nature, intrinsèquement, peu ou pas du tout liquides.

L'émetteur d'une action ne s'engage pas à racheter à terme l'action qu'il émet, à la retransformer en argent. L'émetteur d'une obligation s'engage seulement à racheter l'obligation qu'il émet à son échéance, qui peut être lointaine.

Ainsi, dans la transaction entre l'émetteur et le souscripteur d'un titre financier, le souscripteur n'a aucun droit à demander à l'émetteur du titre, avant l'échéance, la conversion en monnaie de sa créance. De ce point de

[776] NZANDA-BUANA Kalemba M., op cit, p.72.
[777] COURET Alain et Cie, *op. cit*, p. 490.

vue, les titres financiers sont complètement différents des titres monétaires, puisque les dépôts à vue, les dépôts à terme et les billets de trésorerie dans le cas spécifique du Congo-Kinshasa, peuvent être à tout moment transformés en monnaie, sans coût ou à coût faible.

C'est pour restaurer la liquidité des titres financiers qu'existe un marché secondaire (la Bourse) de ces titres où ils peuvent être échangés, entre souscripteurs, à côté du marché primaire où ils sont émis par les émetteurs pour être souscrits par les souscripteurs.

Le marché primaire est le marché du « neuf », le marché secondaire, le marché de « l'occasion ». Ces deux marchés sont évidemment complémentaires : les titres financiers trouveraient peu de souscripteurs si ceux-ci n'avaient pas la possibilité de les convertir en monnaie avant leur échéance.

Une bourse de valeurs mobilières en RDC présente les atouts suivants :

a) Les marchés financiers fournissent une large gamme de produits financiers à long terme et des mécanismes appropriés à travers lesquels les particuliers peuvent réussir à collecter des montants importants pour des projets d'investissements à grande échelle en faveur de leur firme avec moins de risque grâce au choix du portefeuille. Une infrastructure économique efficiente est nécessaire non seulement dans la mobilisation des capitaux intérieurs mais aussi dans la compétitivité du marché financier global.
b) Les participants qui fournissent les informations sont les spéculateurs, les arbitragistes et les chercheurs de liquidité.
c) Avec les potentialités du pays, le fonctionnement d'une bourse ne posera aucun problème si la production des métaux précieux est effectuée à grande échelle et que la vente est à sa juste valeur et le fruit de vente placé sur le marché national.
d) Ce qui permettra aux intermédiaires financiers de jouer pleinement leur rôle grâce au placement, à long terme dans la bourse, des capitaux collectés auprès des épargnants.

En ce qui concerne son lieu d'emplacement, il est souhaitable que la bourse des valeurs se situe dans les provinces qui ont une bonne infrastructure économique, à énergie électrique stable et dont la sécurité est irréprochable. Car, on le sait tous, la bourse a pour gage une matière première produite localement et dont la commercialisation qui se fait avec l'étranger est également encouragée sur le plan national. Une fois dynamique, la bourse de la RDC pourra avoir des extensions à l'étranger, grâce à la technique des fusions du NYSE Euronext.

2. Ne pas négliger ces questions

La RDC qui doit s'investir dans la mise en place des mécanismes de financement de son économie afin d'un relèvement du revenu personnel, n'échappe pas à cette condition. Quoi qu'ayant organisé la création des sociétés des capitaux depuis 1887, les obligations et les actions n'ont jamais été réglementées au point d'être un casse-tête pour beaucoup d'hommes politiques congolais, actionnaires, qui se sont fait rouler pendant des années. C'est le cas des sociétés comme Wimbi-Dira Airways, Bandundu Air, Bravo Aircongo etc.

En effet, les actions et les obligations qui y seront traitées obéissent à certains critères :

a) L'action est un titre négociable émis par une société des capitaux et représentatif de la valeur unitaire du capital social de celle-ci.
b) Les porteurs sont associés à l'entreprise et détiennent tous les droits liés à une propriété partagée ainsi que des droits spécifiques, notamment :
   - Etre informé des résultats et de l'activité en général de l'entreprise ;
   - Avoir un droit préférentiel de souscription ou d'attribution lors d'opération sur le capital et un droit au remboursement de leur apport lors de la liquidation de la société, à condition qu'il reste quelque chose ;
   - Pouvoir participer aux assemblées générales (avec ou sans possibilité de vote selon le type d'actions possédées) ;
   - Toucher des dividendes, si la société décide d'en distribuer et à condition que la société ait fait des bénéfices. Le dividende est aléatoire. Par ailleurs, deux particularités sont à signaler parfois pour le paiement du dividende qui est, soit le paiement en action, soit le dividende majoré.

En France par exemple, le paiement du dividende en action résulte de la loi du 08 janvier 1983. Au cas où l'action est exercée par l'actionnaire (qui peut donc la refuser et se faire régler le dividende en numéraire), l'entreprise augmente à due concurrence son capital et l'actionnaire obtient des actions nouvelles à des conditions relativement attractives (90 % de la moyenne des cours des vingt séances précédant l'assemblée générale). Du côté de l'entreprise, cette formule présente les avantages suivants : renforcement des fonds propres dans des conditions très économiques (la société n'est pas ici soumise aux formalités prévues par la loi du 24 Juillet 1966 pour la souscription d'action en numéraire) ; la société maintient sa trésorerie en évitant des sorties des fonds pour payer les dividendes.

En ce qui concerne le dividende majoré, en France, le législateur est intervenu avec la loi du 12 Juillet 1994 introduisant l'article 347-2 nouveau dans la loi du 24 Juillet 1966. Les primes de fidélité ne peuvent être accordées que si l'on respecte les conditions précises : société cotée en Bourse, ne pas avoir déjà émis des obligations convertibles ou des OBSA, les actions bénéficiant d'un dividende majoré doivent être nominatives (donc inscrite sur le registre de la société) et non au porteur, l'actionnaire doit posséder des titres inscrits depuis au moins deux ans, la majoration ne doit pas dépasser 10 % du montant du dividende normal et chaque actionnaire en bénéficiant ne doit pas détenir plus de 0,5 % du capital.

Si la formule est avantageuse pour l'entreprise (fidéliser l'actionnariat individuel), elle l'est moins pour l'actionnaire du fait du montant modeste de la majoration. Les règles trop strictes imposées par la loi n'ont donc pas permis de développer cette formule, bonne en soi, comme on espérait.

a) Quant aux obligations, leurs porteurs sont des créanciers chirographaires, ont le droit à une rémunération périodique dont les conditions sont indiquées dans le contrat d'émission : taux d'intérêt fixe, taux variable… L'intérêt de l'obligation est sûr, contrairement au dividende de l'action.

Dans la mesure où, comme pour le marché des actions, on peut spéculer sur le marché obligataire en jouant sur l'évolution des taux d'intérêt, notamment grâce à certains contrats des marchés à terme, comme le notionnel (traité sur le Matif, le Liffe),[778] il y a nécessité d'une réglementation de ce secteur en RDC.

b) Il est également recommandé que ce marché soit parrainé par New York, étant entendu que ce dernier constitue le plus grand centre financier du monde où convergent les flux financiers du monde comme un lieu d'absorption des flux financiers émis par les autres centres financiers, et à partir du quel partent des flux financiers les plus importants comme un lieu d'émission des flux financiers en dollars américains absorbés par les marchés financiers internationaux[779]. Cela répond à la réalité d'une économie congolaise déjà dollarisée depuis plusieurs décennies.

Il faut cependant retenir que même si le marché à instituer reste le lieu d'attribution de la propriété, il doit être : un lieu de production des prix ; un foyer de la liquidité des offres et des demandes de capitaux ; un incitateur des dites offres et demandes ; ce lieu de contrôle public ; un évaluateur du prix du temps ; un intégrateur social ; et un lieu d'innovation.

Ainsi, la législation à prendre doit prévoir la mise en place, par décret, des organismes indépendants chargés d'organiser le fonctionnement des marchés.

Une instauration ne suffit pas pour un fonctionnement efficient, la mise en place d'un système de contrôle souple et efficace est nécessaire.

SECTION 2. LA PROBLÉMATIQUE DE RÉGULATION : LES ORGANES D'ENCADREMENT ET DE CONTRÔLE À ENVISAGER

La question de régulation des marchés préoccupe tous les acteurs tant publics que privés. En effet, depuis quelque temps et suite aux crises financières à répétition, des voix se sont levées pour une nouvelle approche de la régulation de l'industrie financière. L'on se demande ainsi, compte tenu de ces crises, à raison, s'il faut encore croire dans les marchés financiers ?

Si on veut répondre à cette question, on s'aperçoit que le bon fonctionnement des marchés financiers et par-delà leur importance pour un développement économique rapide dépend du système de régulation mis en place. En effet, il est vérifiable que dans les pays où les marchés financiers ont été libéralisés, les institutions financières sont fragiles. Aussi, les réglementations nationales, en l'occurrence celle de la RDC, sont souvent inefficaces, car inadaptées à la globalisation des activités bancaires et financières. Comme nous l'avons dit, la crise financière de 2008 a confirmé l'incapacité pour les marchés à s'autoréguler et légitime l'existence d'un droit des marchés financiers.

---

[778] DUFLOUX Claude, *op.cit.,* pp. 70 et s.
[779] NZANDA-BUANA Kalemba M., op cit, p. 75.

Au XIXème siècle, le modèle de régulation était essentiellement libéral sous réserve des quelques règles prudentielles. Avec la dépression des années 30, l'instabilité liée aux excès de concurrence a fait augmenter la peur qui a occasionné une régulation plus interventionniste.

Cette méthode a également échoué pour faire face aux crises depuis les années 80 dont la plus récente est de 2008.

Il y a donc nécessité que le système de régulation à mettre en place se fixe deux objectifs, à savoir : faciliter la concurrence et contenir les crises. Ce qui oblige l'existence de quatre priorités suivantes : exercer la discipline dès l'apparition des difficultés, renforcer l'exercice de la discipline par le marché, accélérer le règlement des transactions et renforcer la coopération internationale. La régulation des marchés n'est pas sans importance en raison des risques liés à l'ouverture des marchés, notamment le risque systémique et le développement de la fraude financière internationale[780].

Aussi, au-delà de la rénovation de l'organisation institutionnelle des marchés, l'internationalisation financière incite les autorités à améliorer constamment la sécurité du système financier, fragilisé également par certains centres financiers extraterritoriaux ou offshore[781]. Il est ainsi nécessaire que la loi circonscrive l'étendue de l'objet du contrôle institué[782].

Actuellement, la BCC, il faut le rappeler, est le seul organe de contrôle, de surveillance et d'encadrement des marchés en RDC.

§1. La banque centrale du Congo doit se limiter à la fonction d'encadrement

L'évolution du concept de banque centrale et, partant, de son rôle, n'est pas terminée. Elle n'est pas clairement définie dans le domaine de la surveillance du prix des actifs et dans celle du taux de change.

Il est soutenu qu'une attention particulière devait être portée par la banque centrale à l'évolution du prix des actifs, notamment à celle du prix des actifs financiers. Des mouvements excessifs et durables des capitaux au regard des critères fondamentaux conduisent à des phénomènes de « **bulle** » qui développent des risques pour les intervenants sur les marchés et qui nuisent à la bonne transmission des impulsions de politique monétaire.

1. La banque centrale du Congo peut-elle contrôler les mouvements des capitaux ?

La BCC peut développer une action préventive en donnant des avertissements aux marchés. Contrairement à ce qui était soutenu avant 2008, c'est-à-dire ce que suggérait l'idéologie des marchés financiers – l'autorégulation des marchés par eux-mêmes et les effets de la main invisible stabilisant les marchés-, aujourd'hui le rôle des banques centrales, quelque fois indissociable de celui des régulateurs, mais rendu spécifique par la

---

780 MICHAU JP., *Surveiller le marché européen, rapport sur les entretiens de la COB*, Paris, 9 décembre 1997, table ronde n° 3, pp. 7 et suivants.

781 BONNEAU Thierry et DRUMMOND France, *Droit des marchés financiers*, *op. cit*, pp. 65-66.

782 La compétence étant d'attribution, la loi doit expressément limiter les missions de l'organe de contrôle et ce sur quoi doit porter ses activités. Ce qui permet d'éviter l'arbitraire.

qualité de prêteur de dernier ressort, apparait central dans la prévention, la limitation et la gestion des crises boursières et financières[783].

En la matière, le choix d'intervenir ou d'ignorer n'est plus donné aux banques centrales. Il est nécessaire de surveiller avec soin la correction des transactions dans un domaine où le dol et la malversation seraient aisés. La formation des cours, le problème qui réside dans la confrontation journalière entre des masses de capitaux disponibles et des valeurs mobilières en quête d'acheteurs nécessite un droit de regard d'une autorité indépendante autre que celle dans laquelle les professionnels de la finance sont représentés[784].

Dans la recherche de la stabilité des prix, les banques centrales ne peuvent plus négliger les effets de la hausse de la valeur des actifs financiers – pas plus qu'elles ne peuvent négliger les conséquences d'une chute majeure de la valorisation de ces actifs sur la monnaie, la croissance et les prix. Le canal de la finance directe et celui des taux d'intérêt de marché jouant à travers les effets du portefeuille ont pris le pas sur le canal du crédit pour expliquer l'impact de la politique monétaire sur l'économie. La banque centrale doit s'assurer que la loi de l'offre et de la demande des capitaux s'applique de façon parfaite, c'est-à-dire qu'il y a équilibre entre la masse de capitaux qui sont prêts à s'investir en valeurs mobilières et la masse des titres à réaliser.

Elle encadre ainsi la tendance du marché en faisant en sorte que la bourse soit ferme[785].

On conçoit ainsi que la banque centrale doit amener la bourse à être attentive à tous les événements économiques, politiques, financiers, sociaux, nationaux et internationaux qui peuvent avoir pour effet un afflux ou un reflux des capitaux, une amélioration ou une diminution de l'attrait que comporte la possession des valeurs mobilières.

La banque centrale doit maîtriser la politique de change. En ce qui concerne le taux de change, il faut distinguer entre régime de change et fluctuations sur les marchés de change. Le régime de change reste déterminé, dans tous les pays, par les pouvoirs publics. La substitution, par exemple, d'un régime de change flottant à un régime de change fixe n'est pas du ressort de la banque centrale. En ce qui concerne les désajustements importants entre monnaies, ces désajustements font l'objet de déclarations finales au cours des réunions des ministres des Finances et de l'économie. En RDC, ces mesures ne peuvent se prendre qu'après l'avis de la BCC.

La banque centrale intervient sur les marchés de change si la monnaie nationale a un lien nominal explicite ou implicite avec une monnaie de référence, ceci en général avec l'accord des pouvoirs publics. Schématiquement, l'état de l'art à la fin des années quatre-vingt-dix, relatif à

---

[783] HERVE JUVIN, *Les marchés Financiers. Voyage au cœur de la Finance Mondiale*, *op. cit*, p. 385.

[784] DEFOSSE Gaston, *La bourse des valeurs*, op cit, p. 99.

[785] La Banque Centrale du Congo devra abandonner la politique de libéralisme total pratiquée actuellement tant en ce qui concerne la rémunération de compte ou des dépôts en banque que pour ce qui est du taux d'intérêts pratiqués par les établissements de crédit à l'égard de leur clientèle et des taux de changes sur le marché. L'arbitraire dans la fixation de la rémunération, taux d'intérêts et taux de change créé la réticence des épargnants et des investisseurs. Elle doit faire en sorte qu'il y ait afflux de capitaux vers la bourse, que les acheteurs se pressent nombreux aux guichets des banques et dans les charges d'agents de change et doit également veiller à l'équilibre de la valeur des titres offerts en rendant ainsi la bourse ferme.

l'exercice de la fonction de banque centrale dans les pays industrialisés, lui conférait la mission de veiller à la bonne marche du système des paiements et à la stabilité du système financier ainsi que celle de diriger la politique monétaire.

La BCC doit protéger l'épargne dont la bourse a tant besoin pour son fonctionnement. Le montant des revenus qui n'est pas absorbé par les achats des biens de consommation doit être investi en biens de production, par l'achat par exemple des valeurs mobilières qui donnent à leurs détenteurs une part de propriété dans les biens appartenant aux sociétés dont ils se procurent les actions.

De même, tous les événements qui sont de nature à agir sur l'épargne naissante doivent être suivis avec attention. Ils libèrent des capitaux qui, certes, sont souvent d'importance modeste à l'échelle individuelle, mais qui, multipliés par le nombre des personnes intéressées, forment une masse appréciable dont la stabilité est d'autant mieux assurée qu'elle est divisée. C'est ainsi que les gratifications et étrennes distribuées à la fin de l'année ainsi que les dividendes payées par les sociétés les mois de juin, juillet et août doivent être orientées vers la bourse.

La BCC doit veiller à ce que la bourse ne souffre point de la concurrence des autres emplois de capitaux surtout en temps de guerre ou en période de dépréciation monétaire rapide. Elle doit tout mettre en œuvre à ce que les détenteurs de capitaux préfèrent l'acquisition des valeurs mobilières à d'autres placements[786]. Elle va ainsi sensibiliser les épargnants et les conduire à utiliser leurs disponibilités en achat de valeurs mobilières qu'ils vont plus tard revendre pour se procurer les capitaux indispensables à la reconstitution de leurs actifs.

Souvent, comme c'est le cas aujourd'hui dans une période post conflit, les placements immobiliers attirent des masses importantes de capitaux au point que ce mouvement pèse sur les cours des marchés. La bourse, mieux encadrée par la BCC, va constituer un bon marché concurrent devant équilibrer les prix des placements immobiliers.

Elle doit définir et mettre en œuvre la politique monétaire du pays dont l'objectif principal est d'assurer la stabilité du niveau général des prix. Nous sommes d'avis que ce rôle est si suffisant que la BCC sera incapable, comme c'est le cas actuellement, de le cumuler efficacement avec le rôle de contrôle prudentiel et de régulateur des marchés.

2. Quels sont les instruments de sa politique ?

Les instruments dont dispose une Banque Centrale pour exercer le contrôle de l'expansion monétaire, avons-nous dit, peuvent être répartis en quatre groupes[787] :

a) les instruments relatifs au coût des liquidités et du crédit ;
b) les instruments portant sur le volume des liquidités des banques ;
c) les instruments qui se rapportent aux politiques d'accompagnement des politiques globales ;
d) les instruments portant sur le contrôle des flux monétaires internationaux.

[786] DEFOSSE Gaston, *La bourse des valeurs*, op cit, pp. 98-101

[787] CAPUL JEAN YVES et Consort, *op. cit.*, pp.367-369.

De ce fait, elle peut intervenir sur les marchés financiers, notamment en achetant et en vendant ferme, en prenant et en mettant en pension, en prêtant ou en empruntant des créances et des titres négociables libellés en monnaies étrangères ou nationale, ainsi que des métaux précieux. Il est difficile à expliquer que depuis plusieurs décennies la BCC n'achète pas les métaux précieux sur le marché intérieur en vue de les revendre à l'étranger. Cette technique pourra permettre que la BCC assure l'approvisionnement du marché local en devises étrangères recherchées et contourne la difficulté de rapatrier les devises relatives aux exportations desdits métaux, les exportateurs du secteur voulant loger les recettes à l'étranger.

La BCC peut également effectuer des opérations de placement et de gestion financière de ses avoirs en monnaies étrangères et en d'autres éléments de réserve externes.

Elle peut en outre émettre et racheter ses propres titres d'emprunt ; prendre en dépôt des titres et des métaux précieux, se charger de l'encaissement des titres et intervenir pour compte d'autrui dans les opérations sur les valeurs mobilières, autres instruments financiers et métaux précieux.

Elle peut, en fin, effectuer des opérations de crédit avec des établissements de crédit et d'autres intervenants des marchés financiers sur la base d'une sûreté appropriée pour le prêt ainsi que obtenir du crédit à l'étranger et à cette fin consentir des garanties.

Par ailleurs, en vue de l'encadrement des marchés financiers, c'est la BCC qui exécute les accords de coopération monétaire internationale conclus par la RDC, moyennant approbation du gouvernement. Dans ce cadre, elle fournit et reçoit les moyens de paiement et les crédits requis pour l'exécution de ces accords. Ainsi donc, la Banque Centrale du Congo est mieux placée pour la politique monétaire qui, on ne peut s'en douter, est déjà une tâche énorme et suffisante pour elle.

Il est de ce point de vue logique que le rôle de caissier de l'État soit confié à la Direction du Trésor, service Public. C'est cet organisme qui va permettre que l'épargne des ménages soit réorientée vers l'épargne financière et au bénéfice des placements les plus longs.

Toutefois, l'indépendance d'une Banque Centrale est désormais jugée essentielle pour la crédibilité de la monnaie. Elle doit protéger les acteurs de l'économie contre leurs gouvernements, plus précisément contre toute tentation politique de recourir à l'inflation, c'est-à-dire d'engager les dépenses sans les financer ou sans disposer des ressources correspondantes, notamment par l'impôt.

L'indépendance des banques centrales renforce les marchés financiers en ce que, tout naturellement, les Banques Centrales indépendantes jouent la mise sous surveillance par les marchés de toute décision publique, pour prévenir les décisions politiques jugées néfastes en matière de stabilité monétaire[788]. Elle doit ainsi être dotée d'un personnel qui fait preuve de savoir-faire et de professionnalisme.

Dès lors, la BCC doit être membre dans d'autres organismes divers devant s'occuper, à tous les niveaux, des contrôles des marchés financiers et de leur surveillance.

---

[788] HERVE JUVIN, *op. cit.*, p.83.

§2. Création d'institutions de soutien au marché

Le bon fonctionnement du marché passe par une série d'instituions de soutien. Les marchés se fondent sur le concept de contrat exécutoire, qui dépend à son tour, d'un système juridique fort. Les marchés financiers ont besoin d'une banque centrale compétente pour gérer les monnaies, définir la politique monétaire et mettre en œuvre une réglementation judicieuse du système bancaire. L'administration doit faire preuve d'une relative compétence et se montrer apte à maîtriser les arrangements entre acteurs du marché.

Pour arriver à instaurer une bourse des valeurs mobilières, la RDC devra envisager la mise en place d'une autorité chargée de la supervision et de la réglementation des marchés de valeurs mobilières et autres instruments financiers et fixer les modalités d'intervention sur ces marchés. Cette autorité pourrait être créée sous forme d'une agence publique indépendante de régulation et de supervision qui devra veiller à assurer la surveillance des marchés et de leurs intervenants, le déroulement des offres publiques et des organismes de placement collectifs.

Afin d'offrir une régulation plus lisible et unifiée, le Congo-Kinshasa doit mettre en place deux autres institutions chargées, chacune, du contrôle prudentiel et de la régulation du risque systémique. Car la régulation des marchés vise à assurer la transparence, l'information du public et le respect des règles déontologiques[789]. L'idée doit être de passer d'un modèle sectoriel à un modèle de supervision par objectif.

On ne peut y arriver que si le personnel chargé du contrôle répond à un criterium d'indépendance voulu. Après plus de 50 ans, plus d'uns observateurs arrivent à démontrer l'impossibilité pour la BCC de remplir cette condition[790]. Dès lors, aux dires de certains auteurs, que le procédé de souscription publique n'a pas des cas pratiques en RDC suite à l'inexistence d'un marché financier avant et après l'indépendance[791], nous sommes d'avis qu'il est impérieux que la loi détermine l'objet du contrôle.

1. L'Autorité des Marchés Financiers (AMF)

Afin d'éviter la superposition des autorités administratives qui, dans la pratique est source des conflits, la RDC pourrait prendre pour référence le modèle Français qui dispose de **l'Autorité des Marchés Financiers** (AMF), née de la fusion de la Commission des Opérations de Bourse « COB »[792], du Conseil des Marchés Financiers « CMF » et le Conseil de Discipline de la Gestion Financière « CDGF ».

---

789 MERVILLE Anne-Dominique, *L'essentiel du droit financier*, Gaulino, *op. cit*, p. 55.

790 On arrive à cette conclusion lorsqu'il dégage, depuis trois décenies, un mimétisme dans la prise des décisions de la BCC en matière monétaire et de change et surtout en ce qui concerne les instructions en matière d'agrément des banques et de rapatriement des devises liées aux exportations des matières minières et pétrolières. Cette difficulté est due, entre autres, au fait qu'il est difficile, au regard de sa nature, d'embaucher des spécialistes qui doivent bénéficier d'une indépendance d'esprit, sans être liés par un contrat de subordination.

791 MBOYO EMPENGE ea LONGILA BB. Victor, *Le Régime de l'Autorisation dans la Société par Actions et son Incidence dans les Marchés de Capitaux en République du Zaïre et en Droit de Pays Européens*, op. cit, p. 132.

792 COURET Alain et Consort, *Droit Financier*, op cit, p. 195.

C'est une autorité publique indépendante, type d'organisme qui ne fait pas partie d'une catégorie connue. Pour autant, il semble toujours possible de la considérer comme telle, il s'agit, en toute hypothèse, d'une autorité régulatrice dotée de la personnalité.

L'attribution de la personnalité a pour conséquence qu'elle pourra en son nom conduire des actions et qu'elle pourra également être poursuivie en responsabilité, toujours en son nom.

L'Autorité des marchés financiers a donc un patrimoine propre et dispose d'une autonomie financière. Elle sera financée par un droit fixe dû par les personnes soumises à son contrôle.

L'AMF est l'autorité des marchés et sa compétence s'étend à toutes les opérations, hormis la gestion de portefeuille, effectuées par un établissement de crédit ou une entreprise d'investissement. Ses principales attributions sont la tutelle des marchés réglementés, l'agrément des intermédiaires pour la prestation de services d'investissement, la recevabilité et la gestion des offres publiques alors que la BCC est une autorité administrative indépendante.

Pour plus de souplesse, elle sera composée d'un collège et d'une commission des sanctions et le cas échéant des commissions spécialisées et des commissions consultatives[793].

1. **Le collège** de l'Autorité des Marchés Financiers pourra être composé de seize membres. Ce qui permet de rassembler les représentants de l'activité administrative désignés par BCC, Assemblée Nationale, Sénat, conseil économique et social et des acteurs issus des milieux professionnels (émetteurs, prestataires, sociétés de gestion) désignés par le Ministre des Finances. Le Ministre désignera également un représentant des salariés actionnaires, après consultations des organisations syndicales et des associations représentatives.

Son président est nommé par le Président de la République pour un mandat de cinq ans non renouvelable.

Pour le besoin de son fonctionnement, le collège pourra créer en son sein des commissions spécialisées.

2. **La commission des sanctions**, quant à elle, pourra se composer de douze membres dont deux conseillers d'État et deux conseillers à la Cour de Cassation, six membres représentant les professionnels, désignés en raison de leur compétence juridique et financière ainsi que de leur expérience en matière d'appel public à l'épargne et d'investissement de l'épargne dans des instruments financiers par le Ministre des Finances. Il faut également ajouter deux salariés de ces différents acteurs.

Les membres de la commission sont indépendants du collège auquel ils ne peuvent appartenir et le président est élu parmi les magistrats du conseil d'État ou de la cour de cassation.

---

[793] Ce modèle que nous proposons en RDC est développé en détail en droit français par :
- MERVILLE Anne-Dominique, *Droit financier*, *op. cit*, pp. 87-88.
- COURET Alain et Consort, *Droit Financier*, *op. cit*, p. 200 à 209.
- BONNEAU Thierry et DRUMMOND France, *Droit des marchés financiers*, *op. cit.*, p..345.
- MERVILLE Anne-Dominique, *L'essentiel du droit financier*, Gaulino, *op. cit*, p.69.

L'AMF délivre l'agrément pour la gestion de portefeuille, autorise la création des SICAV et Fonds Communs de Placement, contrôle l'information du public par les sociétés, reçoit les plaintes et les réclamations, veille enfin à la répression du délit d'initié. Enfin la BCC disposera d'un droit d'opposition à l'admission à la cote d'un titre ou d'un instrument financier.

La protection de l'épargne impose que les pouvoirs de l'organe de contrôle des marchés soient renforcés.

L'AMF sera donc l'autorité normative et de surveillance des marchés financiers et en est le pouvoir répressif alors que la BCC restera l'autorité d'encadrement des marchés. L'Autorité des Marchés Financiers établit les règles de bonne conduite des prestataires de services d'investissements et des marchés financiers. Elle édicte les principes généraux de fonctionnement des marchés, reçoit et gère les offres publiques. L'AMF délivre l'agrément des sociétés de gestion et des organismes de placement collectif (OPCVM), fixe les conditions d'exercice des analystes financiers.

Elle est donc compétente pour édicter les règles de pratique professionnelle ; les règles relatives aux offres publiques d'acquisition ; les règles de bonne conduite et les conditions d'exercice et celles dans lesquelles peut être délivrée ou retirée une carte professionnelle.

L'AMF a enfin un pouvoir de faire des injonctions et de prendre des mesures d'urgences, de transiger et de prendre toute sanction qu'elle juge nécessaire.

En matière de réglementation, le marché boursier pourrait être constitué des compartiments avec des conditions d'admission différentes, notamment en matière de dimension des entreprises et d'ouverture de leur capital au public. Pour les émetteurs par exemple, les conditions d'admission de leurs titres devraient dépendre du portail d'accès qu'ils choisiraient. Quatre critères sont envisagés pour permettre aux entreprises de se positionner et constituer pour les investisseurs des outils d'identification des valeurs, à savoir la nomenclature sectorielle qui indiquerait le secteur d'activité des entreprises, les indices de capitalisation qui permettraient de positionner les entreprises en termes de taille boursière, le mode de cotation continu ou fixing, qui renseigneraient sur la liquidité des titres émis par les entreprises.

Pour y être incluses, les entreprises devront s'engager à respecter des règles précises[794] en matière d'information et de liquidité en complément des obligations réglementaires du compartiment sur lequel elles seront inscrites, et notamment : être cotées en continu, au besoin avec l'intervention d'un apporteur de liquidité.

Pour faire face à des crises financières à répétition, d'autres institutions de régulation peuvent être envisagées. La délicatesse de la mission laisse entrevoir l'exigence que le personnel commis à cette tâche réponde à un standing intellectuel qu'on ne peut pas nécessairement rencontrer actuellement à la BCC, en totalité.

[794] En 2008, il a été décidé en France de la mise en place d'un groupe d'experts en éducation financière afin de faire l'éducation financière des investissements (voir JOUE n° L.125/36 du 9 mai 2008).

2. Les autres institutions régulatrices

La crise financière a conduit à des réflexions sur la régulation. En France par exemple, les pouvoirs publics ont reformé certains aspects du fonctionnement de l'autorité des marchés. L'autorité de contrôle prudentiel(1) et le conseil de régulation financière et du risque systémique(2) ont été envisagés.

A. L'autorité de contrôle prudentiel

La RDC, encore une fois, doit s'inspirer du modèle français et instituer le dispositif de contrôle des marchés des capitaux par des règles communes pour tous les prestataires de services d'investissement dans le pays. Dans ce cadre, les attributions des institutions de surveillance, d'encadrement et de contrôle des marchés sont désormais liées aux services d'investissement.

En effet, MERVILLE Anne Dominique precise qu'il est exigé que le but poursuivi par l'amélioration du système de supervision soit de garantir la stabilité financière, de sécuriser les consommateurs des produits financiers[795] et de renforcer la compétitivité et l'attractivité de la place financière visée. Ce qui consolide la crédibilité du pays dans les négociations internationales sur la réforme en matière financière.

Pour rappel, avant le 21 janvier 2010 en France par exemple, le contrôle était sous forme d'une pyramide :

La tutelle générale des marchés était exercée par le Ministre ayant l'Economie, les Finances et l'Industrie dans ses attributions, qui prépare les lois et arrête les règles relatives à la prestation de services d'investissement préparées par les autorités de régulation financière.

La réglementation et la surveillance des marchés et le contrôle des intermédiaires étaient exercés par différents organismes[796] indépendants dans lesquels l'État est représenté par la Banque de France[797]:

Pour exercer la profession, il fallait obtenir un agrément auprès du Comité des Etablissements de Crédit et des Entreprises d'Investissement (CECEI). Le CECEI accorde les dérogations individuelles (création d'établissement, changement de contrôle) et prévoit les ouvertures de guichets[798].Sa composition heureuse était de 12 membres : le Gouverneur de la Banque, le Directeur du Trésor, le Président de l'Autorité des Marchés Financiers, le Président du Conseil Economique et Social, plus 8 membres nommés pour 3 ans par le Ministre.

Le Comité Consultatif de la Législation et de la Règlementation Financière (CCLRF) était saisi de tout projet de texte en matière financière. Il examine les arrêtés et donne un avis sur l'ensemble des règlements, des projets de loi et des textes communautaires. Il intervient notamment dans les domaines de la gestion (ratios prudentiels), détermine le montant du capital, les conditions d'implantation des réseaux, les règles relatives à la protection des déposants mais n'assure aucun contrôle. Il était composé de 15 membres, à savoir : le Ministre des Finances, le Président de la Commission de

---

[795] MERVILLE Anne-Dominique, *L'essentiel du droit financier*, Gaulino, *op. cit*, p. 56.
[796] DOV OGIEN, *Pratique des marchés financiers, op. cit*, p.11.
[797] BONNEAU THIERRY et DRUMMOND FRANCE, *Droit des marchés financiers*, *op. cit*, p. 346.
[798] COURET Alain et Consort, *Droit Financier*, *op. cit*, p.202.

Contrôle des Assurances, le Gouverneur de la Banque de France, plus 12 membres nommés pour 3ans par le Ministre.

La commission bancaire (CB) était responsable du contrôle prudentiel des établissements de crédit et des entreprises d'investissement sauf pour les sociétés de gestion pour compte de tiers (dans ce cas, c'est l'AMF qui contrôle)[799]. Elle examine les conditions d'exploitation des établissements et veille à la qualité de leur situation financière. Elle peut proposer des sanctions disciplinaires ; avertissement, blâme, interdiction d'effectuer certaines opérations, démission d'office des dirigeants, radiation de l'agrément.

Elle était composée de 7 membres : le Gouverneur de la Banque, le Directeur du Trésor, le Président de la commission de contrôle des assurances plus 4 membres nommés par le Ministre pour 3 ans.

Au regard des crises financières, il s'est avéré impérieux d'envisager, en renfort à l'autorité des marchés financiers, l'autorité de contrôle prudentiel, résultat de la fusion des autorités bancaires et d'assurances dont la compétence devra logiquement s'étendre à ces deux domaines.

C'est une autorité administrative indépendante, sans personnalité morale[800], chargée de veiller à préserver la stabilité du système financier congolais et veiller à la protection des clients, du consommateur en général par le contrôle de l'application des règles et des bonnes pratiques en matière de commercialisation des produits financiers. À la différence de l'autorité des marchés financiers, elle ne sera pas dotée de la personnalité morale mais sera bénéficiaire d'une autonomie financière. En RDC, elle est un Service Public. Elle émargera au budget de la BCC. Elle est adossée de la BCC de qui elle doit puiser la partie importante du personnel.

Ce qui fait qu'elle sera composée :

Au niveau du collège : de quinze membres qui sont :

- le gouverneur de la BCC (président), le président de l'autorité des marchés financiers, deux membres désignés pour une durée de cinq ans, à raison de leur compétence financière et juridique ainsi que de leur expérience en matière d'assurance et bancaire, respectivement par le président de l'Assemblée nationale et celui du sénat, un conseiller d'État, un conseiller à la cour de cassation, un conseiller à la cour des comptes ;
- un vice-président disposant d'une expérience en matière d'assurance et de deux autres membres, tous trois choisies en fonction de leurs compétences en matière de protection de la clientèle ou dans d'autres matières utiles à l'exercice par l'autorité de ses missions ;
- quatre membres choisis en raison de leurs compétences en matière d'opérations bancaires, de services de paiement et ou des services d'investissement ;
- quatre membres choisis en raison de leur compétence en matière d'assurance, de mutualité, de prévoyance ou de réassurance.

---

[799] DOV OGIEN, *Pratique des marchés financiers*, *op. cit*, p.11.

[800] Il doit s'agir d'un service public doté de l'autonomie administrative et financière, mais dont l'organisation et la composition doivent déroger aux principes actuels qui remontent à la réforme de 2008.

Au niveau de la commission des sanctions : de six membres, comme suit :

- deux conseillers d'État, désignés par le vice-président du conseil d'État ;
- un conseiller à la cour de cassation désigné par le premier président de la cour de cassation ;
- trois membres choisis en raison de leurs compétences dans les matières utiles à l'exercice par l'autorité de ses missions, et nommés par le Ministre ayant les finances dans ses attributions

Comme il a été relevé précédemment, c'est elle, l'autorité de contrôle prudentiel, qui suit les activités des établissement de crédit mais aussi des entreprises d'investissement autres que les entreprises de gestion du portefeuille, des entreprises de marché, des adhérents à la chambre de compensation[801].

À cet effet, elle est chargée d'abord de la surveillance permanente de la situation financière et des conditions d'exploitation des personnes morales placées sous son contrôle.

L'autorité de contrôle prudentiel s'occupe ensuite de l'agrément des entreprises qui souhaitent exercer une activité bancaire, financière ou des services de paiement en qualité d'établissement de crédit, d'entreprise d'investissement ou d'établissement de paiement[802]. Elle a à cet effet, les pouvoirs de contrôle et d'injonction, la police administrative et le pouvoir de sanction.

B. Le conseil de régulation financière et du risque systémique

L'instauration de cet organe est une réponse pour faire face à la crise financière à répétition. Pendant plusieurs siècles, les pouvoirs publics et la doctrine économique ont largement sous-estimé, de par le monde, les risques systémiques liés à certaines activités financières[803]. L'exemple frappant est le mécanisme de « subprimes ».

La carence relative à la détection des risques systémiques oblige une amélioration de la régulation bancaire et financière[804]. Le risque systémique, encouru par les systèmes financiers, peut être défini comme un risque de déséquilibre de grande ampleur qui résulte de l'apparition de dysfonctionnements dans les systèmes financiers ou bancaires, lorsque l'interaction des comportements individuels, au lieu de déboucher sur des ajustements correcteurs, porte atteinte aux équilibres économiques généraux[805]. Ce risque existe lorsque la faillite d'une institution, par effet de

---

[801] COURET Alain et Consort, *Droit Financier*, *op. cit.* p. 218.
[802] COURET Alain et Consort, *Droit Financier*, *op. cit*, p. 219.
[803] REINHART Carmen M. et ROGOFF Kenneth S, *Cette fois, c'est différent, Huit siècles de folie financière*, *op. cit*, pp. 50 et 51.
[804] COURET Alain et Consort, *Droit financier*, *op. cit.* p. 223.
[805] BONNEAU THIERRY et DRUMMOND France, *Droit des marchés financiers*, *op. cit*, p. 23.

contagion, peut entraîner celle des autres instituions et de situation de rupture graves au sein du système bancaire et financier[806].

C'est à ce stade que le Gouvernement et l'autorité monétaire viennent jouer un rôle déterminant, celui de conseil consultatif[807] des marchés car, il faut le faire savoir, l'exposition au risque de change par exemple touche toute entreprise ou tout investisseur bénéficiant des recettes ou devant effectuer des règlements dans une monnaie étrangère et/ou possédant des actifs (ou endettement) en monnaie étrangère[808]. Le conseil doit donc permettre la coopération et l'échange d'informations[809].

Dès lors qu'un agent économique perçoit (ou règle) des flux en monnaie étrangère, il est exposé aux conséquences des mouvements de taux de change sur ses recettes (ou règlements) et sur ses avoirs (son endettement)[810]. Il est nécessaire de bien cerner la nature et l'ampleur du risque de change résultant des positions de change et des mouvements de taux de change, afin de choisir judicieusement les instruments propres à couvrir ce risque. En réalité, des nombreux agents économiques sont à la fois créanciers et débiteurs en monnaies étrangères ; la dépréciation ou l'appréciation de la devise recherchée ayant des conséquences, selon sa position.

L'emprunteur est souvent confronté au risque de taux dès lors que le taux à servir sur un emprunt futur est susceptible d'augmenter. Une telle évolution peut provenir d'une hausse des taux courts suite à un redressement de la politique monétaire. Elle peut découler aussi de la hausse de taux longs liée à l'importance des flux d'émission, à des craintes inflationnistes. Ces craintes provoquent à la fois des anticipations de hausse des taux, lesquelles conduisent les émetteurs à avancer leurs opérations, ainsi qu'une exigence accrue des investisseurs ; ce qui provoque une hausse des taux.

Ainsi, on peut se trouver dans une situation de risque de marché, risque de réinvestissement, risque de défaut, risque d'inflation, risque de liquidité voire risque de volatilité qui nécessite une décision globale devant garantir tous les acteurs.

De ce fait, il est souhaitable que ce conseil de régulation financière et de risque systémique, qui sera composé de huit membres, soit présidé par le Ministre ayant les finances dans ses attributions, secondé par le gouverneur de la BCC. En dehors de ces deux, six autres membres doivent représentés des institutions et professionnels pour une durée de 5 ans, comme suit :

1. trois issus de l'autorité des marchés financiers et de l'autorité de contrôle prudentiel ; et
2. trois autres personnalités choisies par le Ministre ayant les finances dans ses attributions en raison de leurs compétences dans le domaine monétaire, financier ou économique.

---

[806] Lire le rapport de la commission bancaire de France pour l'année 1991, p. 181 qui mettait l'accent sur la prise en compte du risque systémique dans la surveillance prudentielle des établissements de crédit.

[807] - MERVILLE Anne-Dominique, *Droit financier*, *op. cit*, p.57.
- MERVILLE Anne-Dominique, *L'essentiel du droit financier*, Gaulino, *op. cit*, p. 56.

[808] D'ARVISENET Philippe, *Finance Internationale*, 2ème Ed. DUNOD, Paris, 2008, pp. 29-30.

[809] MERVILLE Anne-Dominique, *L'essentiel du droit financier*, Gaulino, *op. cit*, p.56.

[810] D'ARVISENET Philippe, *Finance Internationale*, op. cit, pp. 29-30.

Le conseil de régulation financière et des risques systémiques sera chargé de[811] :

- Veiller à la coopération et aux échanges d'informations entre différentes institutions. L'objectif est donc de permettre que les différents acteurs qui ont des préoccupations différentes puissent confronter leurs expériences afin d'avoir une vision plus ample en établissant notamment un dialogue entre la régulation au sens strict du terme et le « macro-prudentiel » ;
- Examiner les analyses de la situation du secteur et des marchés financiers et évaluer les risques systémiques qu'ils comportent compte tenu des avis et des recommandations ; et
- Faciliter la synthèse des travaux d'élaboration des normes applicables.

CONCLUSION DU CHAPITRE II

La RDC a besoin de financer son économie par le marché financier plutôt qu'uniquement par les banques. Pour le fonctionnement efficace du marché financier, il est nécessaire de mettre en place un cadre légal et institutionnel qui fixe son organisation et son fonctionnement. Ce cadre doit instaurer un nouveau mode de régulation macro-prudentiel.

À cet effet, la BCC doit s'occuper de l'encadrement, le contrôle et la surveillance devant être assurés par l'Autorité des Marchés financiers, l'autorité de contrôle prudentiel et le conseil de régulation financière et de risque systémique, organismes indépendants, où elle sera le représentant des pouvoirs publics à côté du ministre ayant les Finances dans ses attributions. Cette mission sera mieux assumée si la BCC jouit d'une indépendance dans son fonctionnement.

Dans tous les pays du monde où les marchés boursiers sont organisés, la monnaie et la banque sécurisées et protégées sont des préalables nécessaires à leur organisation et leur fonctionnement. En effet, si la loi et le règlement doivent indiquer le rôle à jouer par chaque intervenant et la structure voulue pour l'organisation des marchés, il est aussi vrai que sans une unité de compte acceptée par la population comme devant servir d'intermédiaire d'échanges et de réserve des valeurs, aucune transaction ne peut être facilitée car aucune épargne ne peut être possible. Ainsi, le commerce de la monnaie ne peut être entrepris par qui le veut, il ne peut se concevoir que dans un cadre réservé aux professionnels, aux spécialistes de la finance.

Afin d'encourager l'implantation des professionnels de la finance sur toute l'étendue du territoire national et parer à l'arbitraire éventuel lors de l'agrément, il est conseillé que l'organe chargé du contrôle prudentiel des établissements de crédit et même des assurances implique, dans sa composition, les professionnels, les épargnants et les représentants des pouvoirs publics, sous la présidence du Gouverneur de la BCC.

Ce qui, il faut le reconnaître, fait de cette profession et de ses acteurs soumis à un objectif d'intérêt général : collecter et canaliser les ressources du pays vers des emplois productifs.

---

[811] Voir le modèle français, cité par COURET Alain et Cie, *op. cit*, pp. 223 à 226.

Pour ce faire, les professionnels de la finance indirecte doivent appliquer un taux d'intérêt propice aux investissements, un taux qui pousse les agents économiques à procéder aux placements. Ce taux, fixé librement par les opérateurs, doit avoir le taux directeur de la BCC en référence.

CONCLUSION DE LA DEUXIÈME PARTIE

Un marché financier comme la bourse se révèle, en RDC, un facteur de développement économique et social dès lors qu'il facilitera la rencontre des offres et de demandes des capitaux de longue durée et les incitera même, grâce aux technologies de l'information et de communication. Sur ce marché, tout se négocie aux vus et sus de tout le monde. Il y est garanti un meilleur prix des capitaux offerts en vente et leur accessibilité à toutes les couches de la population. Son bon fonctionnement permet donc un contrôle efficient du système de financement dans son ensemble et de ce fait l'orientation de l'épargne vers des emplois productifs ou des investissements nécessaires au progrès.

La RDC doit s'engager sur cette voie pour sortir du sous-développement avec cependant un droit propre aux marchés financiers où la régulation doit prévenir les crises au lieu de les subir.

Ce droit doit indiquer le rôle à jouer par chaque intervenant et la structure voulue pour l'organisation des marchés ; fixer un régime clair de la monnaie dans ses fonctions d'intermédiaire d'échanges, d'unité des comptes et de réserve des valeurs pour faciliter les transactions et encourager l'épargne. Pour éviter tout dérapage, il doit être exigé que les préposés à la surveillance des marchés répondent à un bon standing intellectuel.

La bourse établira des relations plus directes entre la contribution de chacun à la richesse collective, en exigeant de connaître le profil risque-rentabilité de chaque activité de la société cotée et en évitant de rémunérer la capacité de nuire. Elle va permettre à l'État et aux collectivités publiques de réunir les fonds dont ils ont besoin pour leurs investissements d'intérêt général. Elle permettra, enfin, aux épargnants de toute importance et de toute classe sociale d'effectuer à des prix officiels et contrôlés, à tout moment et à peu de frais, des placements judicieux et diversifiés, de participer ainsi directement à l'expansion commerciale et industrielle du pays et de recueillir une quotte-part des profits en résultat. Elle doit donc, être un pivot du développement économique et social de la RDC. Elle fournira, en plus des établissements de crédit, les capitaux tant recherchés en RDC pour la transformation des matières premières, le développement étant la croissance à laquelle s'ajoute la transformation.

Pour y parvenir, il est nécessaire :

- La stabilité politique par des institutions politiques les plus représentatives possibles et stables ;
- Un environnement sécurisé et qui bénéficie d'un bon climat des affaires ;

- Un régime monétaire clair avec un système bancaire où les acteurs sont incités à investir, grâce à une législation qui répond aux standards internationaux ;
- Un cadre légal propice aux marchés financiers et qui encourage les entreprises à tenir leur comptabilité dans la transparence.

CONCLUSION GÉNÉRALE

Les marchés financiers sont restés embryonnaires depuis plus de cinquante ans. Le financement de l'économie se fait, jusque-là, uniquement par le biais des établissements de crédit. La RDC se caractérise par l'absence d'une bourse des valeurs mobilières et d'une législation y relative. Elle s'est contentée de réglementer l'activité des établissements de crédit et des entreprises d'assurances, avec un mode de régulation micro prudentiel, c'est-à-dire avec une autorité pour les établissements de crédit et une autre pour les assurances.

Les instructions et décisions de la Banque Centrale du Congo « BCC » prises en exécution des lois relatives aux établissements de crédit ainsi qu'à la création, à l'organisation et au fonctionnement de la BCC se caractérisent par des discriminations à l'égard des nationaux en ce qui concerne l'agrément des opérateurs du secteur financier. Ce qui viole la constitution et est contraire aux principes de l'OMC. La fuite des capitaux y est favorisée par le régime de change, instauré depuis plus de trois décennies en faveur des sociétés titulaires des droits miniers et des sociétés pétrolières d'exploitation-production. Aussi, le système bancaire ne parvient pas encore à couvrir toute l'étendue du territoire national par les activités des établissements de crédit dont le nombre et la qualité des services financiers restent faibles.

Dès lors, la réglementation d'une bourse des valeurs mobilières, marché à long terme, en RDC, permettra une amélioration de l'efficacité de l'allocation des ressources au sein de l'économie, rendant le bien-être social, l'investissement et donc le développement possible. Car sans un système de financement efficace, la satisfaction des besoins d'argent de longue durée devrait attendre une épargne pendant longtemps.

Ainsi, sur les marchés financiers, l'équilibre des offres et des demandes s'obtient grâce aux investissements par le canal des intermédiaires financiers qui encouragent ou découragent, par une sélection rigoureuse, telle offre ou telle demande à partir des taux d'intérêt et de taux de change appliqués.

Il faut ainsi faciliter, au préalable, l'implantation des établissements de crédit partout en RDC et encourager l'initiative des nationaux en mettant fin à l'exigence d'un actionnaire de référence qui doit nécessairement être un groupement bancaire et financier non industriel et commercial.

Dans pareille circonstance, les préposés au contrôle prudentiel des marchés doivent répondre à un standing de capacité pour plus d'objectivité. L'instauration d'un nouveau système de régulation avec une seule Autorité des Marchés Financiers dont les principales attributions sont la tutelle des marchés réglementés, l'agrément des intermédiaires pour la prestation de services d'investissement, la recevabilité et la gestion des offres publiques est la solution la mieux indiquée. À ce titre, nous proposons, au stade de l'agrément des établissements de crédit et des entreprises d'assurance, qu'il soit institué, en RDC, l'autorité de contrôle prudentiel présidée par le Gouverneur de la BCC, composée des professionnels et des spécialistes ainsi que des représentants des hautes juridictions et des bureaux du parlement.

C'est là qu'il est également impérieux d'instituer le conseil de régulation financière et du risque systémique pour assurer la tutelle générale des marchés. En effet, même si le Ministre des Finances a la tutelle générale sur les marchés financiers, la raison d'éviter l'arbitraire, le contrôle du fonctionnement des acteurs impose qu'il prenne des décisions de concert avec l'autorité monétaire et ce, sur base des analyses des experts attitrés, analyses menées sur les risques de tout le système de financement de l'économie pris dans sa globalité.

De même, le fonctionnement efficient des marchés exige que les pouvoirs publics se chargent également de leur encadrement. Confié à la Banque centrale, l'encadrement se conçoit en la conception et l'exécution de la politique monétaire et financière.

Ce qui lui confère des responsabilités étendues, notamment celle de veiller à la stabilité du système de financement. Elle doit aussi être au centre de la compensation afin de s'assurer de la protection des consommateurs des services financiers.

Par ailleurs, pour plus des liquidités dans les banques basées en RDC, que le régime de change en faveur des sociétés minières et celles pétrolières d'exploitation-production soit amélioré. Il peut être préconisé que les devises liées à l'exportation des produits pétroliers et miniers soient logées en totalité dans une banque en RDC pendant un temps, avant qu'un pourcentage soit autorisé à être logé dans un compte dans une banque située à l'étranger. La BCC devra-t-elle veiller à ce que la comptabilité des entreprises congolaises en général et spécialement celle des sociétés éligibles à la bourse, soit restructurée conformément à l'OHADA.

Sera éligible à la cotation en bourse, toute entreprise minière et pétrolière ainsi que celles évoluant dans différents secteurs de la vie nationale. Cela concerne les entreprises ayant un chiffre d'affaires d'un seuil raisonnable et répondant à un critérium. Pourront également être éligibles, les petites et moyennes entreprises ayant le chiffre d'affaires à fixer par le règlement général de l'Autorité des marchés financiers.

Ainsi, nous recommandons :

- L'adoption d'une loi instituant la bourse des valeurs mobilières en RDC, comme précaution aux perturbations qu'occasionne la mondialisation et comme source de financement optimal de l'économie en plus du financement par le biais des établissements de crédit ;
- La modification de la législation sur la BCC et celle relative à l'activité et au contrôle des établissements de crédit ainsi que celle sur les assurances afin de recadrer les rôles des pouvoirs publics et organiser l'Autorité des Marchés Financiers (AMF), l'Autorité de Contrôle Prudentiel (ACP), le conseil de régulation financière et du risque systémique ainsi que l'intervention d'autres acteurs d'investissements ;

- L'instauration, en matière de taux de change et de taux d'intérêt, du principe d'une liberté encadrée par la BCC, les établissements de crédit et les entreprises d'investissement devant se servir du taux directeur de la BCC comme taux de référence du financement ;
- La mise en place d'un climat favorable au fonctionnement efficace des marchés, grâce :
  - à la stabilité politique et socio-économique dans le respect des fondamentaux de la démocratie, des valeurs culturelles et sociologiques encourageant l'épargne ;
  - à l'accélération du processus de l'implantation des établissements de crédit sur toute l'étendue du pays ;
  - à la crédibilisation de la monnaie nationale ainsi que l'effectivité de la suppression du monopole dans le secteur des assurances et la mise en place d'un fonds de garantie ;
  - à l'effectivité de la restructuration des règles comptables « système OHADA » et financières du fonctionnement des entreprises pour que ces dernières se conforment aux exigences mondiales de la réglementation ;
  - au parrainage des marchés financiers de la RDC par la bourse de New York en vue de leur intégration et leur affiliation aux règles mondiales.

Ce n'est qu'en exécutant ces recommandations que la RDC peut espérer atteindre l'objectif de développement.

BIBLIOGRAPHIE

I. OUVRAGES

ARTUS Patrick et VIRARD Marie-Paule, *La liquidité incontrôlable. Qui va maîtriser la monnaie mondiale ?* Pearson, Paris, 2010 ;

AUCKENTHALER Franck, *Droit des marchés de capitaux*, L.G.D.J, Paris, 2004 ;

BAKANDEJA wa MPUNGU (G), *Droit Financier. Le droit de financement des investissements et des activités économiques à l'ère de la globalisation financière des marchés*, ORSDE, Kinshasa, 2003 ;

BAKANDEJA wa MPUNGU (G), *Droit du Commerce international. Les peurs justifiées de l'Afrique face à la mondialisation des marchés*, De Boeck, Bruxelles, 2001 ;

BAKANDEJA wa MPUNGU (G), *Manuel de Droit Financie*r, Editions Universitaires africaines, Kinshasa, 1997 ;

Banque Centrale du Congo, *Plan stratégique du développement de la Banque Centrale du Congo et du système financier national*, BCC, Kinshasa, 2005 ;

Banque Centrale du Congo, *Une rétrospective historique 1951-2006*, BCC, Kinshasa, 2006 ;

Banque Centrale du Congo, *Evolution économique récente,* BCC, Kinshasa, 2007 ;

Banque Centrale du Congo, *La politique monétaire et de change de 1967 à nos jours*, BCC, Kinshasa, avril 2009 ;

BARTHE Marie-Annick, *Economie de l'Union Européenne*, 3ème Edition Economica, Paris, 2006 ;

BERGER Pierre, *Le marché monétaire*, Presses Universitaires de France, Paris, 1973 ;

BLANCHARD Olivier et COHEN David, *Macroéconomie*, 5ème édition, Pearson, Paris, 2010 ;

BOFOYA KOMBA Beaujolais, *Economie politique*, L'Harmattan, Kinshasa, 2013 ;

BOFOYA KOMBA Beaujolais, *Modèles macroéconomiques*, Galimage, Kinshasa, 2010 ;

BONNEAU Thiery, *Droit bancaire*, Montchrestien, Paris, 2001 ;

BONNEAU Thiery et DRUMMOND FRANCE, *Droit des marchés financiers,* 3ème édition, Economica, Paris, 2010 ;

BOSEKOTA W'ATSHIA, *Rebâtir Le Congo Démocratique*, T.II, Université Bel Campus, Kinshasa, 2001 ;

BOUREGHDA Maya, *La défaillance des conglomérats financiers internationaux*, Edition A. PEDONE, Paris, 2002 ;

BOYE Sébastien, HADJENBERG Jérémy, POURSAT Christine, *Le guide de la Micro finance. Microcrédit et épargne pour le Développement*, 2ème Ed. EYROLLES, Paris, 2009 ;

BRAMOULLE G. et AUGEY Dominique, *Economie monétaire*, Dalloz, Paris, 1998 ;

CAPUL Jean Yves et OLIVIER Garnier, *Dictionnaire d'Economie et des Sciences Sociales*, Nouvelle édition Hatier, Paris, 2011 ;

CHAIRNAU A., *Mécanismes et Politique Monétaires*, Presses Universitaires de France, Collection L'Economiste, Paris, 1984 ;

CHAMAS Samy, *L'État et les systèmes bancaires contemporains*, Sirey, Paris, 1965 ;

Code monétaire et financier français commenté, Ed. Dalloz, Paris, 2014 ;

COLARD FABREGOULE Catherine, *L'essentiel de l'Organisation Mondiale du Commerce « OMC »*, Ed. Gaulino, Paris, 2002 ;

CORHAY Albert et MBANGALA Mapapa, *Fondements de gestion financière*, 2ème Edition de l'Université de Liège, Bruxelles, 2007 ;

COURET Alain, HERVE LE Nabasque, COQUELET Marie-Laure, GRANIER Thiery, DIDIER Poracchia, ARNAUD Raynouard, ARNAUD Reygrobellet, DAVID Robine, *Droit Financier*, 2ème Edition Dalloz, Paris, 2012 ;

COURNOT Augustin, *Recherches sur les principes mathématiques des richesses,* cité par Marshall Alfred, *Principes d'économie politique*, Librairie de Droit, Paris, 1971, P. 105, mis à jour par wikipedia, 12 juillet 2011 ;

CROZET Y., BELLETANTE B., GOMEZ P.Y, LAURENT B., *Dictionnaire de banque et bourse*, édition Armand Colin, Paris, 1993 ;

D'ARVISSENET Philippe et PETIT Jean-Pierre, *Echanges et Finance internationale. Les enjeux*, Collection Banque, ITB, Bruxelles, 1996 ;

D'ARVISSENET Philippe, *Finance internationale*, 2ème Edition DUNOD, Paris, 2008 ;

DE LA COLLETTE Jean, *Contrats de commerce internationaux*, De Boeck, Bruxelles, 1996 ;

DE MOURGUE Michelle, *Macroéconomie monétaire*, Economica, Paris, 2000 ;

DEKEUWER-DEFOSSEZ Françoise, *Droit bancaire*, 10ème Edition Dalloz, Paris, 2010 ;

DELAUBADERE André et DELVOLVE P., *Droit Public économique*, Dalloz, Paris, 1983 ;

DENOUNE Martine, *Placements et Epargne*, Ière éd. Masson, Paris, 1987 ;

DEPELCHIN Jacques, *De l'État Indépendant du Congo au Zaïre Contemporain 1885-1974*, CODESRIA, Dakar, 1992 ;

DESQUIBET Jean-Baptiste, *Dépôts bancaires totaux, pays ayant les taux de dollarisation les plus élevés 1990-2000, FMI*, Edition française, Washington, 2000 ;

DEBERNIS (G), DOSSAU (J), JUDET (P) et CAMAU, *L'Afrique : de l'indépendance politique à l'indépendance économique*, Presse Universitaire de Grenoble, Paris, 1975 ;

DENOUNE MARTINE, *Placements et épargne*, 1ère édition Masson, Paris, 1987 ;

DOV OGIEN, *Pratique des marchés financiers*, 2ème Edition DUNOD, Paris, 2007 ;
DUMAS André, *L'Economie mondiale. Commerce, monnaie, finance*, 2ème Edition, de Boeck, Bruxelles, 2003 ;
DWIGHT H et Cie, *Economie du développement*, 3ème Edition Nouveaux Horizons, Paris, 2008 ;
FARBER André, LAURENT Marie-Paul, KIM OOSTERLINCK, PIROTTE Hugues, *Finance*, 2ème Edition Pearson, Paris, 2008 ;
FABRE Gérard, *Concurrence, distribution, consommation*, 3ème Edition, Dalloz, Paris, 1999 ;
FAYE Jean-François, et GUILLOU Jean Paul, *Le matif. Pratique d'un marché à terme*, 3ème Edition Dalloz, Paris, 1995 ;
FLOUZAT OSMONT Denise, *Economie Contemporaine, Tome II : Les Phénomènes monétaires*, 5ème Edition mise à jour, Presses universitaires de France, Paris, 1981 ;
GASTON DEFOSSE, *La bourse des valeurs mobilières,* Presses universitaires de France, Que sais-je ?Paris, 1972 ;
GOUDAL Jean, *Tout savoir sur la bourse*, Edition Filipacchi, Paris, 1974 ;
GUITTON Henri et Cie, *La monnaie*, Dalloz, Paris, 2001 ;
HERVE JUVIN, *Les marchés financiers. Voyage au cœur de la finance mondiale*, Edition d'organisation, Paris, 2004 ;
HERRERA Rémy et NAKATANI Paulo, *La dollarisation cubaine : Eléments de réflexion pour une dédollarisation*, FMI, Edition française, Washington, 2001 ;
HORNGREN Charles, BHIMANI Alnoor, DATAR Srikant, FOSTER George, *Contrôle de gestion et gestion budgétaire*, 4ème édition Nouveaux Horizons, Paris, 2009 ;
HUART Alain, TOMBU Chantal, VAN der ELSTRAETEN Alice et Cie, *La voix du Congo profond*, Centre de Recherche et de Diffusion de l'Information Pédagogique, Kinshasa, 2010 ;
GUILLAUME Jean-Marie et ROYERE Jean-Louis, *Le Second marché. De l'introduction aux opérations financières*, Dalloz, Paris, 1989 ;
GREGORY N. MANKIW et MARK P. TAYLOR, *Principes d'économie*, Nouveaux Horizons, Paris, 2011 ;
GERGORY N. MANKIW, *Macroéconomie*, 5ème édition française, Nouveaux Horizons, Paris, 2012 ;
INTRATOR Hélène, *Le Système Bancaire Américain*, Presses Universitaires de France, Colloque, « Que Sais-Je ?, Paris, 1996 ;
JACOB Jean, *L'antimondialisation : les aspects méconnus d'une nébuleuse*, Berg internationale éditeur, Paris, 2006 ;
JACQUEMIN A. et SCHRANS G., *Le Droit Economique*, Presses Universitaires de France, « Que Sais-Je ? », Paris, 1970 ;
JACQUIAU CH, *Les coulisses du commerce équitable. Mensonges et vérités sur un petit busines qui monte*, Mille et une nuit, Paris, 2006 ;
JONATHAN Berk et PETER DeMarzo, *Finance d'entreprise*, 2ème Edition, Nouveaux Horizons, Paris, 2011 ;
KALAMBAY LUMPUNGU, *Droit civil. Régime Général des Biens*, vol. 1, PUC, Kinshasa, 1989 ;
KATOKALE LUTINA, *Economie Politique*, Ed. Bémaf, Kinshasa, 2012 ;
KRUGMAN Paul et OBSTFELD Maurice, *Economie internationale*, 7ème édition, Nouveaux Horizons, Paris, 2006 ;

KRUGMAN Paul et OBSTFELD Maurice, *Economie internationale*, 8ème édition, Nouveaux Horizons, Paris, 2009 ;

Le Robert, Dictionnaire Français, Paris, 2005 ;

LHERIAU Laurent, *Précis de réglementation de la micro finance*, Ed AFD, Paris, 2009 ;

LESGUILLONS Henry et Consort, *Les Garanties bancaires dans les contrats internationaux*, colloque de Tours des 19 et 20 juin 1980, Edition Du Moniteur, Paris, 1980 ;

LUKOMBE NGHENDA, *Droit Congolais des Sociétés*, T3, Presses Universitaires du Congo, Kinshasa, 1999 ;

LWAMBA KATANSI, *Qui gardera les gardiens ? Le contrôle financier des institutions politiques de transition en République Démocratique du Congo,* Éd. PFDUC, Kinshasa, 2002 ;

MABI MULUMBA, *La Monnaie dans l'Economie*, LEDI, Kinshasa, 2001 ;

MABI MULUMBA, *Les Banques Commerciales face aux Mutations Structurelles de l'Economie Zaïroise*, Centre de Recherches Pédagogiques, Kinshasa, 1983 ;

MALU-MALU Jean-Jacques Arthur, *Le Congo Kinshasa*, KARTHALA, Paris, 2002 ;

MBOYO EMPENGE ea LONGILA BB Victor, *Traité de Doit Coutumier. Apologie de la coutume africaine*, Fascicule 1, Collections Intérisme, Extérisme et Développement « Bonkoko-Coutume », Kinshasa, 2004-2005 ;

MBOYO EMPENGE ea LONGILA BB Victor, *Lettres Ouvertes*, Collections Intérisme, Extérisme et Développement « Bonkoko-Coutume », Kinshasa, décembre 2005 ;

MARIAN STEPCZYNSKI, *Dollar : actualité et avenir de la monnaie impériale.* Favre SA, Paris, 2003 ;

MERIEUX Antoine, FRANCK BLUA, CHRISTIAN LIGEARD, CHOUAN Alain, *La banque américaine*, Banque Editeur, Paris, 1998 ;

MERLE Philippe, *Droit commercial, sociétés commerciales*, Dalloz, Paris, 1990 ;

MERVILLE Anne-Dominique, *Droit financier*, Gaulino, Paris, 2011 ;

MERVILLE Anne-Dominique, *L'essentiel du droit financier*, 3ème édition, Gaulino, Paris, 2013 ;

MISHKIN FREDERIC et Cie, *Monnaie, banque et marchés financiers*, 8ème édition Nouveaux Horizons, Paris, 2007 ;

MULUMBA LUKOJI : « *Succession d'Etas aux Droits Patrimoniaux, le cas de l'Ex-Congo Belge (Zaïre*), Presses Universitaires du Zaïre, Kinshasa, 1976,

NDIANG KABUL, *La Banque Centrale du Congo : Tome 1. La guerre pour la gestion du compte du trésor. « Retour de manivelle »*. Cedi, Kinshasa, 1999 ;

NTUNGU Rodrigue, *Le droit congolais à l'épreuve de la mobilité du capital. Protection de l'État récepteur d'investissements*, l'Harmattan, Kinshasa, 2013 ;

PELTIER F., *Marchés financiers et droit commun*, Banque éditeur, Paris, 1997 ;

PELTIER (F) et DOMPE (M. N), *Le droit des marchés financiers*, Presses Universitaires de France, Paris, 1998 ;

REINHART Carmen M. et ROGOFF Kenneth S., *Cette fois, c'est différent. Huit siècles de folie financière*, Nouveaux Horizons, Paris, 2009 ;
RENAUD CHARTOIE et Cie, *Sciences économiques et sociales*, 2ème édition Nathan, Paris, 2008 ;
SCHLOGEL Maurice, *Organisation et fonctionnement des marchés financiers*, Masson et Cie éditeur, Paris, 1969 ;
THIBIERGE Christophe, *Finance*, 3ème édition Nouveaux Horizons, Paris, 2011 ;
VAN RYN Jean, *Droit commercial*, De Boeck, Bruxelles, 1976 ;
VANGROENWEGHE D., *Du Sang sur les Lianes, Léopold II et son Congo*, éd. Didier Hatier, Bruxelles, 1986 ;
ZOLLINGER M., *Monétique et marketing*, librairie Vuibert, Paris, 1989 ;
ZVI BODIE, ROBERT MERTON, CHRISTOPHE THIBIERGE, *Finance*, 3ème éd. Nouveaux Horizons, Paris, 2011.

II. COURS

BOLALUETE M., *Politique Monétaire*, Première année de licence Economie Monétaire, Faculté des Sciences Economiques et de Gestion, Université de Kinshasa,2007-2008 ;
BUKA eka NGOY, *Droit Commercial Approfondi*, Diplôme d'Etudes Supérieurs, Université de Kinshasa, 2005-2007 ;
DENIEL Alain, *Le Trésor et la politique financière*, mis à jour par CORDEAU Jean Paul, Ecole Nationale des Services du Trésor, Paris, 1989 ;
DUFLOUX Claude et LARRY Bensimhon, *Finance de marché : Aspects techniques, économiques et juridiques des marchés financiers internationaux : 1ère partie, le contexte des marchés internationaux,* Institut National des Techniques Economiques et Comptables, Paris, 2009-2010
DUFLOUX Claude et LARRY Bensimhon, *Finance de marché : Aspects techniques, économiques et juridiques des marchés financiers internationaux : 2ème partie, les techniques de financement et de placement sur les marchés financiers,* Institut National des Techniques Economiques et Comptables, Paris, 2009-2010 ;
KAPETA NZOVU ILUNGA Hildebrand, *Droit International Privé*, Diplôme d'Etudes Supérieurs, Université de Kinshasa, 2005-2007 ;
KATO-KALE LUTINA, *Economie Politique*, Première graduat Droit, Université de Kinshasa, 2008-2009 ;
NZANDA-BUANA Kalemba M., *Questions spéciales d'économie internationale. Introduction à l'économie politique de la mondialisation,* Faculté des Sciences Economiques et de Gestion, UNIKIN, cinquième édition, 2014.

III. THÈSES

AKA Brou Emmanuel, *Le rôle des marchés financiers dans la croissance et le développement économiques,* Thèse pour le doctorat en sciences économiques, Université d'Auvergne, Clermont-Ferrand I, Faculté des

Sciences Economiques et de Gestion, Centre d'Etudes et de Recherches sur le Développement International (CERDI), Présentée et soutenue publiquement le 30 Novembre 2005 ;
MBOYO EMPENGE ea LONGILA BB Victor, *Le régime de l'Autorisation dans la Société par Actions et son Incidence dans les Marchés de Capitaux en République du Zaïre et en Droit de Pays Européens*, Thèse de Doctorat en Droit, Université Nationale du Zaïre, Campus de Kinshasa, Faculté de Droit, juillet 1973 ;
MUKUNDI NYEMBO KAHUMBA Emmanuel, *Politique monétaire et intermédiation financière en République Démocratique du Congo : Analyse des modifications du taux directeur de la Banque Centrale du Congo sur les banques créatrices de monnaie, Thèse de Doctorat en Sciences Economiques et de Gestion,* Département des Sciences Economiques, Université de Kinshasa, 2013 ;
WAKA MANKALA, *La demande de monnaie dans un pays en voie de développement, cas du Zaïre, 1960-1990 ; Thèse de doctorat*, VRIJE UNIVERSITEIT Brussel, FACULTEIT VAN DE ECONOMISCHE, SOCIALE EN POLITIEKE WA TENSCHAPPEN, 1993-1994.

IV. DOCUMENTS OFFICIELS

Banque Centrale du Congo, *Rapports annuels 1967-2006 et Condensé d'informations statistiques,* BCC, Kinshasa, décembre 2006.
Banque Centrale du Congo, *Rapport Annuel 2003-2004,* BCC, Kinshasa, 2004 *;*
Banque Centrale du Congo, *Liste des institutions financières agrées*, BCC, Kinshasa, 2014 ;
Banque Centrale du Congo, Direction des opérations bancaires et des Marchés, *situation du 07 mars 2012* ;
Banque Centrale du Congo, *Situation journalière du 7 août 2014 ;*
Ministère du Plan de la RDC, *Document de Stratégie de Croissance et de Réduction de la Pauvreté, deuxième génération, « DSCRP 2 »* 2011-2015, Kinshasa octobre 2010 ;
Ministère du Plan de la RDC, *Document de la Stratégie de Croissance et de Réduction de la Pauvreté (DSCRP)* Kinshasa, Juillet 2006 ;

V. ARTICLES, REVUES ET DOCUMENTS

Banque Commerciale du Congo, Rapport annuel 2015, BCDC, Kinshasa, mai 2016 ;
BUKA eka NGOY A.W et NYEMBO TAMPAKANYA J. P, Le fonctionnement du système bancaire en RDC, *in Cahiers Africains de Droits de l'Homme et de la Démocratie*, n° 030, vol.1, octobre-décembre 2010, pp. 479-498 ;
Bulletin de la Banque de France – n° 70 – octobre 1999 ;
Commission Droits et Vie des Affaires, *Le droit des normes professionnelles et techniques*, séminaire organisé à SPA-BAL MORAL du 16 au 17 novembre 1983, éd. Bruylant, Paris, 1985 ;

COMELIAU CHRISTIANT, *Fonctions économiques et pouvoir politique. La province de l'UELE* 1963-1964, in IRES, Université Lovanium, avril 1963, août 1964 ;

DAVANNE Olivier, S'inscrire dans une logique de refondation, *in* Compte rendu de la conférence JECO 2011 organisée par l'Institut pour l'Education financière du Public dans le cadre des Journées de l'économie de Lyon 2011 sur le thème « Peut-on encore avoir confiance dans les marchés financiers ?

DE LAUZUN PIERRE, *Qu'est-ce qu'un bon marché financier et comment le réaliser ?* in www. libertepolitique. Com. du 23 mars 2012 ;

Evolution bancaire au Congo, *Bulletin mensuel*, BCCBRU, n° 1, Léopoldville, 1957 ;

Fédération des Entreprises du Congo, *État des lieux de l'économie Congolaise. Problèmes et pistes de solutions pour la relance économique de la République Démocratique du Congo*, Kinshasa, Mars 2007 ;

FLOUZAT OSMONT D'AURILLY Denise, Le concept de Banque Centrale, *in Bulletin de la Banque de France*, n° 70, octobre 1999 ;

GABRIELLI Daniel, RAOULTTEXIER Béatrice et VANDERMOLEN Anne Claude, Le microcrédit accompagné, Compte rendu du colloque organisé par la Banque de France le 12 décembre 2012, *in Bulletin de la Banque de France*, n° 191, 1er trimestre 2013 ;

Garanties Bancaires dans les Contrats Internationaux, colloque de Tours des 19 et 20 juin 1980, Edition du Moniteur, Paris, 1981 ;

HENER (HF), Protectionnisme : bilan, limites, réexamen, in *Revue économique*, Paris, vol 33, n°6/ avril 1982, p. 957

ISRALSON Michel, *Les principaux aspects juridiques du décret sur le contrôle bancaire au Congo Belge et au Ruanda-Urundi*, Extrait de la Banque du Congo Belge, n° 2 et 3, 4 de 1957, mai 1960 ;

Jeune Afrique, numéro spécial Finance, 2010 ;

KATO-KALE Lutina M.L., Le Juge congolais et les questions monétaires, *in Annales de la Faculté de Droit*, n° XI-XXVII, Presses de l'Université de Kinshasa, 2004, pp 144-162 ;

LWAMBA KATANSI, Le Chèque en tant que Mode de paiement, in 25ème anniversaire du Barreau Zaïrois, Colloque du 8 au 10 juillet 1993, Kinshasa, 1994 ;

MARK Möbius, NICK Price, Antoine Strauss et Vincent Agtmael, Bourses Africaines : l'avis des « gourous », in *Jeune Afrique*, numéro spécial, Finance, 2010, p. 98

MICHEL AGLIETA, Genèse des banques centrales et légitimité de la monnaie, in *Annales ESC*, Paris, mai-juin 1992 ;

MOUBARACK LO, *Formulation de la vision, des objectifs généraux et spécifiques ainsi que les résultats attendus pour atteindre le niveau d'émergence économique et sociale de l'Afrique*, présentation à la première conférence panafricaine sur l'émergence du continent, Kinshasa du 18 au 20 novembre 2013 ;

MUTOMBO MWANA NYEMBO, Gouverneur de la BCC, *Du financement du processus de transformation et d'émergence en Afrique*, présentation à l'occasion de la 1ère conférence panafricaine sur la transformation et l'émergence du Continent, Kinshasa, du 18 au 20 novembre 2013 ;

MVIOKI BABUTANA Joseph, Les défis de l'intégration et de la libre circulation dans la région des Grands lacs : État des lieux et perspectives, *in Annales de la Faculté de Droit/UNIKIN*, 2011-2012, Ed. DES, Kinshasa, juin 2013, pp. 315-333

NGUYEN Pascal et GILLES CERTHOUX, Les marchés financiers contribuent-ils au développement économique ?, in *Référence*, Université de Nantes, numéro 19, mai 1999 ;

NYEMBO TAMPAKANYA (J P), Les effets de la mondialisation économique en RDC, in *Cahiers Africains de Droits de l'Homme et de la Démocratie*, n° 031, vol.1, janvier-juin 2011, P. 159 ;

Programme de Nations Unies pour le Développement (PNUD), Rapport National sur le développement humain 1999, Kinshasa, 1999 ;

Programme de Nations Unies pour le Développement (PNUD), Situation économique de la RDC de 1960 à nos jours, Kinshasa, 2007 ;

Programme de Nations Unies pour le Développement (PNUD), Rapport National intérimaire sur le développement humain 2014. Cohésion Nationale pour l'Emergence de la République Démocratique du Congo, Kinshasa, juillet 2014 ;

ROLLAY et SELLON, Monetary Policy Actions and Long Interest Rates Banque de reserve federals de Kansas City, 4e trimestre, 1995 ;

SIMONNET Jean-Paul, Les avantages du marché financier, in http:/www.lyc-arsonval-brive du 20 mars 2010 mis à jour le 22 mai 2013 ;

STEVANT Cyrille, Le système de cotation de la Banque de France, in *Bulletin de la Banque de France*, n°180, 2ème trimestre 2010 ;

THERET Brunot, La dollarisation : polysémie et enflure d'une nation, in *Critique internationale* N° 19, Paris, avril 2003 ;

TSHIUNZA MBIYE : De l'économie des interdits et de commandement du Gouvernement de Feu Laurent Désiré KABILA à celle du libéralisme tous azimuts de Joseph KABILA KABANGE, Kinshasa, in *IRES*, Faculté des Sciences Economiques et de Gestion, Université de Kinshasa, 2001 ;

YOLANDE LUMWENE, RDC : La création des marchés financiers, une nécessité !, in *Entreprendre*, Kinshasa, n° 22 du 7 octobre 2010 ;

VI. TEXTES LÉGAUX ET RÈGLEMENTAIRES

Constitution de la RDC telle que modifiée à ce jour par la loi n°11/002 du 20 janvier 2011 portant révision de certains articles de la constitution du 18 février 2006, in J.O numéro spécial, Kinshasa, février 2011 ;

Acte Général de Berlin du 26 février 1885 portant charte coloniale ;

Acte Uniforme du 15 décembre 2010 de l'OHADA portant sur le Droit Commercial général ;

Décret du Roi souverain du 27 février 1887 sur les sociétés commerciales ;

Décret du 27 juillet 1887 instituant la monnaie de l'État Indépendant du Congo « EIC », in Bulletin Officiel de l'EIC, 1887 ;

Décret du Roi souverain du 18 juillet 1911 approuvant la convention du 7 juillet 1911entre la Banque du Congo Belge et le Congo Belge ;

Décret du Roi souverain du 2 août 1913 sur les commerçants et la preuve des engagements commerciaux in code Piron et Stroovens ;

Loi n°73-005 du 05 janvier 1973, particulière sur le commerce ;

Loi n° 80-008 du 18 juillet 1980 modifiant et complétant la loi n° 73 – 021 du 20 juillet 1973 portant régime général des biens, régime foncier et immobilier et régime des sûretés ;
Loi n 003 /2002 du 02 février 2002 relative à l'activité et au contrôle des établissements de crédit, in J.O., 53ème année, numéro spécial, janvier 2013 ;
Loi n° 004/ 2002 du 21 février 2002 portant nouveau code des investissements, in J.O., numéro spécial, février 2002 ;
Loi n° 005/2002 du 7 mai 2002 relative à la constitution, à l'organisation et au fonctionnement de la Banque Centrale du Congo, in J.O, numéro spécial, mai 2002 ;
Loi n° 15/003 du 12 février 2015 relative au crédit-bail, in J.O, 56ème année, n° spécial, 18 février 2015 ;
Loi du 17 mars 2015 portant code des assurances ;
Décret-loi du 20 mars 1961 sur les prix tel que modifié et complété par l'ordonnance-loi n° 83-026 du 12 septembre 1983 ;
Ordonnance-loi n° 66-260 du 21 avril 1966 subordonnant à des garanties financières l'immatriculation au registre de commerce des étrangers, des sociétés étrangères et des certaines sociétés congolaises ;
Ordonnance-loi n° 67-272 du 23 juin 1967 portant pouvoirs réglementaires de la Banque Centrale du Congo en matière de change, in J.O., 53ème année, numéro spécial, janvier 2013 ;
Décret-loi n° 080 du 17 juin 1998 instituant une nouvelle unité monétaire en République Démocratique du Congo, in J.O., 53ème année, numéro spécial, janvier 2013 ;
Décret-loi n° 004 du 31 janvier 2001 relatif au régime des opérations en monnaie nationale et en monnaies étrangères, in J.O., 53ème année, numéro spécial, janvier 2013 ;
Ordonnance n°88-173 du 29 octobre 1988 portant fixation des taux et des modalités de perception de la prime de couverture de risque de change sur les emprunts en devises à long terme, in J.O., 53ème année, numéro spécial, janvier 2013 ;
Décret n° 0013 du 22 janvier 1997 modifiant et complétant le décret n° 0005 du 24 février 1995 relatif au mode de paiement des dettes envers l'État, in J.O., 53ème année, numéro spécial, janvier 2013 ;
Décret n° 029 du 23 avril 1997 autorisant à titre exceptionnel le règlement des dettes envers l'État en espèces, in J.O., 53ème année, numéro spécial, janvier 2013 ;
Décret n° 09/ 12 du 24 avril 2009 établissant la liste des entreprises publiques transformées en sociétés commerciales, établissements publics et services publics, in J.O., numéro spécial, Kinshasa, avril 2009 ;
La réglementation de change du 25 mars 2014, in J.O, numéro spécial du 28 mars 2014 ;
Convention du 10 octobre 1927 prorogeant la convention du 07 juillet 1911 accordant à la banque du Congo Belge le privilège de l'émission des signes monétaires au Congo Belge, in B.O. du Congo belge, 1911 ;
Circulaire de la BCC du 22 février 2001 portant réglementation du change en République Démocratique du Congo, in J.O., 53ème année, numéro spécial, janvier 2013 ;

Instruction administrative de la BCC n°006 du 18 mai 2001 portant réglementation de l'activité des messageries financières, in J.O., 53ème année, numéro spécial, Kinshasa, janvier 2013 ;
Instruction administrative de la BCC n°007 du 18 mai 2001 portant réglementation de l'activité des bureaux de change, in J.O., 53ème année, numéro spécial, janvier 2013 ;
Instruction administrative de la BCC n° 000574 du 04 avril 2007 portant mesures d'application du régime de change des sociétés titulaires des droits miniers, in J.O., 53ème année, numéro spécial, janvier 2013 ;
Instruction administrative n° 000577 du 04 avril 2007 relative au régime de change particulier applicable aux sociétés pétrolières d'exploitation-production, in J.O., 53ème année, numéro spécial, janvier 2013 ;
Instruction administrative de la BCC n° 18 du 04 décembre 2007 relative aux conditions d'agrément des banques et de leurs dirigeants ainsi que de modification de leurs situations statutaires, in J.O., 53ème année, numéro spécial, janvier 2013.

VII. SITES WEB

www.federalreserve.gov/Regulaions/default.htm
www.occ.treas.gov/law.Regulations.htm
www.fdic.gov/regulations/examinations/index.html
www.banking.state.ny.us/dep.htm
http:/www.lyc-arsonval-brive
www.libertepolitique.com

TABLE DES MATIÈRES

Questions juridiques aux éditions L'Harmattan

Dernières parutions

LES OBJECTIFS DE LA RÉGULATION ÉCONOMIQUE ET FINANCIÈRE
Sous la direction de Gabriel Eckert et Jean-Philippe Kovar
Les buts de la régulation économique et financière impriment profondément le droit de la régulation mais semblent avoir considérablement évolué depuis une trentaine d'années. Ainsi l'objectif traditionnel de la construction de marchés concurrentiels, dans des secteurs anciennement sous monopole ou très fortement réglementés, est complété par de nouveaux objectifs extraconcurrentiels. La diversité des buts assignés aux régulateurs oblige les autorités de régulation à opérer une conciliation des objectifs au risque de dénaturer leur office.
(Coll. Logiques Juridiques, 28.50 euros, 276 p.)
ISBN : 978-2-343-11504-7, ISBN EBOOK : 978-2-14-003398-8

LA RESPONSABILITÉ CIVILE DES ENSEIGNANTS EN CAS D'ACCIDENT SCOLAIRE
Brusorio Aillaud Marjorie
Le régime de responsabilité civile des enseignants en cas d'accident scolaire fut envisagé dans le Code civil dès 1804 puis modifié en 1899 et 1937. La loi est actuellement inadaptée et critiquée à la fois par les victimes et les enseignants, mais les tentatives de la jurisprudence pour la réformer se révèlent insuffisantes. Il faut rechercher un autre fondement pour engager la responsabilité civile de l'enseignant ou un autre débiteur que ce dernier, afin que les victimes d'accidents scolaires obtiennent facilement réparation.
(Coll. Logiques Juridiques, 55.00 euros, 750 p.)
ISBN : 978-2-343-11346-3, ISBN EBOOK : 978-2-14-003367-4

SPORT ET DROIT EUROPÉEN
Miège Colin
Le droit européen a eu une influence déterminante sur le sport, à mesure que celui-ci devenait une activité économique à part entière. Lorsque le sport a été intégré dans les compétences de l'Union par le traité de Lisbonne en 2007, les organisations sportives avaient déjà subi de plein fouet l'impact du droit européen avec notamment l'arrêt Bosman de 1995. Voici un panorama complet des règlements ou décisions de justice qui ont eu un impact sur le sport depuis les débuts de la construction européenne.
(Coll. Le Droit aujourd'hui, 34.00 euros, 328 p.)
ISBN : 978-2-343-11822-2, ISBN EBOOK : 978-2-14-003468-8

LES INNOVATIONS CRIMINOLOGIQUES
Sous la direction de Erwan Dieu
Ce livre s'attelle à circonscrire la théorie et la pratique des modèles d'évaluation et d'accompagnement des auteurs et victimes d'infractions via des présentations d'outils d'exercices et de programmes. Les populations visées sont variées : problèmes d'addiction, de violence,

d'infraction sexuelle ou conjugale, etc. Au sein des différents chapitres, des présentations de méthodes concrètes explicitent les modèles qui aujourd'hui démontrent des effets pertinents.
(Coll. Logiques des pénalités contemporaines, 39 euros, 406 p.)
ISBN : 978-2-343-11337-1, ISBN EBOOK : 978-2-14-003517-3

70 ANS DE JUSTICE PÉNALE DES MINEURS
Entre spécialisation et despécialisation
Beddiar Nadia
L'année 2015 marque la célébration des 70 ans de l'ordonnance du 2 février 1945 relative à l'enfance délinquante. Par ce texte, la France a institué, après bien d'autres pays, une justice et un traitement pénal des mineurs véritablement spécifiques. Cet anniversaire offre l'occasion de revenir sur le passé, d'aborder le présent et de se projeter dans l'avenir de cette justice qui se veut singulière. Cet ouvrage permettra au lecteur d'apprécier la richesse des débats et les enjeux fondamentaux de ce sujet pour notre société.
(Coll. Colloques et rencontres, 20.50 euros, 196 p.)
ISBN : 978-2-343-11815-4, ISBN EBOOK : 978-2-14-003530-2

LA JURISPRUDENCE ET LA DOCTRINE
Barraud Boris
La jurisprudence est l'un des phénomènes juridiques les plus problématiques, comme source du droit réel mais non officielle. Ce livre retrace son parcours dans l'histoire de la pensée juridique, longtemps dominée par le légicentrisme. Il s'intéresse également à la difficile identification doctrinale des jugements, arrêts et décisions à portée jurisprudentielle. Il s'attache enfin à la jurisprudentialisation du droit, qui constitue l'une des données les plus remarquables du droit contemporain, ainsi qu'aux critiques que la doctrine adresse à un droit trop abandonné au « gouvernement des juges ».
(Coll. Le Droit aujourd'hui, 29.00 euros, 290 p.)
ISBN : 978-2-343-11552-8, ISBN EBOOK : 978-2-14-003187-8

MESURER LE PLURALISME JURIDIQUE
Une expérience
Barraud Boris
Cet ouvrage propose une approche et une analyse scientifiques et statistiques du pluralisme juridique. Défini en tant que coexistence de sources étatiques et non étatiques de règles de droit, le pluralisme juridique appelle à la fois une réponse théorique et empirique. Ce livre procède à une enquête de terrain et pose les jalons de ce travail scientifique visant à évaluer l'effectivité du pluralisme juridique en n'ayant d'égards que pour les seuls faits normatifs.
(Coll. Le Droit aujourd'hui, 32.00 euros, 308 p.)
ISBN : 978-2-343-11264-0, ISBN EBOOK : 978-2-14-003156-4

ANNALES DE LA FACULTÉ DE DROIT ET SCIENCE POLITIQUE DE NICE
Année 2016
Strickler Yves
Comme les éditions précédentes, ces annales de l'année 2016 parcourent des domaines très variés passant par l'histoire (affaire Calas), l'actualité (laïcité, statut du Ministère public, relations amoureuses au travail, lanceur d'alertes etc.) sans négliger les questions de principe (la liberté académique).
(Coll. Droit privé et sciences criminelles, 36.00 euros, 354 p.)
ISBN : 978-2-343-11519-1, ISBN EBOOK : 978-2-14-003271-4

L'EXPERTISE SOUS LE REGARD DE LA PSYCHANALYSE
« Faux-Pas » ou la question des mères
Villa-Portenseigne Arlette
C'est toujours un enrichissement personnel et professionnel pour un-e psychologue que d'être nommé-e par la justice pour éclaircir les zones d'ombre qui obscurcissent la vérité. De pratique hospitalière en expertises judiciaires, la psychanalyse a fait voyager l'auteure de cet ouvrage

dans tout ce qu'il y a d'intime dans l'être humain. Au-delà des crimes dont la chronique se fait régulièrement l'écho, ce livre émerge d'une réflexion sur la pratique. Croisant les démarches des juges, des soignants et des travailleurs sociaux, il témoigne des ressources de la clinique face aux itinéraires complexes des individus confrontés à la loi.
(Coll. Psycho-Logiques, 17.50 euros, 164 p.)
ISBN : 978-2-343-11083-7, ISBN EBOOK : 978-2-14-003119-9

LE DROIT DU BIEN-ÊTRE ANIMAL DANS LE MONDE
Évolution et universalisation
Brels Sabine
En ce début de XXIe siècle, les consciences s'éveillent de plus en plus à la protection des animaux. La société reconnaît aujourd'hui la sensibilité de ces êtres vivants et le droit à la protection de leur bien-être contre les souffrances évitables qui leur sont infligées. Un tournant s'opère et modifie profondément notre rapport aux animaux dans la société comme dans le droit. Cet ouvrage fait état de la protection juridique du bien-être animal à l'échelle mondiale et de la possibilité d'établir une protection universelle à l'ONU.
(Coll. Le Droit aujourd'hui, 42.00 euros, 500 p.)
ISBN : 978-2-343-10666-3, ISBN EBOOK : 978-2-14-003201-1

MÉLANGES EN L'HONNEUR DU DOYEN ROGER BERNARDINI
Parcours pénal
Les « mélanges » sont un recueil d'articles rédigés par ses amis en hommage à un maître. Le doyen Roger Bernardini a été un grand serviteur de l'Université et fait partie de ces professeurs qui marquent les esprits. Ses amis ont choisi, pour intitulé de ses mélanges « Parcours pénal », champ qu'il n'a jamais cessé d'arpenter, d'explorer, d'approfondir et de rénover.
(Coll. Droit privé et sciences criminelles, 32.50 euros, 315 p.)
ISBN : 978-2-343-10962-6, ISBN EBOOK : 978-2-14-002983-7

OHADA
Traité de fiscalité des entreprises (première édition)
Amboulou Hygin Didace
La politique fiscale est souvent reconnue comme le domaine par excellence où chaque État exerce sa souveraineté économique en fonction de ses réalités, ses objectifs et ses potentialités. Mais pour réussir l'intégration économique de l'espace OHADA, encourager les investissements, assainir l'environnement des affaires et atténuer la pression fiscale sur les entreprises, les États doivent harmoniser, unifier ou coordonner leurs politiques fiscales. C'est l'objet de ce traité.
(Coll. Études africaines, 29.00 euros, 278 p.)
ISBN : 978-2-343-10523-9, ISBN EBOOK : 978-2-14-003211-0

OHADA
Code des investissements et des activités économiques (première édition)
Amboulou Hygin Didace
Pour mieux accompagner les opérateurs économiques de toutes origines et promouvoir ainsi les investissements, les États membres de l'OHADA disposent chacun d'une législation et d'une réglementation qui régissent l'ensemble des activités économiques, celles des petites et moyennes entreprises et celles des petites et moyennes industries. En attendant l'harmonisation de ces différentes législations, les voici présentées pour chaque État concerné.
(Coll. Études africaines, 42.00 euros, 464 p.)
ISBN : 978-2-343-10520-8, ISBN EBOOK : 978-2-14-003208-0

OHADA
Traité de droit des transports de marchandises par route et des opérations de dédouanement (première édition)
Amboulou Hygin Didace
Pour mieux comprendre la place qu'occupe le droit des transports dans la politique d'intégration économique des États membres de l'OHADA, ce livre analyse en profondeur les dispositions

de l'Acte uniforme du 22 mars 2003 et celles de la Convention de Genève dite «CMR» du 19 mai 1956 encore applicable, ces deux législations étant complémentaires et relatives au contrat de transport de marchandises par route. Grâce à une actualité juridique récente et sélectionnée, ce livre s'impose comme un outil de travail de référence, avec un apport remarquable sur la procédure de dédouanement.
(Coll. Études africaines, 31.00 euros, 306 p.)
ISBN : 978-2-343-10524-6, ISBN EBOOK : 978-2-14-003213-4

OHADA
La construction du marché commun africain et la problématique de l'harmonisation des traités régionaux
Amboulou Hygin Didace
Comment vaincre les résistances et les réticences des États et construire un marché commun en Afrique ? Comment supprimer les barrières douanières et fondre en une seule toutes les unions économiques sectorielles ? Comment harmoniser les traités régionaux (UEMOA, CEEAC, CEMAC, CEDEAO) ? La construction du marché commun africain exige une politique de solidarité entre les États membres et leurs ressortissants, en suscitant une forte adhésion aux valeurs d'intégration, de démocratie et de citoyenneté. Ce livre traite les questions qui peuvent accélérer l'assimilation du droit OHADA et faciliter la construction de l'Union africaine.
(Coll. Études africaines, 23.50 euros, 222 p.)
ISBN : 978-2-343-10521-5, ISBN EBOOK : 978-2-14-003207-3

OHADA
La problématique du conflit de normes et de compétences dans la situation de coexistence des juridictions communautaires
Amboulou Hygin Didace
Depuis l'entrée en vigueur du traité en 1993, l'OHADA dispose d'une Cour commune de justice et d'arbitrage. Toutefois, dans ce même espace économique, se juxtaposent, entres autres, la Cour de justice de la CEMAC, la Cour de justice de l'UEMOA et la Cour de justice de la CEDEAO, celle de la CEAAC n'étant pas encore fonctionnelle. Comment gérer leur cohabitation et quelle solution apporter à la question du conflit de normes et de compétences ? C'est l'objet de ce livre.
(Coll. Études africaines, 28.00 euros, 272 p.)
ISBN : 978-2-343-10522-2, ISBN EBOOK : 978-2-14-003210-3

LE JURIDIQUE
Cahiers de l'IREA n°9 - 2017
Au sommaire de ce numéro : Situation du travail domestique au Cameroun : indicateurs de vulnérabilité et violations des droits (Alain Roger Boulla Meva'a, Adonis Toukoo et Célestin Pierre Mboua) ; Migrations, à la fois problème et solution pour l'Europe - quelles mesures prendre en Afrique pour mettre fin aux migrations massives ? (Claude Garrier) ; Les transformations du principe d'équilibre budgétaire : la problématique (Pierre Belebenie) ; De la suspension de l'exercice des droits politiques pour la consolidation des droits de l'homme : respect ou violation de la charte africaine de la démocratie, des élections et de la gouvernance - l'expérience du Burkina-Faso est-elle extrapolable en RD Congo ? (Dieudonné Kalindye Byanjira)...
(Coll. Cahiers de l'IREA, 22.50 euros, 224 p.)
ISBN : 978-2-343-11607-5, ISBN EBOOK : 978-2-14-003247-9

DÉLINQUANCE SÉRIELLE ET POLICE JUDICIAIRE
Impini Jean-François
Sérialité de la délinquance, information judiciaire, analyse criminelle sérielle désignent des notions familières mais peu étudiées par les sciences criminelles. Postulant l'idée assez commune d'une délinquance largement réitérante, l'ouvrage tente de dérouler le fil logique que pourrait suivre l'investigation policière pour exploiter de façon systématique ce caractère sériel des infractions.
(Coll. Sécurité et société, 37.50 euros, 372 p.)
ISBN : 978-2-343-11147-6, ISBN EBOOK : 978-2-14-002864-9

L'HARMATTAN ITALIA
Via Degli Artisti 15; 10124 Torino
harmattan.italia@gmail.com

L'HARMATTAN HONGRIE
Könyvesbolt ; Kossuth L. u. 14-16
1053 Budapest

L'HARMATTAN KINSHASA
185, avenue Nyangwe
Commune de Lingwala
Kinshasa, R.D. Congo
(00243) 998697603 ou (00243) 999229662

L'HARMATTAN CONGO
67, av. E. P. Lumumba
Bât. – Congo Pharmacie (Bib. Nat.)
BP2874 Brazzaville
harmattan.congo@yahoo.fr

L'HARMATTAN GUINÉE
Almamya Rue KA 028, en face
du restaurant Le Cèdre
OKB agency BP 3470 Conakry
(00224) 657 20 85 08 / 664 28 91 96
harmattanguinee@yahoo.fr

L'HARMATTAN MALI
Rue 73, Porte 536, Niamakoro,
Cité Unicef, Bamako
Tél. 00 (223) 20205724 / +(223) 76378082
poudiougopaul@yahoo.fr
pp.harmattan@gmail.com

L'HARMATTAN CAMEROUN
TSINGA/FECAFOOT
BP 11486 Yaoundé
699198028/675441949
harmattancam@yahoo.com

L'HARMATTAN CÔTE D'IVOIRE
Résidence Karl / cité des arts
Abidjan-Cocody 03 BP 1588 Abidjan 03
(00225) 05 77 87 31
etien_nda@yahoo.fr

L'HARMATTAN BURKINA
Penou Achille Some
Ouagadougou
(+226) 70 26 88 27

L'HARMATTAN SÉNÉGAL
10 VDN en face Mermoz, après le pont de Fann
BP 45034 Dakar Fann
33 825 98 58 / 33 860 9858
senharmattan@gmail.com / senlibraire@gmail.com
www.harmattansenegal.com

www.ingramcontent.com/pod-product-compliance
Lightning Source LLC
LaVergne TN
LVHW011248061026
849535LV00005B/1191